HEINRICH KLEIN

Vom Geschoß zum Feuerpfeil

Der große Umbruch der Waffentechnik in Deutschland

1900 — 1970

EINE DOKUMENTATION

Mit 40 Zeichnungen und 46 Abbildungen

NECKARGEMÜND 1977

KURT VOWINCKEL VERLAG

ISBN 3—87879—113—5

Herstellung: Stieber-Druck Lauda
Zeichnungen vom Verfasser — Einbandzeichnung: G. Berthold, Weinheim

INHALTSÜBERSICHT

VERZEICHNIS DER ZEICHNUNGEN

VERZEICHNIS DER ABBILDUNGEN

Einleitung

Eine Dokumentation über die große Wende der Waffentechnik in Deutschland von 1900—1945 würde an wichtigen wissenschaftlichen und technologischen Fakten vorbeigehen, würde nicht die Munitions- und Waffenentwicklung im Ausgang des 19. Jahrh. eingeblendet, deren Ausstrahlung noch in das 20. Jahrh. hineinreichte.
Mit den großen Leistungen des vergangenen Jahrhunderts wurden noch einmal Höhepunkte der Schußwaffentechnik, vornehmlich im ersten Viertel dieses Jahrhunderts, erreicht, die zwangsläufig verblassen mußten, als die „Dritte Dimension" und mit ihr die Luftwaffe alle früheren Erkenntnisse ad absurdum führte.
Es waren Entwicklungen besonderer Art auf dem „Schußwaffensektor", die sich profiliert um die Jahrhundertwende anboten. Die entscheidenden Fortschritte stützten sich zunächst auf ein neues, ein rauchloses Hochleistungspulver, dann auf einen qualifizierten Gußstahl auch in größten Abmessungen und schließlich auf einen vollständigen Umbruch in der Gestaltung von Munition und Geschützen.
Die Wege zu diesen Neuschöpfungen waren dornenreich. Sie zogen sich — wie konnte es nach den nur langsamen Erfolgsschritten: ohne Elektrizität, Eisenbahn, geschweige denn Diesel- oder Vergasermotore im letzten Jahrhundert auch anders sein — über Jahrzehnte hin; sie lesen sich heute in dem wissenschaftlich überdimensionalen 20. Jahrhundert wie technische Anekdoten.
Aber Wissenschaftler und Techniker mußten im letzten Jahrhundert selbst ihren Mann stehen, im Gegensatz zu unserer Zeit, in der Forschungs- und Entwicklungsteams Aufgaben angehen und meistern, welche — von wenigen Ausnahmen abgesehen — nur in Gemeinschaftsarbeit gelöst werden können.
Es soll nicht übersehen werden, daß manche technische Neuschöpfung im 19. Jahrhundert vielfach auf Umwegen ihren Niederschlag gefunden hat. Auch spielten Intrigen, Werkspionage und sonstige unfaire Geschäftsgebahren schon eine bedeutsame Rolle. Aber dies muß doch festgehalten werden: das erfolgreiche Wirken von einzelnen Persönlichkeiten war damals ausgeprägt, die sich mit vollem Einsatz — oft bis zur Selbstaufgabe — für ihre Ideen eingesetzt haben.
Aus der Reihe der umwälzenden technischen Entwicklungen des 19. Jahrhunderts sollen drei große Grundkonzeptionen herausgegriffen werden, welche die Schußwaffenentwicklung im Übergang zum 20. Jahrhundert entscheidend beeinflußt haben. Es sind dies die schöpferischen Arbeiten von Nobel auf dem Sprengstoff- und Pulversektor, die bahnbrechende Entwicklung des Gußstahles in der Firma Krupp mit dem Übergang auf legierte Stähle und schließlich die Einführung des Preß- und Ziehverfahrens für Metalle sowie die des Rohrrücklaufgeschützes durch Ehrhardt.
Im folgenden wird auf die fundamentale Bedeutung der Arbeiten dieser Industrien eingegangen. Aber um den geschichtlichen Gehalt nicht zu schmälern, sollen die indirekt vorwärts treibenden Leistungen von August Borsig, Berlin, von Hermann Gruson, Magdeburg, und der Gebrüder Stumm im Saarland Erwähnung finden, wenn sie auch das spätere Waffengeschehen zu Beginn des 20. Jahrhunderts nicht mehr beeinflußt haben. Auf den Bochumer Verein wird im zweiten Abschnitt der Dokumentation eingegangen.

Kap. I

Die Dynastie Nobel

Die Dynastie Nobel überdauerte zwei Generationen. Der Senior Immanuel, dem die Verteidigung seines Vaterlandes Schweden immer am Herzen lag — obwohl er in den Jahren 1837—1859 in St. Petersburg tätig sein mußte — und der sich als Erfinder auf dem Waffensektor betätigen wollte, verließ Rußland im Jahre 1859 und kehrte nach Schweden zurück. Zwar hinterließ er in St. Petersburg die ersten Pläne für eine Naphtha-Produktion und auch schon in Angriff genommene Waffenobjekte; aber die Nobelfabrik unter seinen Söhnen Ludwig und Robert hatte, bei drohendem Konkurs des Unternehmens, noch erhebliche finanzielle Schwierigkeiten zu überwinden, bevor sie endlich saniert war.

Vater Immanuel und Sohn Alfred gaben sich in den Jahren 1860—63 große Mühe, in Schweden wieder Fuß zu fassen. Aus dem kleinen Labor wurde in diesen Jahren eine kleine Experimentierwerkstatt. Sie beschäftigten sich in der Hauptsache mit einem neuen Sprengstoff, von dem sie in Rußland gehört hatten.

Es war das Nitroglyzerin, das im Jahre 1847 von dem italienischen Chemiker Sobrero erfunden worden war. Er versetzte reines Glyzerin unter besonderen Temperaturverhältnissen mit Schwefelsäure und Salpetersäure und erzeugte damit ein hochexplosives Gemisch, das eine enorme Sprengkraft — ein Vielfaches gegenüber dem bis dahin allein bekannten Schwarzpulver — entwickelte. Das Nitroglyzerin, in seiner furchtbaren Wirkung erkannt, kam nicht über die Schwelle des Chemielabors, weil man mit ihm trotz seiner großen Explosivkraft nichts anzufangen wußte.

Anders dagegen dachten die Nobels. Zunächst wurde auf Heleneborg der neue Sprengstoff, mit kleinen Abänderungen der Erfindung von Sobrero, auch labormäßig dargestellt, aber dann ging man an die Aufgabe, diesen zu nutzen. Bei dem weiteren Vorgehen waren Vater und Sohn unterschiedlicher Meinung. Immanuel wollte das Nitroglyzerin in bestimmter Dosierung mit Schwarzpulver mischen und zünden, während Alfred eine Lösung anstrebte, bei der das reine Nitroglyzerin zur Detonation gebracht werden sollte.

Alfred fand nach vielen Versuchen die geniale Lösung — die sogenannte Eingangszündung — aus Schwarzpulver, der er später noch eine Sprengkapsel aus Knallquecksilber zuordnete. Diese Erfindung wurde zum symbolischen Begriff der Initialzündung. Der Nobel-Patentzünder, im Jahre 1863 erfunden, setzte den ersten Markstein im Leben des jungen Forschers. Geht man den einschlägigen Geschichtsquellen nach, ist man überrascht, daß der Nobel-Patentzünder nicht zu den wichtigsten Erfindungen zählt. Aber viele Forscher haben doch hervorgehoben, daß gerade diese Erfindung das Zeitalter einer souveränen Sprengtechnik eingeleitet hat.

Alles schien sich auf Heleneborg gut zu entwickeln, wenn auch die Geldmittel der Nobels zeitweise knapp waren. Doch dann zerstörte eine Explosion in dem kleinen Entwicklungswerk im September 1864 alle Hoffnungen der Familie Nobel. Nicht nur

Vater Immanuel wurde von dem Unglück hart getroffen; sein jüngster Sohn Emil und einige Mitarbeiter fanden den Tod.

Alfred Nobel stand nun wieder vor großen wirtschaftlichen Schwierigkeiten. Aber das Sprengöl mit dem Patentzünder hatte bereits seinen Weg in die weite Welt angetreten. So gelang ihm die Gründung von einigen Nobel-Gesellschaften. Auch ein Unternehmen in der Nähe von Hamburg, auf dem Krümmel, bei Geesthacht, wurde aufgebaut. Diese Feststellung ist insofern wichtig, weil in Krümmel der zweite Markstein von Alfred Nobel gesetzt wurde. Das Werk war allerdings noch keine 2 Jahre gelaufen, als es Mitte 1866 einer Explosionskatastrophe zum Opfer fiel.

Schon seit längerer Zeit war Alfred Nobel bekannt geworden, daß sein Nitroglyzerin je nach den klimatischen Bedingungen Zersetzungserscheinungen zeigte und auch nicht genügend transportsicher war. Er tat einen Schritt rückwärts, indem er das Nitroglyzerin „phlegmatisierte". Nach vielen Versuchen entschied er sich bei seinem Vorgehen für die Kieselgur, welche das Sprengöl völlig absorbierte.

So entstand im Jahre 1867 das Gurdynamit, später allgemein Dynamit genannt. Das Dynamit, „phlegmatisiert" auf nur noch 75 % gegenüber dem reinen Sprengöl, jedoch mit weit größerer Sprengkraft als das Schwarzpulver, machte seinen Weg in der alten und neuen Welt. Und Alfred Nobels Unternehmungen nahmen im Zeichen der aufkommenden Industrialisierung gigantische Ausmaße an. Der Bergbau, das Verkehrswesen mit den Tunnelbauten, auch die Ausweitung der Schiffswege rissen sich förmlich um das Dynamit.

Das Werk Krümmel kam schnell wieder groß heraus; in ihm befand sich die Residenz Alfred Nobels bis zum Jahre 1873. Die weltweiten Unternehmungen veranlaßten ihn, nach Paris überzusiedeln, und dann ging der Forscher ein neues Thema an. Spätestens im Jahre 1867 hatte Alfred Nobel von einem neuen Explosivstoff gehört, der von dem deutschen Chemiker Schönbein im Jahre 1846 erfunden worden war. Es war die Schießbaumwolle. Aber auch diese Schießbaumwolle, in chemische Vokabeln übersetzt: „Nitrozellulose", kam in ihrer Bedeutung nur langsam nach vorne, weil bei ihr die Eingangszündung fehlte.

So war es verständlich, daß Schönbein seine Nitrozellulose abbaute, mit anderen Worten den Nitriergrad seines Produktes verringerte und sich so nach langen Versuchen in den Dienst der Medizin stellte. Sein Kollodium, leicht nitrierte Baumwolle in Äther-Alkoholgemisch, wurde für das Bedecken von kleinen Wunden wirksam.

Doch die Schießbaumwolle ließ Alfred Nobel ebenso wenig ruhen wie das Nitroglyzerin, das ihm im Jahre 1857 in St. Petersburg begegnet war. Just in dem Jahr 1867, als das Gurdynamit groß herauskam, quälte ihn der Tribut, den er dafür hatte zahlen müssen. In den folgenden Jahren versuchte er in Krümmel, das Nitroglyzerin mit der Schießbaumwolle in der Sprengkraft wieder anzuheben. Seine Laboruntersuchungen hatten keinen Erfolg.

Alfred Nobel übersiedelte im Jahre 1873 nach Paris, weil die Betreuung seiner Unternehmungen von der französischen Hauptstadt aus besser zu bewältigen war. Doch er ließ auch in Paris nicht von seinen Experimenten ab, die er in Krümmel betrieben hatte. Es gelang ihm im Jahre 1875 eine Mischung von Nitroglyzerin und

Schießbaumwolle (Kollodium) herzustellen — ein Sprengstoff, der das Gurdynamit weiter überbot. Auch die Sprenggelatine ging noch weltweit um. Diese Erfindung ist auch nicht in der Liste der wichtigsten Entdeckungen vermerkt — sie lief unter dem Oberbegriff „Dynamit“.

Alfred Nobel, der eigentlich die Dynastie der Familie begründete, sammelte als Industrieller auf dem europäischen Kontinent auch Erfahrungen mit anderen neu aufkommenden Produkten der Nitrochemie. Es waren dies das nitrierte Phenol in Gestalt gelber Kristalle (Pikrinsäure) und das nitrierte Toluol (Trinitrotoluol), beide gleichermaßen als feste Sprengstoffe für Granatfüllungen geeignet. Die Eigenschaft als „stoßfeste“ Sprengstoffe gab ihnen vornehmlich für militärische Zwecke besondere Bedeutung.

*

Wann sich bei Alfred Nobel, der ab 1875 seine großen Untersuchungen leitete, der Umbruch vollzogen hat, das Nitroglyzerin noch in einer weiteren Etappe zu aktivieren, steht nicht fest. Man weiß nur, daß er sich im Laufe eines Jahrzehnts, 1877—1887, der Idee verschrieben hatte, auch noch ein leistungsfähiges Pulver zu entwickeln.

Mit solchen Gedankengängen hatte er sich auf der Suche nach weiteren Erfindungen von dem Sprengstoff „Dynamit“ getrennt. Es ist bekannt, daß er von einigen Erfindungen auf seinen Weltreisen erfahren hat. Er hörte davon, daß im Umkreis von Paris sich der französische Forscher Vieille mit einem rauchlosen Pulver beschäftigte. Ein solches Pulver war notwendig, wenn die Kanonen im Auftrieb mitziehen wollten.

Wahrscheinlich hat Alfred Nobel bei einer Industriereise nach England erfahren, daß der Engländer J. W. Hyath im Jahre 1880 das Zelluloid erfunden hatte. Zelluloid ist ein Nitrozellulose-Kunststoff, der zwar feuergefährlich, aber hochplastisch ist.

Es ist müßig, danach zu recherchieren, ob und wie Alfred Nobel das Zelluloid in seine Versuche einbezogen hat. Es ist aber wahrscheinlich, daß dieses geschehen ist. Die einschlägige Literatur vermerkt diese Tatsache auch.

Wichtiger ist dagegen die Feststellung, daß es ihm gelang, die richtige Synthese von Nitroglyzerin, Zelluloid und Kampfer zu finden, die es erlaubte, ein plastisches Pulver zu formen, mit anderen Worten: ein Pulver, das, im Gegensatz zu Schwarzpulver, mit weit höherem Leistungsvermögen beliebig, sei es in Folien und weiter in Streifen, in Würfeln, schließlich aber auch in Röhren zu formen war. Er nannte sein Nitroglyzerinpulver „Ballistit oder Nobelpulver“, auch „C 89“. Aber diese letzte große Erfindung ging, wie schon der Patentzünder, nicht in die wissenschaftlichen Annalen ein. Er, Alfred Nobel, stand zwar mit seinem Patentzünder — der als Erfindung allerdings im Jahre 1883 ablief — und seinem Nitroglyzerinpulver ganz vorne. Aber weder Frankreich noch England gönnten ihm seine Erfindung. Das Nitrozellulose-Pulver von Schönbein kam im Jahre 1887 mit dem Nobelzünder in Frankreich an. Auch die Engländer blockierten mit primitiven Variationen das neue Nobelpulver. Aber das Nitroglyzerin-Pulver „C 89“ hielt sich trotzdem bis zum

Jahre 1912. Es wurde nur wenig modifiziert und hieß dann „Ngl C 12" nach der Definition der Dynamit Nobel AG.

Alfred Nobel starb im Jahre 1896.

Die Dynastie Nobel endete im Jahre 1917, als der letzte Nobel, Herrmann, Rußland verlassen mußte.

Es ist schon einige Seiten vorher aufgeführt worden, wie weit das Nitroglyzerin in alle Bereiche der Industrialisierung eingedrungen ist. Viel zu wenig ist bekannt, daß viele Zweige der Technik wie Straßenbau, Holzbearbeitung, Werkzeugmaschinen und viele Arten hydraulischer Pumpen von den Nobels angesprochen worden sind.

Das Nitroglyzerinpulver von Alfred Nobel gewann in der Waffentechnik von 1900—1945 einen großen Stellenwert. Wir werden diesem Pulver bei der Dokumentation noch mehrfach begegnen.

Die Nobelstiftung, die letzte Tat Alfred Nobels für die Menschheit, darf und kann im Rahmen dieser Dokumentation nicht angegangen werden. Sie ist zeitlos in die Geschichte eingegangen.

Kap. II

Das Imperium Krupp

Das Imperium Krupp überdauerte 5 Generationen. Die Firma blieb von 1811, der Gründung des Unternehmens, bis zum Jahre 1967 mehr oder weniger im Privatbesitz. Friedrich Krupp gründete im Jahre 1811 eine Gußstahlfabrik. Über die Gründe, die ihn dazu bewegten, dieses Unternehmen zu starten, gibt die einschlägige Literatur eine Reihe von Hinweisen. Hier sei nur festgehalten, daß Friedrich Krupp, aus einer angesehenen Essener Familie, als Munizipalrat tätig war. Er verfügte aus dem Kreise seiner Familie über einige Geldmittel und kaufte sich einige Rezepte für den Gußstahl aus preußischen Händen — wobei nicht ausgeschlossen werden kann, daß er unseriösen Geschäftemachern aufgesessen ist. Jedenfalls, die Gußstahlgeheimnisse kamen in die Schublade.

Es war Friedrich Krupp bekannt, daß der Gußstahl — und hier müssen wir eine Definition über den damals neuen Werkstoff treffen — ein durch Erhitzen flüssig gewordener Stahl ist, der durch Gießen einer Weiterverarbeitung, sei es Walzen oder Schmieden, zugeführt wird.

Schon im Jahre 1742 hatte der Engländer Huntsman den Gußstahl erfunden, und Großbritannien hatte sich eifrig bemüht, diese neue Erfindung — die das Bronze-Zeitalter ablösen sollte — nach vorne zu bringen. Jedenfalls florierte das britische Gußstahlgeschäft bereits um 1800.

Friedrich Krupp, kein Wissenschaftler, kein Techniker, nur ein in hoher Disziplin amtierender Verwaltungsbeamter, resignierte mit seinem Gußstahlgeheimnis. Er gab im Jahre 1826 auf. Seinem Unternehmen war die Lizenz ein Jahr vorher entzogen worden. Was er hinterließ, war ein fabrikähnlicher Schuppen von mehr als 50 m Länge und 6 m Breite nebst einem Wasserrad als Antriebsquelle für eine Fabrikation, dazu sein Gußstahlgeheimnis, das er seinem ältesten Sohn Alfred offenbarte.

Überspringen wir die Zeit von 1826—1836. Es tat sich nichts in der stillgelegten Fabrik, die schon unter Friedrich Krupp nicht mehr als sechs Arbeitskräfte beschäftigt hatte. Aber die Familie Krupp war vermögend und stand die Durststrecke durch. Inzwischen war Alfred Krupp 26 Jahre alt, und auch seine Brüder Hermann und Fritz waren herangereift. Die einschlägige Literatur weist aus, daß die beiden letzteren technisch begabt waren. Sie ließen das Wasserrad als Energiequelle wieder drehen und machten sich mit Hilfe von Walzen und Prägestöcken an die Herstellung von Gebrauchsgegenständen, die zuvor nur handwerklich gefertigt wurden. Das Gußstahlunternehmen Krupp hatte bald wieder eine Lizenz, und die Fertigung von Bestecken und Münzen nahm einen unerwarteten Aufschwung. Alfred, der älteste der drei Söhne von Friedrich Krupp, ging seinen eigenen Weg. Er war ein cleverer Kaufmann und hatte ein besonderes Gespür für technische Neuerungen, auch wenn sie nicht aus seiner Firma kamen. In der Realisierung von technischen Neuheiten war er — sobald er den Wert erkannt hatte — nicht zu schlagen. Er schlug dann jedesmal die Konkurrenz aus dem Felde.

Mit dem wohlgehüteten Geheimnis über den Gußstahl der Firma Krupp war er oft und viel auf Reisen, vornehmlich nach England. Es ist nicht bekannt, aber doch anzunehmen, daß der Gedanke, in England nach dem Gußstahl zu forschen, noch von seinem Vater vor dem Ableben stammte. Doch Alfred Krupp hatte wenig Erfolg bei seinen Recherchen in England. Vielmehr kam der Gußstahl Kruppscher Prägung aus einer anderen Richtung.

Um dieselbe Zeit, als er sich um sein Stahlgeheimnis so sehr bemühte, hatte man den Gußstahl schon aufgefaßt. Folgt man der einschlägigen Literatur, so soll der erste gegossene Stahl in Formen von Robert Mayer in Bochum, also ganz in der Nähe von Essen, im Jahre 1843 hergestellt worden sein. Alfred Krupp war entschlossen, an die Idee des Stahlgusses anzuknüpfen. Sicher ist, daß Alfred Krupp bereits im Jahre 1850 einen Gußstahlblock mit einem Gewicht von ca. 2 Tonnen erstellt hat, während Robert Mayer sein bedeutsames Patent „Stahlformguß“ erst im Jahre 1851 erhielt. Der Gußstahlblock, die erste Machtdemonstration der Firma Krupp, blieb jedoch einige Jahre liegen, ehe die dynamische Entwicklung der Gußstahlfabrik anhob.

Aber Anfang 1850 war es Alfred Krupp gelungen, die ersten nahtlosen Gußstahl-Radbandagen für den Waggonbau zu entwickeln. In der Zeit des aufkommenden Eisenbahnwesens wurden solche Stahlbandagen dringend benötigt. Wenn man der

Geschichtsschreibung folgt, wurde diese Idee auch von fremder Seite an ihn herangetragen. Alfred Krupp erhielt das Patent für die nahtlosen Gußstahlbandagen im Jahre 1853.

Diese Fertigung wurde das erste große Geschäft für die Firma Krupp, das jahrzehntelang blühte.

In der Firma hatte sich im Jahre 1848 ein Umbruch vollzogen. Die Fabrik, die der Witwe von Friedrich Krupp gehörte, wurde dem ältesten Sohn als alleinigem Inhaber übertragen, während seine Mutter, seine Schwester sowie die beiden Brüder abgefunden wurden. Er, Alfred Krupp, war nunmehr der Alleinherrscher. Die Zahl der Arbeitskräfte nahm zufolge der großen Aufträge von Stahlbandagen in den nächsten Jahren erheblich zu. Auch ein Investitionsprogramm für den Ausbau der Gußstahlfabrik wurde durchgeführt. Zunächst konnte Alfred Krupp jedoch nur seinen jahrelangen Wunsch verwirklichen, ein Walzwerk zu erstellen. Bei seinen Planungen hatte er sich vielfach übernommen, so daß er fast ein Jahrzehnt in nicht abreißenden finanziellen Schwierigkeiten stand.

Die große Wende kam 1860, als Alfred Krupp den ersten großen Geschützauftrag von Preußen erhielt. Die Geschichtsschreiber haben vermerkt, daß zu diesem Zeitpunkt seine Inthronisierung zum „Kanonen-König" begann; zunächst langsam, aber dann immer schneller, ging es nach oben. Spätestens Ende 1870 stand er im Zenit seines Schaffens, nachdem sich die Kruppschen Gußstahlkanonen den französischen Bronzekanonen im deutsch-französischen Krieg als weitaus überlegen erwiesen hatten. Der Kanonen-König Krupp stand am Hofe des Kaiserreiches, das 1871 unter Kaiser Wilhelm I begründet wurde, in höchstem Ansehen. Auch eine Wirtschaftskrise, die Anfang der siebziger Jahre angehoben hatte, konnte das Imperium Krupp nur am Rande streifen.

Indessen waren weitere große Investierungen bei der Firma Krupp gelaufen. Es handelte sich um die Beschaffung von Siemens-Martinöfen, welche große Stahlchargen in einem Guß ermöglichten. Alfred Krupp konnte sich von der Stahlschmelze in Tiegeln lösen. Aber auch die Schmiedepressen nahmen immer größere Dimensionen an. Wenn man einen simplen Vergleich anstellt, so stellt sich dieser so dar, daß auf je 10 Arbeitskräfte eine Tonne Leistung der Pressen für den Gußstahl entfiel. Er bedeutet, daß bei 2000 Arbeitskräften in der Firma Krupp im Jahre 1880 Schmiedepressen von 200 t arbeiteten. Natürlich war in die sich stetig steigernde Gußstahlausbringung eine Aufstockung der metallverarbeitenden Betriebe zwangsläufig eingeschlossen. Man fing bei Krupp dann auch an, sich für eine Veredlung des Stahles zu interessieren.

Doch Alfred Krupp hatte sich übernommen. In dem Siegestaumel nach 1871, der auch seinen Feldkanonen galt, kaufte er ohne finanziellen Rückhalt alle möglichen greifbaren Unternehmungen auf. Er erwarb zunächst neue Kohlenzechen und Hochöfen. Dann kaufte er Erzgruben, kleinere Konkurrenzbetriebe und schließlich auch Transportschiffe. Er hatte erfahren, daß es in Nordspanien wertvolle Eisenerzgruben gab.

1
Alfred Nobel

2
Alfred Krupp

3
Heinrich Ehrhardt

4 Die dicke Berta

Alfred Krupp geriet in Zahlungsschwierigkeiten solcher Art, daß er ernsthaft aufgeben wollte. Aber die von ihm gegründete „Prokura“ fand stets noch Auswege bei den Finanzinstituten. Doch die Prokura konnte nicht verhindern, daß Krupp für etwa 3 Jahre unter Verpfändung des Eigentums der Firma unter Bankaufsicht gestellt wurde. Die Unterstützung der kaiserlichen Regierung fehlte nicht. Denn sie drückte — wohl einmalig im deutschen Patentwesen — die Verlängerung des Krupp-Patentes für die Herstellung von nahtlosen Stahlbandagen für weitere 10 Jahre durch. Und so war Alfred Krupp denn doch schließlich noch gerettet.

Der Firmeninhaber überließ in den letzten Jahren seines Lebens ab 1880 seiner „Prokura“ die Führung des Unternehmens. Am Ende seines Lebens war die Zahl der Beschäftigten bei der Firma Krupp mehr als 20 000.

Im Jahre 1887 nach dem Tode seines Vaters trat Sohn Fritz die Nachfolge im Krupp-Imperium an. Er residierte 15 Jahre, ein Jahr länger als sein Großvater. Er zeigte kaum Interesse für das Unternehmen, ganz im Gegensatz zu seinem Vater. Trotzdem wurde die Leistungsfähigkeit der Firma Krupp immer größer. Es gab weiter einen riesigen Aufschwung. Hierfür zeichnete die schon im Jahre 1875 bestellte Prokura, die besonders befähigte Führungskräfte aufwies. Zwar versuchte er — Fritz Krupp — zunächst die Führung an sich zu reißen, aber er resignierte bald. Er war einer solchen Aufgabe nicht gewachsen. Dagegen pflegte er die Verbindung zum kaiserlichen Hof sehr, und es gelang ihm auch, die Gunst des jungen Kaisers Wilhelm II in zunehmendem Maße zu gewinnen. Die Kanonenproduktion wurde immer umfangreicher. Man blieb in der Firma Krupp auch nicht bei Feldgeschützen stehen, die Mörser wurden immer schwerer und die Geschützkaliber immer größer. Eisenbahngeschütze schoben sich mit der Anhebung der Geschoßleistung nach Einführung des rauchlosen Pulvers immer stärker in den Vordergrund, da mit solchen Unterbauten auch der zunehmende Rückstoß der Waffe bequem aufgefangen werden konnte.

Und es galt ja auch, die offene Flanke an der Nordsee gegen Angreifer abzuschirmen; hierfür eigneten sich besonders die Eisenbahngeschütze. Im übrigen hatte ein regelrechter Rüstungsboom in allen Ländern Europas eingesetzt. Auch Amerika war von diesem Rüstungsfieber erfaßt. Die Prokura der Firma Krupp zeigte sich bei der Ausweitung des Imperiums außerordentlich geschickt, indem sie das Grusonwerk in Magdeburg — eine lästige Konkurrenz, die mit großem Erfolg Panzerplatten fertigte — in den Besitz von Krupp brachte und schließlich eine Werft in Kiel, die spätere Germania-Werft, kassierte. Es sollen bei diesen Kaufverhandlungen manche Intrigen eine Rolle gespielt haben. So wuchs sich das Unternehmen zu einem Giganten auf dem europäischen Kontinent aus. Im Jahre 1900 waren 40 000 Arbeiter bei Krupp beschäftigt. Ein großes Flottenprogramm war in Sicht. Schon bald wurde Admiral Tirpitz von Kaiser Wilhelm II beauftragt, eine starke deutsche Nordseeflotte zu schaffen. Und es war klar, daß die Firma Krupp einen großen Anteil an der Verwirklichung dieses Programms haben würde. Exzellenz Fritz Krupp starb Ende 1902. Die rechtmäßige Erbin Berta war die ältere Tochter von Fritz Krupp. Die jüngere führte bezeichnenderweise den Namen Barbara.

Die beiden folgenden Generationen des Imperiums, nämlich Berta Krupp von Bohlen-Halbach mit ihrem Mann Dr. Gustav von Bohlen-Halbach und Alfried Krupp von Bohlen-Halbach sind schon im Zeitgeschehen dieses Jahrhunderts zu sehen. Es gab Höhepunkte des Imperiums, die bis zum Ersten Weltkrieg so weit gingen, daß bei Krupp im Jahre 1910 — 100 000 Arbeitskräfte beschäftigt waren.
Und noch einmal kam ein Rüstungsboom auf Krupp im Dritten Reich zu, der zwar von der Firma Krupp nicht gewollt, aber von Adolf Hitler erzwungen wurde. Doch hierüber wird in den folgenden Kapiteln der Dokumentation berichtet.
Schließlich wurde das Unternehmen der Familie Krupp im Jahre 1967 in eine Aktiengesellschaft umgewandelt.

Der Krupp'sche Gußstahl hatte zu Beginn dieses Jahrhunderts einen hohen Stellenwert, auch im Ausland. Es war den Stahlpionieren in der Firma gelungen, einen hochwertigen Stahl zu erzeugen. Die legierten Stähle mit großer Festigkeit und hervorragender Zähigkeit waren in ständigem Vormarsch. Eines scheint unverständlich: daß bei den weitreichenden Rüstungsplanungen der Firma das Thema der schnell zunehmenden Motorisierung nicht oder kaum angekommen ist. Aber auch ein weiteres Thema wurde nicht aufgefaßt. Da war ein junger Erfinder — Ingenieur Konrad Haußner — im Dienste der Firma Gruson AG, Magdeburg, der seinen Vorgesetzten Anfang 1886 die Idee eines Rohrrücklaufgeschützes vortrug. Die Direktion war von dem Projekt gefangen und ließ zwei — die ersten Rohrrücklaufgeschütze — fertigen. Aber diese beiden Objekte gingen in dem Tauziehen zwischen Krupp und Gruson unter. Man wollte in Essen von der verrückten Idee Haußners nichts wissen. Auch nach der Übernahme von Gruson durch Krupp ließ man den Bittsteller Haußner fallen. So blieb das Rohrrücklaufgeschütz in Deutschland vier Jahre in der Schublade. Jedoch war man inzwischen in anderen Staaten Europas sehr interessiert. Zunächst die Franzosen, dann die Engländer und schließlich auch die Österreicher waren von der Idee Haußners so eingenommen, daß man heimlich die neuen Geschütze nachahmen wollte. Doch es ging nicht so schnell. Denn den Schlüssel zu diesem neuen Waffensystem hatte Haußner immer noch in der Hand. Er kam schließlich über Rheinmetall ans Werk.
Waren in dieser Zeitphase keine weitblickenden Ingenieure in der Prokura der Firma Krupp? Nein, sie war nur mit Wirtschaftlern und Finanzkräften bestellt.

Kap. III

Heinrich Ehrhardt und die Rheinmetall

Heinrich Ehrhardt wurde im Jahre 1840 in Thüringen geboren. Seine jungen Lebensjahre waren hart — er war Vollwaise — und seine Lehrjahre in einer mechanischen Werkstatt bei einem jähzornigen Meister schienen nahezu unerträglich. Er hielt denn auch seine Lehre nicht bis zum Ende durch und kam damit — bei der harten Einstellung der preußischen Verwaltungsorgane — vielfach in große Bedrängnis.

Dank der Fürsprache eines Onkels erhielt er in Zella wieder eine geordnete Arbeit in einem mechanischen Betrieb, der wie üblich mit Wasserkraft arbeitete. Schon bald regte sich in dem jungen Menschen die Neigung, schöpferisch auf technischem Gebiet zu werden.

Im Abstand von einigen Jahren bastelte er das erste Modell eines Korkenziehers, eine Vorrichtung für die Produktion von Nudeln, aber dann, was schon weiter griff, ging er Bauelemente der Maschinenindustrie an. Es waren Verbesserungen an Werkzeugmaschinen, speziell die Entwicklung von Mehrzweckstahlhaltern für die Ausrüstung von Drehbänken, Verbesserungen für Pumpenanlagen und schließlich seine Erfindung einer Handkaltsäge mit rotierendem Sägeblatt. Diese Erfindung kam ihm kurz nach der Einrichtung einer kleinen Werkzeugmaschinenfabrik. Die patentierte Handkaltsäge — sie wurde in vielen Exemplaren verkauft. Zwischendurch aber hatte sich Ehrhardt die Qualifikation eines Technikers und dann eines Civilingenieurs in mehreren Kursen erarbeitet. Erfindungen — wenn auch nicht außergewöhnliche — kamen von ihm auf dem Metallverarbeitungssektor am laufenden Band. Aber sie waren von untergeordneter Bedeutung.

Was war Heinrich Ehrhardt nun eigentlich? Versucht man eine berufliche Analyse, so kommt man zu dem Ergebnis, daß sich bei ihm technische Qualitäten allgemein, konstruktive Fähigkeit bei einer besonderen Beherrschung der Metallverarbeitung und schließlich Erfindungsvermögen in ausgesprochenem Maße vereinigten. Er selbst hat sich zu dieser Beurteilung bekannt und — nach dem Schrifttum — oft erklärt, daß ihm die kaufmännische Ader und das Denken in finanziellen Dingen gefehlt hat.

Ehrhardt kam auf seinen geschäftlichen Reisen auch in das Industriegebiet im Ruhrrevier. Er lernte den maßgebenden Chef des Hörder-Vereins, Generaldirektor Massenez, kennen. Der Hörder-Verein war in den achtziger Jahren ein Hüttenwerk für die Stahlerzeugung, wie viele andere im „Ruhrpott", schon auf hohen Touren. Aber ein Auftrag für Geschosse, der dem Verein von dem königlichen Kriegsministerium angetragen worden war, paßte nicht in das Konzept des Fabrikprogramms.

Ehrhardt wurde angesprochen, ob er nicht eine neuartige Entwicklung für solche Geschosse übernehmen wolle. Es handelte sich um ein neues Infanteriegeschoß. Die Firma Krupp, die sicherlich auch angesprochen war, hatte sich an diesem Thema nicht interessiert gezeigt. Das war verständlich, da der Trend von Krupp sich in anderen Größenordnungen bewegte als um einen Auftrag auf einige Millionen Gewehrgeschosse, der nur wenig lukrativ sein konnte. Außerdem paßte dieses neuartige Geschoß nicht in den Rahmen des großen Unternehmens in Essen. Zudem sollte es nur ein einmaliger, befristeter Auftrag sein. Er war aber so groß, daß Ehrhardt ihn selbst nicht finanzieren konnte. Doch man schätzte die technischen Fähigkeiten von Ehrhardt so hoch ein, daß der Hörder-Verein bereit war, für die notwendigen Geldmittel aufzukommen.

Der Vertrag, der nun abgeschlossen wurde, bedeutete die Sternstunde der Rheinmetall — Rheinische Metallwaren- und Maschinenfabrik. Was Ehrhardt bewegt hat, den neuen Betrieb in Düsseldorf-Derendorf aufzubauen, ist in den Annalen nicht vermerkt. Vielleicht waren es auch Zielsetzungen, die vom Hörder-Verein ausgegangen sind. Die Entscheidung zur Gründung von Rheinmetall fiel im Jahre 1889. Ehrhardt wurde Vorsitzender im Aufsichtsrat der Rheinischen Metallwaren- und Maschinenfabrik, Aktiengesellschaft in Düsseldorf.

Neben seiner kleinen Werkzeugmaschinenfabrik in Zella begann eine große weitreichende Aufgabe in Düsseldorf. Und obwohl es normalerweise nicht im Bereich eines Aufsichtsratmitgliedes liegt, sich um die technischen Belange, vor allem aber um Entwicklungsaufgaben mit einschneidender Verantwortung zu bemühen, widmete sich Ehrhardt von der ersten Stunde an den technischen Problemen — er war eben kein Wirtschaftsmann. Wie lautete eigentlich die militärische Forderung für das neue Infanteriegeschoß? Die Zeit für das einfache Hartbleigeschoß war abgelaufen. Denn mit dem Aufkommen des rauchlosen Pulvers von Nobel und seiner großen Leistungsfähigkeit war auch das einfache Hartbleigeschoß angeschlagen. Es widerstand nicht mehr den großen Beschleunigungskräften, die in dem Infanterielauf wirksam wurden. Woher eigentlich die Idee stammte, das Hartblei mit einem festen Mantel aus Stahl zu versehen, war nicht festzustellen. Wahrscheinlich aber kam sie aus einem ausländischen Bereich. Denn der Rüstungsboom jener Jahre zog alle Länder an und erstreckte sich auch auf das Infanteriegewehr und seine Munition.

Ehrhardt nahm die technische Entwicklungsaufgabe an, ein neues Infanteriegeschoß zu gestalten, das einen Metallmantel haben sollte, aber außerdem mit Blei gefüllt werden konnte. Er hatte immerhin einige Erfahrungen mit eigenen Bördelmaschinen sammeln können. Das eigentliche Thema aber war die Gestaltung einer Geschoßhülle, die in der Lage war, die großen Beschleunigungen im Infanteriegewehrlauf elastisch aufzufangen.

Nach einer großen Reihe von Versuchen, die Ehrhardt teils in der Talstraße im primitiven Betrieb, später in der Nähe der Ulmenstraße, Düsseldorf-Derendorf, durchführte, gelang ihm der entscheidende Durchbruch zur Herstellung von gelochten Infanteriegeschoßhüllen, die perfektioniert nach Maß ohne wesentliche Nacharbeit erstellt wurden. Seine ersten Erzeugnisse in Derendorf waren Kupfer-Nickelmäntel. Aber schon bald erwies es sich, daß sie zwar einen wesentlichen Fortschritt für die Infanteriemunition bedeuteten, aber doch nicht den Beanspruchungen im Gewehrlauf nach stetiger Anhebung des maximalen Gasdruckes gewachsen waren. Das Kriegsministerium verlangte schon 1890 den kupfer-nickel-plattierten Flußeisenmantel. Diese Forderung bedeutete, daß Ehrhardt sich nun bei seinen Lochversuchen auf

Stahl — lies: Flußeisen — umstellen mußte. Auch diese Entwicklungsphase gelang ihm; und so präsentierte sich das erste Weichkerngeschoß für Gewehrläufe, dem erst einige Jahre später das Hartkerngeschoß folgte. Die letztere Entwicklung lag nicht mehr bei Rheinmetall. Aber es darf festgehalten werden, daß das System der Herstellung von Geschoßmänteln nach Ehrhardt auch weiterhin erhalten blieb. Doch dann ging der Erfinder weiter. Sein Lochverfahren — lies: Preßverfahren — für die Herstellung von Infanteriegeschoßmänteln ging in der Industrie schon um. Aber er mußte das bis dahin betriebene Lochverfahren ausweiten, und kam nach einer Reihe von Versuchen, die er bezeichnenderweise in seiner Fabrik in Zella durchführte, zu dem klassischen Preß- und Ziehverfahren, das er zunächst bei der Herstellung von Hüllen für Schrapnellgeschosse anwendete. Es dauerte nicht lange, bis er dann die Herstellung auf dickwandige Hohlkörper (vornehmlich Geschoßhüllen) und zunächst dünnwandige und später auf dickwandige Hohlzylinder (Geschützrohre) ausdehnen konnte. Mit dieser Darstellung der Entwicklung des Preß- und Ziehverfahrens soll das angegangene Kapitel über Ehrhardts große Leistungen auf dem mechanischen und auch hüttenmännischen Sektor abgeschlossen werden.

Aber wie konnte es anders sein: Heinrich Ehrhardt griff auch auf die Erzeugung von Stahl über; denn oft genug hatte er erlebt, daß die für die Bearbeitung notwendigen Halbfabrikate auf dem Stahlsektor ausblieben und so der Ablauf eines geordneten Betriebsgeschehens empfindlich gestört wurde. Er entschloß sich, in eigener Regie, zusammen mit seinem Schwiegersohn Heye — er war Stahlfachmann — eine Stahlfabrik in Düsseldorf-Rath im Jahre 1892 zu errichten. Doch diese Stahlfabrik blieb nur 4 Jahre im Familienbesitz, dann wurde sie in die Rheinmetall integriert. Später entstand das renommierte Stahlwerk Rath, auf das im Verlauf der Dokumentation noch zurückgekommen wird.

Heinrich Ehrhardt — nun schon seit etwa 10 Jahren in die Fänge der Rüstungsproduktion geraten — hatte noch ein entscheidendes Erlebnis, nachdem er schon auf das 60. Lebensjahr zusteuerte. Es war das Gespräch mit Konrad Haußner. Er bot Ehrhardt die Erfindung eines Rohrrücklaufgeschützes an, das in den Grundzügen so aussah, daß der beim Schußvorgang durch die Gaskraft dem Geschütz aufgedrückte Impuls durch einen langen Rücklaufweg des Rohres gebremst werden sollte, d. h. also die Bewegungsenergie des Rohres sich stetig verringerte. Haußner hatte versucht, seine Idee bei Gruson anzubringen und dann bei Krupp vorgetragen. Hier wie dort zeigte man kein Verständnis für die große Erfindung. Aber diese ist in der Rubrik der wichtigsten Erfindungen vermerkt. Der Gedanke eines Rohrrücklaufgeschützes, dessen Vorteile ihm sofort vor Augen standen, ließ Ehrhardt eine Verbindung mit Haußner eingehen. Noch einmal witterte er für seine eigene Fabrik in Zella Morgenluft. Nur so kam es dann auch, daß die ersten beiden Feldkanonen mit Rohrrücklauf — wie es die Geschichtsschreibung ausweist — in seiner Fabrik erstellt wurden. Ehrhardt stellte diese beiden Geschütze auf der großen internationalen Ausstellung in Düsseldorf 1901 im eigenen Pavillon aus. Es ist bekannt, daß Kaiser Wilhelm II. bei dem Rundgang durch die Ausstellung auf den Pavillon von Ehrhardt aufmerksam gemacht wurde; er schloß seinen Besuch jedoch mit den Worten: „Für mich gibt es nur ein Waffenunternehmen, und dieses ist die Firma Krupp". Die ausländischen Waffenkapitäne waren jedoch anders eingestellt. Ehrhardt erhielt Geschützaufträge am laufenden Band aus England, aus Norwegen, Österreich und sogar aus Amerika. Ehrhardt konnte die große Zahl dieser Aufträge in seinem Entwicklungsbetrieb nicht verkraften und leitete sie an Rheinmetall weiter. Und damit ging die Ära der schöpferischen Persönlichkeit von Heinrich Ehrhardt zu Ende. Sein geistiges Erbe trat die Firma Rheinmetall an.

*

Es ist versucht worden, das Waffengeschehen im Ablauf der zweiten Hälfte des 19. Jahrhunderts in groben Strichen zu skizzieren. Welchen großen Einfluß die vorstehend geschilderten Erkenntnisse auf die explosionsartige Entwicklung der Waffentechnik in der ersten Hälfte des 20. Jahrhunderts genommen haben, darüber wird die Dokumentation nach diesen Eingangskapiteln Aufschluß geben.

I. ABSCHNITT

Die Waffentechnik von 1900—1918

Vorbemerkung

Um die Themen in den folgenden Kapiteln richtig aufzufassen, muß man zunächst ein wenig die politische Sphäre um die Jahrhundertwende streifen. Das deutsche Kaiserreich war in Versailles 1871 ausgerufen worden. Doch es war in den ersten dreißig Jahren noch nicht in sich gefestigt. Man hatte um 1890 die Politik Bismarcks aufgegeben — ein großes nationales Unglück — und den Nichtangriffspakt mit Rußland nicht mehr erneuert. Dann hatte sich Deutschland wenige Jahre später — verbündet mit Österreich-Ungarn und Italien — in einem Dreibund zusammengefunden. Es gab für diesen noch zwei sympathisierende Staaten: Bulgarien und die Türkei. Rumänien fühlte sich in der Rolle eines Staates mit politischem Pendelstil.
Rußland hatte nach der Kündigung des Nichtangriffspaktes durch Deutschland eine Wendung vollzogen, sich mit Frankreich und dann auch — nach den unverkennbaren deutschen Großmachtsabsichten — mit Großbritannien verbündet. So entstand die „Entente cordiale".
Die Deutschen wollten mit ihrem im Anlauf befindlichen Flottenprogramm die Nordsee öffnen. Diese Strategie mißfiel der britischen Auffassung. Das war verständlich, denn Großbritannien war eine Weltmacht mit seinem Kolonialimperium. Aber auch Frankreich, Holland, Belgien, Spanien und Portugal hielten — wenn auch in kleineren kolonialen Maßstäben — mit. Jedoch das deutsche Kaiserreich wollte

ebenfalls in der Weltpolitik mitmischen. Es gab vornehmlich in Afrika, dann aber auch im fernen Osten noch Ansatzpunkte, um sich „kolonial“ betätigen zu können.

Ein Attentat, dem der österreichische Thronfolger Franz Ferdinand Ende Juni 1914 in Sarajewo zum Opfer fiel, löste den Ersten Weltkrieg aus. Aus heutiger Sicht kann man die Folgen der serbischen Verschwörung kaum verstehen. Die Ereignisse, die eintraten, kamen Schlag auf Schlag. Zunächst war es das Ultimatum von Österreich an Serbien, das im Hintergrund von Rußland mit seinen Interessen auf dem Balkan — zunächst für die Freigabe der Dardanellen und so auch des Mittelmeeres — politisch gestützt wurde. Europa geriet in Panikstimmung. Österreich erklärte Serbien den Krieg. Rußland, dann Deutschland und Frankreich gaben die Zeichen zur Mobilmachung — und am 1. August 1914 begann der Erste Weltkrieg. Er kam so schnell, daß man noch heute die Ereignisse Ende Juli nicht verstehen kann. Den Franzosen kam die Gelegenheit der Revanche für die Niederlage 1870 recht. Der heiße Zankapfel „Elsaß-Lothringen“ fraß immer noch am Mark des französischen Volkes. Und dann stellte im Auslauf des Monats Juli Deutschland Belgien ein unannehmbares Ultimatum. Die Folge war in den ersten Tagen des Monats August die Kriegserklärung Englands an den „Zweibund“. Italien mischte bei den Ereignissen nicht mit, sondern stellte sich später 1916 auf die Seite der Entente cordiale. Schließlich sahen sich die beiden Mittelmächte mit Bulgarien und der Türkei zwanzig Feindstaaten gegenüber.

Durch die Aufgabe der Politik von Bismarck hatte sich das Kräftepotential in Europa stark verschoben. Die „Entente cordiale“ war dem „Zweibund“ mit ihren Soldaten — selbst ohne Einbeziehung der Kolonialtruppen — weit überlegen. Für Deutschland kam der Krieg — wenn er überhaupt kommen mußte — zu früh. Trotzdem glaubte der deutsche Generalstab, mit dem legendär gewordenen Schlieffen-Plan den Krieg, gestützt auf die deutschen Superwaffen der schwersten Mörser — und wenn notwendig — auch mit einer neuen Geheimwaffe erfolgreich beenden zu können.

Bei der verfehlten Außenpolitik hatte man übersehen, daß der deutsche Rüstungsboom Anfang des 20. Jahrhunderts viele europäische Staaten überzogen hatte. Mehr als die Hälfte der deutschen Waffenproduktion stand bei Beginn des Ersten Weltkrieges auf der Feindseite. Aber es gab auch auf der französischen Seite schon seit 1895 die weltweit anerkannte Militärakademie in Paris, mit solch schöpferischen Wissenschaftlern wie Charbonnier für Thermodynamik, Malaval für Geschützkonstruktionen und Vieille für Hochleistungspulver. Die Akademie sorgte dafür, daß bei den Deutschen die Bäume nicht in den Himmel wachsen konnten. Es darf hier klar herausgestellt werden, daß die französische Artillerie der deutschen um 1910 mindestens gleichwertig, wenn nicht sogar überlegen war.

Versucht man die technische Bilanz zu ziehen, so hofften die Deutschen — wenn auch im Menschenpotential unterlegen — den Krieg mit ihren kaliberstarken Geschützen zu gewinnen. Aber es kam alles anders.

In den folgenden drei Kapiteln soll aufgezeigt werden, wie in Wirklichkeit das waffentechnische Geschehen auf beiden Seiten abgelaufen ist.

Kap. IV

Die dicke Berta

Im Jahre 1906 wurden richtungsweisende Entscheidungen für eine Weiterentwicklung und eine Neuentwicklung auf dem Gebiet der schwersten Mörser durch den Generalstab und die Artillerie-Prüfungskommission des Kriegsministeriums in Deutschland getroffen.

Da wurde zunächst festgestellt, daß die Leistung des im Jahre 1897 eingeführten 30,5 cm Mörsers, bezogen auf das Tempo der rasanten Entwicklung in der Welt, völlig unzureichend war. Außerdem war nicht zu übersehen, daß die Konstruktion des Mörsers veraltet war. Zudem konnten nur etwa 1,4 m Beton mit diesem Mörser durchschlagen werden. Die Reichweite des Gerätes betrug um 7000 m. Die militärische Forderung lautete: „Reichweitensteigerung bis 12000 m und Vergrößerung der Durchschlagleistung mit Einsparung des Mörsergewichtes. Seine Beweglichkeit sollte verbessert werden". Diese letzte Forderung wurde später nicht mehr als besonders vordringlich angesehen.

Vier Jahre später konnte die Firma Krupp einen verbesserten 30,5 cm Mörser mit wesentlichen Neuerungen vorstellen. Es war ein modernes Rohrrücklaufgeschütz mit unabhängiger Zieleinrichtung. Aus diesem wurden Granaten mit rauchlosem Pulver verfeuert, das mit einer Metallkartusche in das rückwärtige Ende des Rohres, mit Schraubverschluß verriegelt, eingeschoben wurde. Bemerkenswert war aber auch, daß der Mörser im Kraftzug mit Dampflokomotive und später mit Motorzugmaschinen bewegt werden konnte. Die Durchschlagleistung gegen betonierte Ziele dürfte auf 1,6 m angestiegen sein.

Seltsamerweise ist diese technische Neuschöpfung nur in wenigen Ausführungen gebaut worden.

Die Neuentwicklung eines superschweren Mörsers mit einem Kaliber von 42 cm wurde ebenfalls im Jahre 1906 von dem Kriegsministerium in Verbindung mit dem Generalstab an die Firma Krupp vergeben. Aus dieser Entwicklung ging in zwei Stufen die „dicke Berta" hervor. In der einschlägigen Literatur nimmt dieses Geschütz eine bevorzugte Stelle ein. Es wurde vielfach als die Wunderwaffe des Ersten Weltkrieges bezeichnet. Doch die dicke Berta war keine Wunderwaffe. Wir werden in diesem Kapitel noch lesen, weshalb man ihr dieses Attribut gab.

Wenn man zunächst einmal von der Leistung des superschweren Mörsers ausgeht, so stellt man fest, daß diese nicht nur hinsichtlich der Munition sondern auch der Waffe selbst auf dem europäischen Kontinent in verschiedenen Staaten Zweitrangig beurteilt worden ist.

Nur um zwei von vielen Beispielen herauszugreifen, sei auf die schwerste Schiffskanone der Engländer mit dem Kaliber 41,3 cm L/30 aus dem Jahre 1890 und einen 24 cm Mörser M 98 der österreichischen Doppelmonarchie hingewiesen. Letzterer wurde im Jahre 1898 von der Heeresverwaltung eingeführt. Für dieses Geschütz ist bezeichnend, daß es schon eine Waffe moderner technischer Prägung war.

Es gab in Europa seit 1885 einen Rüstungsboom sondergleichen. Die beiden erwähnten Beispiele zeugen von der weit vorausgreifenden Rüstungsplanung und zeigen auf, daß die Waffenentwicklung in Europa in Bewegung geraten war. Hier soll nur aufgeführt werden, daß England mit Vickers-Armstrong, Frankreich mit Schneider-Creusot und Österreich-Ungarn mit Skoda nicht untätig geblieben waren, nachdem sich die Firma Krupp auf ihrer Marschiererstraße mit dem Gußstahl befand.

Das Patent „Stahlformguß" von Jakob Mayer, Bochum war im Jahre 1871 abgelaufen. Danach hatte eine stürmische Entwicklung auf dem Gebiet der Stahlerzeugung eingesetzt. Ergänzend ist zu der konstruktiven Lösung des 24 cm Mörsers der Firma Skoda noch zu sagen, daß dieses Unternehmen verblüffend schnell die Idee eines Rohrrücklaufgeschützes auffaßte, die sich in Deutschland nur zögernd durchsetzte.

Ein Hauptproblem bei der sich rasant abzeichnenden Entwicklung der neuen Schußwaffen lag bei der Herstellung der Geschützrohre, die dem immer stärkeren Ansteigen des Maximalgasdruckes gewachsen sein mußten. Hier darf vermerkt werden, daß Krupp die Herstellung von Geschützrohrteilen meisterhaft „in einem Guß" beherrschte. Es sollte auch anerkannt werden, daß die Rohrkonstruktionen von Krupp als die solidesten auf dem Kontinent gegolten haben.

Aber kommen wir wieder auf das Thema der „dicken Berta" zurück. Im Jahre 1908 hatte die Firma Krupp eine superschwere Haubitze vom Kaliber 42 cm als Eisenbahngeschütz — wie konnte es auch anders sein — dem Kriegsministerium angeboten, die in der Lage sein sollte, den Sperriegel der französischen Befestigungen zu zerschlagen. Diese Grenzbefestigungen mit der tief gestaffelten Abwehrfront, die bis in die Ardennen reichte, zogen sich von Belfort — Epinal — Toul — Verdun bis Maubeuge hin.

Der 42 cm Mörser — auch Gamma Gerät genannt — entsprach den Vorstellungen des Generalstabes. Das Gamma Gerät, ein Riesenkoloß mit einem mehr als 10-fachen Gewicht des neuen 30,5 cm Mörsers, hatte in der Feuerstellung ein Gewicht von rd. 140 t. Es wurde in sechs Lasten von je 20 t auf besonderen Eisenbahnfahrgestellen „schienengebunden" bis an eine vorbereitete Feuerstellung mit ausgehobener Grube gefahren. Weitere 20 t wurden für Bettung, Hebekran und Munitionsaufzug benötigt. Wie sich der Generalstab einen wirkungsvollen Einsatz dieses Ungeheuers gedacht hat, ist unerfindlich geblieben. Bei einer Reichweite von 14 000 m lag es im Bereich der französischen Feldartillerie; dieser Mörser wäre bald ausgemacht worden, auch wenn zur Sicherung eigene deutsche Artillerie herangezogen worden wäre. Das Gamma Gerät ist im Jahre 1912 eingeführt worden. Über einen wirkungsvollen Einsatz der vier Eisenbahngeschütze ist nichts bekannt geworden.

Noch während der Entwicklung des Gamma Gerätes forderte die Artillerie-Prüfungskommission, einen schwersten Mörser des Kalibers 42 cm so zu gestalten, daß er in Einzellasten auf den Landstraßen bewegt werden konnte. Es war ein guter Entschluß der APK, auf die jüngere Schwester des Eisenbahngeschützes — das M-Gerät — umzusteigen und so die „dicke Berta" frontreif zu machen. Allerdings konnte auch die APK nicht verhindern, daß eine starke Einbuße in der Leistung dieser neuen Haubitze — trotz der Anwendung des Rohrrücklaufes — gegenüber dem Gamma Gerät in

Kauf genommen werden mußte. Die Reichweite ging auf 9 300 m zurück. Das Gewicht der Betongranate mußte reduziert werden. Letztere Maßnahme wurde jedoch dadurch kompensiert, daß eine neue Geschoßform mit besseren ballistischen Eigenschaften gestaltet worden war. Im Zuge dieser Entwicklung konnte auch die Durchschlagsleistung bei der Bekämpfung von Betonzielen verbessert werden. Die Granate mit einer Mündungsgeschwindigkeit von 330 m/s flog im transsonischen Bereich, jedoch mit überraschend guter Schußpräzision. Die Geschützleistung war knapp 50 % gegenüber dem Eisenbahnmörser.

Nach den Unterlagen von Justrow konnte die „dicke Berta“ in Räderlafette mit Radgürteln mittels Motortraktor auch in wenig passierbarem Gelände in die Feuerstellung gefahren werden. Sie wurde in 4 Lasten mit der Aufteilung Rohr — Lafetten — Geräte — Sporn bzw. Wiegenwagen auf Straßenfahrzeugen bewegt. Sie hatte in der Feuerstellung ein Gewicht von 32 t. Dieses Gewicht war knapp ein Viertel der Eisenbahnhaubitze. Berücksichtigt man außerdem, daß der personelle Aufwand von Offizieren, Ingenieuren, Technikern und Mannschaften sehr gering — um eine Kompaniestärke — war, so erhellt hieraus der große taktische Wert der neuen Superwaffe. Zwei Nachteile mußte das M-Gerät in Kauf nehmen: das kleine Seitenrichtfeld von 20°, das je nach Einsatzbedingungen nicht ausreichen konnte und das unzureichende Durchschlagvermögen der Granaten bei stockwerkgestaffelten Sperrforts. Die Franzosen hatten es sich einfallen lassen, in einigen Abwehrforts unter Ausnützung des sich anbietenden Geländes in den Ardennen, ihre Sperrforts in Stockwerken, im Aufbau ähnlich der Bauweise bei Panzerschiffen mit Oberdeck, Zwischendeck, für die Lagerung der Munition auszulegen. Allerdings blieben die besonders angelegten Sperrforts — nur wenige an der Zahl — vornehmlich auf die Umgebung von Verdun als Eckpfeiler beschränkt, der uneinnehmbar sein sollte und wurde. Die Betongranaten des M-Gerätes detonierten denn auch im „Zwischendeck“ mangels geeigneter Ausbildung des Verzögerungszünders, ohne größeren Schaden anzurichten.

Die „dicke Berta“, vielfach die deutsche Wunderwaffe des Ersten Weltkrieges genannt, hat, obwohl sie nur achtmal gefertigt wurde, sich in ihrem Einsatz glänzend bewährt, wenn sie auch nicht alle Sperrforts bezwingen konnte. Selbst auf der Feindseite war man von ihr sehr eingenommen und man hat sie kurzzeitig — mit einigen Änderungen — nachgebaut. Wir werden dem Nachfolgetyp der Gamma-Haubitze, dem Vorläufertyp der „dicken Berta“, unter anderen technischen Bedingungen im zweiten Abschnitt der Dokumentation wieder begegnen.

Worin bestand nun der Ruhm der „dicken Berta“ in den Kriegsjahren 1914—18? Die außerordentliche Bedeutung dieser superschweren Haubitze ging weltweit um. Man dichtete ihr vielfach Leistungen an, an denen sie nicht beteiligt war. Aber bei solch eingestreuten Nachrichten stoßen wir auf ein Thema, das sich erst in den 30er Jahren unseres Jahrhunderts stellte, nämlich auf die psychologische Kampfführung. Sie ist heute ein unumstößlicher Begriff bei Auseinandersetzungen zwischen Staaten, die sich gegenseitig bekämpfen. Schon in der Propaganda hat sie bei Auseinandersetzungen ein gewichtiges Wort. Damals gab es sie noch nicht; der Rundfunk wurde erst 1923 in Deutschland bekannt. Aber es gab die Landser, die Soldaten, welche die „dicke Berta" erlebten. Sie marschierten mit ihr, sie sahen die vier Ungetüme eines Riesengeschützes, die sich mit ihnen auf der Landstraße bewegten und Schritt hielten. Man raunte zunächst nur von dem großen Kaliber dieser Haubitze, man erfuhr von ihren großen Leistungen und sie zog immer mit, ob im Westen oder im Osten. Nachrichten gingen in die Heimat und man konnte lesen, daß die „dicke Berta" — die Wunderwaffe — imstande sein würde, den Krieg zugunsten der Deutschen erfolgreich zu beenden. Mitte 1916 verstummte aber der Siegesrausch mit dem Wundergeschütz. Es traten Ereignisse in dem mörderischen Geschehen ein, die den Krieg entscheidend beeinflußten.

Es ist eine alte Erfahrung, daß Waffen nur eine begrenzte Standzeit haben. Ende des 19. Jahrhunderts betrug sie noch 20 Jahre, je nach Qualifikation. Heute schrumpft diese Standzeit. Sie betrug bei der „dicken Berta" 2 Jahre. Das nächste Kapitel wird uns über die Standzeit einer besonderen Waffe Aufschluß geben.

Die Aufgabe, Befestigungen zu knacken, war außerdem auf Grund technischer Fortschritte in der Bauweise noch schwieriger geworden, nachdem auch schon die armierte Betondecke angekommen war. Es ist bekannt, daß die „dicke Berta" ihre Aufgabe bei dem Einsatz gegen das Fort Douaumont nicht lösen konnte. Das Fort trotzte allen Angriffen der Deutschen. Doch diese Kritik soll der Leistung der schweren Mörserhaubitze keinen Abbruch tun. Denn zu allen Zeiten gab es das nie versiegende Thema von Angriff- und Verteidigungskonzept, wobei das Pendel je nach Kampfmitteln nach der einen oder anderen Seite schlug.

Im Vorlauf der „dicken Berta" stand der schon erwähnte, technisch hervorragend gelöste 30,5 cm Mörser aus den Jahren 1908—1910. Er war das Modell für die superschwere Haubitze. Den waffentechnischen Konstruktionsregeln entsprechend stieg das Gerätegewicht des M-Mörsers auf die dreifache Größe an. Eine Aufteilung in Einzellasten — wie schon erwähnt — war notwendig, um Brücken und schlechte Straßen passieren zu können. Es kann kein Zweifel darüber bestehen, daß die neue superschwere Haubitze im ersten Jahrzehnt des 20. Jahrhunderts eine großartige Leistung der Kruppschen Artillerieentwicklung dargestellt hat. Doch nun wollen wir dem Einsatz dieser Waffe im Ersten Weltkrieg folgen.

Die „dicke Berta" wurde schon in den ersten Tagen, also im August 1914, gegen ein Fort der belgischen Festung Lüttich eingesetzt. Sie bestand ihre Feuertaufe. Den Nachrichten zufolge hat sie entscheidend zum Fall der Festung beigetragen, nachdem sie zwei Forts niedergekämpft hatte. Es folgen dann die weiteren Einsätze in Richtung Namur, Antwerpen, Longwy, Manonviller und schließlich Verdun. Manonviller, ein sehr starkes französisches Sperrfort, wurde mit mehr als 100 Schuß Betongranaten außer Gefecht gesetzt. Aber die „dicke Berta" wurde während des Ersten Weltkrieges auch im Osten gegen Befestigungen eingesetzt, so bei Przemysl, Pultrusk, Grodno, Nowo-Georgeorsk und Kowno. Dagegen scheiterte die „dicke Berta" bei der Kampffestung Verdun. Die Beschießung gelang nur insofern, daß die Vorpanzerung des Forts durchschlagen wurde. Aber es kam nicht zur Kapitulation des Forts durch die Franzosen.

Kap. V

Die Wunderwaffe des Ersten Weltkrieges

Der Leser wird nicht wenig überrascht sein von der Überschrift dieses Kapitels. Es hat tatsächlich im Ersten Weltkrieg schon eine Waffe gegeben, die den auf dem Erdball vorliegenden Erkenntnissen der Schußwaffentechnik weit vorausgeeilt ist. Mit vollem Recht kann diese Waffe, nämlich das Pariser Ferngeschütz, als eine Wunderwaffe der damaligen Zeit angesehen werden, wie man als solche auch die Waffen V 1 und V 2 im letzten Weltkrieg bezeichnen konnte. Davon konnte die Pariser Bevölkerung ein Lied singen, als es im Jahre 1918 eines Tages wie ein Blitz aus heiterem Himmel in den verschiedenen Stadtteilen einschlug. Die Bestürzung in jenen Tagen war riesengroß. Man stand vor einem unfaßbaren Ereignis. Zwar gab es damals auch schon die ersten Militärflieger, aber die Detonationen, die allenthalben eintraten, rührten nicht von kleinen Bomben her, die es damals schon gab. Flugzeuge wurden nicht beobachtet. Es gab also auch keinen Fliegeralarm, den man schon kannte. Die Detonationen waren viel zu stark; sie konnten nicht von Bomben herrühren. Außerdem durchschlugen die Sprengkörper mehrere Stockwerke, ehe sie detonierten. Sofort waren Feuerwehrkommandos in den einzelnen Stadtteilen unterwegs. In der Nähe der Sprengherde stellte man dicke Stahlsplitter fest. Man fand Bandstücke aus Kupfer. Manche Stahlsplitter hatten ein merkwürdiges Aussehen, das man nicht erklären konnte. Sie zeigten auf der gewölbten Oberfläche Stege in einer Rippenform und diese Stege standen seltsam schräg auf der äußeren Oberfläche der Splitter. Ganz Paris war in heller Aufregung. Schon wieder hatte es eingeschlagen. Einmal war es in dem einen, dann in dem anderen Stadtteil. Und seltsam, solche Einschläge wurden in regelmäßigen Zeitabständen beobachtet. Die Aufregung ging langsam in eine Panikstimmung über. Niemand wagte sich auf die Straße. Was bedeutete dies alles?

Fieberhaft arbeiteten die Einsatzstellen an der Klärung der Ursache dieser seltsamen Detonationen. Der Befund ergab immer das gleiche Bild über die Art der Stahlsplitter und Kupferbandfetzen. Man fand letztere auch in Rillen von Stahlsplittern eingesetzt. Bald war klar, daß es sich um ein Geschoß handeln mußte, das in regelmäßigen Zeitabschnitten in Paris einschlug. Aber woher kam das Geschoß? Die bösen Deutschen waren schon zu vielem fähig, aber die Front verlief doch 100 km nördlich von Paris. Und Geschosse mit solchen Reichweiten gab es nicht. Selbst die schwersten Marinegeschütze, deren Geschosse eine Geschwindigkeit von tausend Metersekunden hatten, kamen höchstens vierzig Kilometer weit.

Die erste Reaktion war die, daß eine deutsche Artillerieabteilung sich irgendwo unsichtbar hinter den eigenen Linien oder gar im rückwärtigen Land befand und von dort aus Paris beschoß. Aber wie war dies möglich? Diese Abteilung, selbst wenn sie in französischen Uniformen verkleidet war, mußte doch irgendwo aufgefallen sein. Schließlich mußte es sich doch um ein großes Geschütz handeln, dessen Kaliber etwa zweihundertzehn Millimeter betrug. Allein, alles Suchen nach diesem deutschen

Geistergeschütz auf eigenem, vom Feind unberührten Territorium, blieb vergebens. Und dann wußte man es. Die Deutschen besaßen eine Wunderkanone, die weiter als hundert Kilometer schoß. Unheimlich war die Erkenntnis, unvorstellbar waren diese Auswirkungen des Beschusses von Paris, der am Lebensmark dieser großen Stadt fraß. Wie lange würden die Pariser diese ungeheure physische Belastung durchhalten? Man mußte den Standort dieses Ferngeschützes feststellen und ein tollkühnes Unternehmen starten, um dieses Wundergeschütz zu zerschlagen.

Die französischen Geschützexperten rätselten an der Lösung der deutschen Wunderwaffe und kamen zu unvorstellbaren Abmessungen für das Gerät. Das Geschoß mußte eine Mündungsgeschwindigkeit von mehr als zweitausend Metersekunden haben. Aber eine solche Geschoßgeschwindigkeit verlangte ein Rohr, das die Länge eines Güterzuges hatte. Oder hatten die deutschen Nitrochemiker ein neues Treibmittel erfunden? Wie konnte man überhaupt solche Rohre fertigen? In jedem Falle mußte diese Wunderwaffe ein Ungetüm von gigantischen Ausmaßen haben. Die Experten konnten nicht ahnen, daß man auf deutscher Seite auf ein ballistisches Phänomen gestoßen war, das des Rätsels Lösung für die Schaffung der Wunderwaffe bedeutet hatte.

In jenen Tagen lief der deutsche Nachrichtendienst in Paris, der für das Unternehmen der Wunderwaffe eigens organisiert worden war, und der seine Meldungen verschlüsselt nach Deutschland gab, auf Hochtouren. Die Stadt Paris war in lauter Planquadrate eingeteilt. Jeweils zwei Stunden nach dem Abschuß einer Parisgranate war die Meldung in der Feuerstellung, wo das Geschoß eingeschlagen hatte. Bange Stunden und Tage erlebte die Pariser Bevölkerung, deren Nerven auf das Äußerste angestrengt waren. Doch seltsam, nach den ersten Tagen, in denen regelmäßig ein Geschoß nach zwei bis drei Stunden einschlug, wurde das Feuer langsamer. Es kamen weniger Schüsse in Paris an. Und dann konnte die Bevölkerung ein wenig aufatmen. Das Feuer auf Paris war eingestellt. Das dauerte ein paar Tage, dann begann der nervenzerrüttende Beschuß wieder in ähnlicher Art wie bei dem ersten Mal. Dann wurde es wieder still. Die Bevölkerung konnte aufatmen. Man fragte sich, die Regierung, die Waffenexperten und die Bevölkerung, was war geschehen und was geschieht weiter?

Es sei zunächst die Vorgeschichte der Wunderwaffe des Ersten Weltkrieges gegeben, der eine kurze Beschreibung des Pariser Ferngeschützes folgt, um dann zu der entscheidenden Beantwortung der Fragen zu kommen, deren Beantwortung so schwer auf dem ganzen französischen Volk lag.

Der Vormarsch der deutschen Truppen auf Paris im Spätherbst 1914 war durch das „Wunder an der Marne“ zum Stehen gebracht worden. Die kühn geführten Angriffsoperationen in Richtung auf Paris hatten sich durch die Zurücknahme des rechten Flügels festgefahren. Die Front war erstarrt, der typische Stellungskrieg mit ausgeworfenen Gräben und rückwärts gestaffelten Auffang- und Reservestellungen hatte begonnen. Eine solche Verteidigungsart hatte in hunderten von örtlich geführten kleineren Angriffen auf beiden Seiten eine stetige Ausweitung erfahren, so daß Offensivpläne der einen wie der anderen Seite nur geringe Auswirkungen auf Erfolg erwarten ließen. Die Luftwaffe steckte in ihren Anfängen. Sie war für den operativen

Einsatz zur Auflockerung des Stellungskrieges noch nicht geeignet. Die französische Abwehrfront in Elsaß-Lothringen zeigte ihre Bewährungsprobe. Hunderttausende von Menschen verbluteten im Kampf um Verdun. Riesige Materialmengen wurden von beiden Seiten in die Schlachten geworfen. Der geringe Geländegewinn aber war bei solchen Schlachten nur auf wenige Quadratkilometer beschränkt. Im Gelände verschwand der ungeheure Munitionsaufwand. Er konnte nicht mehr erreichen, als das Grabensystem um einige tausend Meter zu verlagern.

In diesem Zeitpunkt sannen die beiden kriegführenden Parteien auf neue Kampfmittel, um den Gegner entscheidend zu treffen.

Man suchte also neben den normalen, nach den Erfahrungen der Truppe verbesserten Geräten, welche die Front aufbrechen konnten, nach neuen Kampfmitteln, um den Gegner entscheidend zu schwächen.

Sowohl bei dem deutschen als auch bei dem englischen Generalstab lagen Pläne für die Konstruktion eines gepanzerten, geländegängigen und mit einer Kanone versehenen Fahrzeuges vor. Dieser Vorschlag der Konstrukteure fand auf deutscher Seite nur wenig Verständnis. Man hielt die geringe Beweglichkeit solcher Fahrzeuge für einen großen Nachteil und glaubte, daß diese durch Nahkampfmittel und Artillerie schnell ausgemacht würden. Als die deutsche Kriegsführung sich nach vielen Vorstellungen weitsichtiger Offiziere endlich bereitfand, solche bewaffneten Panzerfahrzeuge bauen zu lassen, war es zu spät. Die englische Kriegsführung hatte in Verbindung mit ihrem amerikanischen Verbündeten insgeheim eine große Anzahl von gepanzerten Fahrzeugen fertigen lassen, die in der berühmten Panzerschlacht bei Cambrai das deutsche Verteidigungssystem erstmalig ins Wanken brachten und tiefe Einbrüche in die Frontstellungen vollzogen.

Die deutsche Kriegsführung war bei der Schaffung neuer technischer Kampfmittel andere Wege gegangen. Wenn auch der entscheidende Vorstoß auf Paris an der Marne gescheitert war, so hatte man das Ziel, die französische Hauptstadt anzugreifen, nicht aufgegeben. Man erhoffte, durch Einbeziehen der französischen Hauptstadt in das Schußfeld, eine entscheidende Wendung im Verhalten der kriegsmüden französischen Bevölkerung der Hauptstadt.

Der Gedanke, die Hauptstadt Paris in das Schußfeld der deutschen schweren Artillerie einzubeziehen, wurde durch das Projekt eines Ferngeschützes gestützt, das die damals maßgebenden Herren der Artillerieentwicklung bei Krupp, Direktor Prof. Rausenberger und Prof. Dr. v. Eberhard gemeinsam ausgearbeitet hatten. Direktor Rausenberger war Leiter der Geschützkonstruktionsabteilung, Prof. Dr. v. Eberhard Leiter der ballistischen Abteilung.

Nach dem Stand der Waffentechnik schien es um das Jahr 1912 unmöglich, Geschütze mit Reichweiten von mehr als 50 km zu bauen. Die schweren Küstengeschütze der Marine, mit einem Kaliber von 38 cm, erreichten eine Schußweite von rund 40 km. Trotz dieser Erkenntnis hatte eines Tages das Geschoß eines Kruppschen Marinegeschützes wesentlich weitergereicht, als es normalerweise hätte fliegen dürfen.

Wie üblich hatte auf dem Kruppschen Schießplatz ein Versuchsschießen mit einem 28 cm-Geschütz stattgefunden. Bei einem Schuß hatte die Geländebeobachtung den

Geschoßeinschlag nicht feststellen können. Am Tage darauf erschien ein weit außerhalb der Sperrzone des Schießplatzes ansässiger Bewohner des Emslandes, soweit bekannt, war es der Pfarrer einer kleinen Gemeinde und teilte der Schießplatzverwaltung mit, daß in seinem Garten ein Geschoß angekommen sei. Man möge es umgehend ausbuddeln lassen, denn er fühle sich in seiner Haut nicht mehr sicher. Zuerst hat der Schießplatzkommandant den Pfarrer nicht ernst genommen. Nachdem derselbe aber mehrfach versichert hatte, daß seine Angaben der Wahrheit entsprächen, sagte der Kommandant zu, so schnell wie möglich herauszukommen, um das besagte Geschoß mit seinen Leuten abzuholen. Man kam und grub tatsächlich ein Geschoß aus; es stellte sich heraus, daß das Geschoß dem Marinegeschützkaliber entsprach, aus dem tags zuvor geschossen worden war. An der Geschoßnummer erkannte man ferner, daß es sich um jenen Schuß handelte, der von dem Geländetrupp nicht beobachtet worden war. Sofort wurde durch den Schießplatzkommandanten die Leitung des Artilleriekonstruktionsbüros von dem Vorkommnis verständigt. Am Tage darauf war sie auf dem Schießplatz in Meppen. Man wollte den ganzen unwahrscheinlichen Sachverhalt noch einmal an Ort und Stelle dargestellt wissen. Es gab keinen Zweifel, der nicht beobachtete Schuß war zweifellos jenes Geschoß, das etwa 10 km weitergeflogen war.

Dr. v. Eberhard, der führende Ballistiker seiner Zeit, der Wissenschaftler, der sich um die Klärung der Gesetzmäßigkeiten des Geschoßfluges für den lufterfüllten Raum große Verdienste erworben hat, der die Widerstandskoeffizienten verschiedener Geschoßformen theoretisch aufgeschlossen, die Teilbogenberechnung der Flugbahnen zur Erhöhung der Genauigkeit der Flugbahnberechnung vorgeschlagen und bei den Kruppwerken eingeführt hatte, stand vor einem Rätsel. Wie war es nur möglich, daß ein Geschoß mit definierter Anfangsgeschwindigkeit, dessen größte Reichweite durch das Treffbildschießen eindeutig belegt war, nun plötzlich um 20 % weiterflog? Er ging die einzelnen Phasen der Flugbahnberechnung immer wieder durch. Er versuchte neue Ansätze. Alles war umsonst. Die Problematik dieses Schusses wurde immer unerfindlicher.

Eines Tages prüfte er wiederum die einzelnen Teilbogenberechnungen der Flugbahn des Geschosses nach. Es fiel ihm auf, daß, je höher die Anfangsgeschwindigkeit eines Geschosses war, die Flugbahnkurve umsomehr von der Form der Wurfparabel abwich und die Verzerrung der Bahnkurve auf dem aufsteigenden Ast der Flugbahn um so größer wurde. Er verglich außerdem die unterschiedlichen Verzerrungen der Flugbahnen bei verschiedenen Kalibern, aber sonst gleichen Schußleistungen und plötzlich erkannte er die Problematik des ungeklärten Schusses. Er folgerte daraus dies: Man muß das Geschoß so schnell wie möglich aus der großen Luftdichte in der Nähe des Erdbodens heraustreiben, dann verliert es nicht so viel von seiner Anfangsgeschwindigkeit. Und wenn man dann außerdem auch noch den Abgangswinkel des Geschosses beim Verlassen der Rohrmündung richtig wählt, so daß das Geschoß in größerer Höhe mit noch größerer Geschwindigkeit den für die große Geschoßweite erforderlichen Bahnwinkel von fünfundvierzig Grad zur Horizontalen besitzt, dann muß die Schußweite größer werden, als bisher bekannt.

Sofort wurden nach dem Teilbogenverfahren mehrere Bahnen für das Geistergeschoß bei größerem Abgangswinkel als fünfundvierzig Grad durchgerechnet und siehe da, die maximale Schußweite wurde bei einem Abgangswinkel von etwa fünfundfünfzig Grad festgestellt und entsprach derjenigen bis zur Fundstelle im Garten des Pfarrers.

Ein neues Schießen wurde angesetzt. Die Schießplatzlänge reichte für Entfernungen bis zu der genannten Dorfgemeinde nur unter Beobachtung besonderer Sperrmaßnahmen mit einer Verschwenkung der Schußbahn in unbesiedeltes Gelände aus. Nun wurde die große Schußweite wissenschaftlich exakt geschossen.

Ein Richtkanonier hatte zwar durch ein Versehen in der Einstellung des Aufsatzes für das Rohr einen Schuß aus dem Treffbildschießen herausgerissen, aber durch seinen Fehler den Gedankenflug für die Darstellung von großen und größeren Schußweiten ermöglicht. Natürlich hatte der Richtkanonier seinen Richtfehler niemals eingestehen können, da er ihm nicht bewußt unterlaufen war. Die Höhenrichtmaschine besaß keine Selbsthemmung, so daß das Rohr nach seinem Rücklauf durchschlug. Die Kontrolle des abgegebenen Schusses war so unmöglich geworden.

Es galt, die neue ballistische Erkenntnis zu verwerten. Als der deutsche Generalstab dann im Kriege die Schußweite von hundertzwanzig Kilometern verlangte, konnten die leitenden Persönlichkeiten der Firma Krupp, die Professoren Dr. v. Eberhard und Rausenberger ein solches Projekt vorlegen. Das Geschoß mußte eine sehr hohe Anfangsgeschwindigkeit besitzen. Es wurde auf dem ersten Teilstück der Flugbahn steil in die Höhe gejagt und konnte dann in einer Zone geringer Luftdichte fast die Flugbahn erfliegen, die es im luftleeren Raum erreichte. Nach einer Reihe von ballistischen Berechnungen schälte sich als technische Grundforderung für das Pariser Ferngeschütz ein 21 cm-Geschoß mit einer Mündungsgeschwindigkeit von mindestens 1650 m/s heraus. Es war nicht einfach, das Kaliberoptimum mit einer ausreichenden Wirkung des Geschosses im Ziel in Einklang zu bringen. Man wollte nicht nur ein Geschoß nach Paris in Bewegung setzen, sondern dieses sollte auch über die genügende Wirkung im Ziel verfügen, damit man der strategischen Forderung des Generalstabes auch entsprach. Zweifellos hätte man ein größeres Geschoßkaliber mit kleinerer Mündungsgeschwindigkeit und größerer Zielwirkung vorschlagen können, aber die Abmessungen des Geschützes wären dann in solche Dimensionen gestiegen, daß man sie in den Werkstätten nicht hätte verwirklichen können. Von solchen Überlegungen mußte die Leitung der Artillerieabteilung bei Krupp ausgehen, um das Projekt schnell frontreif zu machen. Man einigte sich dann endgültig auf das 21 cm-Kaliber, bei der die schwersten Schmiedepressen der Firma Krupp für die Herstellung der großen Rohrblöcke mehr als ausgelastet waren.

Die Darstellung einer Geschoßgeschwindigkeit von 1650 m/s bereitete innenballistisch sehr große Schwierigkeiten. Das Geschoß erhielt eine Stahlleistenführung, denn eine normale Kupferführung reichte bei den großen Leistenkräften, die auf das Geschoß übertragen werden mußten, nicht aus. Die Drall-Leisten, 8 Stück an der Zahl, erstreckten sich nahezu über die ganze Länge des zylindrischen Geschoßteiles und waren entsprechend dem für das Rohr gewählten gleichförmigen Drall angestellt.

5 Aufmarsch und

6 Ende britischer Tanks im Ersten Weltkrieg

7 Waffenschmiede Düsseldorf

8 Anschießen auf Kreuzer Köln / Ing. Isenberg - Sandner

Aus aerodynamischen Gründen wurde die Geschoßspitze sehr schlank gehalten und der Geschoßboden war als konischer Zapfen ausgebildet. Die Abdichtung des Geschosses gegen den Austritt von Pulvergasen zwischen Rohrwandung und Geschoßmantel im Rohr geschah durch einen schmalen, in den Geschoßmantel radial eingesetzten Kupferring. Die Bearbeitung eines solchen Geschosses war sehr schwierig und nur vertretbar, weil es sich um ein Sondergeschoß handelte. Es mußten sehr geringe Toleranzen verlangt werden. Vor allen Dingen mußten die Drall-Leisten sehr genau gearbeitet bzw. eingesetzt sein, wenn das Geschoß im Rohr gut geführt sein sollte.

Das Laden solcher Geschütze war sehr umständlich, denn infolge der Drall-Leistenkonstruktion mußten die Geschosse in den Beginn der Züge eingefädelt werden. Mit einer besonders konstruierten Ladeschale wurde das Geschoß beim Einschieben in den Ladungsraum gewissermaßen vorgerichtet. Der Ladungsraum war so ausgebildet, daß an dem Beginn des gezogenen Teiles die Züge verbreitert waren und konisch zuliefen. Das Geschoß wurde soweit in den Ladungsraum eingeschoben, bis die Drallführungsleisten in die Züge eingefädelt waren. Das Ansetzen des Geschosses war erreicht, wenn der Dichtungsring zur Anlage kam.

Um die große Anfangsgeschwindigkeit des Geschosses zu erreichen, war eine große Pulverladung erforderlich. Ihr Gewicht war etwa dreimal so groß wie das Geschoßgewicht. Man hatte Sorge, daß die Ausbrennungen im Geschützrohr groß werden würden. Diese Sorge war nicht unberechtigt. Infolgedessen hatte der Direktor der Entwicklungsabteilung der Pulverfirma, Direktor Dr. Duttenhöfer vom Nobel-Konzern ein rohrschonendes, kalorienarmes Nitroglyzerinpulver mit etwa 825 kg cal. vorgeschlagen, das auch angenommen wurde.

Es sind 2 Ferngeschütze gebaut worden und zum Einsatz gekommen. Es kann aber auch so gewesen sein, daß nur eine Lafette gebaut worden ist, für welche zwei Rohre gefertigt worden sind, die wahlweise in die Lafette eingebaut werden. Dies ist aber nur von untergeordneter Bedeutung.

Es war ein Eisenbahngeschütz, bei dem der Rückstoß über die Bremsen auf das mächtige Schienenfahrgestell abgeleitet wurde, das mit seiner ganzen Trägheitsmasse die Bremskraft aufnahm, im langsamen Tempo etwas zurücklief und gepuffert aufgefangen wurde. Das riesige Geschütz wurde dann wieder in die Ausgangsstellung zurückgefahren.

Das Rohr hatte eine Länge von etwa vierzig Metern. Sein Durchhang war so groß, daß derselbe durch eine Rohrtragekonstruktion in Form eines Hängewerkes ausgeglichen werden mußte. Rohr und Oberlafette wurden in der vorbereiteten Feuerstellung montiert. Das Rohr wiederum bestand aus mehreren Teilen und wurde am Ort des Beschusses zusammengesetzt. Das ganze Geschütz also und das fahrbare Bettungsgestell sind im einzelnen auf dem Schienenstrang gefahren worden bis in die vorbereitete Bahnfeuerstellung. Das schußbereite Pariser Ferngeschütz hatte ein Gewicht von eintausend Tonnen.

Die Feuerstellung mußte gut getarnt werden; denn im Jahre 1916 gab es schon eine Flugzeugaufklärung. Im ausgedehnteren Bereich der Feuerstellung war eine Anzahl von mittelschweren Geschützen in Stellung gebracht, welche gleichzeitig mit dem

Ferngeschütz feuerten. Die Abfeuerung aller Geschütze erfolgte elektromagnetisch von einem Feuerleitstand. Das Gruppenfeuer war notwendig, damit die Schallortung des Gegners unwirksam blieb.

Nunmehr werde auf den Anfang dieses Kapitels wieder zurückgegriffen mit der Fragestellung der Franzosen, was wohl die Veranlassung gegeben hatte, daß die Deutschen das Feuer auf Paris eingestellt hatten.

Es konnte viele Gründe geben. Die naheliegendste Annahme war, daß das Ferngeschütz in seinen Funktionen gestört war. Immerhin handelte es sich um eine ganz neue Konstruktion, die nicht genügend erprobt war und nun im Einsatz entscheidende Fehler zeigen konnte. Oder war es ein tollkühnes Unternehmen einer französischen Spezialtruppe, welche durch die feindlichen Linien durchgebrochen war und das Ferngeschütz durch eine Minenladung hatte hochgehen lassen? Oder hatte der französische Spionagedienst es irgendwie fertiggebracht, das Geschütz kampfunfähig zu machen?

Tatsächlich lag der Grund, weshalb das Ferngeschütz nach dem erfolgreichen Angriff auf Paris das Feuer einstellen mußte, im Gerät selbst oder besser in der geringen Dauerstandfestigkeit des Rohres begründet. Die deutschen Waffenexperten hatten zu geringe Erfahrung über die Lebensdauer eines Geschützrohres, das eine so große Schießleistung herzugeben hatte.

Schon nach 15 bis 20 Schuß fiel die Leistung des Geschützes merkbar ab, so daß die Mündungsgeschwindigkeit des Geschosses nachließ. Man war gezwungen, durch Zufügung von weiteren Teilladungen zu der Treibladung, den Geschwindigkeitsabfall des Geschosses auszugleichen. Das ging natürlich nur eine Zeitlang oder besser, nur noch bei einigen dreißig Schuß. Nach Abgabe von rund 60 Schuß war das Geschützrohr vollends unbrauchbar geworden.

Das Pariser Ferngeschütz war zu seiner Zeit eine technische Meisterleistung, ein großer und kühner Wurf. Denn es gab bis dahin kein Vorbild für ein solches Riesengeschütz. Seine Wirkung blieb indessen, wie vorstehend erklärt, gering. Der Kriegsablauf konnte nicht entscheidend beeinflußt werden. Die mit dem Geschütz gemachten Erfahrungen und die erzielten Konstruktionsleistungen gaben dem weitblickenden Geschützplaner eine Fülle von Gedanken, die für den zukünftigen Waffenbauer von entscheidender Bedeutung hätten sein müssen. Über das Pariser Ferngeschütz wurde auch nach dem Ersten Weltkrieg nicht viel gesprochen. Größere Abhandlungen darüber sind nicht geschrieben worden. Um so mehr interessierte es die jüngere Generation der Waffenkonstrukteure von Rheinmetall, über dieses Geschütz Näheres zu erfahren. Einige wenige Wissenschaftler, Nitrochemiker und Ingenieure, die nicht unmittelbar zur Firma Krupp gehörten, konnten über die Einzelheiten des Ferngeschützes, die technischen Daten und Erfahrungen berichten. Zu ihnen gehörte auch Herr Iltsch, der während des Ersten Weltkrieges erster Mitarbeiter von Direktor Dr. Duttenhofer bei der Dynamit-Nobel-Gesellschaft gewesen war und das Pulver für das Pariser Ferngeschütz hergestellt hatte.

Von ihm erfuhr die junge Generation der Waffenbauer alles Wissenswerte, um das Erfahrungsgut für die Lösung der so brennend erforderlichen Leistungssteigerung der

Geschütze zu verwerten. Die ständig wiederkehrenden Fragen waren: Wie weit kann man denn überhaupt noch die Entwicklung von Geschützen treiben? Wo liegt die Grenze der erzielbaren Mündungsgeschwindigkeit der Geschosse? Wie wird die moderne Schußwaffe von morgen aussehen? Wird man jemals ein Geschütz von der Art des Pariser Ferngeschützes wieder bauen? Und schließlich die wichtigste Frage: Gibt es überhaupt einen Weg, das in ungeahnter Entwicklung befindliche und immer schneller werdende Flugzeug, das sich unheilverkündend als Waffenträger in der dritten Dimension des Raumes ankündigte, mit der klassischen Schußwaffe und ihren anscheinend begrenzten Möglichkeiten in Zukunft wirkungsvoll bekämpfen zu können?

Kap. VI

Die Tanks des Ersten Weltkrieges

Versucht man, aus technischer Sicht dem militärischen Geschehen des Ersten Weltkrieges nachzukommen, so ergibt sich die Feststellung, daß die Ereignisse in genau abzugrenzenden Etappen abgelaufen sind.

Zunächst stand der Plan des Generalfeldmarschalls von Schlieffen für eine Auseinandersetzung mit Frankreich im Vordergrund. Er mußte fehlschlagen, weil von Schlieffen seine Strategie zu einseitig auf den Westen ausgerichtet hatte. Aber Deutschland hatte mit Kriegsbeginn schon auf zwei Seiten, im Westen und Osten, zu kämpfen. Glaubte man im Generalstab vorerst, den Osten mit wenigen Kampfkräften im Griff halten zu können, so sah man sich getäuscht. Immer größere deutsche Truppeneinheiten wurden auf Kosten der deutschen Divisionen im Westen gegen Osten in Bewegung gesetzt.

Bald erwies sich der Eckpfeiler Verdun, erstmals bei den offensiven Maßnahmen der Deutschen Anfang 1915 ins Ziel genommen, als uneinnehmbares Bollwerk der Franzosen. Die Offensivkraft der Deutschen war von alliierter Seite schon Anfang 1915 zerschlagen. Der deutsche Generalstab hatte nur mit einer Kriegsdauer von drei Monaten gerechnet. Der letzte Versuch von deutscher Seite, doch noch über den rechten Flügel in Frankreich die Front im Oktober 1914 in Bewegung zu setzen, scheiterte an dem Widerstand der Franzosen und Belgier. Die Regimenter der jungen kriegsfreiwilligen Deutschen erlitten bei Ypern schwerste Verluste. Von diesem Zeitpunkt an erstarrten die Kämpfe im Stellungskrieg. Er wurde geschickt von beiden Seiten entlang der Front, die von Basel bis zum Kanal reichte, durchgeführt. Die ausgeworfenen Schützengräben reichten zunächst aus, um kleinere offensive Operationen im Keime zu ersticken. Aus den Gräben wurde ein schier uneinnehmbares Seiten erkannt wurde. Die Basis für dieses wirkungsvolle Abwehrsystem war eine Waffe, die für den Soldaten die Überlebenschance bedeutete. Es war das Maschinengewehr. Fast zwei Jahre war es die operative Waffe der Selbstverteidigung.

Das Maschinengewehr wurde im Jahre 1883 von dem amerikanischen Ingenieur H. Maxim erfunden, dessen Erfindung nach seiner Übersiedlung nach England in diesem Land aufgegriffen wurde. Nach dem Ablauf des Patentes ging das „Maximgewehr" um.

Verbesserungen hinsichtlich Leistung und Schußfolge gab es am laufenden Band. Inzwischen war auch das rauchlose Pulver auf dem Markt.

Ab 1903 stand das Maximgewehr ganz im Vordergrund der militärischen Bewaffnung. Es war zu Beginn des Ersten Weltkrieges perfektioniert, versehen mit Patronengurt für kräftige Feuerstöße.

In dem Stellungskrieg hatten weder Flammenwerfer noch erste Einsätze von Kampfgas auf beiden Seiten das aufgebaute Abwehrsystem erschüttern können. Selbst die Offensiven der Alliierten 1915 und 1916 mit massivem Trommelfeuer der

Artillerie verpufften an der großen Widerstandskraft der MG-Nester. Es zeichneten sich nun in zunehmendem Maße Trichterlandschaften ab, die durch den massiven Einsatz der Artillerie entstanden.

So blieb das Kriegsgeschehen im Westen eine große Zeitspanne verkrampft. Dann aber wurde das Maschinengewehr überraschend zu einer offensiven Waffe.

Im Jahre 1911 erfand der Engländer Burstyn den Panzerkampfwagen. Die Erfindung blieb jedoch einige Jahre in der Schublade; man gab ihr keine Chancen. Sie wurde zwar bekannt, auch in Deutschland, aber im Generalstab interessierte man sich nicht für dieses technische Hirngespinst.

Erst im Jahre 1915 griff der englische Pionier-Oberstleutnant Swinton bei einer Vorführung von Raupenschleppern die Idee auf, solche Fahrzeuge für das Durchklettern von Trichterlandschaften und das Wegräumen von Hindernissen anzusetzen. Die weitere Gedankenfolge aus militärischer Sicht lag nahe. Man sollte ein solches Raupenfahrzeug stirnseitig und in den beiden Flanken mit Stahlblechen „armieren“, und dann wäre es außerdem auch noch möglich, ein Maschinengewehr in dieses Raupenfahrzeug einzubauen.

So dachte sich Swinton sein erstes Panzerfahrzeug. Er nannte sein Projekt zuerst einen Maschinengewehrzerstörer. Das englische Kriegsministerium, von der neuen „Waffengattung“ sehr eingenommen, nahm sich der Idee von Swinton aufgeschlossen an und ließ diese Entwicklung anlaufen. Man gab ihr die Tarnbezeichnung „Tank“ und als solcher ist der „Flüssigkeitsbehälter“ in die Militärgeschichte eingegangen.

Der deutsche Generalstab, allen voran Oberst Bauer, Chef der Rüstungsplanung, war zu diesem Zeitpunkt noch allzusehr in den Fängen der Wunderwaffe „dicke Berta“ und der angelaufenen Entwicklung des Pariser Ferngeschützes verstrickt, als daß er einem so irrationalen Projekt von Panzerfahrzeugen Bedeutung schenkte. Seine Auffassung sollte sich auch in den zwei folgenden Kriegsjahren nicht ändern. Und dann, als er den Stellenwert des gepanzerten Fahrzeuges erkannte, war es zu spät, ja viel zu spät.

Größere Offensiven, die zu einer Beendigung der gigantischen Auseinandersetzung im Westen hätten führen können, wurden zwar von beiden Seiten 1916 und 1917 durchgeführt, aber sie brachten bei starken Verlusten nur geringe Geländegewinne. Auf beiden Seiten gab es keine Menschenreserven mehr und auch die vorgeplante Munitions- und Geschützausstattung war zur Neige gegangen. Diese Stillhaltezeit ging jedoch bei den Deutschen viel stärker und härter ein als bei den Franzosen; denn der linke Flügel, reichend von Cambrai bis Dünkirchen, wurde von den Engländern sicher gehalten.

Und dann kamen die Vereinigten Staaten von Nordamerika, die den Deutschen Mitte 1916 den Krieg erklärt hatten und Frankreich, angefangen von Lebensmitteln bis zu Waffenlieferungen einschließlich Munition, versorgten. Das Zünglein der Waage neigte sich nun endgültig zugunsten der Entente cordiale. In Deutschland dagegen wurden die Lebensmittel knapp, sehr knapp sogar. Auf alliierter Seite gab es noch einen Offensivstoß von englischer Seite im Mai 1917. Bei diesem traten im ersten Vorlauf einige wenige Tanks — ohne gezielte technische Ausführung — in Erscheinung, die jedoch von den deutschen Landsern leicht außer Gefecht gesetzt werden konnten.

Ein weiterer Offensivstoß der Engländer im November 1917 — in die Geschichte als Panzerschlacht von Cambrai eingegangen — zeigte die große Offensivkraft der Tanks an. Dieses Mal waren einige hundert der englischen Stahlkolosse eingesetzt worden, welche die gegnerische Abwehrfront auf einer Breite von 16 km kilometertief eindrückten. Doch auch bei diesem Offensivstoß konnte sich die deutsche Verteidigungsfront noch einmal behaupten. Jedoch die militärische Erkenntnis, daß die Tanks als neue Waffe gefährlich, sogar sehr gefährlich werden könnten, um die Front in Bewegung zu bringen, wuchs auf beiden Seiten immer stärker an.

Der deutsche Generalstab, allen voran Oberst Bauer, atmete auf. Und man hatte einigen Grund, optimistisch zu sein, denn die russische Front war ins Wanken geraten, und es konnte nur eine Frage von wenigen Wochen sein, daß die Russen den Frieden wünschten. Dann würden zahlreiche Divisionen im Osten frei, die zu einem entscheidenden Schlag in Frankreich eingesetzt werden könnten. Und im Hintergrund stand das Pariser Ferngeschütz, das zu diesem Zeitpunkt die Entwicklung mit ersten Schießversuchen durchgestanden hatte. Und doch hatte sich aus nicht nachprüfbaren Gründen im Generalstab die Beurteilung über den Wert der Tanks gewandelt. Man konnte nie wissen, welche Bedeutung diese neue Waffe haben würde. Und wie die Deutschen nun einmal sind, man stieg ganz groß in diese neue Waffengattung ein. Man ließ die Entwicklung eines Tanks mit einem Gewicht von rd. 30 t und 18 Mann Besatzung anlaufen. Außerdem sollte dieser Tank eine 7,5 cm Kanone und 6 MGs mitführen. Der Motor sollte eine Leistung von 200 PS haben und die Marschgeschwindigkeit 9 km in der Stunde betragen. Doch zur Ausführung dieses Mammutprojektes ist es nie gekommen. Man gab sich mit dem kleineren Objekt von 8,5 t mit geringerer Armierung und Besatzung zufrieden. Dieser Tank fuhr dann auch 16 km in der Stunde. Aber auch dieser kleinere Tank kam nicht mehr zum Einsatz.

Im März 1918 brach die Hindenburg-Offensive, auch „Große Schlacht in Frankreich" genannt, an, welche den Schlußstrich unter die kriegerische Auseinandersetzung von deutscher Seite setzen sollte. Zwar wurden im Raum von Amiens die feindlichen Armeen zerschlagen — auch die Engländer mußten blutig zahlen — aber das Fernziel Paris wurde nicht erreicht. Die deutsche Front schob sich auf 60 km an Paris heran, aber weiter kam das deutsche Heer nicht. Auch das Pariser Ferngeschütz — im Mai 1918 erstmalig eingesetzt — konnte mit den Einschlägen in Paris nur vorübergehend eine psychologische Wirkung bei der Bevölkerung auslösen.

Das Ende des Ersten Weltkrieges begann sich Mitte 1918 mit einem Sieg der alliierten Streitkräfte abzuzeichnen. Die große Offensive der Entente cordiale begann am 18. 7. 1918. Sie verlief in zwei Etappen. Die erste dauerte bis Anfang August. Inzwischen war General Foch zum Oberkommandierenden der alliierten Streitkräfte ernannt worden. Die zweite Offensive, beginnend Anfang August, war und wurde das Ende der großen Schlachten in Frankreich. Zuvor in der ersten Phase der großen alliierten Offensive waren die Deutschen — unter Aufgabe des ganzen Geländegewinnes bei ihrer Frühjahrsoffensive „Unternehmen Michael" am 21. 3. 1918 — auf die sogenannte Siegfried-Stellung — zuvor jahrelang gehalten — zurückgewichen. Mit dem zweiten Stoß der alliierten Offensive kam dann das Ende des Ersten Weltkrieges. Die Gegenseite, mit den letzten französischen Kräften und Einschluß von Kolonialtruppen, verstärkt durch schnell zugeführte englische Einheiten und 350.000 amerikanische Soldaten, holte zum entscheidenden Schlag aus. Aber es war nicht allein das große Reservoir an Soldaten, sondern auch das überdimensionale Rüstungspotential, das in die Entscheidungsschlacht geworfen wurde. Mehrere 1000 Geschütze, 1000 Flugzeuge und 700 Tanks kamen auf der Gegenseite zum Einsatz. Und die deutsche Truppe konnte nichts dagegen stellen. Man muß es ihr hoch anrechnen, daß sie lange der gegnerischen Offensive widerstand. Dieser Wille — bis zum letzten zu kämpfen — ist eine einmalige Leistung deutscher Soldaten, die wußten, daß es in der Heimat kaum etwas zu essen gab. Aber die deutsche Front kam ins Wanken. Die Gegenseite ließ sich Zeit, denn man wußte, daß der Krieg entschieden war. Die Einbrüche in die Siegfried-Stellung waren so tief, daß sie nicht begradigt werden konnten. Die deutsche Abwehrfront wurde aufgerollt.

Es ist wenig von Bedeutung, daß die Marine Ende Oktober 1918 in Kiel meuterte. Auch die Ausrufung der Revolution Anfang November zählte nicht. Das deutsche Volk war ausgezehrt.

Was sich in den ersten Tagen des November vollzog, war ein sehr trauriges Schauspiel. Etwa 10 Tage bewegten sich die Soldaten der Etappe über die Bonner Rheinbrücke. Mit allen möglichen Pferdewagen — die Pferde ausgezehrt — Leiterwagen, Handkarren, gepackten Tornistern und gefüllten Kartons wälzten sich nicht abreißende Soldatenkolonnen am Tage und in der Nacht auf die rettende östliche Rheinseite. Und dann am 10. 11. 1918 wurde es still. Wir Pennäler waren zutiefst erschüttert.

Doch am 11. 11. 1918 kam die Gloriole des tapferen deutschen Soldatentums im Ersten Weltkrieg noch einmal an. An diesem Tage kam eine Elite der Fronttruppe in Richtung Rheinbrücke. Es waren ostpreußische Jäger. Der Oberstleutnant, ein Abwehrsystem, das als letzte Lösung manueller Verteidigungskunst auf beiden Träger des Ordens „Pour le merite“, ließ sein Bataillon im Gleichschritt die Rheinbrücke hochmarschieren. Und dann bei dem letzten Zug des Bataillons rief er mit bewegter Stimme aus: „Ihr Rheinländer, was auch immer kommen mag, vergeßt niemals Deutschland“. Diese prophetischen Worte sollten allzu bald schmerzlich für das Rheinland werden. Der Erste Weltkrieg war zu Ende.

Zwei Tage später fuhren die ersten englischen Tanks in Bonn ein und präsentierten sich vor dem altehrwürdigen Rathaus.

II. Abschnitt

Die Waffentechnik in Deutschland mit den Auflagen des Versailler Vertrages von 1925—1934

Vorbemerkung

Die Mittelmächte hatten den 1. Weltkrieg verloren. Das deutsche Kaiserreich und auch die Doppelmonarchie Österreich-Ungarn existierten nicht mehr. In Deutschland wurde die Republik im November 1918 ausgerufen. Kaiser Wilhelm II. ging auf Anraten seiner engsten Vertrauten ins Exil nach Holland. Seine politische Rolle war ausgespielt.

Die deutsche Nationalversammlung kam über Jahre hinaus — wegen der Besetzung des Rheinlandes mit den Brückenköpfen Köln, Koblenz und Mainz durch alliierte Truppen, der Anstrengungen der Franzosen durch die gezielte Förderung einer Rheinischen Republik und des Kapp-Putsches im Jahre 1921 im Osten des Reiches — nicht zu einer fruchtbaren Arbeit. Sie wäre notwendig gewesen, um den Frieden zu sichern.

Ein Umstand trug im besonderen dazu bei, daß der wirtschaftliche Zusammenbruch Deutschlands ein vollständiger wurde. Es war die wirtschaftliche Erdrosselung des rheinisch-westfälischen Industriegebiets, der Schlagader Deutschlands durch die Alliierten.

Die Folge davon war, daß die Währung stetig und später in rasantem Tempo verfiel — es wurde zwar immer versucht, sie zu stützen — aber keine Stadt und kein Industriekonzern, sofern es solche gab, hielten sich an die Aufforderung der Regierung, die Stabilität der Währung zu retten.

Es wurde Papiergeld in jeder Menge gedruckt — natürlich ohne irgendeine Deckung. Der geniale Finanz- und Wirtschaftspolitiker Hjalmar Schacht bereitete der Inflation, die inzwischen in Superlative gewachsen war — eine Billion Mark entsprach einer Mark des Jahres 1918 — im November 1923 ein Ende. Er schuf die Rentenmark.

Es dauerte ein Jahr, dann begann die Wirtschaft sich wieder zu erholen.

Geht man dem einschlägigen Schrifttum nach, dann wäre die Währungsreform nicht ohne die Vereinigten Staaten von Amerika zustande gekommen, die nach dem fruchtlosen Wirken des Völkerbundes — die USA waren nicht Mitglied dieses Bundes — den Deutschen durch langfristige finanzielle Subventionen unter die Arme gegriffen hatten.

Die USA hatten erkannt, daß ein Vakuum im Herzen Europas zu einer Befriedung nicht beitragen konnte. Ein stetig ansteigender Aufschwung der Wirtschaft in Deutschland setzte ein. Es ging einer regelrechten Blütezeit entgegen, bis der schwarze Freitag im November 1929 in Wallstreet ihr ein Ende setzte. Zwar zerfiel nicht die Währung — lies Rentenmark — aber die deutsche Wirtschaft geriet so sehr ins Stocken, daß es 1932 sieben Millionen Arbeitslose gab.

Die Siegerstaaten des Ersten Weltkrieges — in einem „Völkerbund" zusammengefaßt — hatten dem deutschen Volk Fesseln von unerhörter Härte angelegt. Der Versailler Vertrag bestimmte, daß die Deutschen über eine begrenzte Streitmacht, 100 000 Soldaten, nur primitive Verteidigungswaffen, kalibermäßig begrenzt, und einige nach damaligen strategischen Begriffen harmlose Marinestreitkräfte verfügen durften. Die Luftwaffe — die sich bei den Siegermächten immer stärker in den Vordergrund für eine militärische Auseinandersetzung schob — war verboten.

Die Deutschen hielten sich an die diskriminierenden Bedingungen des Friedensvertrages, doch nur bis zum Jahre 1934. Dann kam alles anders.

Kap. VII

Der Schießplatz Unterlüß

An der süd-östlichen Peripherie der Lüneburger Heide, auf der Strecke zwischen Celle und Uelzen liegt Unterlüß, ein typisches Heidedorf. Die Hauptstraße durchschneidet diesen Ort, die von der Bundesstraße 3 in westlicher Richtung abzweigt und über Hermannsburg nach Soltau führt. Von dieser Straße geht aus Unterlüß eine Landstraße ab, die über Müden nach Munster führt. Dort in der Heide, wo der Grund und Boden billig und die Arbeit der Bauern sehr hart ist, um ihm Erträgnisse abzugewinnen, hatte der Begründer der Firma Rheinmetall, der geniale Schlossermeister Heinrich Erhardt aus Zella-Mehlis das Schießgelände gekauft, das zur Erprobung der von ihm in seinen Werkstätten gebauten Geschütze dienen sollte.

Wenn man mit dem Personenzug die Station Unterlüß erreichte, so wurde man von dem Bahnpersonal, wenn man den Schießplatz aufsuchen wollte, an einen Nebenbahnhof gewiesen, von dem ein Dampfzug der Rheinmetall weiter in die Lüneburger Heide führte. Zum Ende der Bahnstrecke hin befand sich das Gästehaus Waldfrieden. Es war im Jahre 1912 von Erhardt gebaut worden, nachdem es sich herausgestellt hatte, daß im Hinblick auf die vielen Kommissionen aus allen Ländern der Welt, welche die Erhardt'schen Geschütze schießen sehen wollten, ein Gästehaus geschaffen werden mußte, das im Bereich des Schießplatzes Ruhe und Ausspannung für grundsätzliche Entscheidungen bei dem Ankauf von deutschen Waffen gab. Zuvor waren ausländische Gäste in dem Kurhotel Bender im Orte Unterlüß untergebracht worden. In diesem konnte man im großen Festsaal eine Menge von Fotografien sehen, welche aufzeigten, wie groß das Interesse des Auslandes an der Entwicklung der Artilleriegeräte war, die Erhardt im Laufe von etwa zwanzig Jahren durchgeführt hatte.

Das Hotel Waldfrieden war nach dem Ersten Weltkrieg, nachdem über die weitere Benutzung des Schießplatzes infolge der einschränkenden Rüstungsbestimmungen des

Versailler Vertrages Unklarheit bestand, als Kurhaus eingerichtet worden. Der Luftkurort Unterlüss, besser gesagt, das Kurhotel, war die zweithöchste Erhebung in der Lüneburger Heide und deshalb als Luftkurort von den erholungsbedürftigen Menschen, die aus den Großstädten Hannover und Hamburg kamen, sehr besucht.

Ein Teil des Schießplatzgeländes diente als Versuchsgut für die künstliche Melorisation des ertragarmen Bodens. Auf diesem wurden auch Dampfpflüge neuester Konstruktion der Firma erprobt. Das andere Schießplatzgelände lag brach.

Im Jahre 1925 hatte sich durch das Anlaufen der Arbeiten für die begrenzte Rüstung in Deutschland doch schon etwas geändert; denn die Vorboten der Planungen der Marine für die kleinen Kreuzer, die des Heeres für Panzerabwehrgeschütze, waren bei Rheinmetall angelaufen. Da das Rheinland von den alliierten Mächten besetzt war, insbesondere auch Düsseldorf, war entschieden worden, die Konstruktion von Waffen zunächst in der Lüneburger Heide anzulassen, um in aller Ruhe die Entwicklung zu beobachten und die ersten Versuche auf dem Prüffeld der Konstruktion, nämlich dem nahegelegenen Schießplatz, anlaufen zu lassen.

So ergab sich das seltsame Bild, daß zwischen erholungssuchenden Kurgästen sich emsige Techniker, wenn auch nicht im Großstadttempo, bewegten. Zu gewissen Zeiten störten sie die Ruhe der Heidelandschaft, wenn sie in hastiger Eile auf Rädern, ganz wenige auf damals noch unerschwinglichen Krafträdern den Weg in Richtung Büro oder zurück nahmen. Das Kurhotel Waldfrieden, ein schmuckes gastliches Haus mit einigen Nebengebäuden, fügte sich geordnet in die an sich harte Landschaft ein. Dem Kurhotel waren Grünflächen mit Blumenrabatten vorgelagert, die an 2 Seiten durch hochstämmige Fichten, mittelstämmige Birken und niedriges Strauchwerk eingefaßt waren. Betrat man die Halle des Kurhotels, so sah man einen größeren Restaurationsraum, an den sich zu beiden Seiten Konferenzsäle anschlossen, welche den Besucher ahnen ließen, daß in diesen Sitzungen stattgefunden, die sich mit Aufgaben der Rüstung befaßt hatten. Dies war das Tragische der Situation um Erhardt, daß er im Kaiserreich nie die Würdigung gefunden hatte, die er dank seiner bahnbrechenden Arbeiten verdient hätte. In einer Ecke des Restaurants befand sich eine Nische in Eichentäfelung, die sogenannte „Feldherrennische". In dieser Nische sah man einige Fotografien von den bekannten Feldherren und Strategen des Ersten Weltkrieges, Hindenburg, Ludendorff, Hoffmann u. a. m. In dieser Nische fanden sich abends zu einem kleinen Umtrunk einige Konstrukteure zusammen. Jüngere Konstrukteure, die später dazu berufen sein sollten, neues technisches Gedankengut in die Waffentechnik zu bringen und auch gebracht haben. Anfänglich wurden sie in die Regeln der Waffenkonstruktion, gelegentlich auch in der Feldherrennische, durch eine Gruppe älterer Konstrukteure eingeführt, welche bereits vor dem Ersten Weltkriege zur Elite der Waffenkonstrukteure bei Rheinmetall gehört hatten und nun wieder zu ihrer alten Disziplin zurückgekehrt waren.

Die Arbeiten der Konstruktionsbüros in der Lüneburger Heide hatten Licht- und Schattenseiten. Die Ruhe und Abgeschiedenheit in der Heide waren einerseits dazu angetan, in die Tiefe der Problematik, um die es bei der neuen Gestaltung der Waffenkonstruktionen ging, stärker einzudringen, als es in den Büros der Großstädte, die mit ihren Zerstreuungen ablenkend wirkten, möglich gewesen wäre. Andererseits wirkten die Schwere der Landschaft, das Aufeinanderangewiesensein, der geringe Kontakt mit dem Geschehen in der Industrie und den technisch-wissenschaftlichen Kreisen, belastend. Alles in allem gesehen war jedoch der Start der Entwicklung von Waffenkonstruktionen bei Rheinmetall in Unterlüß nach dem Ersten Weltkriege kein schlechter Griff, wenn er auch nicht aus der Tiefe solcher Überlegungen kam, sondern durch die äußeren Umstände, nämlich die Besatzungszone Düsseldorf, diktiert war.

Die Leitung der Entwicklungsabteilungen war sich wohl im klaren darüber, daß die einseitige geistige Ausrichtung der Konstrukteure in den Büros von Zeit zu Zeit einer gewissen Ablenkung durch Aufnahme neuer Eindrücke aus Stadt und Land bedurfte. Alle Angestellten der Büros erhielten eine sogenannte monatliche Fahrtenzulage die es ihnen erlaubte, entweder die im Umkreis von 30 km gelegenen Städte Celle und Uelzen zu besuchen oder auch gelegentlich Fahrten zu den schönen Plätzen in der Heide wie Müden, Hermannsburg und Soltau zu machen. Im übrigen schlossen sich die Konstrukteure auch zu größeren Unternehmungen zusammen, so daß Reisen nach Hamburg, Bremen und Helgoland unternommen wurden. Eine große Unterstützung fanden diese Unternehmungen durch den Rundfunkverein Celle, der Anfang des Jahres 1925 gegründet worden war, nachdem die ersten Radiogeräte für den Hausempfang aus der Taufe gehoben waren. Mit Hilfe solcher Rundfunksendungen konnte ein weiterer Kontakt mit der Umwelt gefunden werden. Gelegentlich fanden auch Tagungen der Rundfunkamateure von Celle im Kurhotel Waldfrieden statt. Einige Radioamateure waren in den Konstruktionsbüros beschäftigt.

Eines Abends waren die Büroangestellten mit ihren Familien zu einem Radiokonzert im Kurhotel Waldfrieden eingeladen. Es sollte ein neues Rundfunkgerät mit einer erstklassigen Klangfülle mittels eines neuen dynamischen Lautsprechers vorgeführt werden. Alles war in großer Erwartung, nur schienen die Radioamateure selbst ihrer Sache nicht ganz sicher zu sein, denn sie verlangten, daß sie an einer abgeschirmten Stelle im Konferenzsaal den Aufbau des Gerätes durchführen konnten. Wie immer bei Vorführungen, so klappte es natürlich auch bei dieser nicht. Die Amateure waren ganz verzweifelt, als sie mehrfach das Gerät eingeschaltet hatten, das aber nur kurz ein paar Töne von sich gab und dann wieder verstummte.

Schließlich kam es dann doch nach einer halben Stunde des Wartens zu einem besonderen Genuß des Radiokonzertes und man ging allerseits befriedigt nach Hause. Ein paar Tage darauf sickerte es langsam durch, daß einer der humorvollsten Vertreter des Konstruktionsbüros, nachdem er festgestellt hatte, daß die Wiedergabe des Konzertes mehr oder weniger zweifelhaft war, zu einem Ausweg gegriffen hatte, in solcher Art, daß er in aller Stille ein Grammophon mit einschlägigem Plattenmaterial herangeholt hatte und so das Konzert ablaufen ließ.

Der Aufbau der Konstruktionsabteilungen konnte sich nur langsam vollziehen. Zwar stellten die beiden Gruppen der älteren Konstrukteure das Gerippe der Abteilungen dar. Sie bedeuteten schon das Fundament, aber das Rüstzeug für eine schnellanlaufende Arbeit fehlte zunächst vollkommen. Artilleriegeräte, Modelle, Gerätebeschreibungen und einschlägige Literatur standen nicht zur Verfügung. Die Überleitungen des technischen Gedankengutes von der älteren Generation auf die jüngere war infolge unzulänglicher menschlicher Eigenschaften begreiflicher Weise manchmal gehemmt. Die Geheimhaltungsvorschriften für die Artilleriegeräte hatten es mit sich gebracht, daß eine einschlägige, bedeutsame Literatur nicht vorhanden war. Es fehlten also die Standard-Grundlagen vollkommen.

Wertvolles, in den Archiven der Waffenämter abgelegtes Material war nicht verfügbar. Es bedurfte erheblicher Anstrengungen der Konstrukteure, wenigstens in den Besitz von alten Lehrbüchern wie Heidenreich, Kaiser und Wille zu kommen. Meistens war es nur so möglich diese zu erwerben, daß man sie in irgendeinem Antiquariat nach langem Fragen und Suchen aufspürte oder aber es trat der glückliche Umstand ein, daß sich ein betagter Geschützkonstrukteur entschloß, auf sein früheres berufliches Ausrüstungsstück zu verzichten.

Für die junge Ingenieurgeneration, die einmal in die Fußstapfen der alten eintreten sollte, ergab sich so die eigenartige Situation, mehr oder weniger alles erfragen zu müssen — jedenfalls so lange, bis sich aus vielen Bruchstücken das Bild der Konstruktion von Geschützen formte.

Ein Umstand kam der Schulung der jüngeren Generation zugute. Im Zuge der einschneidenden Rüstungsbestimmungen des Versailler Vertrages ergab sich eine Planungsarbeit auf breiter Grundlage, bei der im Laufe der Zeit das gesamte frühere Rüstzeug verwertet werden sollte. War es nicht erreichbar, so mußte es neu erarbeitet werden. Und gerade diese neue Erarbeitung vertiefte mehr und mehr das Verständnis für die neuen Aufgaben. In vielen Fällen stand auch das Rüstzeug der Firma Krupp in Form von früheren Gerätebeschreibungen, Unterlagen und neuen Projekt-Skizzen zur Verfügung, das aber wiederum eine Fülle von Fragen aufwarf, deren Beantwortung die jungen Ingenieure selbst suchen mußten. Wenn man rückblickend jene Zeit des Aufbaues einer sich formenden Geschützkonstruktion kritisch überprüft, so kommt man zu dem Ergebnis, daß diese sich über einen Zeitraum von mehr als 2 Jahren erstreckt hat. Alles in allem gesehen war dies nur eine kurze Zeitspanne, wenn man erwähnt, welche Breitenarbeit geleistet werden mußte, um die Grundlage zu schaffen für die Konstruktionsabteilungen, welche, von der Maschinenwaffe angefangen, über Feldgeschütze, Festungsgeschütze, Flugzeugabwehrkanonen bis zu den schweren Turmgeschützen der Marine reichte.

Wenn die älteren Konstrukteure von Rheinmetall sich gelegentlich einmal bei den Erklärungen ihres Erfahrungsgutes an die zu stürmisch drängenden jungen Ingenieure festgefahren hatten, zogen sie sich vielfach auf das bei der Firma geflügelte Wort „Geschütz schmieren“ zurück. Dieses Wort hatte Tradition. Es war anscheinend nach der Auffassung der älteren Konstrukteure die Zauberformel, die man anwenden mußte, wenn ein in der Funktion gestörtes Geschütz wieder flott, wieder schußklar gemacht werden sollte.

Mit dem Wort „Geschütz schmieren“ hatte es folgende Bewandtnis. Um das Jahr 1912 hatte Erhardt mehrere Batterien von Feldgeschützen moderner Bauart, nämlich Rohrrücklaufgeschütze, an die Russen verkauft. Die Geräte waren auf dem Schießplatz Unterlüß ordnungsgemäß durch eine russische Kommission abgenommen worden. Bei dem ersten Truppengebrauch in Petersburg lief das Rohr eines der Geschütze nicht vor. Das Telegramm des von Rheinmetall nach Petersburg abgeordneten Monteurs lautete „Rohr Nr. X läuft nicht vor, was tun?“ Die kurze Antwort von Direktor Völler, dem damaligen Leiter der Artilleriekonstruktion lautete „Wiegenlaufbahn schmieren“. 24 Stunden später antwortete Petersburg „Wiegenlaufbahn geschmiert — Rohr vorgelaufen“. Nach dieser Erfahrung haben bei den Rheinmetallwaffen die Schmierpläne niemals gefehlt.

Die Richtlinien in der Praxis der Artilleriekonstruktion, über welche die älteren Geschützgestalter verfügten, wurden bald durch die Fragestellungen der jüngeren Generation unterlaufen — warum wird so gebaut? Was wird gemessen und verwertet? Langsam aber sicher schob sich der Leitsatz in alle Diskussionen ein: „Mathematik ist billiger als Eisen“. Dieser Satz fand sich später unsichtbar als Leitmotiv über den Zugängen der neugegründeten Abteilungen, deren besondere Aufgabe es sein sollte, durch Forschen und Messen die Gesetzmäßigkeiten beim Schießvorgang zu erkennen und so eine neue Basis in allen Gestaltungsfragen der Schußwaffentechnik zu geben.

Konnte man anderswo mehr als auf dem Versuchsfeld der Artilleriekonstruktion, nämlich dem Schießplatz, auf die Notwendigkeit der wissenschaftlichen Unterbauung der Artilleriekonstruktionen stoßen? Die Fülle des auf der Schußbahn angehäuften Munitionsmaterials ließ zwangsläufig den Gedanken aufkommen, wieviel Munition hier verschossen sein müßte, um aus der reinen Empirie die Schlüsse auf die Wertigkeit der Geräte zu ziehen. Zugegeben, daß man in jenen Jahren auch in anderen technischen Disziplinen noch nicht den großen Wert der wissenschaftlichen Forschung erkannt hatte. Zugegeben auch, daß die in jener Zeit verfügbaren Meßgeräte noch keine Meßmöglichkeit von Vorgängen erlaubten, die sich in sehr kurzen Zeiteinheiten abspielten. Der Schleifenoscillograph, später ein Meßgerät, ohne das das Prüffeld der Artillerie undenkbar gewesen wäre, war in seinen Anfängen. Neben Siemens hatte sich insbesondere Dr. Rumpf in Bonn um die erste Konstruktion eines solchen Schleifenoscillographen für ballistische Meßzwecke bemüht. Man benötigte Meßschleifen hoher Eigenfrequenz, die es noch nicht gab, und es bedurfte einiger Jahre Forschungsarbeit, um die ersten einwandfreien Schleifenoscillographen zu bringen, welche einen Meßbereich bis zu 1/1000 s. erlaubten. Aber es galt damals schon, noch kürzere Meßzeiten einzufangen, bis zu der Größenordnung von 10^{-6} s. Hierzu war die Entwicklung eines Kathodenstrahloscillographen notwendig, dessen erstes Vorbild der Physiker Prof. Braun geliefert hatte.

In Parallele zu diesen Kurzzeitmeßgeräten für die Deutung der innenballistischen Vorgänge beim Schuß, mußte die Entwicklung von Fototheodoliten laufen, wenn man Bahnvermessungen von Geschossen vornehmen wollte. Es war erforderlich, die Raumkoordinaten von Geschossen an bestimmten Punkten der Bahnkurve und die zugehörigen Flugzeiten zu vermessen, um in klarer Weise Aufschluß über die Widerstandsbeiwerte von Geschossen zu gewinnen, die zur Aufstellung der Schußtafel erforderlich waren. Auf diesem Gebiet haben in den 30iger Jahren die Firmen Ascania, Berlin, die Berliner Physikalischen Werkstätten und die Firma Leybold in Köln Pionierarbeit geleistet.

In der Zeit, als sich die Konstruktionsbüros noch in Unterlüß befanden, konnte man feststellen, daß es praktisch eine Meßtechnik der Artilleriekonstruktion noch nicht gab. Das Meßhaus des Schießplatzes Unterlüß bestand aus einem ausrangierten und auf Bohlen abgestellten Eisenbahnwagen, in welchem ein Boulangé-Apparat zum Messen der Anfangsgeschwindigkeit eines Geschosses untergebracht war und sich noch ein einfacher Tisch mit einer Anzahl kleiner Meßkörper und Kupferzylinder sowie einer Mikrometerschraube zum Prüfen des maximalen Gasdruckes im Geschützrohr befand. Diese beiden Meßmöglichkeiten, der Boulangé-Apparat und das Meßei, stammten aus einer Zeit, die weit vor der Wende des Jahrhunderts lag. In den Außenständen zur Beobachtung der Geschoßeinschläge befanden sich einfache Richtkreise. Über ein Feldtelefon gab es Verbindung zwischen diesen Außenstellen und der Feuerstellung. Angesichts solch primitiver Meßmethoden war es verständlich, wieviele ungeklärte Fragen es auf dem Gebiet der Ballistik und Geschützkonstruktion gab . Es war aber auch klar, welche wertvolle Unterbauung des vorliegenden Materials für die Geschützgestaltung durch die Förderung der meßtechnischen Belange erreicht werden konnte.

Die konsequente Befolgung des Grundsatzes „Mathematik ist billiger als Eisen", der in dem Aufbau von Forschungs- und Meßabteilungen, in der Anschaffung und Entwicklung von Meßgeräten, der Gründung von Laboratorien und Rechenbüros seinen Niederschlag fand, war nicht einfach durchzusetzen. Allein der Gedanke, daß für ein fortschrittliches Rüstungsunternehmen das Forschen und Messen eine conditio sine qua non darstellen müsse, stieß zunächst einmal auf die Ablehnung der intuitiv arbeitenden Waffenkonstrukteure. Sie fühlten sich zu Unrecht kontrolliert. Im weiteren Sinne aber hatte man bei der kaufmännischen Leitung und der Betriebsführung des Unternehmens überhaupt kein Verständnis für eine solche Neuorientierung der Waffenkonstruktion; denn bekanntlich wollen diese Abteilungen immer nur, daß gefertigt und nochmals gefertigt wird, ohne daß sie sich darüber im klaren sind, daß die Fertigung am besten fundiert ist und sich auch am besten verkauft, wenn sie auch in jeder Weise wissenschaftlich gestützt ist. Es gab eine Reihe von langatmigen Auseinandersetzungen in jenen Jahren, bis die Erkenntnis der Notwendigkeit der Forschung sich Bahn gebrochen hatte.

Der Schießplatz Unterlüß, dessen Gelände im Jahre 1907 von Erhardt käuflich erworben war, hatte eine Länge von 16 km und eine Breite von 3½ km. Die eigentliche Schießbahn selbst besaß nur eine Breite von 800 m, während das sich links und rechts an die Schießbahnmittellinie anschließende Gelände in einer Breite von rund 1,5 km als Sicherheitsgelände galt, wenn etwa bei flachem Auftreffen auf der Schießbahn, mit Abprallern und Ausreißern, die Geschosse sich verirrten.

Wie die meisten Schießplätze, so lag auch der Schießplatz Unterlüß in der Süd-Nord-Richtung. Er wurde in nördlicher Richtung durch die Eisenbahnstrecke Ülzen-Bremen begrenzt. Um auch die nötige Sicherheit in Richtung der Schießbahn zu haben, mit anderen Worten, den Eisenbahndamm nicht zu gefährden, war die größte Schußweite mit 14 km begrenzt. Man hatte also in der Schußrichtung noch ein Auslaufgelände für die zu Boden gehenden Geschosse von etwa 2 km.

Der Schießplatz Unterlüß lag in dem Jahre 1925 einsam und verlassen da. Wenn man nicht beim Begehen des Weges in Richtung Dreilingen auf die Waldschneise und die Warnschilder aufmerksam geworden wäre, so hätte der ortskundige Kurgast nicht glauben können, daß dieses Gelände einmal für militärische Zwecke verplant worden war. Wohl befanden sich am südlichen Ende des Platzes einige Gebäude, auch eine Werkstatt, deren Größe jedoch nicht bedeutend war. Entlang des unbefestigten Weges, der von der Müdener Straße in Richtung Dreilingen führte, war eine Reihe von Holzbaracken zu sehen, in schnurgerader Richtung entlang dem Weg, der sogenannte „D-Zug". In den Holzbauten mit schmucken Gärten wohnten die Feuerwerker, Konstrukteure und Kaufleute im Frieden zusammen, den die Heide gab. Das Konstruktionsbüro, das ebenfalls in einem größeren Barackenbau untergebracht war, bestand aus zwei Abteilungen. An dieses Konstruktionsbüro schloß sich im rechten Winkel dazu liegend, ein weiterer Barackenbau an, in dem ein Teil der jüngeren Konstrukteure, Techniker, die ihre erste Tätigkeit bei Rheinmetall aufgenommen hatten und nicht verheiratet waren, ihre Unterkunft gefunden hatten.

10 Jahre später, im Jahre 1935, bot sich auf dem Schießplatz Unterlüß ein ganz anderes Bild. Das Schießplatzgelände war in jenen Jahren in ein wirkliches Prüffeld der Artilleriekonstruktion umgewandelt worden. Im Hintergrund der Feuerstellung mit einer Reihe eingestreuter fester Bettungen, die inzwischen eine Breite von mehr als 2 km angenommen hatte, befand sich in einem Gebäude die Zentrale der Schießplatzleitung, in der alle Fäden des Schießens zusammenliefen. Von dieser Stelle aus wurde jeweils das „Feuer frei" an die Geschützbedienung geleitet, wenn „Sicherheit" gegeben war. An das Schießplatzleitungsgebäude schlossen sich das Meßhaus, Munitionsbunker und verschiedene Außenstellen des Meßhauses an.

Für einen glatten Ablauf aller Schießaufgaben war eine besondere Regie notwendig, denn an jedem Schießtag war ein großes Pensum von Geschützabnahmen sowie Geschütz- und Munitionserprobungen zu bewältigen. Auch die Panzerplattenbeschüsse und Raketenerprobungen, die aus Sicherheitsgründen in vorgeschobenen Außenstellungen des Schießplatzes erfolgen mußten, hatte die Regie der Schießplatzleitung richtig einzuordnen. Die umfangreiche Meßtechnik erforderte mit ihren zeitnehmenden Vorbereitungen eine besondere Einplanung. Immer herrschte eine lebhafte Bewegung auf dem Prüffeld. Für den Außenstehenden, der gelegentlich auf dieses Prüffeld kam, war das von unsichtbarer Stelle reibungslos ablaufende Schießen nahezu unfaßbar.

Der Geschützdonner dröhnte von morgens früh bis abends spät, vielfach überlagert von dem klatschenden Geräusch der automatischen Waffen, die ihre Feuergarben mit großer Schußfolge abgaben. Auch in der Nacht gab es keine Ruhe. Bei wolkenlosem Himmel allerdings verlief das Schießen ruhiger. In solchen Nächten hatte die außenballistische Meßtechnik das Privileg des Schießens. Dann wurden Sprengpunktsvermessungen oder Flugbahnen von Lichtspurgeschossen aufgenommen, die nur ein langsames Schießen erlaubten, weil jeder Meßschuß sorgfältig vorbereitet werden mußte. Zur Aufnahme eines Bahnpunktes für ein Geschoß, der in einer bestimmten Entfernung gemessen werden mußte, wurden Langbasismessungen mit Fototheodoliten vorgenommen. Nicht weniger als 36 Kommandos, die von der Meßzentrale an die Feuerstellung, die Oscillographen- und Fototheodolitenmeßstände durchgegeben wurden, waren für die genaue Vermessung der Raumkoordinaten des Bahnpunktes eines Geschosses, seiner Anfangsgeschwindigkeit und seiner Flugzeit erforderlich. Ein einziger Fehlgriff in der Bedienung der Meßgeräte oder auch die Nichtausführung eines Kommandos machten den Meßschuß unauswertbar.

Den Triumph dieser ballistischen Meßtechnik erlebte die meßtechnische Abteilung bei der Aufnahme eines Sprengpunktes des „Rheinboten" im Jahre 1944 bei einem der ersten Starts dieser Fernzielrakete, worüber später Näheres ausgeführt wird. Im Jahre 1935, als der Schießplatz Unterlüß ein Versuchsfeld ersten Ranges der Artilleriekonstruktion geworden war, waren seine Grenzen durch die einsetzende Raketenentwicklung schon abgesteckt. Die Möglichkeiten, große Reichweiten mit Raketen zu erreichen, wofür das Versuchsfeld nicht mehr ausreichte, deutete sich bei der Entwicklungsgruppe bereits an, aber es mußte noch manches Jahr vergehen, bis die Zielsetzung anerkannt war und dann in die Wirklichkeit umgesetzt wurde.

Kap. VIII

Waffenschmiede Düsseldorf

Der Umzug des Marinekonstruktionsbereiches nach Düsseldorf war Mitte 1925 Tatsache geworden. Die Abteilungen waren in größeren Konstruktionssälen eines massiven, kaltwirkenden Eisenbetonbaues untergebracht worden, dessen Haupträumlichkeiten früher einer Fabrikation gedient hatten.

Soweit es möglich war, hatte man die Konstruktionssäle einigermaßen büromäßig hergerichtet. Es war eine Zusammenstellung von Räumen, wovon der eine Teil viel zu hoch, der andere wiederum viel zu niedrig ausgefallen war. Das hatte der ursprüngliche Aufbau des Fabrikgebäudes mit dem Anschlußgebäude für eine kaufmännische und Verwaltungsabteilung so mit sich gebracht. Aber im Gegensatz zu der beängstigenden Enge der Konstruktionssäle in der großen Baracke in Unterlüß, war in Düsseldorf wenigstens Raum und Licht für viele Konstrukteure und Zeichner.

Die büromäßigen Aussichten für ein ordentliches Arbeiten waren also einigermaßen gegeben. Was aber entscheidender wog, war die Tatsache, daß nun die Konstrukteure in engem Kontakt mit der sich aufbauenden Geschützwerkstatt standen, also alle Fragen der projektierenden Gestaltung wie Formgebung, Fertigungstechnik, Prüfmethoden, Arbeitsgenauigkeit mit den zuständigen Kollegen der Fertigungsstätten besprochen werden konnten. Die ersten Werkhallen für die Fertigung von Geschützen waren erstellt. Die Belegung der einzelnen Schiffe mit Werkzeugmaschinen aller Art,

UDET

9 Der Flieger

10 Der Generaloberst

11 General Becker

12
Admiral Witzell

von den schweren Bohr- und Ziehbänken für die Bearbeitung von Rohren angefangen, bis zu den größeren Karusselldrehbänken für die Bearbeitung der Kugelbahnen für Drehscheibenlafetten lief an. Noch war alles immer neu planend im Aufbau, noch wußte man nicht genau, bis zu welchen Dimensionen die schweren Turmgeschütze reichen würden. Wie stets bei solchen technischen Planungen wurden gewisse Sicherheiten bei den Einrichtungen für die Geschützfertigung einbezogen, um auch höheren Anforderungen gewachsen zu sein.

Die Firma Rheinmetall war nach den Bestimmungen des Versailler Friedensvertrages eine der beiden Rüstungsfirmen, die Geschütze bauen durften, und zwar bis zu einem Kaliber von 17 cm. Die wenigen Geschütze über 17 cm, insbesondere die schweren Schiffsgeschütze und ein 21 cm-Mörser, waren der Firma Krupp zugesprochen worden. Zwangsläufig begann also zu dieser Zeit sich der Schwerpunkt der Rüstung auf die Firma Rheinmetall zu konzentrieren. Doch bei allen Vorhaben wollte man auf die Erfahrungen der Krupp'schen Konstrukteure nicht verzichten. Im Besitz des Hauses Krupp befanden sich 25 % der Aktien von Rheinmetall. So war also auch die Verflechtung mit der Krupp'schen Artillerie-Konstruktion auf höherer Ebene gegeben.

Es hatte ein besonderer Grund vorgelegen, die Konstruktionsabteilung für Marinegeschütze als erste der beiden Abteilungen von Unterlüß zu trennen und nach Düsseldorf überzusiedeln. Das Flottenbauprogramm der Kriegsmarine sollte bald in Angriff genommen werden, nachdem es eine deutsche Kriegsflotte nicht mehr gab. Die stolzen deutschen Kriegsschiffe des Ersten Weltkrieges waren auf Verlangen der englischen Admiralität nach Einstellung der Feindseligkeiten an England ausgeliefert worden. Die letzte Fahrt der Schiffsstreitkräfte nach Scapa Flow hatte stattgefunden. Die Hoffnungen vieler deutscher Staatsbürger, später einmal wieder ihre Kriegsschiffe in den deutschen Nord- und Ostseehäfen zu sehen, waren gering. Zu jener Zeit war die Größe und Stärke der Kriegsflotte noch das sichtbare Zeichen der Weltgeltung einer Nation. Und die Engländer hatten die große Seeschlacht des Ersten Weltkrieges am Skagerrak, die der jungen deutschen Kriegsmarine ruhmreichen Lorbeer gebracht hatte, nicht vergessen. Wie ein Fanal wirkte daher eines Tages die aufsehenerregende Mitteilung der englischen Admiralität, daß sich die gesamte deutsche Flotte im Hafen von Scapa Flow versenkt hätte. Über die Zukunft der deutschen Kriegsflotte sollte bei den Versailler Verhandlungen entschieden werden.

Eine neue Kriegsflotte nur zum Schutze der deutschen Küsten und Gewässer sollte entstehen.

In den Bestimmungen des Versailler Vertrages war unter anderem niedergelegt, daß die neue deutsche Flotte nur über größte Schiffseinheiten von 10 000 BRT und in der mittleren Klasse über solche von 6 000 BRT verfügen dürfe. Die Zerstörer durften nur eine größte Tonnage von 1 500 BRT besitzen. Der Bau von U-Booten war nicht erlaubt. Auch die Artilleriebestückung für die einzelnen Klassen der Kriegsschiffe war vorgeschrieben. Das größte Geschützkaliber für die Schiffe der 10 000 BRT-Klasse durfte nur ein 28 cm Geschütz sein. Die Kasemattgeschütze durften ein Kaliber von 15 cm haben und bei der Flak durfte grundsätzlich bei allen Schiffseinheiten das Kaliber 8,8 cm nicht überschritten werden. Ähnlich gestaffelt waren die Waffenkaliber für die geschützten Kreuzer der 6 000 BRT-Klasse. Bei den Zerstörern war nur ein größtes Kaliber von 10,5 cm erlaubt. Schließlich durfte das Kaliber der kleinkalibrigen Schnellfeuerwaffen nicht mehr als 37 mm sein.

Die für den Bau der neuen Kriegsflotte auferlegten Bedingungen waren hart. Sie waren so geschickt zusammengestellt, daß die Forderungen der Kriegsmarine, nämlich hohe Knotenleistung und starke Kampfkraft, für die einzelnen Typen der Kriegsschiffe nicht miteinander zu vereinbaren waren. So glaubte es jedenfalls die englische Admiralität.

Natürlich bestanden die einschränkenden Rüstungsbestimmungen auch für die Reichswehr. Die Stärke der Armee war mit 100 000 Mann festgesetzt. Für deren Ausrüstung waren neben dem leichten und schweren Maschinengewehr, für die Feldartillerie die Kaliber 10,5 cm und 15 cm als leichte und schwere Feldhaubitzen zugelassen. Die Flak durfte ein 8,8 cm Kaliber verwenden. Das Kaliber der Panzerabwehr durfte nicht größer als 3,7 cm sein. Ein 10,5 cm Kaliber war für die schwere Feldkanone zugelassen. Das Kaliber des schweren Mörsers betrug 21 cm und das Kaliber der leichten Infanterie-Geschütze durfte 7,5 cm nicht überschreiten. Leichte Kampffahrzeuge mit Pakgeschützen waren ebenfalls gestattet.

Eine Luftwaffe war nicht erlaubt. Diese Bestimmung war wohl die härteste des Versailler Diktates. Sie war die Achillesferse des Vertragswerkes. Durch dieses Verbot der Luftwaffe blieb Deutschland immer verwundbar. Deutschland konnte deshalb auch keine geschlossene Verteidigungsfront aufbauen. Sie wurde umso lückenhafter, je größer die Bedeutung der Luftwaffe in jenen Jahren wurde.

Die Entwicklung der Heeresgeräte lief sehr langsam an. Man ließ sich Zeit für die Projekte und Planungen. Eine übergroße Eile war auch nicht geboten, denn praktisch stellte jedes Geschütz mit Protze und Pferdezug eine in sich geschlossene Einheit dar. Die Zeit für die motorisierte Artillerie konnte in aller Ruhe reifen.

Anders lagen die Verhältnisse im Marinegeschützbau. Das Flottenbauprogramm der Kreuzerklasse mit 6 000 BRT lief an. Was aber sollten die im Bau befindlichen Schiffe der mittleren Klasse Köln, Königsberg, Karlsruhe, Leipzig und Nürnberg ohne Artilleriebestückung schon bedeuten? Die festgesetzte Tonnage von 6 000 BRT hätte eigentlich bei dem Vergleich mit den klassegleichen Schiffen der anderen Mächte 10 000 BRT betragen müssen. Sie gab dem Marinebauamt große Rätsel auf. Bei der Aufteilung der einzelnen Tonnagen für den Schiffsrumpf mit Panzerschutz, Antriebsmaschinen, Navigationseinrichtungen, Artillerie- und Torpedobewaffnung fehlten immer etliche Tonnen. Man rechnete und entwarf. Die Pläne wurden dann wieder verworfen. Man entwarf und rechnete aufs neue. Immer haperte es irgendwie, wenn man versuchen wollte, die Bedingungen der deutschen Admiralität zu erfüllen. Man suchte nach einer leichteren Bauweise für den Schiffsrumpf und leichter Panzerungsart. Man stellte ungeheuer große Anforderungen an die Leistungen der Schiffs-Dieselmaschinen und Navigationseinrichtungen. Man verlangte leichte Schiffstorpedos mit großer Leistung und schließlich auch von der Artilleriekonstruktion einmalige Leistungen. Dem Schiffsbauer gelang der große Wurf der geschweißten Schiffsrumpfkonstruktion. Durch diesen Übergang von der Niet- zur Schweißkonstruktion konnten viele hundert Tonnen Gewicht gespart werden. Die namhaften Firmen der Dieselmotorindustrie waren zu neuen Entwicklungsarbeiten übergegangen mit dem Ziel, den Leistungsgrad der Maschinen bei gleichzeitiger Herabsetzung der Maschinengewichtseinheit zu steigern. Schließlich wurde auch die Artilleriekonstruktion angesprochen. Das Marinebauamt konnte der Armierung nur ein begrenztes Tonnengewicht zusprechen. Die ursprüngliche Forderung lautete, 3 Stück 15 cm Doppeltürme, 2 achtern und 1 bugseitig, je 4 10,5 cm Kasemattengeschütze backbord- und steuerbordseitig, 2 8,8 cm Flak in Doppellafette. Neben diesen großkalibrigen Waffen wurden 3,7 cm Maschinenwaffen zur Bekämpfung von Tieffliegern gefordert.

Die Firma Rheinmetall hatte sich vor dem Ersten Weltkrieg nur in geringem Ausmaße mit der Entwicklung von Schiffsgeschützen befaßt. Immerhin war die 10,5 cm U-Boot-Kanone mit gutem Erfolg gebaut worden. Im Zuge dieser Konstruktion war man tiefer in die Materie von Schiffsgeschützkonstruktionen eingedrungen. Es sollte der Firma Rheinmetall vorbehalten bleiben, einen entscheidenden Schritt in dieser Entwicklung von neuzeitlichen Schiffsgeschützen zu tun. Dieser Schritt bestand in der Einführung einer dritten Richtachse oder auch Horizontierachse genannt. Das Patent eines solchen dreiachsigen Geschützes stammte aus den Jahren 1911. Der Erfinder der dritten Achse war Ingenieur Carl Waninger, in dessen Händen auch die Konstruktion der 10,5 cm U-Boot-Kanone gelegen hatte. Herr Waninger war auch der Chefkonstrukteur und Direktor der Marineartilleriekonstruktionsabteilung, die von Unterlüß nach Düsseldorf übergesiedelt war.

Die Einführung der dritten Richtachse in den Aufbau eines Geschützes bedeutete, daß unabhängig von den Eigenbewegungen des Schiffes, nämlich den Schlinger- und Stampfbewegungen, ein kontinuierliches Schießen möglich wurde. Vor der Erfindung der dritten Achse war man darauf angewiesen, die Schußauslösung über ein Vorzündwerk vorzunehmen, das so eingestellt war und den Abfeuervorgang so beeinflußte, daß das Geschoß die Rohrmündung in dem Augenblick verließ, in dem das Schiff die Null-Lage der Schlingerbewegung durchlief, mit anderen Worten, in dem Augenblick, in dem der Schiffskörper und also auch das Geschütz, die horizontale Lage eingenommen hatte. Ein solches Schießen war aber für eine Flugzeugabwehrkanone ein unmöglicher Zustand, wenn man überlegt, daß ein Schiff infolge der Schlingerbewegungen nur dreimal in der Minute durchpendelt. Das hieß nämlich mit anderen Worten, daß die Schießfolge einer Schiffsflak nur 3 Schuß je Minute betragen konnte. Die Einführung der dritten Achse erlaubte also bei der Schiffsflak die kontinuierliche Bekämpfung eines Flugzeuges. Der Weg von der Konstruktionsidee bis zur technischen Ausreifung war sehr weit. Der ursprüngliche Grundgedanke für die neue Richtnummer bestand darin, den Horizont als Bezugslinie für die Korrektur der schlingernden Kantfehler anzusehen, diese im Horizontfernrohr aufzufassen und durch eine entsprechende Richtbewegung auszugleichen. An die Stelle des natürlichen Horizontes trat bald der künstliche Horizont in Form einer hochempfindlichen Wasserwaage mit genauer Libelleneinteilung. Später ging die Überlegung dahin, ein Kreiselsystem als mechanisches Instrument zur Korrektur der Kantachsenfehler heranzuziehen. Man baute ihn in die kleinen 3,7 cm Doppelflak ein. Bei großen

Schlingerbewegungen fiel er zunächst außer Tritt. Man faßte dann weiter und versah ihn mit einem Stützmotor, der das Außertrittfallen ausschloß. Man ordnete diese Kantstabilisierungseinheit geschickt in der Gruppe der schwingenden Massen der Doppelflakgeschütze ein, so daß sie selbst schon als Trägheitsmasse beim Ausgleich der Kantfehler dämpfend wirkte. So wurde die Kreiselanlage auch weniger aufwendig. Bei den großen Schiffsgeschützen und Flakeinheiten mußte man andere, neue Wege beschreiten. Die zu bewegenden Rohrmassen bei Doppellafetten zur Aufhebung der Kantfehler konnten durch die Richtnummern nicht sicher ausgesteuert werden. Eine Mutterkreiselanlage im Meta-Zentrum des Schiffskörpers wurde angeordnet, welche die Ablage der Kantachse vom Horizont infolge der Schlingerbewegungen des Schiffes sowohl den über Vorzündwerk abfeuernden Turmgeschützen und Kasemattengeschützen als auch der mit Maschinen-Richtbetrieb versehenen Flak laufend mitteilten. Die Horizontierung der Flak erfolgte dann durch die Kantachsenrichtnummer über Drehmomentenverstärker, welche die erfoderlichen Richtkorrekturen mit Leichtigkeit der Kantachse aufdrückten.

Diese neuartigen Richtwerke für Schiffsgeschütze entstanden in enger Zusammenarbeit zwischen der Marinekonstruktionsabteilung von Rheinmetall unter Führung von Direktor Waninger als dem Schöpfer der dritten Achse und der Kreiselgeräte GmbH, unter Leitung von Direktor Boykow.

Ein weiteres technisches Gedankengut von Direktor Waninger begann, die Konstruktion der Marinegeschütze zu durchziehen. Es war dies das schwere Bodenstück oder Verschlußstück eines Rohres. Das schwere Bodenstück war für die Marinegeschütze, also für ortsfeste Zwillings- oder Drillingstürme von besonderem Vorteil.

Verwendet man normale Verschluß- oder Bodenstücke im Geschützbau, so liegt der Schwerpunkt der schwingenden Teile nicht in der Schildzapfenebene. Um nun die Richtarbeit der Höhenrichtnummern zu erleichtern, muß man einen sogenannten Ausgleicher, meist einen Federausgleicher vorsehen. Dieser Ausgleicher ist konstruktiv so durchgebildet, daß seine stützende Richtkraft mit größerwerdendem Erhöhungswinkel abnimmt, da die Gewichtskomponente des Rohres bei zunehmender Erhöhung desselben geringer wird.

Bei Geschützen auf festem Boden wird die Anwendung eines Ausgleichers immer von Nutzen sein. Anders aber liegen die Verhältnisse bei Geschützen, die auf beweglicher Plattform angeordnet sind. Das sind die Marinegeschütze. Durch das Verkanten solcher Geschütze auf Schiffen wird die Konstruktion eines Ausgleichers sehr problematisch. Jeder Lage des Geschützes müßte die Kraft des Ausgleichers angepaßt sein, wenn die Höhenrichtnummer die Richtbewegung mit gleichem Aufwand ausführen sollte. Dasselbe gilt auch für die Seitenrichtung. Die Forderungen bei allen Schiffsgeschützen lauteten also: der Schwerpunkt der schwingenden Teile, sowohl nach der Höhe wie nach der Seite, muß in den Schildzapfenachsen liegen. Der Schwerpunkt der in Höhenrichtachse beweglichen Rohrmasse muß im Schnitt der Seelen- und Schildzapfenachse liegen. Der Schwerpunkt für die sich im Seitenrichtkreis drehenden Teile muß in dem Achsenschnitt liegen, der von einer Achse senkrecht zur Schildzapfenachse und der Seelenachse gebildet wird. Bei sehr langen Rohren, z. B.

Flakrohren, ergaben sich für das Verschluß- oder Bodenstück Gewichte, die fast so groß waren wie das Kernrohr und Mantelrohr des Geschützes zusammen. Die beim Schießvorgang zurücklaufenden Teile, nämlich Kernrohr, Mantelrohr, Bodenstück und Kolbenstangen für Bremsen und Vorholer erreichten durch die Anordnung des schweren Bodenstückes ganz erhebliche Ausmaße, wobei sich durch Variierung von Feuerhöhe, Bremskraft und Rohrrücklaufweg stets ein Optimum für die Gestaltung der Lafettenkonstruktion errechnen ließ. Man kann es auch anders definieren. Je mehr Gewicht auf das Verschlußstück, lies Bodenstück, aufgepackt wird, um so geringer wird bei einer angenommenen Feuerhöhe und dem so gegebenen Rücklauf der beweglichen Rohrteile der Rückstoß. Ein geringer Rückstoß bei Zwillings- oder Drillingsrohren in Drehscheibenlafetten war bei den schweren Türmen der Marine von besonderem Vorteil; denn die Größe des Rückstoßes bestimmt den Durchmesser der Drehscheibe bzw. der Kugellaufbahn. Je kleiner aber der Durchmesser der Drehscheibe gewählt werden kann, um so geringer wird das ganze Turmgewicht. Die beiden großen Konstruktionsgedanken von Direktor Waninger, die Einführung des dreiachsigen Geschützes für die Marineflak und die Wahl des schweren Bodenstückes mit allen ihren konstruktiven Ausweitungen, haben der Gestaltung der Marinegeschütze in der Zeit von 1925—1945 ihren Stempel aufgedrückt.

Die Marinegeschützkonstruktionsabteilung wurde in großem Rahmen aufgezogen. Mit der Fülle des neuen technischen Gedankengutes gab es bei der sich drängenden Gestaltung der Geschützkonstruktionen eine Menge ungelöster Probleme, die gemeistert werden mußten. Ein Projekt löste das andere für die endgültige Turm- und Flakkonstruktion ab. Durch die Anwendung des schweren Bodenstücks bei den ersten Entwürfen der 15 cm Doppellafette gelang schließlich sogar die Ausreifung eines 15 cm Drillingsturmes für die Kreuzer der 6 000 BRT-Klasse. Die Konstruktion des Drillingsturmes war auf Anhieb ein großer Wurf. Ohne besondere Anstände verlief das Anschießen der Türme auf dem Kreuzer Königsberg. Die Maschinenantriebe für Höhen- und Seitenrichtung arbeiteten genau. Die Munitionsaufzüge gaben ihre Last spielend leicht von der Sohle des Turmes durch den Maschinenraum zu den Ladeschalen hin, von denen aus der Ladevorgang erfolgte. Der ganze Drillingsturm war ein technisches Meisterwerk.

Nur zögernd konnte die dreiachsige Doppelflak für die Armierung der Kreuzerklasse folgen. Das Pensum der Entwicklungsarbeit war zu groß. Über das sogenannte „Phantomgeschütz" oder „Blaues Wunder" (das erste Holzmodell war in blauer Farbe gestrichen) erfolgten die weiteren Schritte in der Ausbildung der dritten Achse. Endlich, nach sechs Jahren intensiven Forschens und Gestaltens, war die neue dreiachsige Doppelflak in jener vollendeten Form geschaffen, daß sie als die modernste Schiffsflak der Welt angesehen werden konnte. Ausländische Besucher unserer Kriegsmarine, Offiziere und technische Inspekteure gaben ihrer Bewunderung für die neue Meisterleistung der deutschen Schiffsflak Ausdruck.

Der Geschützbau, die Waffenschmiede Düsseldorf, zeigte sein neues Gesicht im Zuge der Turm- und Flakkonstruktionen. Im ersten Schiff der großen Werkshalle begegnete man der Turmmontage, wo sich mehrere Schächte mit einem Durchmesser von 7 m und einer Tiefe von 10 m befanden. In schlanker Form waren die Drillingstürme mit Drehscheibenlafette gehalten, mit zwei bis zu einer Tiefe von 6 m reichenden Plattformen. Auf der oberen befand sich der Maschinenraum, weiter unten auf der Sohle, der Stapelraum mit der Bereitschaftsmunition. Die Aufzüge mit ihren Schächten führten von der Sohle der Drehscheibenlafette bis zur Panzerkuppel, in der die Rohre mit Bremsen, Vorholern und Wiegen in die Wiegenträger eingelegt wurden. Jedes Rohr wog mit seinen schwingenden Teilen etwa 14 t. Eine Turmmontage löste die andere ab. Stets bot sich das gleiche Bild eines in allen Einzelheiten durchdachten Planes für den Zusammenbau des Drillingsturmes, der Fließanfertigung immer näher kommend. Die Geschützrohre mit ihren hammerkopfartig wirkenden Bodenstücken, die ein Gewicht von 12 t besaßen, schwebten wie leicht geführte Lasten durch den Raum der Turmmontage und wurden zentimetergenau zu den Wiegen hingeführt, und beide Gruppen fanden ihre Aufnahme in den Wiegenträgern der Drehscheibenlafette. Störend in diesem ganzen genau ablaufenden technischen Geschehen war der ohrenbetäubende Lärm, der durch die Nietmaschinen und Hämmer bei dem Zusammenbau der Teile für die Drehscheibe und den Turmunterbau verursacht wurde. Er versetzte den Außenstehenden in die rauhe Wirklichkeit des Kriegshandwerkes zurück, dem alle diese schaffenden Menschen, die Konstrukteure und Wissenschaftler eingeschlossen, verpflichtet waren. In dem zweiten Schiff der Werkshalle befanden sich die Montagestände für die Doppelflak und die Kasemattgeschütze. Zum Ende dieses Schiffes hin standen die großen Karusselldrehbänke für die Bearbeitung der Drehscheibenlafettenteile. Im dritten Schiff sah man die schweren Bohr-, Dreh- und Ziehbänke für die Herstellung der Geschützrohre.

In den folgenden Schiffen schlossen sich Gruppen von Werkzeugmaschinen für die mechanische Bearbeitung der Einzelteile für die Geschütze und abgetrennte Räume für die Herstellung von Schweißgruppen und der Kleinmontage an. Bis zum Jahre 1935 bot der Geschützbau in der Waffenschmiede Düsseldorf das Bild von Werkstätten für den Marinegeschützbau. Nur vereinzelt waren Geschütze des Heeres eingestreut, denn das Heereswaffenamt hatte, wie schon erwähnt, in zurückhaltender Planung die Zeit für die Motorisierung ihrer Geschütze kommen sehen, die dann in großem Ausmaße gestaltet wurde. Die Fertigung der Heeresgeschütze erfolgte in vielen Werkstätten des deutschen Raumes. Im Jahre 1936 wurde eine weitere große Geschützwerkstätte geschaffen, in der auch die Heeresgeräte ihren ebenbürtigen Platz als Leistung der Rheinmetall-Konstruktionen fanden. Nicht viel später durchliefen auch die ersten rückstoßfreien Geschütze die Fließbänder, die sich als Sondergeschütze herausschälten, in Anlehnung an die Grundlagen der Raketentechnik, die von der Firma Rheinmetall bis zu diesem Zeitpunkt geschaffen worden waren.

Die Waffenschmiede Düsseldorf strahlte unverkennbar den Geist bester Geschützbautradition, der durch den Begründer der Rheinischen Metallwarenfabrik Düsseldorf, Heinrich Ehrhardt, diesem Unternehmen von Weltruf aufgedrückt worden war. Zu seiner Zeit konnte er nicht ahnen, daß seine beiden Pionierleistungen, sei es das Ehrhardt'sche Loch- und Ziehverfahren oder die Einführung des Rohrrücklaufgeschützes, von denen man annahm, daß sie das zwanzigste Jahrhundert überdauern

sollten, nur noch einmal eine kurze Zeit musterhafter technischer Gestaltung erlebten, wie sie in den vorstehenden Ausführungen kurz gewürdigt worden sind.
Die rastlose Menschheit, immer nach neuen Formen der Überwindung von Raum und Zeit suchend, hatte sich den Luftraum erobert. Otto Lilienthal enthob erstmals den Menschen der Erdschwere mit seinen Flügelschwingen, die Gebrüder Wright bewiesen endgültig die Überwindung der Schwerkraft im motorisierten Drachenflug. Das war in den Jahren 1910—1912. Das Zeitalter der Luftfahrt hatte begonnen. Der Vorstoß in die dritte Dimension des Raumes mit seinen schier unbegrenzten Möglichkeiten verwandelte die technische Struktur unseres Zeitalters vollkommen. Mit dem Eindringen in den Luftraum schien das Jahrhundert der motorisierten Bewegung des Menschen mit all seinen Formen in der Ebene und im Raum vollständig.
Und doch sollten keine vierzig Jahre dieses Jahrhunderts vergehen, bis es nach der bahnbrechenden Relativitätstheorie des Physikers Einstein, später dem großen deutschen Forscher Hahn gelang, die erste Kernspaltung durchzuführen. Noch mitten in der Auseinandersetzung über die Technik der Beherrschung des Weltraumes gelang der Vorstoß in die Deutung der Materie mit der Entfesselung der Urkräfte überhaupt. Der Anfang der atomaren Zeitepoche war gekommen. Je mehr wir uns der Zeitepoche der Eroberung des schier unüberwindlichen Weltenraumes und des Eindringens in den Kern des stofflichen Aufbaues der Materie mit den Riesen-Strahltrieben auf der einen Seite und den freiwerdenden Urkräften der Materie bei der Atomspaltung auf der anderen Seite genähert haben, um so mehr verblassen die technischen Leistungen der Generationen vor uns. Die Wehr des einzelnen Mannes der Sippe oder die Verteidigung einer Nation mit den klassischen Schußwaffen ist zusammengebrochen vor den gewaltigen Errungenschaften des letzten halben Jahrhunderts. Der Mensch hat sich mit der schöpferischen Kraft seines Geistes nunmehr selbst gefangen, denn das Unheil, was er jetzt anzurichten imstande ist, kann ihn ganz auslöschen.
Fünf Jahrhunderte hat das Zeitalter der klassischen Schußwaffe oder wie es neuerdings heißt, der ballistischen Waffe, gewährt. Das von dem Mönch Bertold Schwarz erfundene Schwarzpulver hat diese Epoche eingeleitet und diese erschien durch den von Alfred Nobel im vorigen Jahrhundert gefundenen neuen Sprengstoff, das Dynamit, also das furchtbarste Werk der Menschheit. Aber wie verblassen solche Werke angesichts des revolutionären Umsturzes der heutigen Zeit!

Kap. IX

Das geistige und materielle deutsche Rüstungspotential zwischen den beiden Weltkriegen.

Das erste Drittel dieses Jahrhunderts hatte schon erkennen lassen, daß ein revolutionärer technischer Umbruch im Anzuge war. Noch schien es nur das Jahrhundert der Motorisierung und der Automation zu werden. Die Ausstrahlung auf das Gebiet der Rüstung war zwangsläufig. Der Mensch mit seinen eigenen Fähigkeiten stand nicht mehr allein in der Behauptung bei kriegerischen Auseinandersetzungen, sondern in zunehmendem Maße trat die Materie, die Mechanisierung, als eine neue Kraft in das Feld der Machtkämpfe. Um aber diese neue Kraft für kriegerische Auseinandersetzungen verfügbar zu haben, bedurfte es solcher Persönlichkeiten, die in der Lage waren, die taktischen und strategischen Möglichkeiten zu erkennen, die dem Kriegshandwerk in dem Jahrhundert der Technik mit der Mechanisierung gegeben wurde. Da es nach dem Ersten Weltkrieg keine Luftwaffe gab, waren die Säulen der Heimatverteidigung im Deutschen Reich das Heer und die Marine. Es kam also darauf an, für diese beiden Wehrmachtsteile Persönlichkeiten zu finden, die das Format besaßen, um mit Weitblick neue, bessere Waffen entstehen zu lassen. Es dauerte nicht lange, bis die Führungsstäbe der beiden Wehrmachtsteile diese beiden Persönlichkeiten gefunden hatten, denen sie sich auf dem Gebiet der modernen Waffentechnik anvertrauen wollten.

In der Gruppe Waffen-Prüfwesen des Heeres hatte während des Ersten Weltkrieges ein junger Oberleutnant und Physiker, Karl Becker, zu den Flugbahnberechnungen des Pariser Ferngeschützes entscheidend beigetragen. Becker hatte sich mit Dr. v. Eberhardt in zähem Einsatz nicht nur den ballistischen, sondern auch den Munitionsaufgaben, die mit dem Wundergeschütz des Ersten Weltkrieges verbunden waren, verschrieben und den Einsatz dieser Waffe als Inspektionsoffizier betreut. Bei der Bearbeitung dieser ballistischen Aufgaben hatte er zwangsläufig Kontakt mit Geheimrat Cranz gefunden, der als der überragende wissenschaftliche Interpret der Lehre vom Schuß galt. Aus den Arbeiten von Becker ging hervor, daß er es als sein besonderes Ziel ansah, die rein theoretische Ballistik durch wissenschaftliche Forschungsgrundlagen auf meßtechnischem Gebiet zu unterbauen. Dieser Grundeinstellung ist Becker auch während seiner späteren Tätigkeit im Heereswaffenamt treu geblieben.

Der inzwischen zum Major beförderte Offizier Karl Becker war im Jahre 1927 Chef der Abteilung Ballistik im Heereswaffenamt. Da alle waffentechnische Aufgaben in die Abteilung Ballistik einmündeten, war er praktisch mit allen Geräteplanungen, welche das Heer nach dem Ersten Weltkrieg angelassen hatte, vertraut. Für die Waffenindustrie war es sofort erkennbar, daß sich in der Persönlichkeit von Becker ein Schwerpunkt herausbildete, der für die weitere Gestaltung der gesamten Waffentechnik des Heeres ausschlaggebend sein würde. Tatsächlich ist es dann später auch so gekommen, daß der damalige Major Becker nicht mehr zur Truppe zurückgekehrt ist, sondern die Belange des Heereswaffenamtes in stets wachsender Verantwortung bis zu seiner Ernennung zum Generalleutnant und Chef des Heereswaffenamtes gesteuert hat.

General Becker war Physiker und Techniker. Er hatte überdurchschnittliches Format. Im Wesen zeigte er große Zurückhaltung. Es war nicht einfach, ihn für neue Ideen zu begeistern. War er jedoch einmal gewonnen, dann setzte er sich auch mit seiner ganzen Persönlichkeit für diese ein. Äußerlich verriet zwar nichts, das diese Begeisterung hätte erkennen lassen können. In der Zielsetzung für die Lösung von waffentechnischen Aufgaben war er sehr vorsichtig. Man erlebte es selten, daß er in angeregten technischen Gesprächen mitschwang; aber man fühlte, daß er der ihm anvertrauten großen technischen Aufgabe, der Schaffung leistungsfähiger Waffen für die Armee, mit Hingabe diente.

General Becker war als bedeutender Wissenschaftler auf dem Gebiet der Ballistik hervorgetreten. Zu dem klassischen Lehrbuch von Geheimrat Cranz steuerte er wertvolle Aufsätze bei. Auch Professor v. Eberhardt hatte an dem ersten Band des Lehrbuches der Ballistik in hervorragender Weise mitgewirkt. Das klassische Werk war bereits 1925 erschienen. Es folgten weitere Bände in den folgenden Jahren. Das bedeutsame wissenschaftliche ballistische Triumvirat der drei großen Ballistiker war ein Zusammenschluß auf Lebenszeit.

Der damalige Major Becker war sich im Jahre 1927 bereits darüber klar geworden, daß der Aufbau des Heereswaffenamtes im Zeitalter der Technik nach neuen Gesichtspunkten erfolgen müsse. Major Becker sprach vielfach von dem französischen Vorbild im Aufbau der Rüstung. Es war ihm nicht unbekannt, daß der Ingenieur General Charbonnier bedeutsame Arbeiten auf dem Gebiet der Innenballistik geleistet hatte. Das Charbonnier'sche Verbrennungsgesetz für Pulver besaß seinerzeit die Gültigkeit vor anderen Lösungen. Neben Charbonnier hatte auch der französische Ingenieur General Malaval auf dem Gebiet der Geschützkonstruktion interessante wissenschaftliche Arbeiten durchgeführt und war bei seinen Untersuchungen auf dem Gebiet der Festigkeit dickwandiger Rohre zu der neuen Festigkeitshypothese von Mohr vorgestoßen, die selbst hier in Deutschland nur zögernd anerkannt wurde. Malaval hatte sich insbesondere auch auf dem Gebiet der Autofrettage, der Selbstschrumpfung von dickwandigen Hohlzylindern, beschäftigt. Diese neue Herstellungsmethode von Geschützrohren, die in den Vereinigten Staaten und dem britischen Weltreich aufmerksam beobachtet wurde, hatte Malaval durch eine Reihe von Versuchsrohren belegt.

Es war bekannt, daß die französischen Militärtechniker in Europa eine Sonderstellung einnahmen. Die französische Geschütztechnik wurde als die beste in Europa bezeichnet, und Major Becker wollte die klassische Art der Rüstungsforschung in Frankreich auch in Deutschland vorantragen. Es schwebte ihm vor, nicht nur bei der französischen Schule stehen zu bleiben, sondern diese, wenn möglich, in Deutschland noch zu vertiefen. Das technische Offizierskorps, das von General Becker dann später geschaffen wurde, war sein Werk. Junge Offiziere mit technischer Qualifikation wurden zu einem Hochschulstudium an der Technischen Hochschule in Berlin bis zum Abschluß des Diplomexamens abkommandiert. Wenn es damals auch noch keine wehrtechnische Fakultät gab — sie wurde erst im Jahre 1936 von General Becker geschaffen — so war doch sicher, daß eine Grundrichtung für die wissenschaftliche Ausbildung des technischen Offizierskorps des Heeres allein schon durch den Nestor der deutschen Ballistik, Geheimrat Cranz, gegeben war. So konnte man sagen, daß alle jüngeren Ingenieur-Offiziere nach dem absolvierten Hochschulstudium die hohe Schule der klassischen Ballistik absolviert hatten.

In der Folgezeit wurden die jungen Hochschuloffiziere zunächst als Hilfsreferenten den aktiven oder Truppenoffizieren beigegeben. Sie wuchsen später in deren Stellungen hinein. So erfuhr das Heereswaffenamt seine technische Ausrichtung.

Im Jahre 1928 kam als Nachfolger des Fregattenkapitäns Altvater, der den aktiven Dienst quittierte und eine bedeutende Stellung in der Industrie annahm, Fregattenkapitän Karl Witzell in das Marinewaffenamt. Nachdem Witzell bei einem Schießen auf dem Schießplatz Meppen zum ersten Male in die Entwicklung von Panzerplatten und Panzergeschossen mit eigener Meinung eingegriffen hatte, war man sich in den Waffenkreisen darüber klar, daß er der kommende Mann für die Durchführung des großen Marine-Waffenprogramms sein würde. Kapitän Witzell war bis zu seinem Einzug in das Marinewaffenamt Frontoffizier gewesen. Als Sohn eines Studienrates hatte er große wissenschaftliche Neigungen, die so stark waren, daß man sich oft gefragt hat, wie es gekommen war, daß Witzell die Laufbahn des Offiziers eingeschlagen hatte.

Kapitän Witzell blieb bis zum Jahre 1943 dem Marinewaffenamt verbunden und wurde später als Generaladmiral der Chef des Marinewaffenhauptamtes. Für die ganze Entwicklung der Marinewaffen, einschließlich des Panzerschutzes für alle Kriegsschiffseinheiten, war er verantwortlich. Admiral Witzell war in gewissem Sinne der Gegenspieler von General Becker.

Admiral Witzell war auch im Gegensatz zu General Becker äußerst temperamentvoll, besaß eine schnelle Auffassungsgabe bei schwierigen technischen Problemen, eine hervorragende physische Kondition und ein sagenhaftes Gedächtnis. Bei den Panzerplattenschießen war er allen anderen Beschußteilnehmern Längen auf dem Wege von dem Unterstand bis zu der Plattenstellung voraus. Er lieferte oft Proben seines hervorragenden Gedächtnisses, wenn er im Anschluß an die Besprechungen von Beschußergebnissen plötzlich meinte: „Da war doch ein Panzerplattenschießen im Jahre X mit dem Panzergeschoßdurchschlag der Granate Y bei der Endgeschwindigkeit Z". Dann folgten noch die Güteeigenschaften des Platten- und Geschoßmaterials. Admiral Witzell kannte die gesamte Marinemunition und die Geschütze mit allen Leistungsdaten und Gewichten. Wenn man sich bei neuen Planungen von Geräten darauf einließ, ihm einige technische Entwicklungsdaten anzuvertrauen, dann mußte man sich darüber klar sein, daß diese bindend waren. Es gab dann kein Zurück mehr, man wurde beim Wort genommen. Admiral Witzell war beauftragt, eine neue Organisation im Marinewaffenamt aufzubauen. Er ging andere Wege als sein Heereskollege General Becker. Er sah den besten Fortschritt in der Waffentechnik für die Marine von solcher Warte, daß er befähigte Frontoffiziere für die Leitung seiner Abteilungen und Referate heranzog. Die Initiative überließ er weitgehend der

Industrie. Er stellte sich auf den Standpunkt, daß seine Mitarbeiter die Forderungen der Seestreitkräfte an die Industrie weiterzutragen und dafür zu sorgen hätten, daß diese entsprechend aufgefaßt und gelöst würden. Natürlich wurden den militärischen Abteilungsleitern auch technische Mitarbeiter zugeordnet, welche in enger Fühlung mit der Industrie arbeiteten, die aber auch den Standpunkt einnahmen, die Waffenprobleme in der Industrie behandeln zu lassen und sie nicht selbst lösen zu wollen.
Bei dem Aufbau des Marinewaffenamtes ging Admiral Witzell bewußt auch den entgegengesetzten Weg seines Kollegen im Amte des Marineschiffbaues. Denn in diesem Amt wurden die Planungen und Konstruktionen der Schiffe weitgehend in eigener Regie gesteuert.
General Becker und Admiral Witzell waren die militärischen Spitzen und entscheidend verantwortlich für die Rüstung nach dem Ersten Weltkrieg.
Zu diesen beiden Persönlichkeiten trat erst viel später, im Jahre 1938, der neue Chef für den dritten Wehrmachtsteil, nämlich die Luftwaffe, hinzu. Es war der reaktivierte Jagdflieger des Ersten Weltkrieges Ernst Udet, später Generaloberst und Generalluftzeugmeister.
Generaloberst Udet hatte im Jahre 1938 die Nachfolge von Oberst Wimmer als Leiter des technischen Amtes der Luftwaffe übernommen. Es war natürlich, daß er in dieser Stellung sich zunächst der zwingenden Entwicklung des Flugzeugbaues verschrieb, denn damals galt es, den Anschluß an die ausländische Entwicklung zu finden, die einen Vorsprung von fünfzehn Jahren besaß, nämlich jene Zeit nach dem Ersten Weltkrieg, in der Flugzeuge aufgrund der Bestimmungen des Versailler Vertrages nicht gebaut wurden. Generaloberst Udet prägte dieser Entwicklung seinen besonderen Stempel auf, indem er auch von den in der Entwicklung befindlichen Kampfflugzeugen die Sturzfähigkeit forderte. Es gab zwar bereits die absolut sturzfähigen Kampfflugzeuge des Typs Ju 87. Zu diesen kam, wenn auch nur begrenzt sturzkampffähig, nämlich bis zu einem Winkel von 50°, das neue Baumuster Ju 88 hinzu. In dieser Zeit der stürmischen Entwicklung neuer Flugzeugmuster bei Heinkel, Messerschmitt, Dornier, Focke Wulff und Arado blieb die Bordwaffen- und Abwurfsmunition nur am Rande interessant. Dieses Vorgehen bei der Entwicklung im Kriegsflugzeugbau hat sich in den späteren Jahren entscheidend gerächt.
Udet selbst ist während seiner Zeit als Amtschef der von ihm als richtig angesehenen Angriffstaktik für Kampfflugzeuge, dem Sturzkampf, verfangen geblieben und hat sich von dieser nicht lösen können. Alle seine Entscheidungen waren hierdurch beeinflußt. Er war der Auffassung, daß im entscheidenden Augenblick des Zielangriffes nur der Mensch mit kühnem Wagemut für den Erfolg entscheidend sein könnte, nicht aber die komplizierte Maschinerie eines technisch hochstehenden Kampfmittels. Wenn man Udet näher kannte, so wurde einem bald die Zwiespältigkeit seines Wesens offenbar. Er war auf der einen Seite wegen seines stürmischen Draufgängertums bekannt. Im Ersten Weltkrieg war er eines der stärksten Asse der Jagdflieger und durch seine tollkühnen Kampf- und Flugparaden berühmt geworden. Auf der anderen Seite empfand man im Gespräch mit ihm, wenn er sich im Freundeskreis ungezwungen geben konnte, eine ausgesprochene Sensibilität mit einem Hang zu künstlerischen Neigungen hin.

Wir werden diesen drei militärischen Persönlichkeiten später im Spiegel der kritischen Beurteilung der durch die Waffenämter dargestellten Leistungen wieder begegnen.

In Parallele zu den Spitzen der verantwortlichen Wehrmachtspersönlichkeiten auf dem Gebiet der Rüstung stand das geistige und materielle Potential der Industrie. Der Versailler Friedensvertrag hatte dies Potential stark eingegrenzt. Bis weit in die dreißiger Jahre hinein waren die beiden Firmen Krupp und Rheinmetall für die deutsche Waffenrüstung allein tonangebend. Bei der Firma Krupp ruhte die Verantwortung auf dem technischen Leiter der Artilleriekonstruktionsabteilung, Direktor Dr. h. c. Ritter und seinem kaufmännischen Kollegen, Direktor Pfirsch. Wenn auch das Rüstungsgebiet der Firma Krupp nach den Bestimmungen des Versailler Vertrages auf die schwere Artillerie beschränkt war, so brachte es die Tradition des Unternehmens mit sich, daß die technische Auffassung der Konstruktionsabteilungen bei allen Entwicklungsaufgaben von den Behörden gehört und als entscheidendes Faktum beurteilt wurde. Diese Einstellung der Behörden war berechtigt, da die jahrzehnte-Erfahrungen zweifellos bei Krupp lagen. Auf der anderen Seite hatte man jedoch vielfach den Eindruck, daß diese Erfahrungen ein wenig überschätzt wurden; denn in dem Jahrhundert des technischen Umbruches, in dem man sich befand, konnten nur noch jüngere und jüngste Erfahrungen von besonderem Nutzen sein. Dies wurde zu wenig bedacht.

Direktor Dr. Ritter bewegte sich sehr stark in der traditionsgebundenen Linie der Waffenkonstruktion der Firma Krupp. Allen Neuerungen folgte er nur zögernd und erst dann, wenn sie eindeutig belegt waren. Dr. Ritter hat auch in manchen Gesprächen mit dem Verfasser diese Einstellung kundgetan. Er war stets sehr beeindruckt, wenn die junge Generation der Waffenkonstrukteure bei Rheinmetall mit großem Schwung an grundsätzliche Neuerungen auf dem Gebiet der Geschützrohrkonstruktionen heranging und neue Meßmethoden auf dem Gebiet sowohl der inneren als auch der äußeren Ballistik entwickelte.

So wurde in jenen Jahren erstmals die Lösung des auswechselbaren Seelenrohres und auch in einer weiteren Phase die Lösung des auswechselbaren kurzen Futterrohres versucht und verwirklicht. Auf dem Gebiet der inneren Ballistik wurde in Anlehnung an die Forschungsarbeiten von Prof. Bridgeman, Amerika, das Prinzip der Druckmessung mit einer Manganindrahtspule in der geschlossenen Druckbombe und im Geschützrohr erprobt, und auf dem Gebiet der Außenballistik wurden die Geschoßgeschwindigkeitsmessungen mit dem Spulen-Oscillographen schon früh aufgegriffen. Dr. Ritter hatte wohl aber auch sein Hauptaugenmerk auf das Problem des stetigen Wettlaufes der Leistung von Panzergeschoß und Panzerplatte gerichtet, denn Krupp hatte gerade auf diesem Gebiet stets die ganz großen Leistungen gezeigt. Auf diesem Gebiet war Krupp unerreichbar, selbst noch dann, als von der Geschoßseite her eine neue Konkurrenz aufgetreten war: der Bochumer Verein, der nach den Bestimmungen des Versailler Vertrages für die Herstellung von Panzergeschossen bestimmt war. Diese wurden unter der Leitung von Direktor Plumpe entwickelt. Aber bei den Panzergeschossen ging es nicht ohne die schwierige Gestaltung der Kopfform solcher Geschosse mit Kappe und Ogivalhaube, der richtigen Abstimmung der Festigkeitseigenschaften solcher Kappen und des Härteverlaufes über die Länge des Geschosses hin. Auf diesem Gebiet waren die Erfahrungen von Krupp eindeutig.

Später wurde die Artilleriekonstruktion der Fa. Krupp durch das erweiterte Flottenbauprogramm und die Schaffung der Schwerst-Artillerie wieder ein großes Kraftfeld der Artillerie. Nun fand sich keine Zeit mehr für neue Grundstellungen in der Waffentechnik. Das wurde auch nicht mehr viel anders, nachdem Dr. Müller, der aus dem Eisenbahnverkehrswesen kam, die Nachfolge von Dr. Ritter angetreten hatte. Auf diese Grundlinie werden wir später wieder stoßen.

Die zweite Firma, die nach dem Friedensvertrag zu der Waffenentwicklung und -fertigung zugelassen blieb, war die Firma Rheinmetall. Die Firma selbst war nach verschiedenen Umstellungsaktionen in den Jahren 1920—1925 zu der Waffendisziplin zurückgekehrt. Nach der endgültigen Konsolidierung des Unternehmens im Jahre 1932 — einige Jahre vorher war es zu einem schweren Verlust, der Aufgabe der Rohrproduktion, gekommen — wurde der Vorstand von den beiden Generaldirektoren Geheimrat Wessig und Luther gebildet. Die Entwicklung der Artilleriekonstruktion lag in den Händen der beiden Abteilungsdirektoren Romberg und Waninger. Direktor Romberg war für die Entwicklung der Heeresgeräte, Direktor Waninger für die Entwicklung der Marinegeschütze verantwortlich. Die große Zahl der Entwicklungsaufgaben, die von beiden Wehrmachtsteilen gestellt wurden, lastete das Potential der beiden Abteilungen vollständig aus. Generaldirektor Luther war ausgesprochener Betriebsmann. Sein Interesse galt den betrieblichen Entwicklungen und dem Ausbau des Stahlwerkes. Die beiden Abteilungsdirektoren waren der klassischen Schußwaffentechnik durch das große Vorbild, das sie in Ehrhardt als dem Schöpfer des Rohrrücklaufgeschützes sahen, sehr verbunden. Die kaufmännische Leitung von Rheinmetall lag in den Händen von Geheimrat Wessig. Der geheime Oberregierungsrat Wessig war nach dem Ersten Weltkrieg aus den Diensten des Wirtschaftsministeriums ausgeschieden und in die Industrie eingeschwenkt. Von ihm wird in den folgenden Kapiteln noch häufiger die Rede sein, weil er als einer der ersten im Hause Rheinmetall den kommenden Umbruch der Waffentechnik erkannt hatte.

Die Alliierten hatten im Versailler Vertragswerk auch einschränkende Bestimmungen für die Nitrochemie vorgesehen. Die Pulver- und Sprengstoffladungen waren in erster Linie auf die Westfälisch-Anhaltischen Sprengstoffabriken ausgerichtet, deren technische Leitung in den Händen von Generaldirektor Sarrazin lag. Die bekannte Firma Zeiss war für das optische Rüstzeug der Zielauffassung und Ortung verantwortlich. Die Leitung dieser Entwicklung war dem auf diesem Gebiet sehr fähigen Obering. Steinle anvertraut.

Nach dem Ersten Weltkrieg hat es vielfach die Meinung gegeben, daß die „gefährlichen Militaristen“ ruhe- und rastlos in ihren Bestrebungen gewesen wären, ein außergewöhnliches Rüstungspotential für neue machtpolitische Auseinandersetzungen zu schaffen. Solche Auffassung trifft in keiner Weise zu. Ganz im Gegenteil! Schon die stark einschränkenden Bestimmungen des Versailler Vertrages schlossen jede Möglichkeit aus, machtvolle Waffen zu schaffen. Zunächst einmal waren nur reine Defensivwaffen erlaubt, und auch diese Waffen waren noch in Kalibergrenzen eingezwängt, wodurch ihr Wert nur zweitrangig sein konnte. An die Bindungen des Versailler Vertrages haben sich die militärischen Stellen streng gehalten. Es ist dem Verfasser bekannt, daß man im Jahre 1929 in den planenden Marinekreisen zu der Auffassung gekommen war, daß das Kaliber 3,7 cm der Maschinenflak zur Tieffliegerbekämpfung auf Kriegsschiffen zu schwach sei. Darüber hinaus war man zu der Auffassung gekommen, daß auch das Kaliber der Torpedobootskanonen nicht 10,5 cm, sondern mindestens 12,8 cm sein müsse, wenn der Kampfwert der Zerstörer den Vergleich mit den ausländischen Kriegsschifftypen aushalten sollte. Es gab damals eine ausgesprochene Bewaffnungskrise, also eine Zeit, in der eine Entscheidung über die endgültige Bewaffnung der geschilderten Waffentypen nicht zu erreichen war. So groß war der Meinungsunterschied zwischen den verantwortlichen Offizieren für Waffenfragen, daß die einzelnen Referenten die Verantwortung für irgendwelche Entscheidungen ablehnten.

Diese Krise hat dann zu einer besonderen Demarche geführt. Da die Marineleitung sich unbedingt entscheiden mußte, also keinerlei Zeit zu verlieren hatte, wurde der Marineattaché in London ermächtigt, mit der zuständigen Stelle im englischen Marineministerium zu verhandeln und dabei die Frage aufzuwerfen, ob eine Abweichung von den durch das Versailler Friedensdiktat zugestandenen Waffenkalibern zugelassen werden könne. Wie damals zu erwarten, verlief die Demarche ergebnislos. Die geplanten Kaliber wurden wieder aufgegeben.

Oft kam bei den Planungsfragen die große Härte des Versailler Friedensdiktates in den Gesprächen zum Durchbruch. Heiße Debatten entstanden dann, und nicht selten fielen Worte, die Fesseln seien so drückend, daß man sie sprengen müsse. Denn es sei keinem Volk zuzumuten, so argumentierte man, daß es sich nicht in den Stand versetzen sollte, eine nach eigenen strategischen Gesichtspunkten aufgebaute Verteidigung zu schaffen. Am Ende solcher Debatten stand dann doch die Besonnenheit und der Wille zur Vertragstreue. Man hoffte, daß die Politiker den Weg zu einer echten Verständigung mit den europäischen Ländern und so auch die Fesseln der deutschen Unfreiheit lösen würden.

Kap. X

Lebensdauer von Geschützrohren

Gegen Ende des Jahres 1927 gab es eine kleine Gruppe unter der Leitung des Verfassers, welche bei Rheinmetall die ersten Überlegungen über die Probleme von Ballistik und Munition anstellte. Bis zu diesem Zeitpunkt lag die Führung der gesamten ballistischen- und Rohraufgaben, worunter also Rohrkonstruktion, Munition, Innen- und Außenballistik verstanden sei, in den Händen der Firma Krupp. Kein Waffenprojekt konnte ohne die Vorschläge der Firma Krupp weitergebracht werden; denn bei dieser Firma waren die alten erfahrenen Rohrkonstrukteure, Munitionsfachleute und Ballistiker, deren Repräsentant Prof. Dr. v. Eberhard war, dessen Name durch die Mitarbeit an dem Pariser Ferngeschütz in der ganzen Welt bekannt war. Sein Kollege, Prof. Rausenberger, war wenige Jahre nach dem Ersten Weltkrieg verstorben.

Es konnte zunächst nur die Aufgabe der ballistischen Gruppe bei Rheinmetall sein, die Konstruktionsregeln für die Ballistik von Schußwaffen zu studieren, denn es mußte ja, wie auch in den anderen Zweigen der Technik, gewisse Gesetzmäßigkeiten geben, nach denen bei der Aufstellung von Projekten verfahren wurde. Nur war es so, daß es Lehrbücher für die Konstruktion von modernen Geschützrohren und die praktische Ballistik nicht gab. Es handelte sich zunächst darum, die bestehenden Festigkeitshypothesen für die Berechnung dickwandiger Hohlzylinder, also der Geschützrohre, kritisch zu bewerten, Länge und Größe des Ladungsraumes aufzufassen, die Gestaltung von Patronen- und Kartuschhülsen zu erkennen, die Geschoßformen einschließlich der Führungsbandbemessung zu untersuchen und auf der anderen Seite Berechnungen über das Arbeitsdiagramm im Geschützrohr, die Pulverabmessungen und Geschoßformwerte anzustellen. Das Endziel der ganzen Studien sollte sein, Erfahrungskennzahlen zu sammeln, Berechnungsgrundlagen zu finden, Festigkeitsuntersuchungen durchzuführen und ballistische Vorgänge zu deuten. Der Erfolg solcher Studien sollte schließlich darin gesehen werden, daß mit gewissen Ausnahmen neue Projekte gestaltet werden konnten, die auch in den Rechen- und Zeichenbüros der Firma Krupp nicht anders aussehen würden. Da um diese Zeit bereits die Planungen von der 2 cm Maschinenwaffe bis zum 15 cm Geschütz liefen und für die verschiedenen Kaliber die Projektunterlagen der Firma Krupp vorlagen, war es nicht allzu schwierig, die grundsätzlichen Gesetzmäßigkeiten einzufangen. Im einzelnen ergaben sich interessante Feststellungen über die Art der Rohrberechnung, die Größen der zulässigen Beanspruchungen, die Sicherheitsfaktoren, ferner Daten über den thermischen Wirkungsgrad des Pulvers, über die Größe der Stabilitäts- und Folgsamkeitsfaktoren für drallstabilisierte Geschosse. Bald war eine technische Plattform gefunden, auf der man sich bewegen konnte.

Eines Tages erhielt die Firma Rheinmetall eine Aufforderung der Marineleitung, ein umfangreiches Versuchsprogramm durchzuführen, das Aufschluß über das Maß möglicher Leistungssteigerung bei der Maschinenflak und der schweren Flak geben sollte. Die im Ausland erzielten Fortschritte auf dem Gebiet des Flugzeugbaues und der erzielten Fluggeschwindigkeiten zeigten, daß nunmehr eine Leistungssteigerung der Flakwaffen unumgänglich war, wenn die Erfolgswahrscheinlichkeit solcher Waffen nicht stark absinken sollte. Ein Rohrversuchsprogramm, das von der Firma Krupp aufgestellt worden war, sah die Durchführung von Beschußversuchen mit einer Reihe von Versuchsrohren vor. Das gewählte Kaliber war 4,2 cm. Außerdem wurden in den Rahmen der Versuche zwei Rohre größeren Kalibers, nämlich ein 8,8 cm Flakrohr und ein 15 cm Versuchsrohr einbezogen. Die Firma Krupp strebte an, eine erhebliche Leistungssteigerung für die Schußwaffentechnik zu erreichen. Das Versuchsprogramm war in zwei Versuchsgruppen aufgeteilt, nämlich eine Versuchsgruppe, mit der Geschützleistungen für Geschoßgeschwindigkeiten von 1000 m/s dargestellt wurden, während 4,2 cm-Rohre sogar mit einer Geschoßgeschwindigkeit bis zu 1200 m/s zu erproben waren. Entsprechend diesen beiden Leistungsstufen waren die Rohrlängen L 70 bzw. L 100 (70 Kaliber bzw. 100 Kaliber). Da es unklar erschien, ob die übliche Kupferführung bei den Geschossen für die Geschoßgeschwindigkeit von 1200 m/s ausreichen würde, hatte man die Versuchsrohre L 100 wahlweise für Kupfer- und Stahlführung hergerichtet. Die Stahlführungsgeschosse waren bereits von dem Pariser Ferngeschütz bekannt.

Rohre mit einer Länge von 100 Kal. waren bisher noch nicht konstruiert worden, mit Ausnahme des Pariser Ferngeschützes. Infolgedessen bestand auch Unklarheit darüber, ob der Durchhang solcher langen Rohre sich nicht für die Schußgenauigkeit ungünstig auswirken könnte. Man versuchte also, durch entsprechende Formgebung den Durchhang des Rohres so zu verringern, daß er nicht größer war als bei Rohren von 70 Kal. Bei dem 4,2 cm-Rohr wählte man den Durchmesser in der Wiegenlaufbahn so groß, wie er normalerweise bei einem 8,8 cm Rohr ist. Das andere Rohr wurde als sogenanntes Rippenrohr ausgebildet, während wiederum zwei weitere Rohre normal gestaltet wurden, also sich relativ stark durch das Eigengewicht durchbogen. Sowohl das dickbauchige Rohr als auch das Rippenrohr hatten praktisch nur die Fertigung überstanden, waren aber nicht zum Beschuß gekommen, weil festgestellt wurde, daß in dem ersteren die Kaliberbohrung nicht einwandfrei verlief, da von zwei Seiten gebohrt werden mußte und bei dem Rippenrohr die Bohrung auf ihrer Länge einen wellenförmigen Verlauf angenommen hatte, der durch die Auslösung von Eigenspannungen bei der mechanischen Bearbeitung bedingt war.

Die Durchführung des Rohrversuchsprogramms lag in den Händen der Firma Krupp. Von der Firma Rheinmetall waren für die Versuchsschießen Beobachter zugelassen. Die Treffbildbeschüsse erfolgten bei dem 4,2 cm Kaliber auf eine Entfernung von 500 m und bei den größeren Kalibern auf 1000 m. Da in der damaligen Zeit größere Forschungsmittel nicht zur Verfügung standen, war für die Versuche auch nur eine kleine Reihe von Treffbildschüssen angesetzt worden. An Pulvern gab es zwei Gruppen, nämlich ein Nitroglyzerin-Pulver mit einem Heizwert von 1100 cal/kg und dann das andere mit einem Nitroglyzeringehalt von 40 % und einem Wärmegehalt von 1250 cal/kg. Beide Pulver waren mit Lösemitteln hergestellt.

13 10,5 Zwillingsflak in Doppellafette

14 Generaldirektor Geheimrat M. Wessig

15 Generaldirektor F. Luther

Das Ergebnis dieser Versuche war in mancher Richtung sehr aufschlußreich. Es stellte sich heraus, daß die Treffähigkeit der kürzeren Rohre L 70 einigermaßen befriedigte, während sie bei den Rohren L 100 mit größerer Leistung schlecht war, obwohl man bei den letzteren mit einem wesentlich besseren Treffbild gerechnet hatte. Weiter stellte man fest, daß bei einer Geschoßgeschwindigkeit von 1200 m/s die Kupferführung nicht mehr ausreichte, sondern schon die Stahlführung zu fordern war. Die Treffähigkeit der beiden größeren Rohre, nämlich des 8,8 und des 15 cm Rohres, war gut. Während das 8,8 cm Rohr eine Länge von L 75 hatte, war diejenige des größeren Kalibers L 60.

Die große Überraschung dieses Versuchsschießens waren die starken Ausbrennungen, die durch die Anwendung der heißen Pulver in den Geschützrohren hervorgerufen worden waren. Darüber hinaus war die Feststellung ungewöhnlich, daß auch die kleinkalibrigen Rohre sehr starke Ausbrennungen erfahren hatten. Die Lebensdauer der Rohre, nämlich eines 4,2 cm Rohres L/100, eines 8,8 cm Rohres L/75 und eines 15 cm Rohres L/60, in den Geschoßgeschwindigkeiten entsprechend zu 1200, 1050 und 960 Metern je Sekunde gestaffelt, lag zwischen 150 und 250 Schuß bei langsamem Feuertempo. Danach waren die Rohre in einem derart ausgeschossenem Zustand, daß die Geschoßführung abgekämmt wurde, die Geschosse also keinen Drall erhielten und im aufsteigenden Ast der Flugbahn sich bald überschlugen.

Parallel zu dem Rohrversuchsprogramm hatte die Firma Rheinmetall eine Reihe von Versuchen mit Stahldüsen in einer Ausschießbombe durchgeführt. Die Ausschießbombe war ein Prüfgerät, mit dem man neuentwickelte Rohrstähle hinsichtlich der Wärmestandfestigkeit prüfte. Aus diesen Rohrstählen wurden sogenannte Ausschießdüsen gefertigt, welche in den Verschlußkopf der Ausschießbombe eingeschraubt und bei dem Prüfvorgang von Pulvergasen durchströmt wurden. Aus dem Gewichtsverlust der Ausschießdüsen durch den Ausschießvorgang wurde das Verhalten des Stahles gegen Erosionen geprüft, also seine Güte als Rohrstahl beurteilt. Man konnte gegen dieses Verfahren vieles einwenden, insbesondere, daß bei einem solchen Prüfvorgang eine viel zu große Pulvermenge verwendet wurde, wodurch in den Ausschießdüsen beim Durchströmen der Pulvergase Temperaturen von solcher Höhe hervorgerufen wurden, wie sie normalerweise an der inneren Rohrwand im Geschütz nicht auftreten. Die Ausschießbombe wurde deshalb später umkonstruiert, um den wirklichen Schießverhältnissen näher zu kommen.

Das Stahlwerk der Firma Rheinmetall hatte schon zum Ende des Ersten Weltkrieges einen guten, verschleißfesten Rohrstahl, nämlich einen Nickel-Wolfram-Stahl herausgebracht, von dem es hieß, daß die an der Front eingesetzten Rohre nur in geringem Ausmaße Ausbrennungen gezeigt hätten.

Bei der Prüfung in der Ausschießbombe zeigten sich indessen keine Vorteile dieses Stahls gegenüber anderen legierten Stählen gleicher Festigkeit. Alle legierten Stahlsorten verhielten sich gleichmäßig schlecht im Gegensatz zum unlegierten Stahl, der aber wegen seiner geringen Festigkeit als Rohrstahl nicht in Frage kam. Eine Erklärung über diese eigenartigen Versuchsergebnisse in der Ausschießbombe wurde darin gesehen, daß die Temperaturbelastung allgemein für die Stähle zu hoch war.

Da aber bekanntlich der Schmelzpunkt des unlegierten Stahls um etwa 100—150° höher liegt als der des legierten, war es verständlich, daß sich der unlegierte Stahl gegen diese Art der Ausschießbombe besser verhielt.

Wenn auch die Versuche mit dem Rohrstahl in der Ausschießbombe nur eine untergeordnete Bedeutung wegen der geschilderten besonderen thermischen Beanspruchungsart hatten und zur Bewertung nicht herangezogen werden konnten, so war doch das Ergebnis der Versuche mit den Versuchsrohren so eindeutig, daß man an diesen nicht vorbeigehen konnte. Die hochgespannten Erwartungen, die man an das Rohrversuchsprogramm geknüpft hatte, hatten sich nicht erfüllt. Die Ergebnisse waren dürftig, sogar sehr dürftig.

Bald stand fest, daß es nach Beschußergebnissen sehr schwierig werden würde, die Mündungsgeschwindigkeit der Geschosse in den Waffen wesentlich über tausend Metersekunden zu steigern. Aber selbst diese Geschoßgeschwindigkeit war noch mit Imponderabilien behaftet. Noch wußte man nicht, wie weit die Lebensdauer der Flakrohre durch ein kalorienarmes Pulver verbessert werden konnte, denn das Standardpulver war auch noch zu aggressiv.

Eines war sicher, die angestrebte Geschoßgeschwindigkeit von 1200 Meter je Sekunde mußte aufgegeben werden. Diese Erkenntnis blendete stark ein. Man war bis zu diesem Augenblick geneigt, die mit der Leistungssteigerung verbundene große Gewichtserhöhung der Geschütze in Kauf zu nehmen. Nun aber fiel zum ersten Mal das Wort „Geschoßgeschwindigkeitsschranke". Sie war unabwendbar, wie sich aus den weiter unten folgenden Ausführungen ergab. Die Marineleitung mußte sich entscheiden. Das Flachfeuer der Schiffsarmierung war klar. Die Drillingstürme und Kasemattgeschütze liefen in der Fertigung. Die Flakbewaffnung jedoch machte größte Schwierigkeiten. Die Kantstabilisierung der Schiffsgeschütze war gelöst, aber die endgültige Leistung der Flakrohre blieb noch ungelöst in der Schwebe.

Dann traf schließlich die Marineleitung folgende weitreichende Entscheidung: Die Geschoßgeschwindigkeit bei der Maschinenflak wird mit 1000 m/s begrenzt, bei der mittelschweren 8,8 cm wird sie bis 1060 m/s ausgeweitet. Begründung: Bei der Maschinenflak bleibt die Geschwindigkeit des Geschosses etwas geringer, weil infolge der großen Feuerfolge die thermische Belastung der Geschützrohre relativ größer ist. Ferner wird angeordnet, die Patronen so zu bemessen, daß in den Hülsen die Pulverladung für ein Pulver mit 950 kal/kg untergebracht wird, und zwar bei solcher Ladedichte, daß sie noch Spielraum für die Unterbringung eines kalorienarmen Pulvers enthält. Es müssen alle Anstrengungen gemacht werden, durch ein rohrschonendes Pulver die unzureichende Lebensdauer der Flakrohre zu erhöhen.

War auch das Versuchsmaterial, das bei dem Versuchsschießen gesammelt werden konnte, im Verhältnis zu späteren Großversuchen nur als gering zu bezeichnen, so setzte doch bei seiner Auswertung eine peinlich genaue Sichtung ein. Waren die Versuchsreihen mit den Pulvern verschiedenen Wärmeeinhaltes auch noch so klein und die Schußzahl für die einzelnen Treffbilder auch noch so gering, so schälten sich bei der intensiven Bearbeitung des Materials im Laufe des Jahres 1930 Erkenntnisse heraus, die sich nachhaltig auf die ganze weitere Entwicklung der Schußwaffen und auch der ganzen Schußwaffentechnik ausgewirkt haben. Zunächst mußten die Beschußwerte hinsichtlich der erkannten Lebensdauerzahlen für die einzelnen Geschützkaliber kritisch beobachtet werden.

Bis zum Jahre 1929 gab es zwei Formeln, welche über die Lebensdauer von Geschützrohren Aufschluß gaben. Die ursprüngliche Formel war bekannt als die Formel der englischen Admiralität. Eine andere Formel hatte Oberstleutnant Justrow, früher Munitionsreferent im Heereswaffenamt, entwickelt, indem er gegenüber der Formel der englischen Admiralität noch den Faktor für den Einfluß der Geschoßführung einbezog. Auch sonst war die Formel von Justrow anders aufgebaut, so daß sich schon zwischen diesen beiden Formeln große Unterschiede ergaben, wenn man aus ihnen die Lebensdauerzahlen für ein angenommenes Geschütz ableitete.

Die Untersuchungen der ballistischen Gruppe zeitigten nun ganz andere Ergebnisse. In den beiden genannten Formeln war eine Pulverkennzahl überhaupt nicht enthalten. Sie konnten also aus diesem Grunde schon keinen Anspruch auf Gültigkeit besitzen, denn dies hatte sich bei den Versuchen klar herausgestellt. — Mit zunehmendem Heizwert des Pulvers fiel die Lebensdauer der Rohre unverhältnismäßig stark ab. Ein heißes Pulver, das man zwar noch mit Erfolg bei Haubitzen und Mörsern verwenden konnte, war für Hochleistungsgeschütze undenkbar, denn wie sollte der Vorhalt des Geschosses bei Flugzeugabwehrkanonen gebildet werden, wenn innerhalb einer Schußreihe von 50 Schuß bereits Geschwindigkeitskorrekturen im laufenden Feuer vorgenommen werden mußten, und diese unregelmäßige Werte annahmen? Aber diese Feststellung war nicht die einzige, die getroffen wurde. Es gab besonders zu bedenken, daß selbst bei den Schußwaffen der kleineren Kaliber die Lebensdauer der Rohre stark abgenommen hatte; durch die starke Erwärmung des Rohres wurde sie noch überhöht.

Die beiden Formeln, nämlich die erste der englischen Admiralität und die zweite von Justrow mußten also besonders untersucht werden, um festzustellen, für welchen Kaliberbereich und welche Leistung sie einen gewissen Anspruch auf Gültigkeit besitzen konnten. Hierbei ergab sich die Feststellung, daß dieser Kaliberbereich nur sehr begrenzt war, bestenfalls zwischen 8,8 cm und 15 cm. Die beiden Grenzfälle für die Beurteilung der Lebensdauerformel, nämlich die Lebensdauer eines Infanteriegewehrs und des bekannten Pariser Ferngeschützes, die nach den beiden Formeln berechnet wurden, ergaben vollkommen unmögliche Werte. Nunmehr interessierten im Zusammenhang mit der Erfassung der Gesetzmäßigkeit für die Lebensdauer gerade die spärlichen Versuchszahlen des Pariser Ferngeschützes und die Versuche mit Gewehrläufen, die in den Jahren 1926 bis 1929 durchgeführt worden waren. Auf der Basis dieser Unterlagen und der durch das Versuchsschießen der Marine gewonnenen, entstand eine neue Formel für die Lebensdauer von Geschützrohren unter Berücksichtigung der verschiedenartigsten Einflüsse auf diese. Sie sollte die Grundlage für die Arbeiten der Schußwaffenballistik bei Rheinmetall in den kommenden Jahren bilden.

In der Tabelle 1 ist die Lebensdauer von 15 cm Geschützrohren verschiedener Leistung zusammengestellt. Es ist ein Geschoßgewicht von 45 kg vorausgesetzt und ein Nitroglyzerinpulver mit einem Wärmeinhalt von 950 kg/cal angenommen.

Rohrlebensdauer für 15 cm Geschützrohre verschiedener Leistung:

Geschoßgewicht 45 kg Mündungsgeschwindigkeit d. Geschosse m/s	Engl. Admiralität	Schußzahlen nach Formel Justrow	Klein
500	11 000	11 000	11 000
600	7 200	6 800	4 700
700	5 000	5 200	2 100
800	3 500	4 100	1 120
900	2 500	3 000	590
1 000	1 800	2 050	350
1 100	1 350	1 350	200
1 200	950	800	120
1 300	710	460	72
1 400	530	220	45
1 500	410	120	27

Wärmeinhalt des Pulvers 950 kg cal.

In der ersten Spalte ist die von 500—1500 m/s gestufte Mündungsgeschwindigkeit des Geschosses eingetragen. Die drei folgenden Spalten enthalten die erzielbaren Schußzahlen für die einzelnen Geschoßgeschwindigkeiten aus den Rohren unter Zugrundelegung der verschiedenen Lebensdauerformeln, nämlich der englischen Admiralität, von Justrow und des Verfassers. Man erkennt bei dem Durchgehen der einzelnen Spalten, daß die in Spalte III eingetragenen Schußzahlen zu den größeren Mündungsgeschwindigkeiten des Geschosses hin viel stärker abfallen als die aus den Spalten I und II hervorgehenden Werte.

In der Tabelle sind zwei Werte besonders eingefaßt. Es handelt sich bei diesen Zahlen um das Beschußergebnis aus den vorher beschriebenen Rohrversuchen. Die Lebensdauer von 350 Schuß für ein 15 cm Geschützrohr, dessen Mündungsgeschwindigkeit des Geschosses 1000 m/s betrug, war untragbar. Es mußte also etwas geschehen, um dieses Geschützrohr kampfkräftiger zu machen.

Aber blenden wir in diesem Zusammenhang noch einmal das Pariser Ferngeschütz ein. Bei diesem war das Geschoßkaliber 21 cm und die Mündungsgeschwindigkeit des Geschosses 1650 m/s. Es wurde bereits darauf hingewiesen, daß die Lebensdauer der Rohre der Paris-Kanone nur 15—20 Schuß betrug. Ordnete man diese Erfahrungswerte entsprechend ein, so mußte man erkennen, daß es nur mit besonderen Anstrengungen auf dem Pulversektor möglich war, kampfkräftige Geschütze mit einer Mündungsgeschwindigkeit von 1000 m/s zu schaffen. Alle Überlegungen zeigten aber auch auf, daß mit der Geschoßgeschwindigkeit von 1000 m/s eine Leistungssteigerung erreicht war, die nicht ohne besondere Erkenntnisse überschritten werden konnte.

Eine Erkenntnis reifte schon in jener Zeit der Auswertung, daß das Verhältnis der Schußzahlen zwischen einem Pulver von 1250 kg cal, 1100 kg cal und dem Standardpulver RPC 12 mit 950 kg cal auf Nitroglyzerinbasis die Größe 1 : 2,5 : 5 annahm, mit anderen Worten, daß es sinnvoll sein mußte, auch schon Pulver mit prozentual nur unwesentlich verringertem Wärmeinhalt gegenüber dem Standardpulver, nämlich 10—15 % in den Kreis der Betrachtung zu ziehen.

Das Ergebnis der gesammelten innenballistischen Erfahrungen, das bis Ende 1930 gewonnen werden konnte, hat dann die Marineleitung veranlaßt, ein Nitroglyzerinpulver mit 825 kg cal zu schaffen und zu erproben. Es war das Verdienst des damaligen Referenten Dipl. Ing. Steinhardt im Marinewaffenamt, in das Gestrüpp der vielen Versuchsergebnisse, die von Rheinmetall ausgearbeitet worden waren, einzudringen, um die Erkenntnis zu gewinnen, daß das kalte Pulver für die Lebensdauer von Geschützrohren von unschätzbarem Vorteil sein mußte. Der Senior auf dem Schießplatz, der Berater der Westfälisch-Anhaltischen Sprengstoffabriken in Fragen der rauchlosen Pulver, Iltsch, hörte dies gern und brachte schon zu den nächsten Schießversuchen ein rohrschonendes Nitroglyzerinpulver der Wasag mit. Herr Iltsch war in seinem Element. An seinem geistigen Auge zog die ganze Problematik wieder vorbei, die es schon einmal bei dem Pariser Ferngeschütz gegeben hatte. Das Ergebnis der Versuche war gut, denn auch die Ladefähigkeit war ausreichend. Das neue rohrschonende Pulver, das im Jahre 1932 mit der Kennzeichnung RPC/32 eingeführt wurde, erbrachte die dreifache Lebensdauer der Hochleistungsflakrohre.

So wurde also die erste Phase des kalten Pulvers durch die Versuche des Marinewaffenamtes eingeleitet. Die gesamte Munition der Marine wurde mit diesem Pulver ausgerüstet, auch die der Flakgeschütze, während bei der Heeresflak zunächst noch das RPC/12 weiter erprobt wurde.

Wenige Zeit später wurde auch das Heereswaffenamt auf das rohrschonende Pulver, das die Marine eingeführt hatte, aufmerksam. Es war Major Dr. Gallwitz, der Pulverreferent im Heereswaffenamt, der sich für die neue Orientierung im Marinewaffenamt interessierte. Er führte nun seinerseits in den Jahren 1933 und 1934 auch ausgedehnte Versuche mit der 8,8 cm Flak 18 durch und kam zu der Überzeugung, daß es sinnvoll sein würde, kalte Pulver auch beim Heer einzuführen.

Das Heereswaffenamt betrieb dann eine weitere eigene, sehr weitgehende Entwicklung. Die von dem Amt geschaffenen Pulver trugen die Bezeichnung Gallwitz-Pulver, benannt nach dem späteren Gruppenleiter Generalmajor Dr. Gallwitz, der für die Einführung neuer Pulver verantwortlich war. Die kalten Pulver des Heeres haben im Laufe von einigen Jahren verschiedene Stufen durchlaufen. Bei dieser Entwicklung leistete vor allen Dingen die Dynamit AG, Werk Düneburg, unter der Leitung des Werksdirektors Meyer und des Chefs der Pulverforschung, Dr. Leunig, eine bahnbrechende Arbeit. In der Erkenntnis der Schwierigkeiten für die Beschaffung von Glyzerin in einem Ernstfalle, wurde die Entwicklung von neuen rauchschwachen Pulvern auf der Basis des Glykol und des Guanidin durchgeführt. Beide nitrierfähigen organischen Verbindungen wurden aus einheimischen Rohstoffen hergestellt. Die Erprobung der beiden neuen Pulver im Lebensdauerversuch von Geschützrohren war insofern sehr aufschlußreich, als sie bei gleichem Wärmeinhalt gegenüber dem Nitroglyzerinpulver und sonst gleichen Bedingungen für die Erprobung schon höhere Lebensdauerzahlen für das Diglykol und noch höhere für das Nitroguadinin ergaben. Alles in allem gesehen wurde durch diesen Übergang von heißen zu kalten Pulvern, der ursprünglich von Rheinmetall angestoßen, von der Marine gefördert, von Major Dr. Gallwitz im Heereswaffenamt erneut aufgefaßt und von dem Werk Düneburg mit der Herausstellung von neuen rauchlosen Pulvern vollendet wurde, Lebensdauerzahlen erreicht, die gegenüber dem Stand von 1929 nahezu den zehnfachen Wert erreichten, so daß der Einsatz der Geschütze, selbst bei starker Belastung derselben, sich über einen größeren Zeitraum erstrecken konnte.

Durch die Einführung des losen, also auswechselbaren, Seelenrohres wurde eine weitere Voraussetzung des ungesteuerten Einsatzes der Flakgeschütze im Truppengebrauch geschaffen.

Dagegen konnte auch mit den neuen Pulvern eine wirksame Geschoßgeschwindigkeitssteigerung über 1000 m/s nicht erreicht werden, weil dann mit den rohrschonenden Pulvern der Leistungszuwachs der Geschütze zu teuer erkauft worden wäre. Denn die thermodynamische Erkenntnis war klar — je kleiner der Wärmeinhalt des Pulvers gewählt wird, um so größer wird die Pulverladung, wenn aus dem Arbeitsdiagramm der Pulvergase die verlangte Mündungsgeschwindigkeit des Geschosses resultieren soll.

Kap. XI

Grenzen der Schußwaffentechnik

Durch eine grundsätzliche Entscheidung in Auswirkung des Rohrversuchsprogramms wurde die größte vertretbare Mündungsgeschwindigkeit von Artilleriegeschossen aus klassischen Waffen mit 1000 m/s festgelegt. Bereits bei dieser Geschwindigkeit wurde ein starker Anstieg der Pulverladung, bezogen auf das Geschoßgewicht, festgestellt, der zu denken gab. Die Pulverladung war natürlich noch größer, wenn das rohrschonende kalte Pulver verwendet wurde. Sie betrug bei dem Standardpulver RPC/12, das 1930 noch eingeführt war, bereits 40 % des Geschoßgewichtes und erreichte später bei dem Übergang auf das Nitroguanidin-Pulver sogar die Größe von rund 50 %. Es stellte sich bei den innenballistischen Berechnungen heraus, daß bei einer Mündungsgeschwindigkeit von 1300 m/s das Gewicht der Treibladung aus Standardpulver nahezu die Geschoßgewichtsgröße erreichte. Derselbe Zustand war bei dem Guanidinpulver bereits früher, nämlich bei 1200 m/s eingetreten. Bei großen Mündungsgeschwindigkeiten überwog also mehr und mehr das Gewicht der Ladung die des Geschosses.

Die Erklärung für diese starke Zunahme des Ladungsgewichts ist darin zu sehen, daß bei dem Schußvorgang nicht nur das Geschoß, sondern auch ein Teil der Pulverladung mitbeschleunigt wird, um dem Geschoß im Verlaufe seines Weges durch das Rohr eine dauernde Geschwindigkeitszunahme zu erteilen, damit es beim Verlassen des Rohres die berechnete Mündungsgeschwindigkeit erreicht. Über diesen mitbeschleunigten Pulveranteil gab es verschiedene Auslegungen. Die normale Definition war so, daß die Hälfte der Pulverladung im Sinne der Erzielung der Geschoßgeschwindigkeit mitbeschleunigt wird. Einige Forscher sind der Meinung gewesen, daß dieser Quotient zu hoch angenommen sei. Es hat jedoch eine einheitliche Auffassung darüber bestanden, daß dieser Quotient nur zwischen 1/3 und 1/2 liegen konnte. Dr. Langweiler, früher Referent im Prüfwesen des Heereswaffenamtes, hat später Versuche zur Ermittlung dieses Quotienten mit einem Infanterie-Gewehrlauf angestellt, indem er durch Versuchsreihen mit stetig leichter werdendem Geschoß und entsprechend zugeordnetem Pulver dem Grenzfall der höchsten erzielbaren Eigengeschwindigkeit der Pulvergase zustrebte. Aus seinen Versuchen ging hervor, daß etwa 40 % der Treibladung mit dem Geschoß beschleunigt werden.

Diese Versuche sind erst später bekanntgeworden. Sie stützen die folgenden Ausführungen, wenn von kleineren Varianten für die erzielbare Grenzgeschwindigkeit des Geschosses abgesehen wird. Zur Feststellung der wirklichen Größe der mitbeschleunigten Pulverladung standen damals nur die Unterlagen für das Pariser Ferngeschütz zur Verfügung. Führte man die innenballistische Berechnung für dieses Geschütz durch, so stellte man fest, daß tatsächlich der mitbeschleunigte Anteil der Pulverladung zwischen 40 % und 50 % betragen haben mußte. Die Nachrechnung des Mitbeschleunigungsfaktors bei eingeführten Geräten ergab, daß eher der Quotient 0,5 stimmen konnte.

Schon immer hatte der Begriff der „fiktiven Geschoßmasse“ bestanden. Unter diesem Begriff war nichts anderes als die Gesamtmasse, nämlich Geschoß plus halbe Pulvermasse verstanden, die bei der Geschoßbewegung in Richtung der Rohrmündung beschleunigt wurde. Aus den Größen: „fiktive Geschoßmasse“, Treibladung und Mündungsgeschwindigkeit des Geschosses läßt sich bei jeder Klasse von Geschützrohren die spezifische Pulverladung bestimmen. Es ist eine Art Leistungszahl, die angibt, wie groß der Pulveraufwand für die Erzeugung von einer Metertonne Geschoßwucht ist. Diese Leistungszahl wurde bei allen Hochleistungsrohren, auch bei veränderlichen Mündungsgeschwindigkeiten stets in der gleichen Größenordnung gefunden.

Diese Leistungszahl kann man in einfacher Weise zur Bestimmung der Grenzgeschwindigkeit von Geschossen in Geschützrohren verwenden, — das ist jene Geschoßgeschwindigkeit, die bei einem vorgegebenen Pulver in einem Geschützrohr nicht mehr vergrößert werden kann. Diese Grenzgeschwindigkeit ist neben anderen jedoch nur in geringem Maße beeinflussenden Faktoren, wie Geschoßgewicht, Maximalgasdruck und Rohrlänge, in erster Linie von dem Energieinhalt des Treibmittels, also des Pulvers, abhängig. Es ist aber wichtig, einmal festzustellen, wie weit sich die Leistung eines Geschosses in einem klassischen Geschütz theoretisch überhaupt steigern läßt. Sie beträgt bei einem Pulver von 950 cal rund 2350 m/s und fällt bei einem sogenannten kalten Pulver von 750 Wärmeeinheiten auf weniger als 2100 m/s. Die Mündungsgrenzgeschwindigkeit ist, genau definiert, jene Geschoßgeschwindigkeit, bei der die Pulverladung unendlich groß geworden ist, um das Geschoß auf diese zu beschleunigen.

Diese Mündungsgrenzgeschwindigkeit mit dem Wert der Pulverladung unendlich bedeutet auch das Erfordernis von Rohrlängen, die ein Mehrhundertfaches des gewählten Geschoßkalibers ergeben. Es ist klar, daß solche Betrachtungen über die Steigerung der Mündungsgeschwindigkeit nur theoretisches Interesse beanspruchen, praktische Bedeutung nicht besitzen können.

Diese Erkentnnisse lagen um 1932 herum vor und zeigten eindeutig auf, daß mit der Mündungsgeschwindigkeit des Geschosses von 1000 m/s die Grenzen der Schußwaffentechnik erreicht waren. Eine nennenswerte Steigerung der Geschoßgeschwindigkeit war nicht mehr denkbar. Leistungsfähigere Pulver waren nicht zu empfehlen, denn sie griffen die Rohre zu stark an. Rohrschonende, jedoch leistungsarme Pulver schieden ebenfalls aus, weil die Treibladungen im Grenzbereich der Schußwaffentechnik zu aufwendig wurden. Es war auch nicht möglich, beliebig lange Rohre zu fertigen. Um das ganze Ausmaß der vorstehenden Ausführungen klar zu machen, ist in der Tabelle II eine Übersicht über den Anstieg der Treibladungen in Abhängigkeit von der Mündungsgeschwindigkeit wiederum für ein 15 cm Geschoß, und zwar einmal für das Standardpulver RPC/12 mit 950 cal und weiter für ein Nitroguanidinpulver mit 750 kg cal gegeben.

Tabelle II

Kaliber 15 cm, Geschoßgewicht 45,3 kg m/s	Treibladung kg Pulver (RPC/12) 950 kg cal	Pulver (Nitroguanidin) 750 kg cal
500	4,3	5,4
700	8,3	10,9
900	19,9	21,3
1 100	25,2	31,2
1 300	39,5	60,5
1 500	61,3	92,8
1 700	97,4	165
1 900	163,0	383

Wir erkennen das nicht mehr überraschende, aber doch einschneidende Ergebnis. Die Erzielung einer Mündungsgeschwindigkeit des Geschosses von 1500 m/s setzt bei einem leistungsfähigen Pulver eine Treibladung voraus, die bereits um mehr als ein Drittel größer ist als das Geschoßgewicht, und erreicht bei dem kalorienarmen Pulver einen Wert, der größer als das doppelte Geschoßgewicht ist.

Diese gesetzmäßigen Erkenntnisse waren unumstößlich. Es gab keine weitere Entwicklungsmöglichkeit für die Leistungssteigerung von Geschützen. Der Übergang auf kalorienarme Pulver konnte zwar eine latente Waffenkrise vorübergehend mildern, aber nicht weiterhelfen. Denn dieses Pulver verschlang sich bei größeren Leistungen selbst.

So befanden sich die Ballistiker schon zu jener Zeit mit der klassischen Schußwaffe in einer Sackgasse, in der man sich immer stärker festfuhr, je weiter der Flugzeugbau mit den Leistungen kam. Das Ende der klassischen Schußwaffentechnik für Waffen zur Bekämpfung der Flugwaffe, welche mit der dritten Koordinate, in der sie sich bewegte, den Raum aufgeschlossen hatte, mußte zwangsläufig kommen. Aber nicht nur der Flugzeugbau durchschnitt das Waffengebiet, sondern auch die Panzerwaffe gab bereits der Schußwaffe unlösbare Rätsel auf, wie man sich verteidigen sollte. Denn mit den immer stärker werdenden motorisierten Fahrzeugen konnte auch der Panzerschutz dieser Angriffswaffe wachsen, deren große strategische Bedeutung sich im Ersten Weltkrieg erwiesen hatte. Wie wollte man sich mit Panzerabwehrwaffen gegen diese Ungetüme wehren, die gestern noch 5 t, heute schon 20 t Fahrzeuggewicht ahnen ließen?

Es kam dann die Zeit, in der man noch einmal das Rad der Schußwaffentechnik zurückdrehen wollte. In der Hoffnungslosigkeit eines Ausweges gegen die immer drohender werdenden unangreifbaren Luftfestungen und die mächtigen Kolosse auf der Erde, suchte man verzweifelt nach Auswegen. Man stemmte sich mit aller Kraft gegen die Vorstellung, daß die klassische Schußwaffe nicht mehr in der Lage sein sollte, den Errungenschaften auf anderen technischen Gebieten zu folgen.

So sehr war die Tradition mit dieser verbunden, daß man glaubte, etwas Neues nicht finden zu können und im alten Geleise, das schon beträchtlich Rost ansetzte, zu verharren schien. War es da verwunderlich, daß jeder neu hineingeworfene Gedanke in die Schußwaffentechnik sofort zündete, neue Hoffnungen nährte, die dann in übertriebenen Illusionen noch einmal die Geborgenheit in der klassischen Schußwaffe versprachen?

Eine solche Illusion gab in den Jahren 1932—1934 ein Ingenieur Gerlich, über dessen aufsehenerregende Schießversuche und Beschußergebnisse in Wannsee von Zeit zu Zeit in den einschlägigen Fachzeitschriften zu lesen war. Die Leistungen, die er mit einer Panzerbüchse erzielt hatte, grenzten schon an das Wundersame. Gerlich hatte eine Panzerbüchse geschaffen, der kein Panzerschutz widerstehen konnte. Er hatte eine neue Grenzgeschwindigkeit für Geschosse festgestellt, die zwischen 1200 und 1400 m/s lag, bei der die Widerstandsfestigkeit von Panzerplatten angeblich erschöpft war. Gerlich verstand es, seine Leistungen in großer Aufmachung und in richtiger Art, auf den einfachen Leser zugeschnitten, darzustellen. Einmal war es die verblüffende Leistung der Panzerbüchse, die vorher niemals erreicht worden war, dann wurde der geringe Rückstoß der neuen Infanteriewaffe hervorgehoben, der es erlaubte, daß die Waffe von der Schulter geschossen werden konnte. In einer anderen Veröffentlichung wies er auf die hervorragende Streuung der Waffe hin. Über allem aber stand der von ihm festgestellte Effekt der Grenzgeschwindigkeit eines Geschosses, bei der die Panzerplatte durch die bei dem Auftreffen des Geschosses erzeugte große Temperatursteigerung an der Aufschlagstelle einfach wegschmolz. Und diese unglaublich klingende Panzerdurchschlagsleistung war durch große Schußleistungen selbst mit Weichkerngeschossen erhärtet.

Staunend nahmen die Ballistiker und Waffenexperten von den phänomenalen Leistungen der Panzerwaffe Kenntnis. Es gab zwei Dinge, die zu ergründen waren, nämlich auf der einen Seite die dargestellte Waffenleistung und die Ultra-Wirkung der Geschosse gegen Panzerplatten auf der anderen Seite. Da die Waffe von Gerlich besonders geheimgehalten wurde, war man zunächst auf Mutmaßungen angewiesen. Alles das, was es auf dem Gebiet der Schußwaffen an grundsätzlichem Gedankengut schon einmal gegeben hatte, wurde wieder hervorgeholt und erneut gesichtet. Schließlich gab Gerlich selbst das Stichwort für seine Waffe. Er erwähnte für die Waffenlösung den konischen Gewehrlauf.

Mit dem konischen Waffenlauf hatte es folgende Bewandtnis. Bereits im Jahre 1907 hatte ein Erfinder namens Puff für die Leistungssteigerung bei Schußwaffen vorgeschlagen, die Läufe oder Rohre nicht zylindrisch, sondern konisch zu gestalten. Die stumpfkegelige Bohrung sollte verjüngend in der Richtung der Rohrachse zur Mündung hin verlaufen. Die Führung des Geschosses war von Puff so vorgesehen, daß sie sich dem verjüngenden Rohrdurchmesser anpassen konnte. Puff hatte richtig erkannt, daß er durch diese konstruktive Maßnahme in die Lage versetzt war, den Beschleunigungsvorgang des Geschosses auf seinem Weg durch das Rohr entscheidend im Sinne einer Erhöhung der Mündungsgeschwindigkeit zu beeinflussen. Puff hatte seinerzeit auch eine Reihe von Versuchen durchgeführt, dann aber blieb seine Idee wieder stecken.

Gerlich hatte nun das technische Gedankengut von Puff wieder aufgegriffen und weitergeführt. Es war ihm gelungen, eine verformungsfähige Geschoßführung zu gestalten und ein befriedigendes Treffbild zu schießen. Bald schon erkannten die Geschützrohrkonstrukteure, daß die Idee von Puff noch weiter gestaltungsfähig war, wenn sie bis zur letzten Konsequenz durchdacht würde. Wichtiger aber schien zunächst noch das Problem des sogenannten Ultra-Geschosses mit seiner sagenhaften Wirkung gegen Panzerplatten. Die Behauptungen von Gerlich gaben Veranlassung, daß sich die ballistische und munitionstechnische Abteilung bei Rheinmetall-Borsig unter der Leitung des Verfassers mit den großen Schußleistungen von Infanterie-Geschossen einmal eindeutig befaßte. Es wurden Panzerbleche und -platten mit verschiedener Festigkeit und zylindrische Gewehrläufe für große Leistungen bereitgestellt. Die Durchführung des Versuchsprogramms lag in den Händen von Ingenieur Dieck. Die Plattenfestigkeit wechselte von 40—160 kg/mm². Die Auftreffgeschwindigkeit der Hartkerngeschosse lag je nach Gewicht zwischen 900 und 1400 m/s. Außerdem wurden auch Infanteriegeschosse mit Weichkern, also Bleifüllung und verschiedenen Geschoßkopfformen versucht. Es wurde jedoch keine Ultra-Geschwindigkeit oder besser Ultra-Wirkung der Geschosse festgestellt. Vielmehr waren die Ergebnisse der Erprobungen derart, daß die Durchschlagsleistungen eine Bestätigung der bekannten De-Marre-Panzerplattenformel ergaben, wonach sich das Spitzgeschoß bei zähen Platten besser als das abgestumpfte Geschoß verhielt und umgekehrt das Durchstanzen der Panzerplatten, wenn sie sehr hart waren, als zweckmäßiger erwies. Diese Feststellung betraf sowohl Hartkern- wie Weichkerngeschosse. Aber es gab keine Ultra-Geschwindigkeit der Geschosse, und sie verschwand vollends, als Direktor Waninger die Panzerdurchschlagsversuche von Rheinmetall-Borsig im Jahre 1936 in der Zeitschrift für Schieß- und Sprengstoffwesen veröffentlichte.

Der Puff'schen Erfindung lag im weiteren Sinne die Verwendung von leichten Geschossen zugrunde, die in dem Geschützrohr in ein kleineres Kaliber, das sogenannte Unterkalibergeschoß umgeformt und so auf die normale Querschnittsbelastung für den Flug im lufterfüllten Raum abgeformt wurden. Eine andere Art der Leistungssteigerung war das Treibspiegelgeschoß. Bei der Anwendung eines solchen Sondergeschosses verzichtete man auf die konische Rohrbohrung, sondern verband das Geschoß in loser Form mit einem leichten Geschoßboden größeren Kalibers und ordnete an der vorderen Geschoßführung auch eine dreiteilige Führung mit dem größeren Kaliber an, die sich ebenso wie der Treibspiegel von dem Kerngeschoß trennte, wenn das ganze Treibspiegelgeschoß die Rohrmündung verlassen hatte. Der Treibspiegel trennte sich von dem Kerngeschoß durch den Staudruck des angreifenden Luftstromes, die aus drei Teilen bestehende lösbare vordere Führung des Geschosses wurde durch die wirksam werdende Zentrifugalkraft infolge der Rotation von diesem getrennt. Das Unterkalibergeschoß flog ganze kurze Zeit nach dem Verlassen der Rohrmündung. Die zur Leistungssteigerung beitragenden Teile hatten sich gelöst.

Beide Arten der Unterkalibergeschosse, sowohl das Flanschengeschoß für die konische Rohrbohrung als auch das Treibspiegelgeschoß mit normaler Rohrbohrung, hatten Vor- und Nachteile.

Durch die Versuche von Gerlich angestoßen, setzte ein regelrechter Wettlauf zwischen den beiden Sondergeschossen oder Unterkalibergeschoßarten ein. Zu diesen kam später noch ein weiteres Sondergeschoß hinzu, nämlich das aus einem Geschützrohr verfeuerte Geschoß, in dem ein Raketentreibsatz untergebracht war, der zur Reichweitensteigerung beitrug.

Alle drei Sondergeschosse hatten einen gemeinsamen Nenner. Der effektive Wirkteil, also Sprengstoffmenge und Splitterwirkung bzw. Durchschlagswirkung, entsprachen nicht dem gewählten Ausgangskaliber. Durch die Wahl des größeren Ausgangskalibers hatte man die Rohrlänge auf die Hälfte verkürzen können. Das war in vielen Fällen ein Gewinn. Man hatte aber nach den Regeln der Innenballistik und den unerfüllbaren Forderungen für eine ausreichende Lebensdauer der Rohre, den taktischen Einsatz, die Geschoßgeschwindigkeitsgrenze von 1000 m/s nicht überschreiten können. Bei den Unterkalibergeschossen war man den Weg des Verfeuerns von leichten Geschossen gegangen, die entweder bis zur Rohrmündung schlank, also flugfähig oder nach Verlassen derselben durch Abtrennen von Teilen flugfähig gemacht wurden. Bei dem Raketengeschoß mußte man, da es sich um ein Normalgeschoß handelte, in das ein Treibsatz eingebaut wurde, die Grenze der Mündungsgeschwindigkeit von 1000 m/s beibehalten und beschleunigte das Geschoß auf seinem Flug.

Es war verständlich, daß noch nach Lösungen für eine begrenzte Leistungssteigerung gesucht wurde, welche zudem die Wege ebnen sollten, diese bei vorhandenen Geräten einlaufen zu lassen. Allein die Grenzen der Schußwaffentechnik waren eindeutig abgesteckt und konnten nicht mehr überschritten werden.

Die Panzerabwehrwaffen konnten von solchen Behelfslösungen, wie sie die Unterkalibergeschosse darstellten, noch eine gewisse Zeit profitieren. Für die Flugzeugabwehr wurde die Aufrechterhaltung der Flakhypothese, des Schießens mit Vorhaltebildung, immer problematischer. Man konnte der Flugzeugentwicklung mit der Geschützentwicklung nicht mehr folgen. Man mußte nach neuen Wegen suchen, die es erlaubten, die Abwehr vom Boden aus den Gegebenheiten der Flugwaffe anzupassen. Diese Voraussetzung ließ sich nur mit Raketen und in technisch vollkommener Weise mit gesteuerten Raketen erfüllen. Doch der Weg bis zu dieser Lösung war weit, sogar sehr weit.

Doch eine Neuentwicklung für die Konstruktion von Hochleistungsgeschossen muß in der Dokumentation noch angesprochen werden.
Es war das Hohlladungsgeschoß.

Im Jahre 1912 machten Wissenschaftler der Westfälisch-Anhältischen Sprengstoff AG bei Standversuchen mit Sprengladungen besonderer Formgebung eine verblüffende Feststellung. Es waren — wie konnte es damals anders sein — nur Miniatursprengsätze, die sie gegen Panzerbleche zur Detonation brachten. Sie hatten merkwürdig geformte Sprengkörper für ihre Versuche vorgesehen. Neben der klassischen Zylinderform wurden kegel- und kugelförmig auf der Stirnseite ausgebildete Sprengkörper versucht, d. h. gegen Panzerbleche zur Detonation gebracht. Das Ergebnis dieser Sprengversuche war verblüffend. Während der normale Sprengstoffzylinder nur eine relativ geringe Wirkung auf dem Panzerblech zeigte, „brannten" die Spezialkörper, je nach Formgebung, das Panzerblech mehr oder weniger durch. Diesen Effekt führten die Nitrochemiker auf eine gerichtete Detonation zurück. Es entstand der Begriff „Richtungsdetonation" oder auch später die Bezeichnung „Hohlladung". Vierundzwanzig Jahre blieb diese Erfindung in der Schublade. Sie ist leider nicht in die Liste der großen Erfindungen eingegangen.

Erst im Jahre 1936 kam das Heereswaffenamt wieder auf die Hohlladung zurück. Natürlich ging die Flüsterpropaganda über die Wirkung der Hohlladung um. Sie kam auch bei Rheinmetall an. Hohlladungskörper mit dem Kaliber 15 cm wurden gegen 200 mm Panzerplatten erprobt. Die Sprengladungen hatte die Dynamit Nobel AG geliefert. Es wurde das Ergebnis der Studien aus dem Jahre 1912 bestätigt.

Noch im Jahre 1936 erließ das Heereswaffenamt eine Verfügung, daß die Industrie aus diesem Objekt auszuklammern sei. Um aber der Wahrheit Gerechtigkeit zu geben, muß geschrieben werden, daß diese Entwicklung bei dem Heereswaffenamt gut aufgefaßt wurde. An ihrer Spitze bewegte sich Prof. Dr. Schardin, ein gelehriger Schüler von Geheimrat Cranz. Unter den Mitarbeitern befand sich neben vielen Experten auch Hauptmann Bucklisch. Es gelang dem Expertenteam des Heereswaffenamtes, durch Metalleinlagen in den Kegel der Hohlladung — es durfte kein Stahl, sondern nur eine dünne Metallfolie mit geringem Schmelzpunkt in Kegelform sein — den „Strahleffekt" erheblich anzuheben.

Noch nach dem 2. Weltkrieg hat die Hohlladung einen großen Stellenwert, um so mehr, weil sie wirtschaftlich keinen besonderen Aufwand bedeutet und für jede Waffe, angefangen von der Panzerfaust bis zu großen Geschoßkalibern verwendbar ist.

Kap. XII

Die Raketenentwicklung nach dem Ersten Weltkrieg

Es gab nach dem Ersten Weltkrieg einige wenige Köpfe, welche sich mit Raketen befaßten. Meistens hatte man nur ein mitleidiges Lächeln für sie übrig, wenn sie mit Eifer und Mut, der keine Grenzen kannte, ihre Raketen zurechtbastelten. Einigen schwebte irgendein Fernziel vor, das eines Tages einmal erreicht werden sollte, obwohl vielfach die Ausgangsstellung für die Erreichung dieses Zieles reichlich schwach war.

Wenn hier an die ersten Arbeiten, die auf dem Gebiet der neuzeitlichen Raketentechnik geleistet worden sind, angeknüpft wird, so geschieht es aus dem Grunde, die Namen der Forscher in Erinnerung zu bringen, welche sich am Anfang dieser neuen technischen Disziplin an die brennenden Probleme heranbegeben haben, die gefahrdrohend jeden einzelnen umlauerten. Denn die hinterhältige Materie der Rakete hat bei zu kühnem und stürmischen Vorgehen wiederholt ihre Opfer gefordert.

Sicher ist von vielen technischen Gestaltern das Zeitalter der Rakete geahnt worden. Allein es waren zunächst nur wenige, die sich der Aufgaben nach dem Ersten Weltkriege mit ihrem ganzen ideellen Einsatz und materiellen Vermögen verschrieben haben. Sie waren nur Vorboten der neuen Entwicklung; denn in dem heutigen Zeitalter der Technik wird eine neue Idee, wenn sie erfolgversprechend und in ihren Anfängen gelöst ist, meist auf eine solche Ebene getragen, daß dem eigentlichen Pionier nicht mehr die Möglichkeit gegeben ist, seine Arbeiten zu einem erfolgreichen Abschluß zu bringen. Diese Feststellung gilt übrigens für die meisten Zweige der Technik. Es nimmt so nicht wunder, wenn man ihr auch auf dem Gebiet der Rakete begegnet.

Ganz unbedeutend sahen sich die verschiedenen Raketenentwicklungen an, die in der Zeit von 1927 bis 1932 betrieben wurden. Sie wurden selbst von Experten, welche sich in den Randgebieten bewegten, nicht für ernst genommen und zunächst als eine Spielerei oder als Fantasieprodukt bezeichnet. Andere, einsichtigere Fachleute allerdings machten sich Gedanken zu dem ganzen Geschehen und fanden das, was einzelne Pioniere der Raketentechnik gestalten wollten, nicht für so seltsam, wenngleich sich unter den Arbeiten solche befanden, von denen man voraussagen konnte, daß sie bald überholt sein würden.

Die bekanntgewordenen Arbeiten waren teils private Initiative; andere Forscher verbanden sich mit Unternehmungen, um Ansatzpunkte für Raketen im Wirtschaftsleben zu finden.

Da war am Anfang die Schwarzpulverrakete. Es hatte sie schon immer gegeben, ihre Leistung war gering. Insbesondere spielte sie für das Schleudern von Rettungsringen für Schiffbrüchige eine Rolle. Die Reichweite solcher Rettungsgeräte betrug etwa 300 m.

Dann gab es Signalraketen und schließlich die Feuerwerksraketen. Das Kaliber der Schwarzpulverraketen war etwa 65 mm. Die Länge der Treibachse betrug etwa 200 mm. Mit solchen Raketen hatte sich schon ein nettes Wirtschaftspotential für diese technische Branche herausgebildet. Der Schwerpunkt dieser Schwarzpulverfertigung war Wesermünde. Ingenieur Sander, der technische Leiter der Raketenfabrikation, hatte jedoch einige weitergehende Absichten. Er beschaffte sich größere Pressen und machte die ersten Versuche mit Schwarzpulverraketen, die ein Kaliber von 10,5 cm besaßen. Die Länge dieser größten Rakete war 300 mm. War bis dahin das Verhältnis vom Durchmesser zur Länge etwa 4, so wollte Sander doch bald eine leistungsfähigere Rakete, die mit einer größeren Baulänge darzustellen war. 400, 500 gar 600 mm lange Raketen schwebten ihm vor. Mit zunehmender Länge wuchsen die Schwierigkeiten bei dem Verpressen der Treibsätze. Waren sie nicht mit größter Sorgfalt und Genauigkeit in die Kammern eingepreßt, wuchs die Gefahr des Durchschlagens der gebildeten Treibgase zwischen Treibsatz und Brennkammer und damit die Gefahr einer Explosion. Bei dem Verpressen der Sätze war größte Vorsicht geboten, denn die Gefahr der Selbstentzündung bei Auftreten größerer Reibungswärme war gegeben. Größte Schwierigkeiten bereitete das Atmen in der Brennkammer schon bei kleineren Temperaturgraden während der Fabrikation und im Verlauf der Lagerung der Raketen. Aber dessen ungeachtet ging Sander mit Feuereifer an die Lösung der nicht ungefährlichen Aufgaben bei der von ihm geplanten größeren Rakete.

Der erste Raketenpionier, dem der Verfasser begegnete, war Tieling. Seine Versuche wurden von dem zuständigen Referat der Marineleitung gestützt. Das Endziel der Tielingschen Ideen lag in der Schaffung einer Postrakete, das er allerdings auf der Basis von Schwarzpulverraketen kaum hätte erreichen können. Die von ihm entwickelten Modellraketen mit Schwarzpulvertreibsatz hatten eine Länge von etwa rund 1,5 m. Sie besaßen feste, überkaliberstarke Leitwerke. Der Kopf der Rakete war für die Aufnahme der Nutzlast gedacht und trennte sich nach Erreichen einer bestimmten Entfernung von dem eigentlichen Raketenkörper. In dem Nutzlastkopf war ein Fallschirm untergebracht, der sich enfaltete, nachdem sich der Raketenkopf von dem Antriebsteil gelöst hatte. In dem Raum des Nutzlastkopfes sollte sich das zu befördernde Postgut befinden.

Die Versuche mit der Tielingschen Rakete wurden in einer vorgeschobenen Feuerstellung auf dem Schießplatz Meppen durchgeführt mit Beachtung besonderer Sicherheitsvorschriften für das Flugverhalten der Raketen. Die Raketen flogen manchmal nicht so, wie man es angenommen hatte. Immerhin wurden vereinzelt Flughöhen bis 1500 m erreicht. Das war zur damaligen Zeit beachtlich. Die große Flughöhe dieser Raketen wurde durch die langgezogene schlanke Form der Rakete erreicht. Tieling war von seiner Idee sehr überzeugt, kühn in seinem technischen Vorgehen und ein fanatischer Vorkämpfer, den auch mißlungene Versuche nicht umwerfen konnten. Eines Tages jedoch mußte er seinen Wagemut mit dem Leben bezahlen. Bei dem Pressen eines der Treibsätze aus Schwarzpulver für überlange

Raketen explodierte dieser. Er zerriß Tieling förmlich in Stücke. Sein Bruder hat später versucht, in der Tielingschen Tradition fortzufahren, ohne jedoch zu greifbaren Erfolgen zu kommen.
Auch Sander war häufiger auf den Versuchsplätzen zu sehen. Ihn interessierten jedoch zunächst nicht größere flugfähige Raketen, sondern nur die Schaffung der großen Antriebssätze.
Um das Jahr 1930 trat Sander in Erscheinung, als die bekannte Rekordfahrt eines Schienenfahrzeuges mit dem Industriellen und Sportsmann Adam v. Opel auf einer geraden Schienenstrecke der Reichsbahn bei Leiferde im Hannoverschen Raum stattfand. Dieser Schienenwagen bezog Antrieb aus einer Raketenbatterie mit Sanderraketen. Die einzelnen Raketen waren in Reihe geschaltet und wurden in einem bestimmten Takt gezündet. Der Rekordwagen hatte die typische Stromlinienform der heutigen modernen Rennwagen. Die Raketenbatterie war im Heck des Rennwagens untergebracht. v. Opel meldete eines Tages einen Schnelligkeitsrekordversuch für einen Schienenwagen in der Presse an, der auch auf der traditionellen Fahrt gelang. Der während der Rekordfahrt fotografierte Wagen war gänzlich von Rauchschwaden des Schwarzpulvers umgeben. Die Geschwindigkeit des Schienenwagens betrug nach Abbrand sämtlicher Raketen mehr als 200 Std/km. Nach dieser Rekordfahrt äußerte v. Opel große Pläne über den weiteren Ausbau der Raketenbatterien für Antriebsgeräte. Jedoch hat man später nie mehr etwas von der Verwirklichung gehört. Es blieb bei dem einmaligen großen Ereignis, das von dem Rennstar inszeniert war. Raketenbatterien solcher Art konnten keine Bedeutung haben, da sie völlig unwirtschaftlich waren.
Und so kommen wir zu der Bewertung der Schwarzpulverrakete überhaupt. Das Schwarzpulver, ein Kohle-Schwefel-Salpeter-Gemisch, ist ein energie- oder kalorienarmes Pulver mit einem Heizwert von 550-650 Kalorien, je nach der differenzierten Art der Mischung des Pulvers. Schon früh waren die Chinesen zu diesem explosiven Gemisch und weiter zu dem Reaktionsprinzip mittels solcher Explosivkörper gekommen. Sie hatten dieses bei ihren Feuerpfeilen verwendet. Die Griechen hatten sie als sogenannte Feuerkugeln kennengelernt. Die Idee wurde im Abendland nicht aufgegriffen.
Als dann das Schießpulver von dem Mönch Bertold Schwarz im Mittelalter erneut erfunden wurde, fand es eine andere Verwendung. Leonardo da Vinci, der große Genius, Künstler und Techniker, machte die ersten Pläne für eine Schußwaffe. Er steckte in ein an einen Ende geschlossenes Rohr das Schießpulver und führte von der offenen Seite her eine Kugel ein, die durch die Explosivkraft des Pulvers herausgeschleudert wurde. So entstand das erste Geschütz. Die Kugel flog weiter, als eine Rakete hätte reichen können. Die Rakete, der von den Chinesen erfundene und durch den Römer Marcus Gracchus der Nachwelt überlieferte, durch von Pulvergasen erzeugte Reaktionskraft getriebene Wurfkörper, geriet gänzlich in Vergessenheit. Die Rakete wurde ein Bestandteil der Feuerwerkerei.
Auch die in den Jahren 1927-32 betriebene Weiterentwicklung der Schwarzpulverrakete konnte nur eine begrenzte Bedeutung haben. Denn das energiearme Pulver ergibt

Oberth Nebel Riedel

16

DIE PIONIERE

„Ballastbeschleuniger”– Bombenwerfer

18
Professor Dr. Müller

STARTHILFEN

19
Generaldirektor der Rheinmetall-Borsig AG
HELMUT ROEHNERT

nur Ausströmgeschwindigkeiten der Verbrennungsgase von 600-900 m/s. Es kommt hinzu, daß dieses Pulver reib- und stoßempfindlich ist, eine ungenügende mechanische Festigkeit besitzt. Infolge dieser Eigenschaften ist die Explosionsgefahr sowohl bei dem Pressen der Sätze als auch bei dem Abbrand des Treibsatzes nicht unbedeutend. Die große Rauchentwicklung ist ein weiterer Nachteil.

Es ist das Verdienst von Tieling gewesen, daß er die Schwarzpulverrakete bis an die Grenze ihrer Leistungsfähigkeit vorangetrieben hat. Die von seiner Flugrakete erreichte Flughöhe war bis dahin noch nicht erreicht worden. Über diese Gipfelleistung ist eine Schwarzpulverrakete nicht mehr hinausgekommen.

Der zweite Raketenpionier, der sein Leben für die Idee hingeben mußte, war Max Vallier. Etwa um die gleiche Zeit, im Jahre 1930, als Tieling von einem tückischen Schwarzpulvertreibsatz erwischt wurde, verunglückte auch Vallier bei einem Experiment mit einem Flüssigkeitsantrieb tödlich. Vallier hatte in den Heylandt Werken in Berlin die Konstruktion eines Rennwagens mit einem Reaktionsmotor in Angriff genommen und befand sich mit diesem Vorhaben im Wettbewerb mit den Plänen von Adam v. Opel.

Das Mißgeschick, das in dieser Phase der Entwicklung von Raketenantrieben zwei Forschern zustieß, bedeutete einen schweren Schlag für die wenigen Enthusiasten, die bis dahin für die Raketenidee gewonnen und für sie zu arbeiten bereit waren. Sie begann für alle, welche sich mit ihr praktisch auseinandersetzen wollten, eine sehr gefährliche Wendung anzunehmen.

Um die gleiche Zeit, als sich Vallier mit einem Flüssigkeitstriebwerk beschäftigte, hatte sich noch ein weiterer Forscher eingehend mit der Problematik einer Flüssigkeitsrakete befaßt und eine konstruktive Lösung gesucht. Es war Diplomingenieur Nebel, ein Jagdflrieger des Ersten Weltkrieges. Nebel war seit dem Krieg dem Gedanken der Schaffung von Raketen nachgegangen. Schon als Jagdflieger hatte er in seine Maschine einen „Nebelwerfer" eingebaut, aus dem er Schwarzpulverraketen gegen feindliche Flugzeuge startete — und auch mit Erfolg.

Die Arbeit nach dem Kriege hatte ihn auf neue Ideen gebracht. Als einer der ersten erkannte er die Zweckmäßigkeit eines Flüssigkeitsantriebes und begann, mit einfachsten Triebwerken zu basteln. Im Jahre 1929 kam die erste große Chance für ihn. Denn die Universal Film beabsichtigte, einen Film mit dem Titel „Frau im Mond" zu drehen.

Der für die damalige Zeit seltsame Filmstoff war von dem bekannten Filmregisseur Fritz Lang und seiner Frau Thea v. Harbou geformt worden.

Dieses Künstlerehepaar hatte durch die Schaffung von Großfilmen in Deutschland gegen die Mitte der zwanziger Jahre einen ungewöhnlichen Ruf. Nach der Inszenierung des mit großen Mitteln geschaffenen Filmwerkes „Die Nibelungen" hatte Fritz Lang zu diesem ungewöhnlichen Filmthema „Frau im Mond" gegriffen. Hierzu mußte aber eine Rakete in natura gezeigt werden, die die Loslösung von der Erdschwere demonstrieren sollte. So erteilte die Ufa den Auftrag zur Konstruktion einer solchen Rakete. Sie zog als wissenschaftlichen Berater den damaligen Oberlehrer Hermann Oberth aus dem deutsch-rumänischen Banat heran. Oberth hatte sich in einer größeren wissenschaftlichen Abhandlung mit den Grundlagen der Rakete auseinandergesetzt. Es war also natürlich, daß er von der Ufa berufen wurde, die Rakete zu konstruieren, um dem Film auch eine reale Grundlage zu geben. Bei diesem Beginnen kam Oberth mit Dipl.-Ing. Nebel und seinem Mitarbeiter Klaus Riedel zusammen.

Beide hatten bereits eine Reihe von konstruktiven Überlegungen für die Flüssigkeitsrakete angestellt und boten sich nun für die von der Ufa gewünschte „Weltraumrakete" an. Die Ufa gab auch für die Konstruktion der Flüssigkeitsrakete die Geldmittel, sodaß ihre Pioniere sich in die Lage versetzt sahen, die Arbeit, der sie sich jahrelang gewidmet hatten, im Anfangsstadium zu realisieren. Die Grundlage für die Konstruktion dieser Ufarakete bildete das den beiden Erfindern Nebel und Riedel erteilte deutsche Reichspatent 633 667 betreffend Rückstoßmotor für flüssige Treibstoffe. Das erstrebenswerte Ziel war die Schaffung einer 16 l-Rakete in Elektron-Bauweise. Nachdem die Pioniere die erste Flüssigkeitsrakete fertiggestellt hatten, mußten sie feststellen, daß sie noch grundsätzliche Fehler aufwies, welche das einwandfreie Arbeiten des Flüssigkeitsantriebes unwahrscheinlich machten. So entstand nur eine Rakete mit einem gewissen Propagandawert.

Bei der Schaffung dieser Propagandarakete waren die Forscher jedoch Schritt für Schritt in den Erkenntnissen für die Gestaltung des Triebwerkes weitergekommen. Jetzt erst begann die systematische Arbeit mit Modellraketen kleiner Abmessungen. Auf technischen Umwegen, wie sie meist bei Neuentwicklungen beschritten werden, kamen sie schließlich zu einer Standardlösung. Es war ein Raketenmotor mit Umlaufkühlung. Er bildete die Grundlage der späteren Entwicklung für den Antrieb der V 2-Rakete. Diese Entwicklung fand als Geheimpatent Nr. N 32827 I 46 g ihren Niederschlag.

Ehe Nebel und Riedel zu dieser Lösung für die Gestaltung des Raketenofens vorstießen, gingen sie zunächst über Füllung des Ofens mit Flüssigsauerstoff und Zuführung von Benzin, später führten sie die Treibstoffkomponenten getrennt zu dem mit Wasserkühlung versehenen Ofen. Tatsächlich läßt die Lösung das Prinzip der Gestaltung von Flüssigkeitsraketen erkennen, wie es sich durch jetzt zwei Jahrzehnte hindurch erhalten hat. Aus der klaren Überlegung über die richtige Zubringung der Treibstoffkomponenten zum Brennofen oder Raketenmotor resultiert der Schluß seiner richtigen Gestaltung; denn Nebel hat mit der Umlaufkühlung des flüssigen Sauerstoffes vor seinem Eintritt in die Brennkammer die Grundlage der ungestörten, kontinuierlichen Verbrennung mit sinnvoller Kühlung des Brennofens geschaffen, wodurch ein Langzeitantrieb erfolgreich verwirklicht werden konnte.

Nebel und Riedel sind bis zu dieser Erkenntnis und der Darstellung ihrer Gedanken mit einem einwandfrei arbeitenden Antriebsaggregat vorgestoßen. Es steht außer allem Zweifel, daß mit diesem Konstruktionsgedanken das Prinzip der Flüssigkeitsrakete gelöst und so der Weg zu den großen Antriebsaggregaten geebnet war, die später in den verschiedenen Entwicklungsstufen von Gerät A 1 bis Gerät A 4 für die V 2-Waffe erkennbar geworden sind.

Der Privatmann Nebel war nicht in der Lage, eine solche Entwicklung weiterzuführen. So kam es, wie es kommen mußte. Die Idee wurde von dem Heereswaffenamt aufgefaßt. Seine Mitarbeiter wurden in die neue amtliche Aufgabe des Heereswaffenamtes eingeordnet. Was blieb Nebel weiter übrig, als später dem Heereswaffenamt seine Erfindung offiziell anzubieten und abzutreten?

In dem Buch „Der Schuß ins Weltall" von Dornberger, welches die Geschichte einer großen Erfindung, nämlich der V 2, beschreibt, ist mit keinem Wort des Mannes gedacht, der die ersten bahnbrechenden Gedanken einer Flüssigkeitsrakete und einen Antrieb solcher Art zum Brennen gebracht hat. Es kann keinen Zweifel darüber geben, daß Nebel der Schöpfer des Triebwerkes der V 2-Rakete gewesen ist. Er hat nicht nur die Idee des Schusses in das Weltall gehabt, sondern auch mit seiner Lösung für den Antrieb des Flugkörpers die Grundlage dieser bahnbrechenden Entwicklung geschaffen. Sein Name muß mit goldenen Lettern in die Geschichte der Raketentechnik eingetragen werden.

III. ABSCHNITT

Der Dynamische Umbruch in der deutschen Waffentechnik von 1934-1935

Vorbemerkung

Aber es kam alles ganz anders, als Hitler im Jahre 1933 die Macht an sich riß. Er streifte die einschränkenden Bestimmungen des Versailler Vertrages Zug um Zug ab und befahl die Aufrüstung. Eine größere Anzahl von Firmen wurde für das Rüstungsprogramm herangezogen. Weitere Firmen wurden für den sogenannten Mobfall geplant und mit Mitteln bedacht.

Schon im Jahre 1934 wurde erkennbar, daß Hitler entscheidend in die Waffentechnik eingreifen wollte. Die stetige Linie der Entwicklung wurde durch die überhastete Aufrüstung unterbrochen. Manche grundsätzliche Entscheidungen sind dann auch in dieser Zeit von Hitler getroffen worden, welche sich später als Irrwege der Waffentechnik erwiesen. Er vollzog mit seinen Ideen den Einbruch vor allem auf dem Gebiet der Heeresgeräte. Hier forderte er schwere Waffen, schwere Panzer und schwere Artillerie. Er wollte Baumeister auf allen Gebieten sein. Auch auf dem Waffengebiet wollte er die erste Rolle spielen. Aber eine sinnvolle Planung neuer Waffen mit weitgesteckten Forderungen, die Schritt halten konnten mit dem Tempo der Entwicklung der Luftwaffe, gab es nicht. Die schon bestehenden Lücken auf dem Gebiet der Defensivwaffen wurden nicht geschlossen, dagegen wurden Offensivwaffen in gewaltigen Ausmaßen befohlen. Die große Waffenstrategie der nächsten Jahre war die Schaffung von schweren Waffen zur Brechung der Maginotlinie. Die zweite Gruppe war die motorisierte schwere Artillerie und die dritte Gruppe schließlich war die Fernkampfartillerie. Alle diese schweren Waffen sollten einmal das gewaltige Machtpotential des Großdeutschen Reiches darstellen. Den Einsatz dieser großen Kolosse sah Hitler im Schutze einer mächtigen Luftwaffe, mit deren Schaffung er Göring beauftragt hatte.

Sprunghaft, wie Hitler in seiner politischen und auch militärisch-strategischen Planung war, änderte er 1938 wieder seinen Waffenkurs und begann, den Westwall zu planen. Als er dann noch die Machtmittel der Partei bei der Errichtung des Westwalles in die militärischen Bauten warf, wurde der verdienstvolle Chef des Heereswaffenamtes mehr und mehr angeschlagen, denn er konnte solch sinnlosen Planungen nicht mehr folgen. Die Kluft zwischen ihm und Hitler wurde immer größer. General Prof. Dr. Becker sah das drohende Unheil, das von Hitler kam, und an dieser Vorstellung zerbrach er schließlich.

Das Schicksal des Generalobersten Udet, des Chefs des Technischen Amtes der Luftwaffe, sollte sich auch erfüllen, als er in das Spannungsfeld der Auseinandersetzung über den Zusammenbruch der Luftwaffe geriet. War es die falsche Luftkampfstrategie des alten Jagdfliegers, die unzulängliche Kampfkraft der in der Entwicklung befindlichen neuen Kriegsflugzeuge oder das Versagen der Organisation für den

Nachschub der Luftwaffe, das Udet die Nerven verlieren ließ? Auch er wurde ein Opfer in der Reihe der führenden Männer, die in verantwortlicher Stellung in das geistige Rüstungspotential einbezogen waren, deren Entscheidungen große Erfolge, aber auch vernichtende Niederlagen bedeuten konnten.
Generaladmiral Karl Witzell hat die Führung des Marinewaffen-Hauptamtes durchgestanden. Er war verantwortlich für die Panzerung und Armierung der deutschen Kriegsflotte. Dieses große spezielle Waffengebiet war bei dem Marinewaffenchef so sicher verankert, daß er in dieser Stellung alle Anstürme überdauerte. Hervorragende Gürtel- und Deckspanzerungen sowie starke Artilleriebestückungen zeichneten unsere Kriegsschiffseinheiten aus; es waren die Ergebnisse einer langjährigen zähen Entwicklung, welche große Erfolgschancen für die neuerstandene deutsche Flotte schuf, für die es allerdings den Umbruch in die neue Waffenepoche nicht mehr geben sollte.

Die große Linie der Waffenstrategie und Waffenplanung lag nach 1933 also in den Händen von Hitler. Sie lag in schlechten Händen. Hitler sah nur politische Nahziele, mit denen er Weltgeschichte machen wollte. Auf dieser Ebene bewegte sich auch seine Waffenplanung. Hitler war der erklärte Gegner des sich abzeichnenden Umbruches der Waffentechnik zur Rakete hin. Diese Einstellung ging so weit, daß er selbst noch im Jahre 1944 die Bewaffnung der Me 262 mit Bordraketen ablehnte. Die Ausrüstung einer Staffel der neuen Düsenjäger mit den Bordraketen geschah ohne seine Zustimmung. Der große Gegenspieler Hitlers, der britische Premier Churchill dagegen verstand es, selbst in der schwersten Krise, die Großbritannien während der ersten Phase des Zweiten Weltkrieges durchzustehen hatte, das Rüstungspotential seines Landes in souveräner Form aufzufassen und auf eine sinnvolle Planung auszurichten.

Kap. XIII

Die Versuche zur Herstellung einer Feststoffrakete aus R-Pulvern

Im Frühjahr 1934 wurde der Verfasser als Beauftragter von Rheinmetall-Borsig zu einer Besprechung in die im Aufbau befindliche technische Abteilung der Luftwaffe gerufen. Bei der ersten Fühlungnahme mit dem Abteilungsleiter, Oberst Wimmer, ergab sich der Wunsch des Ministeriums, den Aufbau des in Aussicht genommenen technischen Amtes durch Abstellung technischer Experten auf dem Waffengebiet aus der Industrie zu stützen. In der anschließenden technischen Besprechung wurde der spätere Ministerialdirigent Dr. Baeumker hinzugezogen, der die Abt. Forschung im Luftfahrtministerium aufzubauen hatte. Bei der Kennzeichnung der Aufgaben der Forschung fiel von Dr. Baeumker zum ersten Male das Stichwort Strahltriebwerk für den Flugzeugbau. Die für die Entwicklung maßgebenden Persönlichkeiten waren damals schon der Meinung, daß es die sogenannte Schallmauer für den Flugzeugbau nicht geben würde. Dr. Baeumker erwähnte ergänzend, daß in kürzester Zeit die letzte Phase der Luftschraube, auch mit Verstellpropellern, gekommen sein würde, denn man nähere sich im Ausland schon bedenklich den Fluggeschwindigkeiten in Richtung der Mach'schen Zahl 1; dann könne nur noch ein Strahltriebwerk für die Fortbewegung der Flugzeuge Berechtigung haben.

Dr. Baeumker, aktiver Offizier im Ersten Weltkrieg, Sohn eines Universitätsprofessors, besaß ungewöhnliche Fähigkeiten. Stark in philosophischer Denkungsweise verankert, hatte er eine elegante Gesprächführung, großen Charme, ein treffendes Urteil und großen politischen Weitblick. Zu diesen Eigenschaften kam ein besonderes Einfühlungsvermögen in physikalische und technische Probleme.

In seiner eigenen, teils überlegenen, teils leicht ironisierenden Art konnte er durch eine einzige leicht hingeworfene Bemerkung ein Thema zur Diskussion stellen, an dem sich die Wissenschaftler entzündeten. In der damaligen Besprechung ließ er am Ende einige wenige Sätze fallen: „Was gedenkt denn nun die Waffentechnik zu tun, wenn der Flugzeugbau die Schallmauer durchstößt? Denn das wird in einigen wenigen Jahren der Fall sein. Die Forschungsführung im Luftfahrtministerium ist sehr gespannt darauf, wie die Beantwortung der an die Waffengilde gestellten Frage ausfallen wird."

Es war natürlich, daß eine solche Besprechung nachhaltig wirken mußte. Bäumker hatte mit ganz wenigen Strichen die Ausweglosigkeit der Waffentechnik skizziert. Seine tiefgründige Frage war ein regelrechter Schuß vor den Bug. Es war die Aufforderung, nun endlich an einen Umbruch zu denken, also das schon Rost ansetzende Rüstzeug in die Ecke zu stellen und neue Wege im Waffenbau zu suchen. Aber wie sollte man es anstellen? Während der Flugzeugbau mit Meilenstiefeln versuchte, wieder den Anschluß an die internationale Entwicklung der Luftfahrt in den letzten 15 Jahren zu finden, war die Entwicklung einer neuen weitreichenden Waffenart garnicht möglich, weil es überhaupt noch keine Ansatzpunkte gab. Die Arbeiten für eine Flüssigkeitsrakete gehörten noch auf lange Sicht in das Gebiet der Grundlagenforschung. Und diese Forschung war bereits im Heereswaffenamt, nicht bei der Luftwaffe, verankert.

Der Weg für eine neue Waffenart, die den Wettbewerb mit der kommenden Umwälzung im Flugzeugbau aufzunehmen in der Lage war, konnte nur über die Rakete führen. Das war sicher. Die Flüssigkeitsrakete war bereits aufgegriffen und blockiert. Infolgedessen mußte man nach einer neuen, leistungsfähigen Feststoffrakete suchen.

Die Feststoffrakete lag dem Waffengestalter nahe; denn sie war die gedankliche Weiterfolge der in ihren Grenzen sich erschöpfenden Schußwaffe. Nur waren die Vorzeichen zwischen dem Pulver der Waffe und dem festen Treibstoff für die Rakete umgekehrt. Das Pulver der Schußwaffe durfte nur einen geringen, dagegen mußte der Treibstoff für die Rakete einen großen spezifischen Energieinhalt besitzen. Er konnte für den Raketenantrieb nicht groß genug sein. Denn diese war, um den Vergleich fortzuführen, eine mit einem einzigen Schuß Lebensdauer. In diesen Gedankengängen bewegte sich der Verfasser, als er die Rückreise von Berlin nach Düsseldorf antrat.

Er wurde sich schlüssig, daß eine neue Seite der Waffentechnik aufzuschlagen war. Es galt, eine neue Verteidigungswaffe gegen die immer gefahrdrohenderen, schnelleren Kampfflugzeuge der Zukunft zu finden. Der Weg bis zur Durchführung dieser neuen Waffe wurde jedoch sehr lang. Der Verfasser konnte damals nicht ahnen, wieviele Schwierigkeiten sich seinem Vorhaben entgegenstellen würden.

•

Die erste Besprechung in Düsseldorf nach der Berliner Reise galt der neuen Aufgabe. Leiter und Vertreter der Munitionsabteilung, die Ingenieure Dieck und Auler, setzten sich mit dem Verfasser zusammen, der ihnen das Ziel einer neuen Waffenentwicklung schilderte. Der Feststoff für die neuzuschaffende Rakete konnte zunächst nur ein rauchloses Pulver sein, das zu greifen war. Energiereiche Pulver waren nicht verfügbar. Es mußte als Anfang einmal getestet werden, wie der Abbrand eines rauchlosen Pulvers bei kleinen Brennkammerdrücken, die Formung und technische Belastung der Gasdurchtrittsdüse, das Schubintegral, der Wirkungsgrad und weitere kennzeichnende Größen bei dem Brennvorgang sein würden. Besondere Überlegung galt der Wahl der Sachbearbeiter für die neue Raketenentwicklung. Die Munitionsabteilung verfügte über junge, intelligente Ingenieure, die in kurzer Zeit sich ausgezeichnet in das wichtige Gebiet der Munition eingearbeitet hatten.

Die Wahl fiel auf die Ingenieure Genter und Renner, die dann auch in den folgenden Jahren sich vollständig auf die neue Entwicklung einstellten und schon bald nicht mehr allein blieben. Natürlich gaben sich auch die führenden Ingenieure Dieck und Auler dem neuen Aufgabengebiet mit vollem Einsatz hin.

Die ersten Berechnungen für eine Rakete mit rauchlosem Pulver, kurz R-Pulverrakete genannt, ergaben bei einem Wärmeinhalt von 950 kcal. eine Gasausströmgeschwindigkeit von 2000 m/s für den Fall, daß eine Formgebung der Düse mit optimaler Umsetzung der Wärmeenergie der Pulvergase in die Bewegungsenergie des Gasstrahles gelang. Das kritische Druckverhältnis für den Austritt von Gasen aus einem Behälter mußte wesentlich durch eine besondere Gestaltung der Ausströmdüse überschritten werden. Die Düsenform mußte sich an die Lavaldüse anlehnen, welche nach dem engsten, kritischen, einen sich stetig erweiternden Querschnitt zur weiteren Umsetzung der Spannungsenergie der Gase in kinetische Energie besitzt. Die üblichen Regeln zur Ausbildung des erweiterten Teiles der Lavaldüse konnten nur in begrenztem Umfange Anwendung finden. Stets galt es, die durch die theoretische Berechnung gefundene Gestaltungsform durch praktische Versuche zu erhärten. Die genaue Beobachtung des Verhaltens der Versuchsdüsen und der sonstigen Einbauelemente des Temperaturanstieges der Brennkammern gab wertvolle Hinweise, inwieweit der Strömungsverlauf der Pulvergase einwandfrei war und sich der theoretisch besten Lösung genähert hatte. Bei allen diesen Überlegungen zog sich wie ein roter Faden die Verwirklichung einer leichten Brennkammer als wichtigste Forderung für das Leistungsvermögen der Rakete hindurch.

Das Kapitel der Werkstoffuntersuchungen für die einzelnen Bauelemente kann, da es sehr umfangreich war, nur am Rande gestreift werden. Denn die bei der Umsetzung des Pulvers auftretenden Gastemperaturen lagen etwa bei 2 500° — 2 600° und stellten an die Wärmefestigkeit hohe Ansprüche. Die Erfahrung des Waffenbaues, möglichst unlegierten, kohlenstoffarmen Stahl wegen seines höheren Schmelzpunktes und der größeren Wärmeleitfähigkeit zu verwenden, bestätigten sich bei der Ausbildung der Brennkammern in besonderem Maße. Es lag nahe, an den Stellen höchster thermischer Beanspruchung, also bei den Düsen, keramische Werkstoffe zu versuchen, deren Erweichungspunkt erst bei sehr hohen Temperaturen liegt. Es zeichneten sich jedoch keine besonderen Vorteile für die Verwendung solcher Werkstoffe ab, weil diese keine ausreichende Temperaturwechselbeständigkeit aufwiesen.

Parallel zu der Entwicklung günstiger Bauformen für die Feststoffrakete liefen die weitreichenden Versuche zur Klärung des außenballistischen Verhaltens von Raketen. Das Problem der Streuung von Raketen stand immer im Vordergrund aller Betrachtungen. Alle Anstrengungen waren dahin ausgerichtet, Maßnahmen zu treffen, welche die Streuung herabsetzten. Einen sehr großen Einfluß auf diese hat der Startvorgang. Denn im Gegensatz zu dem Schußvorgang, bei dem das Geschoß mit der größten Geschwindigkeit die Rohrmündung verläßt und auch seine Umdrehungsgeschwindigkeit für den stabilen Flug im lufterfüllten Raum besitzt, erfährt die Rakete nur einen geringen Teil ihrer Beschleunigung während ihrer Bewegung im Startgestell und ist den Einflüssen der Luftbewegung auf dem ersten Bahnteil ausgesetzt, die Pendelungen des Flugkörpers verursachen; diese werden infolge der wirksamen Richtkraft des Antriebes verstärkt und vergrößern das Streubild. Maßnahmen, der Rakete bei dem Startvorgang schon eine Teilstabilisierung zu geben, brachten nicht den erwarteten Erfolg. Wir werden auf das Streuproblem in den späteren Abschnitten wieder zurückkommen.

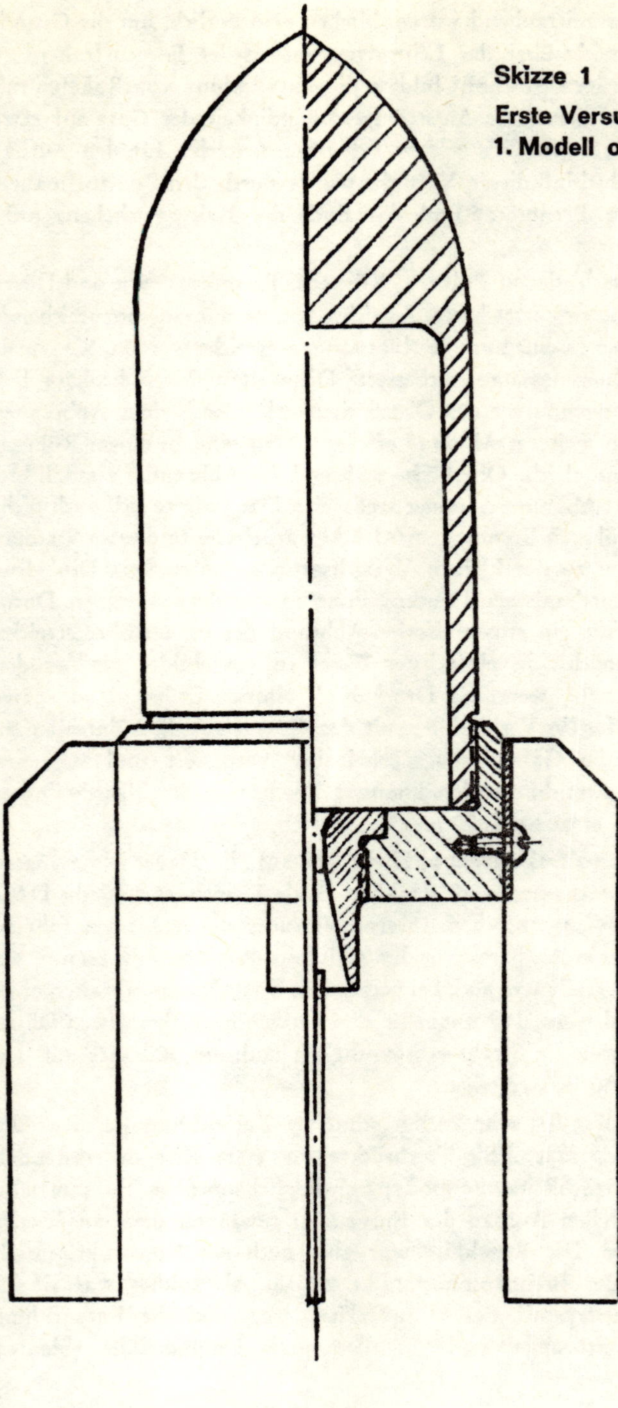

Skizze 1

Erste Versuche mit R-Pulver
1. Modell ohne Regeldüse

Alle diese Versuche, die sehr zeitraubend waren, blieben erforderlich, um die Grundlagen für eine genaue Übersicht über das Leistungsvermögen der Feststoffrakete zu schaffen. Einen letzten wichtigen Abschnitt bildete die Entwicklung von Raketen mit kalorienreichen Pulvern, bei denen die Ausströmgeschwindigkeit der Gase auf etwa 2 200 m/s gesteigert werden konnte. Es zeigten sich neue Kriterien für den Aufbau der Brennkammern. Der Abschluß dieser Versuche wurde durch den Rohstoffmangel für die Herstellung solcher Brennsätze und das Ende des Kriegsgeschehens nicht mehr erreicht.

Die ersten Versuche mit verschiedenen Pulvern, Körpern, Brennkammern und Düsen verliefen nicht so, wie man es erwartet hatte. Zunächst konnte nur eine unzureichende Anfeuerung des Pulverkörpers - eine kurze Pulverstange - erreicht werden. Sie wurde durch Änderung der Anfeuerungssätze verbessert. Die weitere Versuchsphase ließ erkennen, daß bei dem Stangenpulver der Oberflächenverlust nach dem Anbrennen zu groß wurde, so daß kein weiterer Abbrand erfolgte. Man ging zu einem Röhrenpulver über, das nahezu eine gleiche Oberfläche während des Abbrandes ermöglichte. Aber auch dann erfolgte das Abbrennen immer stoßweise. Das änderte sich auch nicht besonders, wenn man mit höheren Brennkammerdrücken arbeitete. In diesem Stadium der Versuche machte der neu zu der kleinen Versuchsgruppe zugestoßene Dipl.-Ing. Voss den Vorschlag einer mechanischen Druckregelung in der Brennkammer. Durch diese Maßnahme wurde sofort ein einwandfreier Abbrand der Pulverröhre erreicht. Das Regelorgan wurde zunächst in einfachster Weise so ausgebildet, daß es den Gasaustrittsquerschnitt verengte, wenn ein Druckabfall eintrat. Es hat dann später verschiedene Gestaltungsstufen in Verbindung mit der Gasaustrittsdüse durchlaufen, wobei Schritt für Schritt die Gasströmungsverhältnisse verbessert und steigende Gasstrahlgeschwindigkeiten erreicht werden konnten. Die größte Strahlgeschwindigkeit mit einer Regeldüse lag etwa bei 1650 m/s.

Die Weiterführung der Feststoffraketenentwicklung war auf die Dauer ohne engere Fühlungnahme mit den Pulverfirmen nicht denkbar. Beide Firmen, sowohl die DAG als auch die Wasag, wurden angesprochen. Interne Versuche dieser Firmen führten zu Überlegungen einer anderen Aufbereitung der Zellulose. Zug um Zug konnte ein fortdauernder Abbrand der Treibsätze auch bei geringeren Brennkammerdrücken ohne Druckregelung erreicht werden, so daß nunmehr die Verwendung von festen Düsen möglich war. Hierdurch wurde die Strahlgeschwindigkeit noch um 300 m/s auf den bestmöglichen Wert von 1950 m/s gesteigert.

Die Anwendung der Regeldüse hat sehr zu der schnellen Entwicklung der Raketen mit rauchlosem Pulver beigetragen. Sie überbrückte die erste Zeit der tastenden Versuche und gab die Möglichkeit, thermodynamische Erkenntnisse zu sammeln, Gedanken für den strukturellen Aufbau des Pulvers zu gewinnen und ein ideales Schubdiagramm darzustellen. Die Regeldüse war aber auch ein Konstruktionsteil, das Überbeanspruchungen der Brennkammer nicht zuließ. Als solches war sie im wahrsten Sinne ein Sicherheitsventil, das so zuverlässig war, daß die Entwicklung der Feststoffraketen ohne Störungen und vor allem ohne Unglücksfälle ablaufen

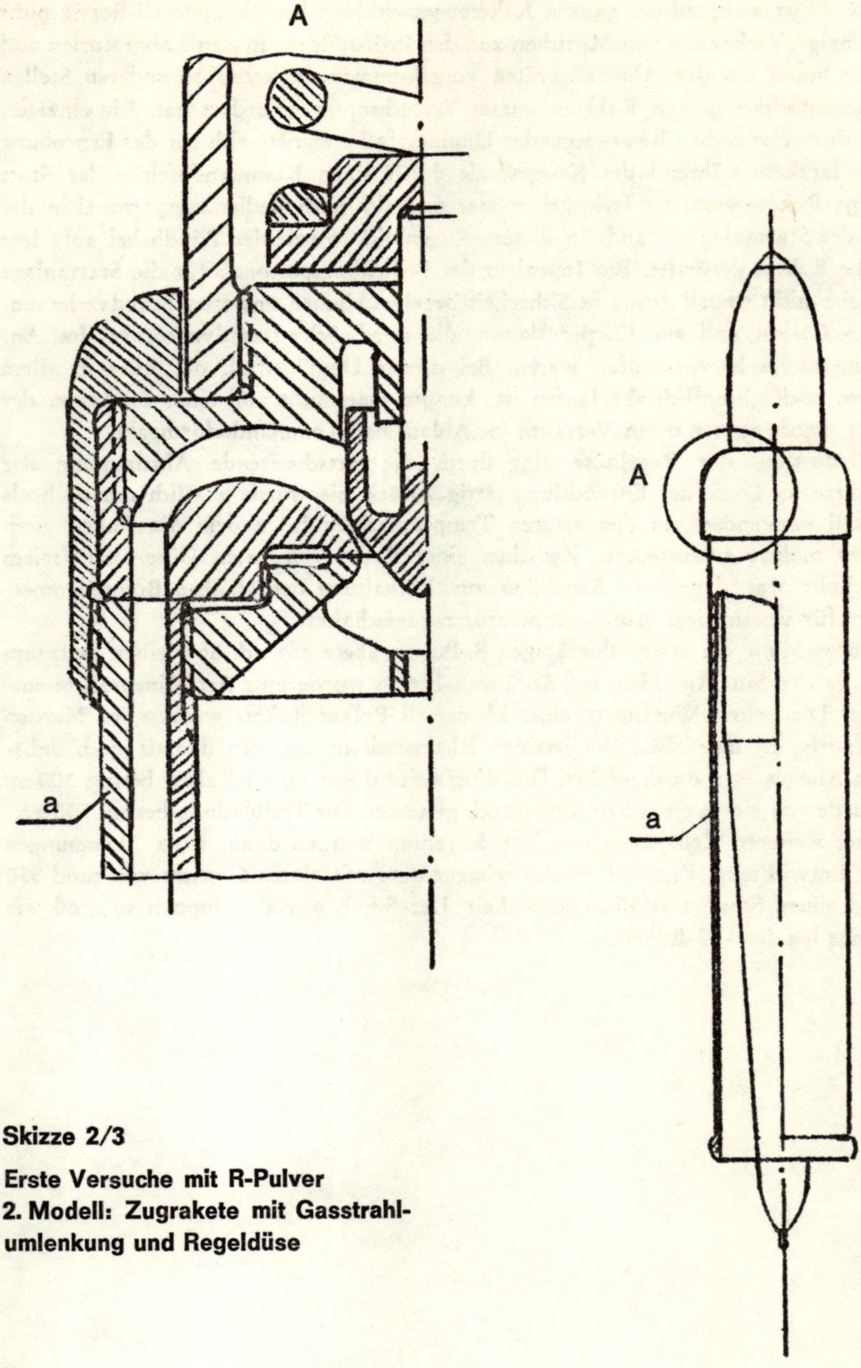

Skizze 2/3

Erste Versuche mit R-Pulver
2. Modell: Zugrakete mit Gasstrahlumlenkung und Regeldüse

konnte. Es ist während der ganzen Raketenentwicklung bei Rheinmetall-Borsig nicht eine einzige Verletzung von Menschen auf den Prüfständen, in den Laboratorien und bei den Starts aus den Abschußgeräten vorgekommen, während an anderen Stellen die Neuentwicklung von Raketen immer Versuchsopfer gefordert hat. Ein einziger, glücklicherweise nicht schwerwiegender Unglücksfall ereignete sich bei der Erprobung einer Flarakete während des Krieges, als durch einen Kommandofehler der Start für eine Rakete vorzeitig freigegeben war und sich noch Bedienungspersonal in der Nähe der Startanlage befand. In diesem Augenblick wurde der Zündhebel aufgelegt und die Rakete gezündet. Ein Ingenieur des Bedienungspersonals für die Startanlage hatte sich nicht schnell genug in Sicherheit begeben können und trug Brandverletzungen im Gesicht und am Körper davon, die durch Schwarzpulverkörner des Anfeuerungssatzes hervorgerufen waren. Bei diesem Unglücksfall, der, alles in allem gesehen, noch glimpflich abgelaufen ist, konnte man nicht von einer Explosion der Rakete sprechen; es war ein Versagen im Ablauf der Kommandodurchgabe.
Die Bedeutung der Regeldüse ging durch die fortschreitende Abstimmung der Treibsätze im Laufe der Entwicklung stetig zurück. Sie wurde letztlich nur noch als Regelteil verwendet, um den tieferen Temperaturbereich, in dem die Rakete auch arbeiten mußte, auszusteuern. Zwischen einer Reihe von festen Düsen mit freiem Querschnitt war dann eine Regeldüse zur Einhaltung des gleichen Brennkammerdruckes für verschiedene Außentemperaturen zugeschaltet.
Die Entwicklung der ersten flugfähigen R-Pulverrakete zog sich über einen Zeitraum von 2 Jahren hin. Aus kleinsten Anfängen heraus wurde eine Art Minenrakete entwickelt. Die ersten Wurfstarts einer kleinen R-Pulver-Rakete wurden im Norden Düsseldorfs, in der Nähe des jetzigen Rheinstadions auf den damals noch unbebauten Rheinwiesen durchgeführt. Die Wurfweite dieser ersten Rakete betrug 300 m. Sie wurde von einem einfachen Schießstock gestartet. Die Treibladung betrug 300 gr.
In einer weiteren Zeitspanne von nur 5 Jahren wurden dann, trotz Hemmungen in der Entwicklung, Feststoff-Strahltriebaggregate mit einem Gewicht von rund 550 kg und einem Schub von 50 to entwickelt. Der Schub war also doppelt so groß wie derjenige bei der V-2-Rakete.

Kap. XIV

Eine seltsame Besprechung und ihre Folgen

Mitte 1934 suchte der Verfasser den damaligen Chef der Abteilung I Wa Prüf, Oberstleutnant v. Horstig auf, um wie üblich über aktuelle Fragen der Konstruktion von Munitionselementen und Rohrinneneinrichtungen bei Flakrohren zu sprechen. Der Kontakt zwischen der ballistischen Abteilung des Heereswaffenamtes und der einschlägigen Abteilung bei Rheinmetall-Borsig war sehr gut. Die junge Abteilung der Firma hatte sich durch das Aufgreifen aller nur denkbaren Ideen für die Leistungssteigerung der verschiedenen Munitionsarten das Vertrauen des Heereswaffenamtes erworben. So waren alle Besprechungen auf beiden Seiten vom Geist der Aufgeschlossenheit getragen, die sich fruchtbringend bei der Durchführung der vielen Entwicklungsaufgaben auswirkte.

In dieser Besprechung 1934 nun machte der Verfasser die ersten Angaben über das Vorhaben einer Entwicklung von Feststoffraketen bei Rheinmetall und steuerte auf das Ziel hin, eine Entwicklungsaufgabe herauszustellen, um sie mit der Zustimmung des Heereswaffenamtes weiterzuführen. Obstlt. v. Horstig hörte sich die Ausführungen an und schwieg zunächst für einige Augenblicke, dann sagt er etwa folgendes: Angesichts der Arbeiten, die von einer Gruppe des Heereswaffenamtes angelassen seien, erhebe sich die Frage, ob es nützlich sein könne, dieses Gebiet noch an anderer Stelle aufzufassen. Was die Feststoffrakete selbst angehe, so stehe bereits fest, daß ihr keine guten Aussichten einzuräumen seien, weil sie zu unwirtschaftlich sei, denn die Überlegenheit der Flüssigkeitsrakete sei eindeutig. Auch das Heereswaffenamt habe sich mit der Feststoffrakete eingehend befaßt — und sei zu der Auffassung gekommen, daß sie keine Aussichten habe. Die Frage, ob denn auch schon Erfahrungen mit rauchlosem Pulver gemacht worden seien, mußte Oberstleutnant v. Horstig allerdings verneinen. Ergänzend bemerkte er, daß er nicht glaube, daß eine Entwicklung in dieser Richtung gelingen könne. Hierauf konnte der Verfasser erwidern, daß die theoretischen Berechnungen und die ersten Versuchsergebnisse zu guten Hoffnungen berechtigten. — Es fiel Oberstleutnant v. Horstig nicht leicht, dem Gespräch die richtige Wendung zu geben. Der Verfasser fühlte instinktiv, daß das Gespräch eine ernste Wendung nahm, allzu nachdenklich erschien ihm der von vielen Unterhaltungen vertraute Abteilungschef. — Nach längerem Zögern faßte v. Horstig das Thema wieder auf und gab zu erkennen, es sei unerwünscht, daß dieses Aufgabengebiet bei Rheinmetall-Borsig weiter behandelt würde, weil die ganze Entwicklung der Raketen im Heereswaffenamt verankert bleiben müsse. Dem Verfasser schien dies nicht verständlich. Auf seine Einwände hin gab v. Horstig ein Argument für die Entscheidung des Heereswaffenamtes an, von dem er sicher selbst überzeugt war, daß es auf schwachen Füßen stand. Er erklärte, die gebotene besondere Geheimhaltung dieser Entwicklung mache es notwendig, keine Arbeiten außerhalb eines damit beauftragten

Arbeitsstabes durchführen zu lassen. Es war offensichtlich, daß es v. Horstig schwer fiel, dem Verfasser solch abschlägigen Bescheid geben zu müssen. Aber er hatte seine Anweisung.

Oft hat sich der Verfasser später gefragt, warum diese grundsätzliche Entscheidung seinerzeit getroffen worden war. Denn die Erfahung sprach doch eindeutig dafür, solch weitgehende Entwicklung auf eine breite Basis, nicht aber diese Pyramide auf die Spitze zu stellen. Die Entscheidung hatte sicher andere Gründe als etwa eigensüchtige Machenschaften des eben gegründeten Raketen-Arbeitsstabes, um einen unerwünschten Wettbewerb auszuschalten. Schwebte dem Chef der Waffenentwicklung, Oberst Becker, bereits damals ein behördliches Kraftfeld vor, wie wir es heute als das amerikanische Pentagon kennen? Oder befand sich Becker bereits Mitte 1934 in einem solchen Gegensatz zu dem Waffenplaner Hitler, daß er ihm im gegebenen Augenblick das neue Waffengebiet geschlossen vor Augen führen und seine Fehlentscheidungen nachhaltig unterstreichen wollte? Wurde die Industrie aber bei der Raketenentwicklung eingeschaltet, dann war das Verdienst des Heereswaffenamtes zwangsläufig stark geschmälert, und Hitler würde dies bei seinem Mißtrauen gegen die Generale weidlich ausnutzen.

Was auch immer der besondere Beweggrund gewesen sein mag, diese Entscheidung zu treffen, sie hat der Raketenentwicklung empfindlich geschadet. Es wäre niemals zu den großen Krisen gekommen, die im Verlauf der verschiedenen Entwicklungen von Raketen aufgetreten sind und diesen für den Fronteinsatz so wichtigen Abschluß gehemmt haben.

Für die Firma Rheinmetall-Borsig war die Entscheidung besonders ernst. Sie hatte eine neue Entwicklung angelassen, die sehr erfolgversprechend war und nun eingestellt werden sollte. Aber es waren ja noch andere Gedanken, die zwangsläufig Form annehmen mußten. Wie werden denn die neuen Waffen ausschauen und wer wird sie gestalten? Wird das Heereswaffenamt nun an der Stelle der Industrie künftig die Waffen planen?

Dornberger schreibt in seinem Buch: Das Heeeswaffenamt sei gezwungen gewesen, die Raketenentwicklung selbst durchzuführen, da die Industrie für diese nicht zu gewinnen war. Angesichts der vorstehenden und noch folgenden Ausführungen bleibt es schwer verständlich, wie Dornberger seine Beweisführung gestalten will. Jedenfalls: Rheinmetall hätte schon 1930 mit beiden Händen zugegriffen, wenn man die Firma für eine solche Entwicklung eingeplant hätte. Deren Notwendigkeit war in der ballistischen Gruppe längst erkannt; sonst wäre sie nicht etwas später mit eigenen Vorschlägen gekommen.

Rheinmetall-Borsig hatte also die Raketenentwicklung einzustellen. Das war der Auftrag, den der Verfasser in dieser Besprechung erhielt und an den Vorstand der Firma weiterzugeben hatte. Das Vorstandsmitglied Geheimrat Wessig war merkwürdigerweise von der übermittelten Entscheidung des Heereswaffenamtes wenig beeindruckt. Er versuchte zwar noch, in einem Gespräch mit Oberst Becker einen Weg der Mitarbeit für die Firma zu finden. Der Versuch mißlang; aber Geheimrat

Wessig entschied: weitermachen. Er begründete seinen Entschluß damit, daß die von ihm längst erkannte Notwendigkeit der Schaffung von Raketen durch das Gespräch mit Oberst Becker nur noch gestützt worden sei.

In aller Stille wurde nun bei Rheinmetall-Borsig an der Entwicklung der Feststoffrakete mit eigenen Mitteln weitergearbeitet. Wenn auch der Vorstand sich willig zeigte, so waren doch die ersten Mittel, gemessen an der Größe der Aufgabe, gering. Man mußte sich zunächst auf die Schaffung einer Modellrakete beschränken, ohne Planungen für größere Raketenmuster vornehmen zu können.

Nachdem die ersten Versuchsergebnisse mit R-Pulverraketen vorlagen, war auch der Weg in Richtung eines rückstoßfreien Geschützes frei, das in einem ersten Versuchsstück erprobt wurde. Diese neue Entwicklung, die uns von dem Heereswaffenamt nicht untersagt war, erregte das besondere Interesse der Marine und der Luftwaffe. Die Vorführung dieser Waffe vor den Referenten der beiden Wehrmachtsteile führte das Gespräch immer auf die Feststoffrakete. Nun waren es diese Referenten, Dr. Werres von der Marine und Dr. Fischer von der Luftwaffe, welche für ihre eigenen Bereiche Feststoffraketen forderten und deren Entwicklung auch durchsetzten. Das war Mitte 1936.

Um die offizielle Einschaltung von Rheinmetall-Borsig in die Entwicklung von Feststoffraketen ist zwischen den verschiedenen Wehrmachtsteilen schwer gerungen worden. Es muß betont werden, daß sowohl die Luftwaffe wie auch die Marine sich besonders eingesetzt haben, um eine Plattform zu schaffen, auf der die Raketenentwicklung und auf breiterer Grundlage durchgeführt werden konnte. Es wurde schließlich eine Kompromißlösung gefunden und zwar der Art, daß die Federführung der Raketenentwicklung beim Heereswaffenamt liegen sollte, es aber den beiden anderen Wehrmachtsteilen freigestellt blieb, eigene Entwicklungen zu betreiben, die dann aber auf die Arbeiten des Heereswaffenamtes auszurichten seien.

Diese Entscheidung, Anfang 1937, schien die Grundlage für eine gemeinsame Durchdringung der Raketenaufgaben zu bilden. Doch bald zogen neue Wolken am Himmel der Raketen auf. Diesmal kamen sie nicht von der Entwicklungsseite, sondern aus Richtung der Verwaltungsstellen. Der Kleinwaffenvertrag war in Sicht und sollte auch auf das Raketengebiet ausgedehnt werden. Nun sollte die bisher von Rheinmetall betriebene Entwicklung durch das Heereswaffenamt abgegolten und damit erneut Federführung und freie Verfügung über das Arbeitsgebiet auf das Heereswaffenamt in aller Form übertragen werden. Dagegen stemmte sich der Vorstand von Rheinmetall-Borsig in der Sorge, daß die Pionierarbeit, welche die Firma durchgeführt hatte, in andere Bahnen gelenkt werden könnte. Eine Vereinbarung konnte nicht erreicht werden bis zu jenem Tag, als der Zweite Weltbrand ausbrach. Da stellte man das in der Schwebe befindliche Vertragswerk zurück. Es gab Wichtigeres zu tun.

Ist es verwunderlich, daß die Entwicklung der Feststoffrakete angesichts solcher Schwierigkeiten nicht wenig gehemmt war? Zwar haben sich die Experten dieser Entwicklung sowohl auf der Behörden- wie auf der Firmenseite öfter gegenseitig der Aufgeschlossenheit zur Meisterung der gemeinsamen Aufgabe versichert. Allein von

Anfang an war eine unglückliche Atmosphäre geschaffen, die das Streben nach Lösung auf weite Sicht entscheidend lähmte. So ist es auch niemals zu einer größeren Planung für Fernzielraketen auf der Basis des Feststoffantriebes gekommen, wie sie für den Flüsigkeitsantrieb in so umfangreichem Maße vorgenommen wurde. Sie wurde versagt. Wenn es schließlich doch noch zu der Lösung der Mehrstufenrakete „Rheinbote" gekommen ist, so war dies dem Umstand zu verdanken, daß sie sich aus der Zusammenfügung von mehreren Einzelentwicklungen gestalten ließ. Diese einzelnen Entwicklungen werden in den vier folgenden Abschnitten behandelt.

Wenn ein Argument der damaligen Ausführungen von Oberstleutnant v. Horstig, nämlich die Fragwürdigkeit einer Geheimhaltung, in der Industrie nicht stichhaltig war, so kann man dies sicher von den bei Rheinmetall-Borsig durchgeführten Raketenentwicklungen sagen. Heute, in kritischer Sicht der Entwicklungen, die vor und während des Zweiten Weltkrieges betrieben worden sind, kann festgestellt werden, daß gerade die Raketenentwicklung von Rheinmetall-Borsig so geheim durchgeführt worden ist, daß sie nie an die Öffentlichkeit gekommen ist. Es ist bis auf den heutigen Tag in keiner Veröffentlichung etwas über das Entwicklungswerk Marienfelde und den Raketenerprobungsplatz Leba, mit Ausnahme der Ausführungen in dem Buch von Dornberger, bekannt geworden, obwohl in Marienfelde mehrere tausend Menschen beschäftigt waren und auf dem Erprobungsplatz größere Startanlagen, Treibstofftanks und mehrere Feuerstellungen errichtet worden sind. In der einschlägigen Literatur über Geheimwaffen des Zweiten Weltkrieges ist über die Entwicklungen bei Rheinmetall-Borsig kaum etwas zu finden. Wenn man auf Ausführungen stößt, dann sind sie ganz kurz gehalten und unklar. So z. B. finden sich in dem Buch „Geheimwaffen des Zweiten Weltkrieges" von Lusar nur ein paar Zeilen über die Mehrstufenrakete „Rheinbote" und die Flarakete „Rheintochter", ohne daß die Konstruktion dieser Raketenentwicklung erkennbar wird.

Wenn man den Bericht über den Verrat der Entwicklung des A 4-Gerätes in Peenemünde an den englischen Geheimdienst liest, der vor einiger Zeit erschienen ist, kann man sogar erfahren, daß die Flarakete „Rheintochter" von dem Heereswaffenamt entwickelt worden sei. Es ist dem englischen Geheimdienst nicht gelungen, ausfindig zu machen, wo tatsächlich das Gerät „Rheintochter" entwickelt worden ist, obwohl der Raketenerprobungsplatz Leba in nicht großer Entfernung von Peenemünde lag, und eine Zeit lang die V 2-Raketen entlang der Ostseeküste in Richtung Westpreußen gestartet worden sind. Jedenfalls hat der Secret-Service, der das Spionagenetz über Peenemünde zog und den Angriff auf Peenemünde ausgelöst hat, über die Rheinmetall-Raketen nichts aufspüren und berichten können.

Mitte Mai 1945, nach der Kapitulation Deutschlands, wurde der Verfasser durch eine gemischte amerik.-engl.-austral. technische Kommission auf dem Schießplatz Unterlüss über die neuen Waffenentwicklungen in Deutschland befragt. Zuvor hatte die Kommission die gesamten Einrichtungen des Meßhauses, die Laborieranstalt und der Füllanlage Neulüss besichtigt und natürlich Meßgeräte und Munition durch ein englisches Truppenkommando sicherstellen lassen. Bei der Besichtigung der Laborier-

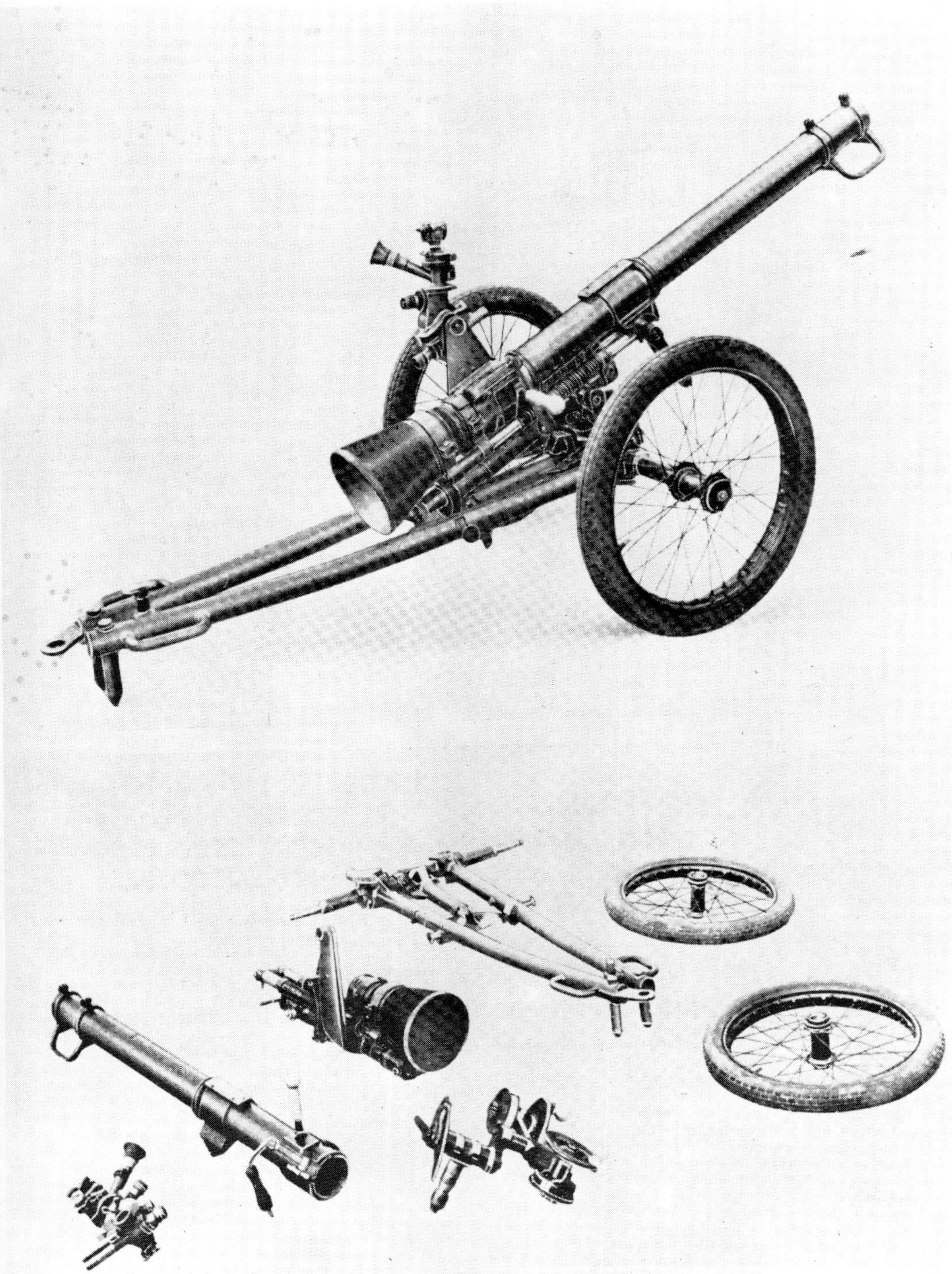

20 Ballastbeschleuniger: Leichtgeschütz 7,5 cm–Prototyp

21 Mörser „Thor" – Kaliber 60 cm
HITLER UND DIE SCHWERE ARTILLERIE

22 Abnahmekommission für schweres Flachfeuergeschütz K 3 = 24 cm

anstalt war die Kommission auch auf einige Brennkammern der Flugstufe des „Rheinboten“ gestoßen, die mit dem letzten Troß von Leba nach Unterlüss gebracht worden waren. Im Zuge der Befragungen wandte sich der Leiter der Kommission an den Verfasser und fragte nach dem Sinn und Zweck der gesichteten Brennkammern. Die Kommission habe ähnliche Kammern auf der Strecke über Holland in Richtung Antwerpen gefunden.

Irgendwelche Einzelheiten waren dem Verfasser über den Einsatz des „Rheinboten“ im Westen nicht bekannt geworden, aber es lag nahe, daß es sich um Stufenteile jener Geräte handeln mußte, die für den Einsatz vorbereitet worden waren. Aus der Fragestellung der Kommission war eindeutig zu entnehmen, daß ihnen das Gerät vollkommen unbekannt war. Sie wollten es zunächst auch nicht glauben, daß das Stufenprinzip für Raketen in Deutschland bereits gelöst wäre, ließen sich dann aber später an Hand einiger Erklärungen davon überzeugen. Mehrere Male während dieser Befragung sprach die Kommission davon, ob der „Rheinbote“ die Rakete gewesen wäre, die mit einem atomaren Sprengkopf versehen werden sollte. Auf diese Frage konnte der Verfasser keine Antwort geben, da ihm nicht bekannt war, daß man den Nutzlastkopf dieser Rakete für einen besonderen Zweck verwenden wollte. Wie aus einem später mit dem Leiter der Einsatzabteilung, Oberstleutnant Tröller, geführten Gespräch erkennbar wurde, hat tatsächlich die Überlegung bestanden, den „Rheinboten“ mit einer atomaren Nutzlast auszustatten. Wieweit dies nach dem Stand der atomaren Technik in Deutschland möglich gewesen wäre, vermag der Verfasser nicht zu beurteilen. Die Mitteilung von Tröller beruhte darauf, daß ihm SS-Obergruppenführer Dr. Kammler ganz real von einer solchen Einsatzmöglichkeit gesprochen hatte.

Kap. XV

Zwei Vorführungen auf dem Schießplatz Unterlüss

Zu Beginn des Jahres 1936 war das sogenannte Rohrversuchsprogramm für die Flakwaffe abgeschlossen. Die 8,8 cm-Flak 36 war in der Serienfertigung angelaufen. Man war sich darüber klar, daß bei einem künftigen Einsatz der Flakwaffe mit großen Schußzahlen zu rechnen war, mit anderen Worten, daß die Flakwaffe voraussichtlich gegenüber allen anderen Waffengattungen zum stärksten Einsatz kommen würde. Das hatte schon früher dazu geführt, die Konstruktion von losen, universell austauschbaren Seelenrohren aufzugreifen. Die Rohrkonstruktion war so durchgeführt worden, daß es möglich war, auch mit behelfsmäßigen Mitteln in rückwärtigen Auffangstellungen oder Depots der Flakwaffe ausgeschossene Seelenrohre in kürzester Zeit auszutauschen. Früher war es notwendig gewesen, ausgeschossene Rohre zu den Rüstungsfabriken zurückzuschicken. Dort mußte das lange Feld des Seelenrohres abgeschnitten und das in dem Mantelrohr befindliche Stück ausgebohrt werden. Dann wurde ein neues Seelenrohr nach dem Schrumpfverfahren eingezogen. Durch die fortlaufende Qualitätsverbesserung der Rohrstähle hatte man für die Geschützrohre Festigkeitswerte erzielt, welche das Seelenrohr befähigten, die Schußbeanspruchung allein, d. h. ohne Zuhilfenahme der Mantelrohrverstärkung aufzunehmen.

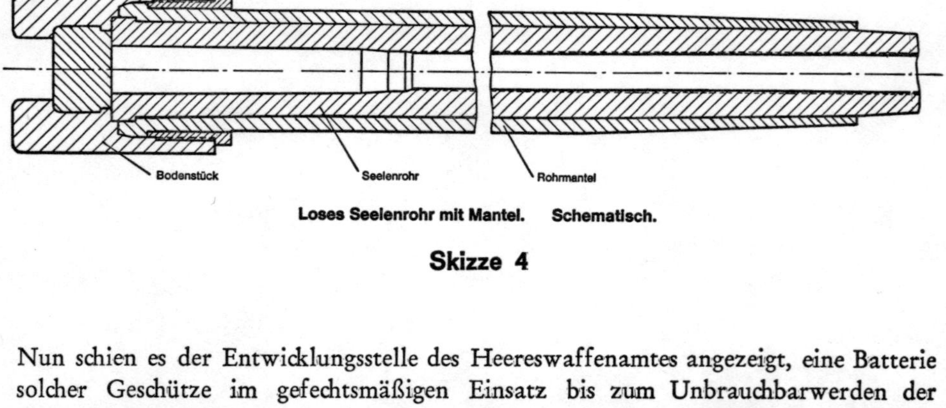

Loses Seelenrohr mit Mantel. Schematisch.

Skizze 4

Nun schien es der Entwicklungsstelle des Heereswaffenamtes angezeigt, eine Batterie solcher Geschütze im gefechtsmäßigen Einsatz bis zum Unbrauchbarwerden der Seelenrohre und deren Auswechslung zu erproben, um sicher zu stellen, daß die Großfertigung der Flakgeschütze und der Munition ungestört durchlaufen konnte.
Der Durchführung dieses Waffenprogramms lag folgende strategische Planung zu Grunde. Von Paris nach Warschau und zurück fliegen in regelmäßigem Einsatz Kampfflugzeugverbände, die Bomben über Berlin abwerfen. Diese Bomberverbände müssen mit dort stationierten Flugzeugabwehrgeschützen bekämpft werden. Die

Maschinen tanken in Warschau wieder auf, nehmen neue Abwurfmunition mit und fliegen dieselbe Einsatzstrecke zurück. Berlin sollte viermal am Tage, d. h. alle 6 Stunden, angegriffen werden. Der Angriff sollte sich über eine Woche hinziehen. Unter Berücksichtigung der damals gegebenen Geschwindigkeit der Bomberflugzeuge konnte das einzelne Flakabwehrgeschütz bei jedem Überfliegen von Berlin 50 Schuß zur Abwehr feuern, also am Tage 200 Schuß. Die Kampfflugzeuge sollten in einer Höhe von 5000 m fliegen.

Dieses Versuchsschießen zur Erprobung der Geschütze, Rohre und Munition ist programmäßig in einem Zeitraum von 6 Tagen durchgeführt worden. In regelmässigen Abständen, praktisch an jedem Tage, wurden die Seelenrohre in der Werkstatt des Schießplatzes ausgebaut, aufgemessen und wieder in die Geschütze eingebaut. An jedem Tage wurde ferner eine Meßreihe von je 10 Schuß mit Druck- und Geschwindigkeitsmessung durchgeführt, um die Gasdruckabnahme im Geschützrohr und die Geschwindigkeitsverminderung des Geschosses zu messen. Außerdem wurde laufend nach jedem Anlauf die Länge des Verbrennungsraumes mit einem besonders konstruierten Verbrennungsraummesser gemessen.

Durch die verschiedenen Gasdruck- und Geschwindigkeitsmessungen, verbunden mit Messung der Länge des Verbrennungsraumes, konnte eine eindeutige Zuordnung der Faktoren für die Abnutzung der Rohre gefunden werden. Die Lebensdauer der 8,8 cm Flakrohre bis zur Unbrauchbarkeit war zu jenem Zeitpunkt bei Verwendung des normalen Nitroglyzerinpulvers mit 950 kcal etwa 2000 Schuß im langsamen Feuer bzw. 900-1000 Schuß in gefechtsmäßigem Einsatz. Diese Schußzahlen wies die Lebensdauerformel aus. Die Schießversuche bestätigten die berechnete Schußzahl von knapp 1000 Schuß. Oberhalb dieser Schußgrenze wurde festgestellt, daß sich die Geschosse nach Verlassen der Rohrmündung bald überschlugen, d. h. die für den einwandfreien Flug erforderliche Umdrehungsgeschwindigkeit der Geschosse war nicht mehr vorhanden. Die Geschoßführung kämmte ab.

Rohre und Geschütze hatten der massierten Beanspruchung entsprochen. Größere Anstände waren nicht aufgetreten. Es herrschte große Befriedigung über den einwandfreien Ablauf des Einsatzes. Die Konstruktion des Rohres und des Geschützes wurden gebührend herausgestellt Man schien also auf dem Gebiet der schweren Flakwaffe gut gerüstet zu sein.

Nicht in so guter Stimmung wie die militärische Kommission und die Vertreter von Rheinmetall-Borsig, die für die Gerätekonstruktion verantwortlich zeichneten, war die ballistische Gruppe der Firma. In der Diskussion über die Wertigkeit der Flakgeschütze fielen kritische Bemerkungen der folgenden Art. Bei dem gedachten Feindangriff war eine Flughöhe von 5000 m angenommen. Bedenkt man, daß die Geschwindigkeit der leichten wie auch der schweren Flugzeuge ständig im Wachsen begriffen war, überlegte man ferner, daß heute die Flughöhe von 5000 bereits eine Standardhöhe ist, so erhebt sich die Frage, wie sich die Flugzeugabwehr vom Boden gestalten werde, wenn es gelänge, den Bombern noch größere Geschwindigkeit zu geben und sie noch höher fliegen zu lassen. Die Ballistiker hatten das beunruhigende

Gefühl, daß man sich mit den bei den Flakgeschützen erzielten Leistungen allzu schnell zufrieden gab, allzuwenig an das Problem der Flakabwehr in künftigen Jahren dachte. Denn damals stand doch schon fest, daß die Leistungssteigerung der Flakwaffen nur noch eine begrenzte sein konnte. Es war klar, daß die Bekämpfung von Bombern höchstenfalls bis zu einer Flughöhe von 7000 m möglich sein würde. So war es natürlich, daß von den ballistischen Experten die weitere Frage aufgeworfen wurde, was die Flakabwehr tun solle, wenn es zur Entwicklung eines Höhenbombers komme, der in 10 000 m Flughöhe über Deutschland fliege. Das Aufwerfen dieser Frage zeigte die ganze Ratlosigkeit, in der man sich damals schon befand. Die Frage wurde mit dem Argument abgetan, daß die Schwierigkeiten zur Beherrschung des Höhenflugs und zur weiteren Steigerung der Geschwindigkeit des Bombers so groß seien, daß in absehbarer Zeit mit dem Auftreten solcher Kampfflugzeuge nicht zu rechnen sei. Außerdem wäre schließlich die Bekämpfung solcher Bomber Aufgabe der Jagdflugzeuge, die naturgemäß auch die großen Flughöhen beherrschen würden. Dann bliebe eben für die Flak nur die Aufgabe, den Kampfraum bis 7000 m Höhe abzusichern. Diese Antwort war insofern unbefriedigend, weil man übersah, daß bei zunehmender Geschwindigkeit der Kampfflugzeuge auch schon eine Flughöhe von 7000 m für wirksame Bekämpfung mit Flakgeschützen ein großes Problem darstellte; denn die Vorhaltstrecke bzw. die Geschoßflugzeit nahm immer größere Werte an, so daß die Flugzeuge die Möglichkeit hatten, den Flaksalven auszuweichen. Mit anderen Worten: die Flakwaffe konnte dann bestenfalls noch als Sperrwaffe dienen, war aber ihrer eigentlichen Aufgabe, nämlich Flugzeuge im gezielten Schuß zum Absturz zu bringen, nicht mehr gewachsen.

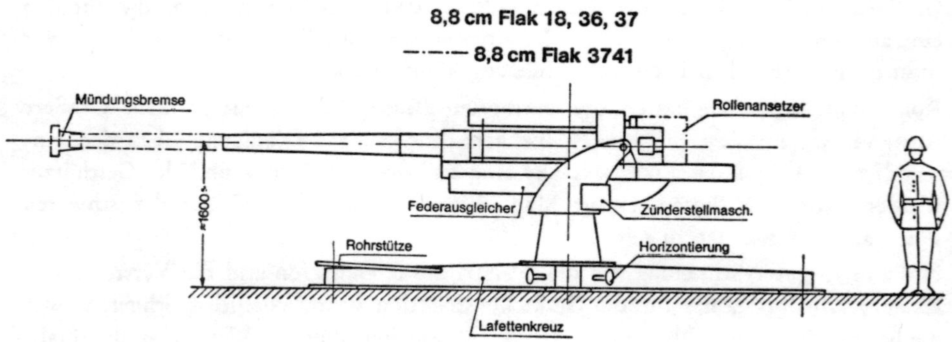

Skizze 5

Die im Jahre 1936 geführte Diskussion hat später Veranlassung gegeben, das Flakproblem noch einmal entscheidend zu studieren. Die Entwicklungsstellen im Heereswaffenamt wurden sich darüber klar, daß es nur eine Möglichkeit gab, der Flakwaffe auch in Zukunft noch eine Chance zu geben: wenn größere Flakkaliber geschaffen würden. So entstanden Entwürfe und Konstruktionen für die 10,5 cm und die 12,8 cm Flakgeschütze. Es war aber so, daß je mehr sich die Flakkonstrukteure mit größeren Abwehrgeschützen befaßten, um so schneller die Flugzeugentwicklung davonlief. Schon im Jahre 1939 reichten auch die Flakkaliber 10,5 cm und 12,8 cm nicht mehr aus. Es wurde schließlich auch noch die Konstruktion eines 15 cm Flakgeschützes an zwei Stellen aufgefaßt. Man verstieg sich sogar zu dem Projekt einer 24 cm Flakwaffe. Glücklicherweise sind die beiden letztgenannten ganz großen

10,5 cm Flak 38, 39

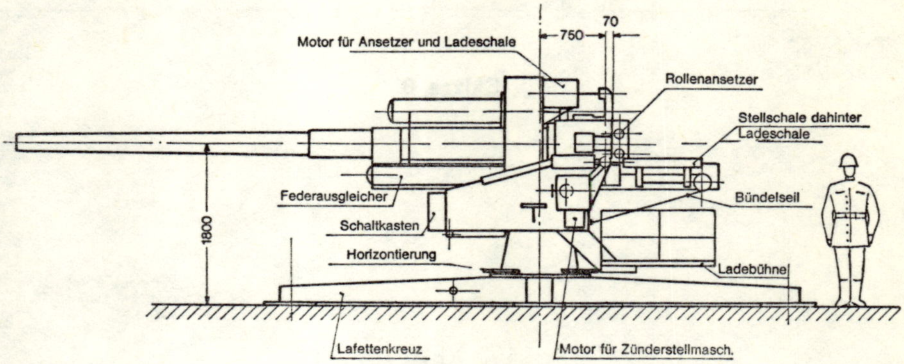

Skizze 6

12,8 cm Flak 40

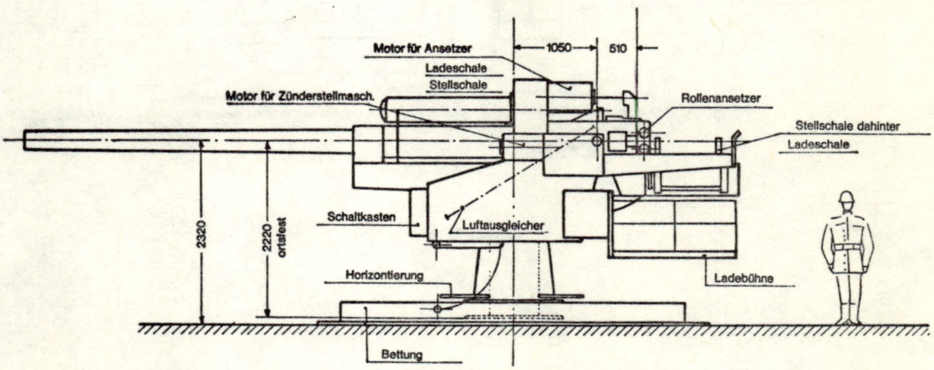

Skizze 7

12,8 cm Flakzwilling 40

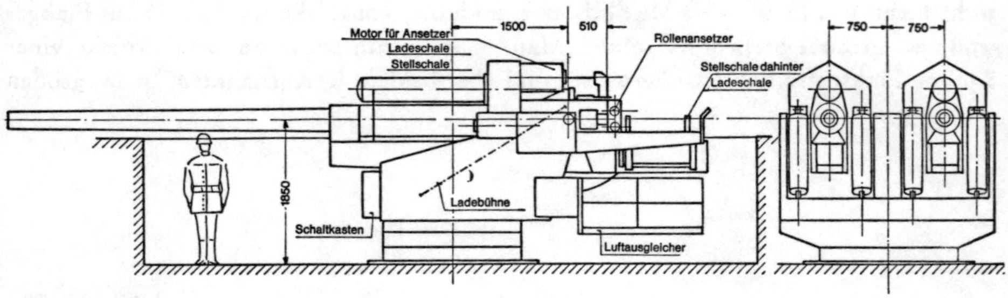

Skizze 8

8,8 cm Flak 41
M 1:50

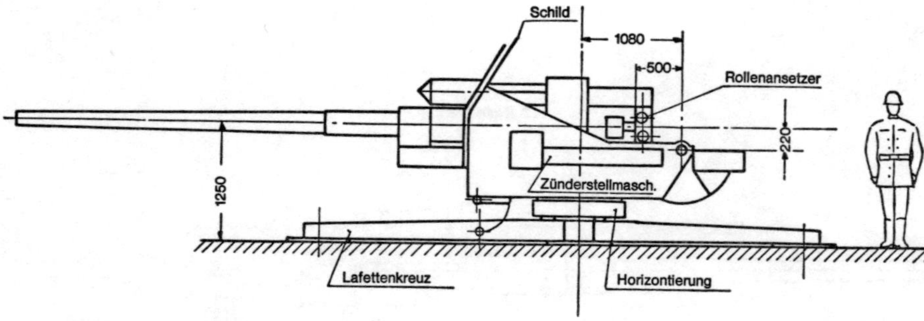

Skizze 9

Gerätetechnische Daten der schweren Flak

	Dimension	8,8 cm Flak			10,5 cm Flak		12,8 cm Flak			15 cm Flak		24 cm Flak
		18 36 37	3741	41	38 39	3941	40	44	45	Gerät 55	Gerät 65 F	
Vo	m/s	840	1000	1000	900	1000	900	900	960	860	1200	1000
Mündungsbremse		nein	ja ~35%	nein	nein	nein	nein	nein	ja ~35%	nein	nein	nein
Rücklaufenergie	kgm	~3650	~3900	~4500	~6800	~4500	~10400	2×10400	~10000	~20500	~29000	~100000
Rücklauf 0° 88°	mm mm	~1100 –	– –	~1100 ~800	~750 ~900	 900	~1100 ~900	~1100 ~900	– –	– –	~1500 –	~400 –
max. Bremskraft 0° 88°	kg kg	~4000 –	– –	~4900 ~8800	~11000 ~14000	– –	~11000 ~18000	2×11000 2×18000	– –	– –	~23000 –	~250000 –
Feuerhöhe fahrbar ortsfest	mm mm	~1600 ~1600	~1600 ~1600	1250 1250	1800 1800	1800 1800	2320 2220	./. 1850	– 2220	~2600 ./.	~3000÷3300 ~3000÷3300	./. –
Horizontierung	Grad	5° + 2°	5° + 2°	5° + 2°	5° + 2°	5° + 2°	5° + 2°	./.	–	5° + 2°	–	./.
Höhenrichtfeld	Grad	-3° + 85°	-3° + 85°	-3° + 90°	-3° + 85°	-3° + 85°	-3° + 88°	0° + 88°	-3° + 88°	-3° + 88°	-3° + 90°	0° + 90°
Seitenrichtfeld	Umdr.	-2 + 2	-2 + 2	∞	∞	∞	∞	∞	∞	∞	∞	∞
Richtgeschw. Höhe Hand Höhe Motor	Handrad umdr. °/s	langs. 1,8 schnell 3,6 ./.	langs. 1,8 schnell 3,6 ./.	langs. 1° schnell 2° ./.	langs. schnell – ~9	langs. schnell – ~9	langs. schnell – ~6	./. ~10	./. ~6	– –	./. ~10	./. –
Richtgeschw. Seite Hand Seite Motor	Handrad umdr. °/s	langs. schnell – ./.	langs. schnell – ./.	langs. 2° schnell 4° ./.	langs. schnell – ~11	langs. schnell – ~11	langs. schnell – ~11	./. ~14	./. ~11	– –	./. ~10	./. –
Schußzahl	Min.	~22–25	22	22	17	–	16	2×16	–	~9	–	–
Anzahl der Fahrlasten		1	1	1	1	1	a) 2 b) 1	./.	1	3	1	–
Gewicht in Feuerstlg. ortsfest	kg kg	– –	– –	8000 –	10000 ~7500	– –	a) 15500 b) 17000 12000	– ~26000	~17500 ~12500	~22000 ./.	~28000	–
Gewicht in Fahrstlg.	kg	–	–	11200	14400	–	a) Rohrf. ~9000 Lafette ~15000 b) ~25500	./.	~26000	Rohrf. ~11500 Lafette ~16500 Bettung ~11000	~40000	
Geräte im Kriegseinsatz		ja	nein	ja	ja	nein	ja	ja	nein	nein	nein	nein

Ballistische Daten der schweren Flakgeschütze

Gerät	Dimension	8,8 cm Flak 18	8,8 cm Flak 41	10,5 cm Flak 38	12,8 cm Flak 40	10,5 cm Flak 40	12,8 cm Flak 45	15 cm Flak Gerät 55	15 cm Flak Gerät 65 F	24 cm Flak
Entwicklungszeit	–	bis 1933	1939/41	1934/35	1936/38	1943 Projekt	seit 1943	1937/38	seit 1942	1941 Projekt
Geschoßgewicht	kg	9,0	9,4	15,1	26,0	17,0	28,0 (31,0) 1)	43	45 (50)	180
Mündungsgeschwindigk.	m/s	840	1000	900	900	1100	960 (810) 1)	860	1200	1000
Mündungsenergie	tm	324	480	623	1074	1050	1315	1625	3310	9190
Ladung	kh	~2,8	~5	~5 (6,1)	9,7	–	~13	~17	~40	~100
Pulverart	–	Digl.R.P.-6-	Gu.R.P.	Digl.R.P.-8,2- (Digl.R.P.-6-)	Digl.R.P.-6-	–	–	–	–	–
Wärmeinhalt d. Pulvers	Kcal/kg	690	700°	825 (690)	690	–	–	–	–	–
Rohrlänge	Kaliber	56	75	~63	61	–	75	~55	~104	~68
Seelenlänge	Kaliber	~53	~72	~60	58	–	–	~52	~100	–
Inhalt der Verbr.-R.	dm^3	3,67	7,2	7,31	14,37	–	19,1	–	–	–
Gebrauchsgasdruck	kg/cm^2	2700	2800	2900	2850	–	2850	~2900	~3100	–
Patronenlänge	mm	~925	~1200	1163	1487	–	~1700	~1700	~2100	~3300
Rohrgewicht	kg	1440	2080	~2800	4860	–	–	–	–	

1) Erhöhung des Geschoßgewichts in Rücksicht auf Brandsplittergeschosse beabsichtigt.

WK B28 Unt.Nr. 135

12,8 cm Flak 45

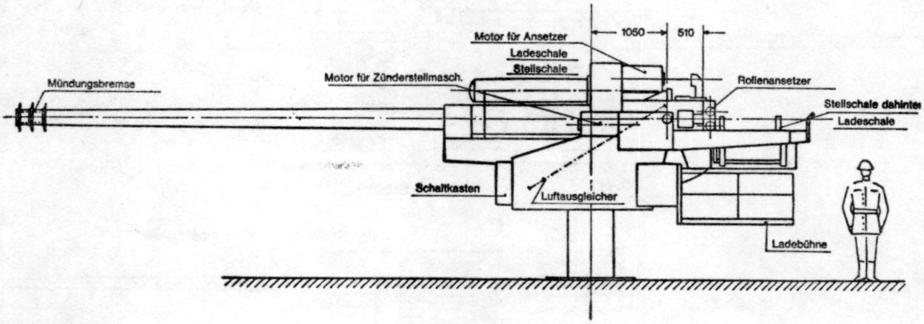

Skizze 11

15 cm Flak Gerät 55

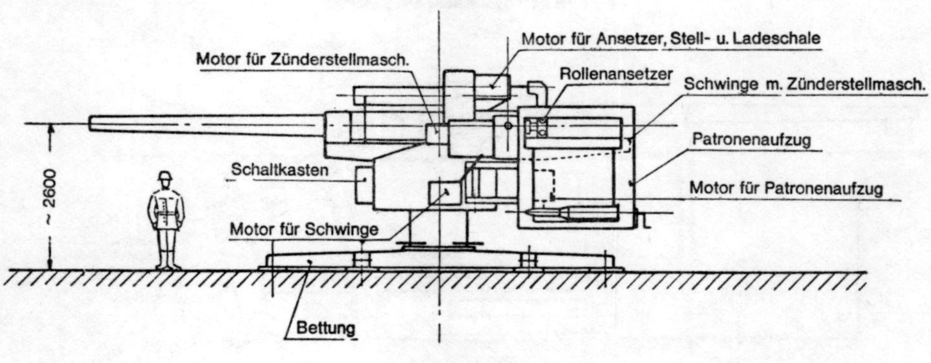

Skizze 10

15 cm Flak
Gerät 65 F

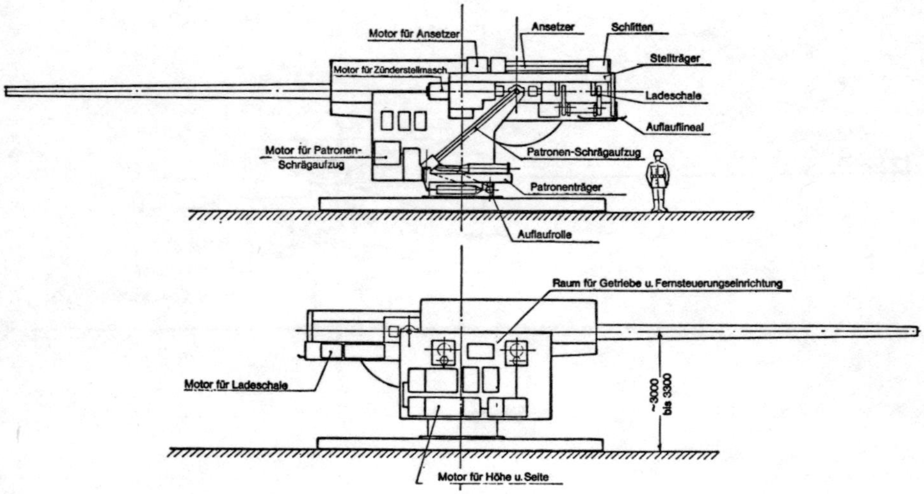

Skizze 12

24 cm Flak (schematische Darstellung)

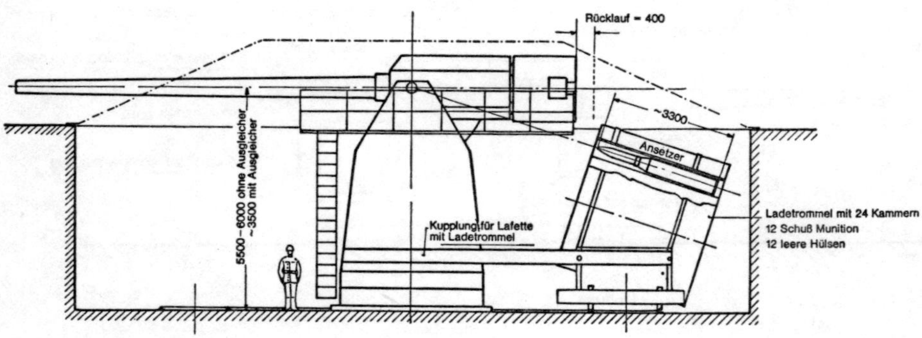

Skizze 13

Geräte über ein Projekt nicht hinausgekommen. Ein in Auftrag gegebenes 15 cm Versuchsrohr wurde nach Durchführung der ersten Arbeiten gestoppt. Man hatte also im Jahre 1940 bei den Behörden und bei Rheinmetall-Borsig erkannt, daß man auf dem besten Wege war, in irrationale Flakdimensionen einzutreten, denen nur ein gleiches Schicksal beschieden sein konnte wie den Fehlkonstruktionen bei der schweren Artillerie, auf die noch zurückzukommen sein wird. Aber selbst im Jahre 1940 hat man noch nicht erkennen wollen, daß andere Lösungen für die Abwehr von Flugzeugen vom Boden aus gefunden werden mußten. Man konnte sich nicht entschließen, nach radikal neuen Lösungen zu suchen.

Fast zur gleichen Zeit, als die große Flakvorführung in Unterlüss stattfand, teilte der Verfasser dem Vorstand der Rheinmetall-Borsig AG. mit, daß das Projekt einer 110 mm Minen-Flakrakete mit einer Reichweite von etwa 2 300 m inzwischen realisiert worden sei. Die Rakete besitze zwar keinen Nutzlastteil, sondern solle lediglich die gelunge Lösung einer R-Pulverrakete mit einer Regeldüse erweisen, durch die ein einwandfreier Abbrand des Antriebssatzes erreicht sei. Die Ausströmgeschwindigkeit der Pulvergase sei infolge noch bestehender Konstruktionsforderungen an die Regeldüse relativ niedrig, lasse sich aber bei künftigen Projekten noch wesentlich erhöhen. Das Gewicht der Rakete betrage 12,5 kg, ihre Länge 750 mm; die Rakete sei flügelstabilisiert.

Geheimrat Wessig, der die Entwicklung der Raketen stets aufmerksam beobachtet hatte, war nunmehr selbst daran interessiert, sich die Raketen auf dem Schießplatz Unterlüss vorführen zu lassen. Er nahm auch Verbindung mit Oberst Becker über die in Aussicht genommene Vorführung einer neuen Pulverrakete auf und lud ihn zu der Vorführung ein. Oberst Becker nahm die Einladung an.

14 Tage später konnte die Vorführung auf dem Schießplatz gestartet werden. Es nahmen also Oberst Becker und Hauptmann Dipl. Ing. Dornberger für das Heereswaffenamt, und für den Vorstand der Rheinmetall-Borsig AG. Geheimrat Wessig an der Vorführung der ersten R-Pulverrakete teil. Die kleine Gruppe der Raketentechniker war natürlich in einiger Aufregung, ob die Starts mit den Raketen auch einwandfrei gelingen würden. Die Aufmessung der Raketenkörper wurde sehr sorgfältig durchgeführt. In letzten Standversuchen wurde der einwandfreie Abbrennvorgang der Treibsätze getestet, und dann war schließlich der Tag der Vorführung da. Da es sich um eine neuartige Entwicklung handelte, die auch nicht gefahrlos war, wurde die Vorführung in die Außenstellung des Schießplatzes, 3 500 m vor der Hauptfeuerstellung verlegt.

Zuvor wurden die bei solchen Anlässen üblichen Wetten für ein Gelingen der Vorführung abgeschlossen. Das kleine Team war über das Gelingen einer Meinung. Oberst Becker erklärte nur: „Ich lasse mich überraschen, vorläufig glaube ich noch nicht daran, daß die Raketen einwandfrei abbrennen und fliegen." Hauptmann Dornberger schloß sich der Auffassung seines Chefs an. Als die erste Rakete zum Start fertiggemacht wurde, legte man den prominenten Gästen des Heereswaffenamtes und Geheimrat Wessig nahe, für die Beobachtung der Raketenstarts Deckung in dem Unter-

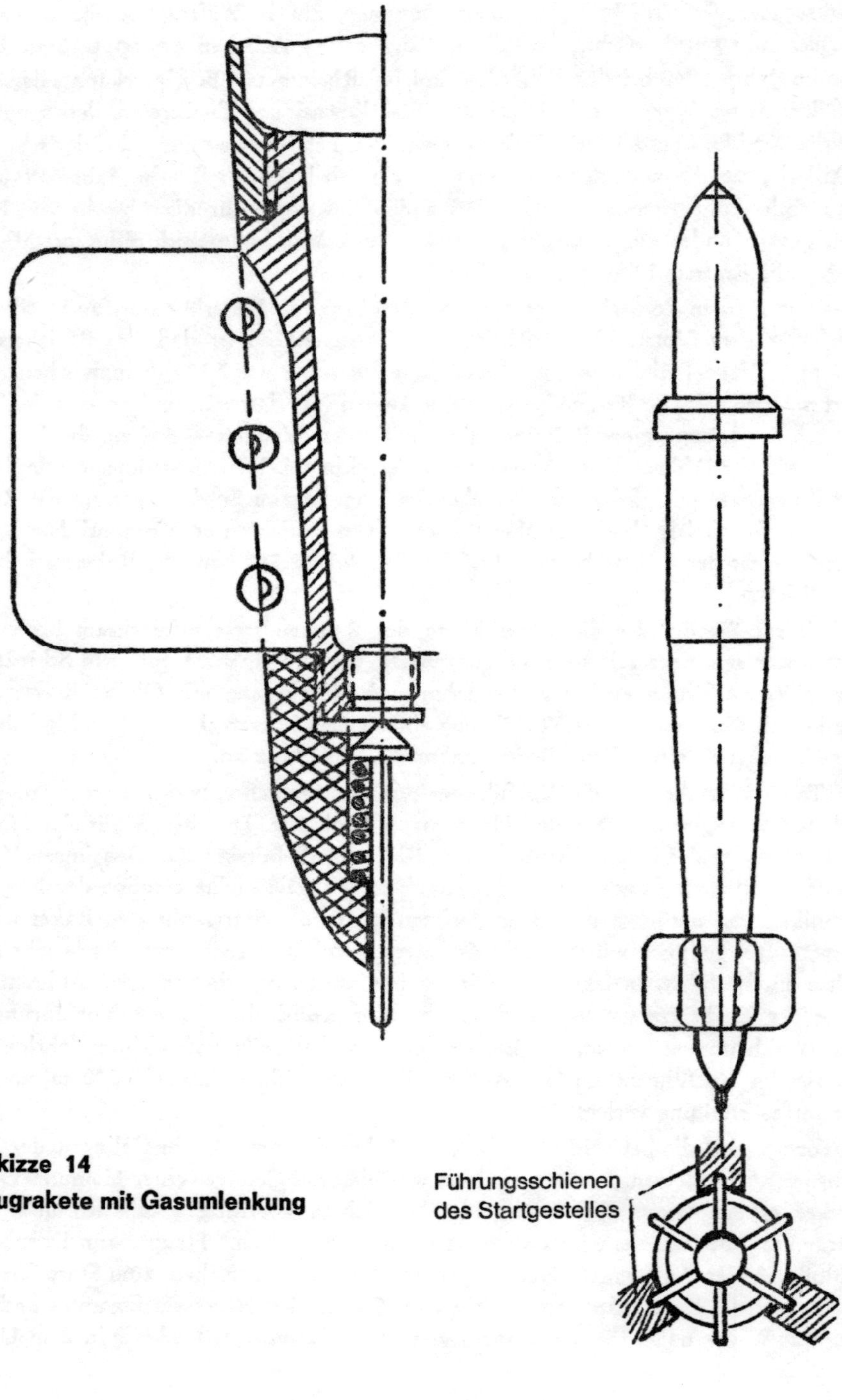

Skizze 14
Zugrakete mit Gasumlenkung

stand zu nehmen. Die Ingenieure nahmen keine Deckung, sondern wollten den Flug von einem Platz in der Nähe des Unterstandes beobachten. Auf die Frage von Oberst Becker, ob sie nicht auch in Deckung gehen wollten, wurde ihm erklärt, daß es nicht notwendig sei, denn die Raketen würden einwandfrei arbeiten. Oberst Becker machte darauf aufmerksam, daß es zu leichtsinnig sei, nicht in Deckung zu gehen; denn die Erfahrung habe gezeigt, daß bei Raketen schnell etwas passieren könne; es hätte bereits mehrere Unglücksfälle gegeben. Geheimrat Wessig ordnete dann an, daß auch das Team in Deckung zu gehen habe. Es wurden insgesamt 10 Raketen verfeuert, die über eine Kabelleitung aus dem Unterstand gezündet wurden. Alle funktionierten einwandfrei. Die Reichweite von 2 300 m wurde erreicht. Die Streuung der Raketen war nicht unerheblich, aber sie wurde als nicht bedeutsam angesehen, da es sich ja bei der Vorführung nur um den ersten qualitativen Versuch von R-Pulverraketen handelte. Oberst Becker gratulierte Geheimrat Wessig mit den Worten „Das, was ich hier gesehen habe, übertrifft alle meine Erwartungen. Ich darf Ihnen als dem Vorstand von Rheinmetall-Borsig die besten Glückwünsche zu dieser neuen Entwicklung aussprechen und bitte sie, diesen Glückwunsch auch an das Team weiterzugeben. Durch die von Rheinmetall betriebene Entwicklung ist eine neue Phase auf dem Gebiet der Raketentechnik eingeleitet worden, deren Auswirkungen noch sehr bedeutsam sein werden."

Geheimrat Wessig hatte noch eine Überraschung bei dieser Vorführung zu bieten. Er unterrichtete Oberst Becker von dem neuen Vorhaben seiner Raketen-Entwicklungsgruppe, nämlich eine 110 mm-Rakete im Gewicht von 18,5 kg und mit einer Nutzlast von 8 kg zu schaffen, die eine Reichweite von 20 km haben solle. Er wies darauf hin, daß mit einer solchen Entwicklung der Anschluß an die mittlere Artillerie gefunden sei. Für die Vorführung einer solchen Rakete würde der Schießplatz Unterlüss schon nicht mehr ausreichen. Oberst Becker zeigte sich von diesem Schritt sehr beeindruckt.

Dann schließlich griff Geheimrat Wessig die Besprechung im Heereswaffenamt aus dem Jahre 1934 auf und sagte Oberst Becker: „Wenn wir nicht in eigener Initiative und mit der zähen Arbeit des Entwicklungsteams weitergemacht hätten, so hätten wir Ihnen heute diese Vorführung nicht bieten können. Aber nun muß ich die im Jahre 1934 gestellte und verneinte Frage wieder aufgreifen: Ist es uns erlaubt, die Raketenentwicklung weiterzubetreiben?" Die Antwort von Oberst Becker: „Diese Raketenentwicklung muß nicht nur durch Rheinmetall-Borsig weitergetrieben werden, sondern sie erfährt vom heutigen Tage an auch jegliche Unterstützung durch das Heereswaffenamt. Nach dem Vorführungsergebnis besteht kein Zweifel, daß die Entwicklung nicht nur weitergeführt, sondern sogar ganz besonders gefördert werden muß." Durch diese Entscheidung von Oberst Becker war endlich die Bahn für die Raketenentwicklung frei, die fast 2 Jahre lang stark gehemmt war.

Rheinmetall-Borsig hat nach der Entscheidung von Oberst Becker die Entwicklung von R-Pulverraketen auf breiter Basis aufgenommen. Die Entscheidung des Vorstandes lautete dahin, die Entwicklung mit eigenen Mitteln weiterzuführen. Man beschritt bei dieser Entwicklung denselben Weg, den man schon seit längerer Zeit bei der Schaffung von elektrischen Bombenzündern gegangen war. Das Luftfahrtministerium nämlich ließ der Industrie für neue Entwicklungsvorhaben freie Hand und bot nach Abschluß eines technischen Vorhabens den Firmen Lizenzverträge an. Die Gesichtspunkte für das Vorgehen des Luftfahrtministeriums waren einleuchtend. Man wollte der Industrie den Anreiz für die Durchführung neuer Aufgaben der Luftfahrtindustrie durch Absicherung des geistigen Eigentums geben. Das Luftfahrtministerium hatte allen Grund, diese Vertragslinie mit der Industrie anzusteuern, weil nur durch diese der Stand gegenüber der ausländischen Industrie aufgeholt werden konnte. Die Entwicklungsergebnisse von 3 Jahren nach 1933 hatten erkennen lassen, daß mit der so zwischen dem RLM und der einschlägigen Industrie geübten Zusammenarbeit der Anschluß an die Leistungen der ausländischen Flugzeugindustrie bald gefunden werden konnte.

Das Heereswaffenamt teilte diese Einstellung des RLM nicht. Der Grund lag darin, daß in zunehmendem Maße von Abteilungen des Heereswaffenamtes, und nicht nur von der Raketenabteilung, eigene Entwicklungen betrieben wurden. Es soll in diesem Zusammenhang nicht untersucht werden, ob diese Entscheidung der obersten Spitze des Heereswaffenamtes glücklich war. Jedenfalls ergab sich die Situation, daß die mit dem Heereswaffenamt verbundenen Industrien in diesem Amt einen Wettbewerber zu sehen hatten. So war es verständlich, daß die Industrie sich mit ihrem Entwicklungsvorhaben solange vor dem Heereswaffenamt abschirmte, bis greifbare Entwicklungsergebnisse vorlagen. Die einheitliche Ausrichtung der Entwicklungsvorhaben mußte unter der eigenen Entwicklungstätigkeit des Heereswaffenamtes leiden. Trotz der von Oberst Becker gegebenen Zusicherungen für eine Förderung der Raketentechnik bei Rheinmetall-Borsig kamen bald neue Hindernisse, als das Heereswaffenamt einen Vertragsabschluß über das Raketengebiet wünschte. Während es ursprünglich schien, daß dieses Vertragswerk schnell unter Dach und Fach kommen und man die Leistungen von Rheinmetall-Borsig anerkennen würde, wurde in letzter Minute der sogenannte „Kleinwaffenvertrag" gegen den Raketenvertrag gestellt. Dieser Kleinwaffenvertrag, der als Mustervertrag für sämtliche späteren Bindungen des Heereswaffenamtes mit der Industrie anzusehen war, hatte als wichtigsten Paragraphen die Bedingung des abgabefreien Nachbaurechtes für Entwicklungen der Industrie. Dieser Kleinwaffenvertrag ist von dem Luftfahrtministerium niemals anerkannt worden. Auch das Marinewaffenamt hat sich zu ihm nicht bekannt. Das Heereswaffenamt jedoch hat ihn konsequent für alle Entwicklungen nach dem Jahre 1937 gefordert. Man ist dabei soweit gegangen, die einschlägigen Industriewerke von Entwicklungen und Fertigungen auszuschließen, wenn sie sich nicht diesem Vertragswerk unterwerfen wollten.

Dies neue Spannungsfeld strahlte auch in die weitere Entwicklung der R-Pulverrakete ein. Die Zusammenarbeit zwischen den mit der Weiterentwicklung der R-Pulverrakete beauftragten Firmen und dem Heereswaffenamt war danach zu keiner Zeit eine sinnvolle mehr. Die Entwicklung der Feststoffrakete hat darum lange

Jahre im Schatten der von der Raketenabteilung des Heereswaffenamtes betriebenen Flüssigkeitsrakete gestanden. Es sollte zwar die Vorführung der ersten Feststoffrakete in Unterlüss der Start für eine Weiterentwicklung auf breiter Basis sein; aber die zugesagte Förderung dieser Entwicklung kam nicht mehr.

Kap. XVI

Bordrakete für Jagdflugzeuge

Der Raketenpionier Nebel hatte bereits während des Ersten Weltkrieges mit seinem Nebelwerfer Raketen aus einem Jagdflugzeug auf eine Kampfentfernung zwischen 50 bis 100 Meter mit Erfolg verfeuert. Damals betrug die Fluggeschwindigkeit des Jagdflugzeuges etwa 50 bis 60 Kilometer pro Stunde oder rundgerechnet 15-20 Meter je Sekunde. Eine Rakete, die fünfmal so schnell flog wie das Jagdflugzeug hatte gute Erfolgswahrscheinlichkeit; denn die Luftkämpfe wurden in Entfernungen von etwa 50 Metern ausgetragen. Die von Nebel verfeuerte Rakete war natürlich eine Feuerwerkrakete auf Schwarzpulverbasis, deren Geschwindigkeit etwa 100 Meter je Sekunde betragen haben dürfte.

Als nun die Luftwaffe in Deutschland im Jahre 1934 wieder ins Leben gerufen wurde, mußte man sich auch Gedanken über die Bewaffnung der Jäger und Kampfflugzeuge machen. Zwei Waffen standen im Vordergrund der Bewaffnung für den Bordeinbau. Es waren einmal die von Rheinmetall-Borsig und Oerlikon entwickelten 2 cm-Maschinenwaffen. Aber auch Nebels Gedanke einer Bordbewaffnung mit Raketen wurde wieder aufgenommen, weil deren Vorteile, nämlich Anwendung größerer Kaliber, also größerer Sprengladungen, geringes Gewicht des Startgestells und Rückstoßfreiheit der Waffe, damit keine Belastung der Flugzelle, nicht zu übersehen waren. Deshalb richtete die Luftwaffe eine Anfrage an die Raketenabteilung des Heereswaffenamtes, ob eine Bordrakete verfügbar wäre. Die Amtsstelle bot den Typ RZ 65, eine 65 mm drallstabilisierte Rakete auf der Basis von Schwarzpulver an; das Gewicht der Rakete war etwa 2,0 kg, ihre Nenngeschwindigkeit betrug 250 Meter pro Sekunde und die Nutzlast 100 gr Sprengstoff mit Aufschlagzündung. Das Startgestell bestand aus dem Startrohr und einem Trommelmagazin mit Nachladeeinrichtung. Bei der Erprobung dieser Rakete zeigten sich so große Streuungen bei dem im Flug vorgenommenen Verfeuern gegen feste Zielscheiben schon bei Entfernungen von 200 m, daß die Waffe für den Bordeinbau ungeeignet erschien.

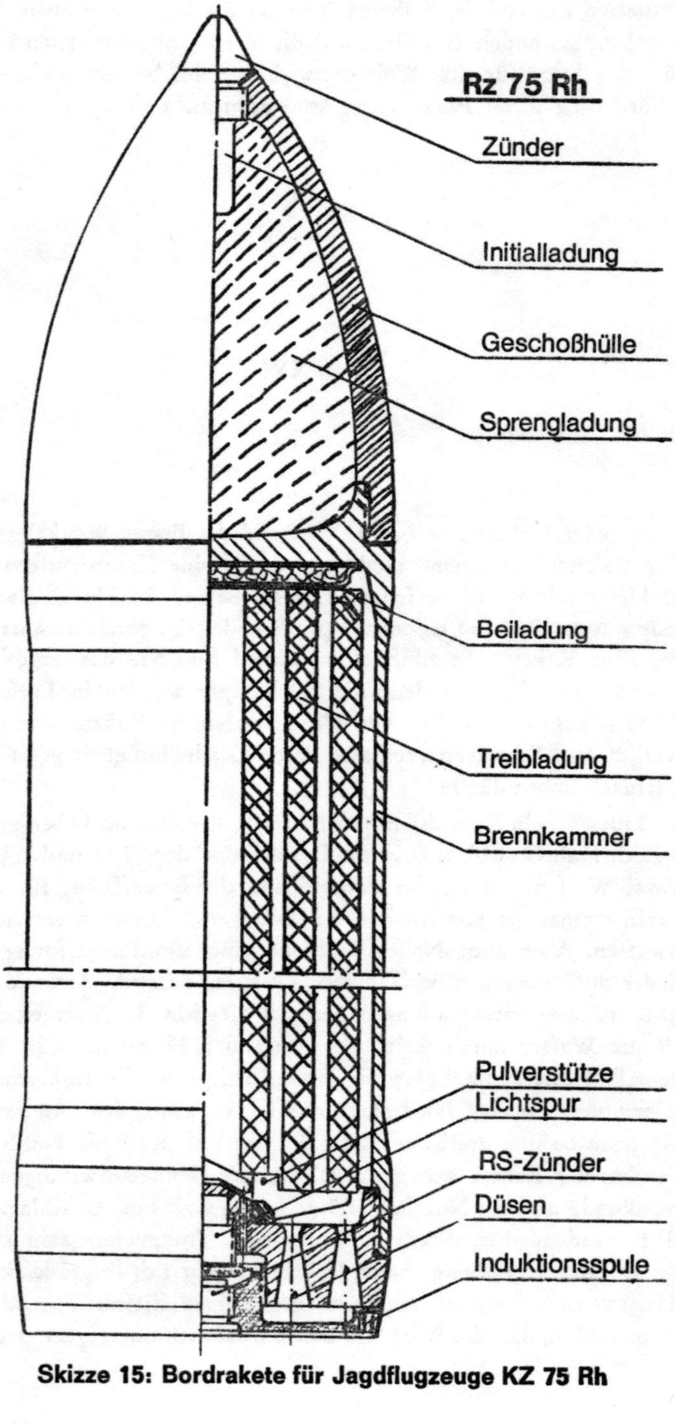

Skizze 15: Bordrakete für Jagdflugzeuge KZ 75 Rh

Da die Entwicklung der Bordrakete RZ 65 im Jahre 1937 bei der Erprobungsstelle der Luftwaffe für Bordwaffen, Tarnewitz, bereits im Fluß war, konnte es die Aufgabe des Raketenteams bei Rheinmetall-Borsig zunächst nur sein, eine leistungsfähige Rakete gleicher Bauart auf der Basis des rauchlosen Pulvers zu schaffen, welche in der Lage war, die in der Erprobung befindliche Rakete erfolgreich abzulösen. So entstand die Konstruktion der RZ 75 Rh mit einem Startgestell als offenem Lanzierrohr mit 30 Schuß Magazin bei einer Kadenz von 120 gestarteten Raketen in der Minute. Infolge der Kalibervergrößerung waren die Sprengladung auf 250 gr und das wirksame Splittergewicht auf 2200 gr erhöht. Durch den Übergang auf rauchloses, energiereiches Pulver wurde eine Nenngeschwindigkeit der Rakete von 400 Meter je Sekunde erreicht. Diese Leistungssteigerung war im Hinblick auf die sich dauernd vergrößernde Fluggeschwindigkeit der Jäger und Bomber das wertvollste Ergebnis dieser Raketenentwicklung. Dagegen konnte die von dem Technischen Amt der Luftwaffe geforderte Minderung der außenballistischen Streuungen nicht erreicht werden. Die weitgehenden Forderungen der Luftwaffe zur Erzielung tragbarer ballistischer Streuungen haben eine Reihe von theoretischen Untersuchungen und praktischen Startversuchen ausgelöst, die einen Zeitraum von zwei Jahren in Anspruch nahmen und zu Erkenntnissen führten, die für die Entwicklung der Feststoffraketen von grundsätzlicher Bedeutung waren. Um dem Leser das Verständnis für die Notwendigkeit dieser Versuchsaufgaben zu geben, folgen einige außenballistische Gedankengänge in allgemeinverständlicher Darstellung.

Ein Wurfkörper, sei es ein Geschoß oder eine Rakete, der eine beliebige Form besitzen kann, wird stets auf einer definierten Bahn, der sogenannten Wurfparabel fliegen, solange seine Bewegung im luftleeren Raum erfolgt. Auf den Wurfkörper, der mit einer beliebigen Geschwindigkeit geworfen werden kann, wirkt während seiner Flugdauer nur die Gravitation oder Erdschwere ein, welche den Flugkörper die Wurfparabel beschreiten läßt. Anders aber liegen die Verhältnisse, wenn sich der Wurfkörper im lufterfüllten Raum bewegt. Dann kann er keine beliebige Form mehr besitzen, wenn er sich auf einer bestimmten Bahnkurve bewegen soll. Es ist dann auch nicht mehr gleichgültig, ob sich der Flugkörper mit kleiner oder großer Geschwindigkeit bewegt; denn mit zunehmender Geswindigkeit wächst der Luftwiderstand, der bremsend auf den Wurfkörper wirkt, in unverhältnismäßigem Maße. Der Wurfkörper kann eine Kugelform besitzen oder als stumpfer kurzer zylindrischer Körper ausgebildet sein, wenn er sich auf einer Bahnkurve fortbewegen soll. Man nennt einen solchen Wurfkörper in der ballistischen Sprache den eigenstabilen Wurfkörper. Bewegt sich ein solcher eigenstabiler Wurfkörper im lufterfüllten Raum, so ist auch nicht gleichgültig, mit welcher Geschwindigkeit er fliegt. Denn je größer seine Geschwindigkeit ist, umso mehr nimmt auch der Luftwiderstand und zwar in sehr starkem Maße zu, der die Wurfweite wesentlich herabsetzt. Um die bremsende Wirkung des Luftwiderstandes herabzusetzen, muß man dem Wurfkörper eine schlanke Form, die sogenannte Tropfen- oder Stromlinienform geben. Ein Wurfkörper in Tropfenform ausgebildet, ist die ideale Lösung bis zur Erreichung der Schallgeschwindigkeit, das ist die Geschwindigkeit, mit der sich die Schallwelle im lufterfüllten Raum fortpflanzt. Oberhalb dieser Schallgeschwindigkeit geht die ideale Form des Flugkörpers mehr und mehr in eine solche über, die durch zwei schlanke gleiche Kegel gebildet wird, deren Grundflächen in der Mitte des Flugkörpers zugeordnet sind. Solche Formen von Wurfkörpern sind ballistisch unstabil, d. h. der Luftwiderstand hebt die Spitze des Wurfkörpers an und dreht ihn um seinen Schwerpunkt. Die Folge davon ist, daß er sich sofort überschlägt, also aus der Bahnkurve herausbewegt wird und zu Boden fällt.

Um solch unstabile Wurfkörper auf der Wurfparabelbahn oder einer angenäherten Kurve fliegen zu lassen, muß man sie flugstabil gestalten. Hiefür gibt es zwei Methoden, die Pfeil- oder Drallstabilisierung.

Die Pfeilstabilisierung war die ursprüngliche Art der Stabilisierung und zu allen Zeiten bekannt. Sie besteht darin, daß die an der Spitze des Wurfkörpers angreifende Luftkraft, welche den Wurfkörper um seinen Schwerpunkt drehen will, durch gleiche oder größere Gegenkraft im gegenläufigen Drehsinn am Ende des Flugkörpers ausgeglichen bzw. überboten wird, so daß sich der Wurfkörper nicht drehen und auch nicht überschlagen kann. Diese Gegenkraft wird durch die Anordnung von Flächen erzeugt, die von dem Luftstrom beaufschlagt werden; die Gegenkraft oder sogenannte Rückdrehkraft zwängt den pfeil- oder flügelstabilisierten Wurfkörper dauernd in die Tangente der Bahnkurve. In der Sprache der Ballistiker ausgedrückt: die Stabilisierung des Pfeiles wird durch Anbringung von Leitflächen erreicht, durch die der Angriffspunkt der Luftkraft nunmehr hinter dem Schwerpunkt des Flugkörpers liegt.

Die andere Methode der Stabilisierung ist die Drall- oder Kreiselstabilisierung. Ein Kreisel, also ein Körper, der sich um seine Achse sehr schnell dreht, hat die Eigenschaft, seine Lage, bzw. die Lage seiner Achse, beizubehalten, auch wenn äußere Kräfte auf ihn einwirken. Treten solche auf, so vollführt der Kreisel eine Ausweichbewegung in Kreisform um seine Achse. Diese Bewegung des Kreisels nennt man Präzessionsbewegung oder konische Pendelung. Bewegt sich also ein genügend schnell rotierender zylindrischer Flugkörper im lufterfüllten Raum als Kreisel, so greift an ihm der Luftwiderstand als äußere Kraft an. Diesem Angriff der Luftkraft an der Spitze des Geschosses weicht nun dieses aus, indem es um seine Achse, bezogen auf seinen Schwerpunkt, eine Präzessionsbewegung ausführt, die Lage seiner Achse aber in der Flugbahntangente erhalten bleibt. Ein solches kreisel- oder drallstabilisiertes Geschoß zeigt ein gleiches Flugverhalten auf einer Flachbahn wie ein gut konstruierter Pfeil. Es ist diesem sogar noch, was die Präzision angeht, überlegen.

Die technische Anwendung des Kreiseleffektes für die Stabilisierung von Geschossen geht auf die Zeit zurück, in der es gelang, gezogene Gewehrläufe und Geschützrohre herzustellen, also in die Bohrung von Läufen oder Rohren schraubenförmig gewundene Züge einzuschneiden. Das war um die Mitte des vorigen Jahrhunderts. Seitdem herrschte das rotierende Langgeschoß wegen seiner Vorzüge, geringer Luftwiderstand und einfacher Gestaltung, vor, während das Pfeilgeschoß nur auf kleine Schußleistungen beschränkt blieb.

Aber ebenso wie die Schußwaffe die ursprüngliche Waffe, nämlich die Rakete, und das drallstabilisierte Geschoß den ursprünglichen Wurfkörper, nämlich den Pfeil, zeitweilig ablösen konnten, so kehrten sich bei dem Umbruch der Waffentechnik die Vorzeichen um. Die Rakete kam und mit ihr auch wieder der flügelstabilisierte Flugkörper.

Dieses war das Ergebnis der langwierigen Untersuchungen in den Jahren 1938 und 1939, wo es trotz aller Anstrengungen nicht gelang, die drallstabilisierten Raketen mit der verlangten geringeren außenballistischen Streuung als Bordwaffe reif zu machen. Doch diese negativen Versuchsergebnisse bei der theoretischen Behandlung des Raketenproblems erbrachten für Bordeinbau die Erkenntnis, daß die Rakete als Jägerbewaffnung unter bestimmten Voraussetzungen nützlich, ja besser noch als ein Geschoß aus der Schußwaffe sein kann, weil die Abkommstreuung bei diesem größer ist als bei der Rakete. Und ferner ergaben Vergleichsrechnungen über die Schwingungsdauer einer flügelstabilisierten Rakete und die Präzessionsdauer einer drallstabilisierten Rakete, daß die letztere mehrfach so groß ist wie die erstere. Daraus läßt sich ableiten, daß die Flügelstabilisierung von Raketen für die Flugzeugbewaffnung günstiger ist als die Drallstabilisierung. Der Nachteil der Flügelstabilisierung liegt in dem erhöhten Luftwiderstand einer solchen Rakete. Er ist aber bei der Flugzeugbewaffnung von untergeordneter Bedeutung, da die Kampfentfernungen gering sind.

Gerade zu dem Zeitpunkt, Ende 1939, als diese Erkenntnisse vorlagen, rief die Luftwaffenführung erneut nach einer Leistungssteigerung für Bordwaffen und Bordraketen. Die von der Waffen- und Munitionsabteilung des Technischen Amtes der Luftwaffe an Flugzeugrümpfen durchgeführten Untersuchungen über die Wirkung von Sprengladungen mit direkten Treffern hatten erkennen lassen, daß die erforderliche Mindestsprengstoffmenge für die Totalvernichtung von viermotorigen Großflugzeugen 500 gr. Sprengstoff betragen mußte. — Ene neue Phase der Bordbewaffnung sowohl für Kanonen als auch Raketen hatte begonnen. Für die Raketen zeichnete sich neben der großen Minenladung die weitere Forderung nach einer höheren Geschwindigkeit als 400 m/s ab. Wir müssen noch einmal kurz auf das Problem der Stabilisierung von Wurfkörpern im lufterfüllten Raum zurückkommen, um zu erkennen, wie sich der weitere Gang der Raketenentwicklung nunmehr zwangsläufig ergab. Wir erkannten, daß die Drallstabilisierung für Geschosse richtig, die Flügelstabilisierung für Raketen, insbesondere der Bordraketen, zweckmäßig ist. Nun kann man die Drallstabilisierung nur in bestimmten Grenzen, besser nur für bestimmte Geschoßlängen, anwenden, dagegen können diese bei der Flügelstabilisierung beliebig sein. Denn ein langes, drallstabilisiertes Geschoß kann man wohl flugstabil gestalten, das bedeutet, daß es sich nicht überschlägt, dagegen kann man es nicht mehr in die Bahnkurve, also die angenäherte Flugparabel einzwängen. In der Sprache der Ballistiker heißt dies: das Geschoß ist wohl stabil aber nicht mehr folgsam. Oberhalb einer Geschoßlänge von mehr als fünf Kalibern. d. h. daß das Geschoß fünfmal so lang ist, wie sein Durchmesser, ist der Folgsamkeitsfaktor des Geschosses so klein, daß dieses keine definierte Flugbahn beschreibt. So muß also die Drallstabilisierung fallen, wenn Raketenlängen in Frage kommen, die das Zehn- oder gar Zwanzigfache des Durchmessers betragen.

Für die geforderten leistungsfähigen Raketen mit Nenngeschwindigkeiten von mehr als 500 m/s und schlanker Form kamen also zwangsläufig flügelstabilisierte Raketen in Frage.

Ende 1939 zeigte der Verfasser der Waffengruppe im Reichsluftfahrtministerium, dem Oberstabsing. Mix, Stabsing. und Fliegerhaupting. Schilling die ersten Entwürfe für Bordraketen, und zwar eine 45 mm Rakete mit einem Gewicht von 6,0 kg und einer Nenngeschwindigkeit von 550 m/s sowie eine 50 mm Rakete mit einem Gewicht von 8,0 kg und einer Nenngeschwindigkeit von 650 m/s. In beiden Fällen betrug die Minenladung 500 gr. Sprengstoff und beide Raketen hatten ein festes, überkaliberstarkes Leitwerk. Die Entwicklung dieser flügelstabilisierten Rakete wurde mit großer Dringlichkeit gefordert. Die Durchführung der Entwicklung scheiterte daran, daß kein technisches Personal verfügbar gemacht werden konnte — auch nicht in der eigenen Firma.

Zu diesem Zeitpunkt riß die Entwicklung der kleinen Bordraketen für die Jägerbewaffnung bei Rheinmetall-Borsig ab. Das Luftfahrtministerium verfolgte intensiv das Problem der Jäger-Raketen weiter. Es entstand die von der Forschungsabteilung der deutschen Waffen- und Munitionsfabriken entwickelte Lösung der kleinen wirkungsvollen Minenrakete R 4 M mit einem Gewicht von 4 kg, einer Nenngeschwindigkeit von 550 m/s und einer Sprengladung von 500 gr. Die Rakete besaß ein Klappleitwerk, das nicht sperrig war, also die Unterbringung von Raketen in Waben oder an Rosten auf kleinstem Raum ermöglichte. Die Jäger führten je 12 Raketen unter den Tragflächen mit, die elektrisch von dem Piloten gezündet wurden. Im Zuge der Entwicklung von Jäger-Raketen für die Bekämpfung von Erdzielen, also Panzern, wurde der Antriebsteil der R 4 M mit einem Hohlladungskopf kombiniert. Diese Luft-Boden Panzerbekämpfungsrakete erhielt die Tarnbezeichnung Panzerblitz.

Um das Bild der Jägerbewaffnung mit Raketen zu vervollständigen, sei noch auf den vorübergehenden Einsatz von großkalibrigen Raketen hingewiesen. Dank eines Zufallserfolgs bei einem ersten Einsatz wurde längere Zeit hindurch eine Fehlorientierung ausgelöst, wie sich später herausstellte. Es war die 21 cm Werferrakete, die aus einem Startrohr verfeuert wurde. Sie sollte in Bomberverbände hineingefeuert, mit einem auf Entfernung eingestellten Zeitzünder oder Annäherungszünder detonieren, die im kleineren Umkreis fliegenden Bomber vernichten und den geschlossen fliegenden Kampfverband aufreißen. Bei einem ersten dieser Einsätze war mit der 21 cm Werfergranate ein Zufallstreffer geglückt; es stellte sich später heraus, daß dieser als Volltreffer eine Kampfmaschine erfaßte, deren Bombenladung bei ihrer Vernichtung detonierte, wodurch zwei weitere in der Nähe fliegende Kampfmaschinen zum Absturz gebracht wurden. Dieser Zufallserfolg wiederholte sich jedoch nicht mehr, weil die Wirkung der 10 kg einer Sprengladung der Werferrakete — wie durch viele Sprengversuche an Flugzeugmustern belegt — in einem Abstand von mehr als 5 Metern bei Flugzielen nicht mehr tödlich ist.

Der von Hitler bekämpfte und lange in der Entwicklung gestoppte Messerschmidt-Strahltriebjäger Me 262 mit den R 50 bzw. R 100 BS Großraketen mit Minen-

Flugzeug-Bordrakete
R 100 MS

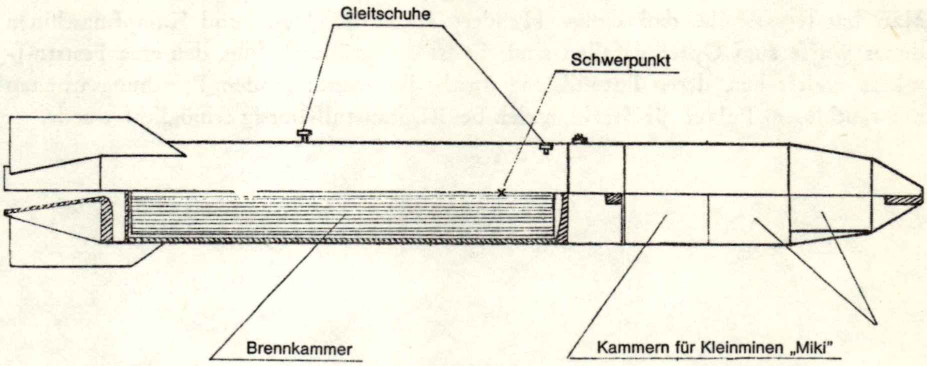

Skizze 16

Bordrakete R 100

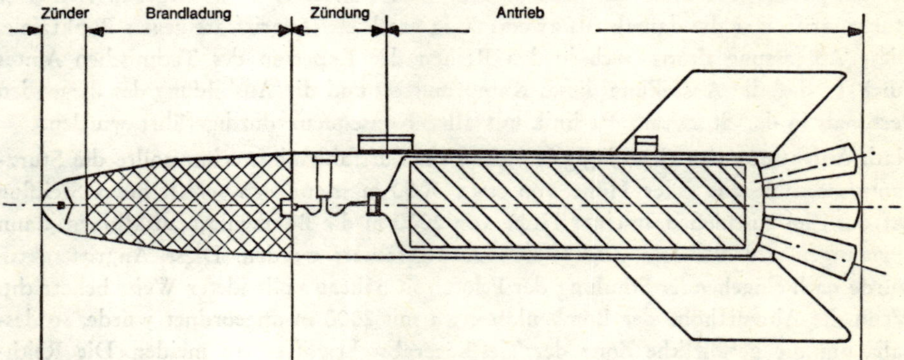

Skizze 17

körper oder Brandsplittern für Bomberbekämpfung oder der R 4 M Raketen für den Jägerkampf unter Verwendung des hervorragenden, automatisch arbeitenden Zielvisiers EZ 42 wäre die ganz große Waffe unserer Jagdabwehr gewesen.

Die wenigen Einsätze dieses hervorragenden Strahltriebjägers mit einer Stundengeschwindigkeit von 950-1000 km waren einmalig von Erfolg gekrönt. Zwei Ketten dieser Jäger schossen im süddeutschen Raum im Herbst 1944 aus einem feindlichen Bomberverband in wenigen Minuten ohne eigene Verluste 15 Großbomber ab. Die Jagdflieger hatten endlich ihre Maschine, mit der sie mit sicherem Erfolg in den Kampf gehen konnten. Es kam nicht mehr zu größeren Einsätzen. Die R 4 M Raketen haben sich auch bei anderen Einsätzen gegen Ende des Krieges bestens bewährt. Man hat festgestellt, daß einige Hundert feindliche Jagd- und Kampfmaschinen dieser Waffe zum Opfer gefallen sind. Es ist der größte Erfolg, den eine Feststoffrakete erzielt hat, deren Entwicklung durch die grundlegenden Forschungsarbeiten mit rauchlosem Pulver für Strahlantrieb bei Rheinmetall-Borsig ermöglicht wurde.

Kap. XVII

Ballastbeschleuniger

Das erste nach der Übernahme der Lufthoheit des deutschen Raumes geschaffene Kampfflugzeug der Luftwaffe war die Junkersmaschine Typ 87 (Ju 87). Sie galt als die geeignetste Maschine zur Bekämpfung von Punktzielen im Sturzangriff. Der Sturzangriff war die damals als zweckmäßig erachtete Angriffsart gegen Punktziele. Diese Auffassung drang auch in den Reihen der Experten des Technischen Amtes durch, so daß die Ausfeilung dieses Kampfmusters und die Ausbildung des fliegenden Personals in der Sturzkampftechnik mit aller Konsequenz durchgeführt wurden.

Nach Auffassung der einschlägigen Stellen im Luftfahrtministerium sollte die Sturzkampfmaschine aus einer Höhe von etwa 3000 m in nahezu senkrechtem Steilflug auf das Ziel zuschießen, in einer Höhe von 2000 m die Bombenlast ausklinken, dann abgefangen und aus dem Kampffeld herausgesteuert werden. Diese Angriffstaktik wurde nach eingehender Schulung der Piloten in nahezu vollendeter Weise beherrscht. Wenn die Abwurfhöhe der Bombenlast etwa mit 2000 m angeordnet wurde, so deshalb, um die gefährliche Zone der Tieffliegerabwehrwaffen zu meiden. Die Reichweite der automatischen Fliegerabwehrwaffen betrug etwa 1500 m. Der Einsatz der schweren Schiffsflak gegen Sturzkampfbomber wurde wegen der kurzen Zeit, in der die Angriffsoperation ablief, als nicht bedeutsam angesehen.

Die leichte Flak, deren Typ die 3,7 cm Maschinenwaffe darstellte, war in der Tat nur in einem Kampfraum wirksam, der durch eine Kugel mit einem Radius von 1500 m Länge gebildet wurde. Die verhältnismäßig geringe Abwurfhöhe von 2000 m bot sich auch dadurch an, weil die Wirkung einer 3,7 cm Flakgranate relativ gering war, wenn wirklich mal ein Treffer gelang. Ein einziger Treffer genügte normalerweise nicht, um das Flugzeug kampf- bzw. flugunfähig zu machen; denn die Sprengladung dieser Flakgranate, rund 35 g, reichte für eine zerstörende Wirkung weder an den Tragflächen noch am Rumpf aus. Die lebenswichtigen Flächen des Angriffszieles waren so gering, daß ein Treffer in diesen nur Zufallserfolg sein konnte.

Die Entscheidung des Luftfahrtministeriums, die Sturzkampftechnik als Angriffsart zu wählen, war zweifellos nach den damaligen Gesichtspunkten zu recht getroffen. Die maßgebenden Stellen für die Entwicklung der Marinestreitkräfte waren sich klar darüber, daß die Abwehrkraft der Schiffseinheiten gegen Sturzkampfflieger nur begrenzt sein konnte. Sie hatten deshalb die Entscheidung der Luftwaffe geteilt.

•

Es war gegen Ende des Jahres 1935. In diesen Dezembertagen meldete sich ein Herr bei der Leitung des ballistischen Büros von Rheinmetall-Borsig zu einer Besprechung an: Dipl.-Ing. Ernst Marquard. Dieser hatte eben eine umfangreiche Industriereise abgeschlossen und sich bei dieser über die Möglichkeiten zur Herstellung von Hohlkörpern und Zündelementen unterrichten lassen. Marquard war während des Ersten Weltkrieges zu den Einheiten der damals in der Entwicklung befindlichen Luftwaffe gestoßen. Selbst im Besitz der Flugzeugführerscheine, hatte er während des Ersten Weltkrieges in der Luftaufklärung gewirkt. Als begeisterter Flieger war er auch nach dem Kriege der Luftfahrt treu geblieben. Er hatte es, ebenso wie die anderen Pioniere der Luftfahrt, als schmerzlich empfunden, daß der Flugzeugbau in Deutschland durch die Klauseln des Versailler Diktates verboten war. Als Hitler im Frühjahr des Jahres 1934 diese einschränkenden Rüstungsbestimmungen nicht mehr anerkannte und die Verteidigung des deutschen Luftraumes durch eine deutsche Flugwaffe ankündigte, wurde Marquard zunächst für Planungsarbeiten in das im Aufbau befindliche Reichsluftfahrtministerium gerufen.

Der Flieger Marquard hatte, wie viele Luftwaffenoffiziere des Ersten Weltkrieges, nach Beendigung des Krieges das technische Studium ergriffen und durchgeführt. Mitte der zwanziger Jahre war er in die Industrie gegangen. Aber seine Gedanken kreisten ständig um Probleme der noch verbotenen Luftwaffe. Insbesondere interessierte ihn die Bewaffnung von Flugzeugen nach modernen Gesichtspunkten; denn er hatte die Überzeugung gewonnen, daß deren Waffenausrüstung im Ersten Weltkrieg nur ein Provisorium, aber keine technische Lösung gewesen war. Anfang der dreißiger Jahre nahmen seine Überlegungen greifbare Formen an. Aufmerksam hatte er auch die Entwicklung des Flugzeugbaues im Ausland beobachtet. Die gedanklichen Überlegungen von Marquard gingen in Richtung der zweckmäßigen Unterbringung von Abwurfmunition im Rumpf der Kampfflugzeuge, der Schaffung neuartiger Zünder und einwandfreier Zielgeräte für die Bekämpfung von Bodenzielen vom Flugzeug aus. Die Überlegungen, die Marquard in dieser Richtung angestellt hatte, waren aber bei dem Aufbau der neuen deutschen Luftwaffe vorerst noch wenig gefragt, denn zunächst galt es, den im Ausland zwischen 1918 und 1933 erzielten Vorsprung in der Entwicklung der Flugzeuge aufzuholen, d. h. Flugzeuge mit Geschwindigkeiten zu schaffen, die in jenen Jahren bei etwa 150 km/Std für Kampfflugzeuge und 300 km/Std für Jagdflugzeuge lagen. Die sogenannte Ausrüstung für die Flugzeuge, Navigationseinrichtungen und Waffen, blieb bei den Planungen vorerst unberücksichtigt. Dafür wendete man umsomehr Gedanken auf die Errichtung von Forschungsstätten in Form von Windkanälen, auf aerodynamische Forschungen und Motorenprüfstellen für die Antriebsmotoren der Flugzeuge. Im Grunde genommen war hiergegen nichts einzuwenden; denn diese Forschungen standen zweifelslos im Vordergrund aller Planungen, die vorzunehmen waren. Aber Marquard war einer von jenen Ingenieuren, die mit allem sachlichen Ernst forderten, daß das Kampfflugzeug mit großen Flugleistungen nicht für sich allein geschaffen werden dürfe, sondern in weitgehendem Maße in seiner Konstruktion auf das Mitführen von Abwurfmunition zur Bekämpfung von militärischen Zielen eingestellt werden müsse. Mit anderen Worten, Marquard vertrat den Standpunkt, daß bei der Entwicklung von Bombern das Flugzeug um die mitzuführende Last herumgebaut werden sollte. Diese Auffassung hat Marquard, der später als Generalfliegeringenieur die Abteilung für Abwurfmunition leitete, ständig vertreten, ohne sich indessen mit dieser durchsetzen zu können. Die Flugzeugbauer waren anderer Meinung. Und so kam es vielfach so, daß die Planungen für die Abwurfmunition nicht im Einklang mit den Projekten standen, die der Zellenbau, Träger der Gesamtentwicklung für den Flugzeugbau, für richtig hielt.

Die Abwurfmunition für die betreffenden Objekte konnte zunächst wenig interessieren, weil die Bombenlast, die von den damals bekannten Baumustern, nämlich der Ju 87, mitgeführt werden konnte, nicht mehr als 250 kg betrug. Die Ju 87 war das erste Baumuster der jungen deutschen Luftwaffe. In weiterer Sicht lag bereits der erste größere Bombertyp, nämlich die He 111. Diese war, im Gegensatz zu der Ju 87, in der Lage, Abwurflasten von 500 kg und mehr mitzuführen. Sie war jedoch nicht sturzkampffähig.

Als Marquard seinen ersten Besuch machte, galt seine Orientierung der Entwicklung neuer Abwurfmunition. Er ließ sich eingehend über das Entwicklungspotential bei Rheinmetall unterrichten. Von dem Aufbau der Abteilung, die inzwischen auf etwa 100 Kräfte angewachsen war, war er sehr beeindruckt und sah sofort die Möglichkeit, daß nicht nur Abwurfmunition für die Luftwaffe entwickelt werden konnte, sondern daß sogar die Voraussetzung für die Berechnung von Wurftafeln gegeben war, so daß er seinerseits die Unterlagen für die Entwicklung von Zielgeräten schaffen konnte. Darüber hinaus war der Aufbau einer größeren meßtechnischen Abteilung für Ballistik bei Rheinmetall in die Wege geleitet, welche die Bahnvermessungen von Abwurfkörpern in absehbarer Zeit möglich machen würde.

Es blieb zunächst bei diesem Besuch von Dipl.-Ing. Marquard. Er hatte in jener Zeit sein Augenmerk auf die Entwicklung von elektrischen Zündern für Abwurfmunition gerichtet, in der richtigen Erkenntnis, daß diese Zünderart gegenüber den mechanischen Abwurfzündern den Vorzug verdiente. Bei der Konstruktion des elektr. Bombenzünders ergab sich nämlich die Möglichkeit der Koppelung von Aufschlag- und Zeitzündung, die man bei einem mechanischen Zündersystem nur sehr schwer hätte erreichen können. Außerdem bot der elektrische Zünder die größere Sicherheit für das Flugzeug selbst, weil das Scharfmachen des Zünders erst nach dem Austritt der Abwurfmunition aus dem Schacht der Maschine erfolgte. Darüber hinaus war auch keine Gefahr für das Scharfwerden der Munition gegeben, wenn der Bomber durch Beschuß beschädigt wurde.

Mitte 1936 fand eine weitere Besprechung mit Marquard im Reichsluftfahrtministerium statt, in deren Verlauf der Vorschlag, einige grundsätzliche Überlegungen für die Entwicklung von Abwurfmunition anzustellen, gemacht wurde. Es konnte sich hierbei zunächst nur um sogenannte Minenbomben handeln, d. h. also Bomben, die eine große Sprengladung besaßen und für die Bekämpfung von großflächigen, unbefestigten Zielen gedacht waren. Bei dieser Besprechung deutete Marquard an, daß gewisse Möglichkeiten beständen, sich über die Konstruktion von Bomben zu orientieren, die im Ausland entwickelt würden.

Die nächste Besprechung fand Ende 1936 statt. Inzwischen war folgendes eingetreten. Der bekannte Jagdflieger des I. Weltkrieges, E. Udet, der sich auch nach dem Kriege weiter der Fliegerei verschrieben und durch seine Kunstflüge einen Namen gemacht hatte, war zu einem flugsportlichen Ereignis nach Amerika eingeladen worden. Dort hatte er durch seine tollkühnen Kunstflugparaden sehr imponiert und war über das luftsportliche Ereignis auch mit Kreisen der amerikanischen Luftwaffe in Verbindung gekommen. Udet genoß in Amerika hohes Ansehen und war einer der wenigen Flieger, der eine Brücke zur Verständigung zwischen Amerika und Deutschland schlagen konnte. Man kam ihm bei den Besprechungen über den weiteren Ausbau der Luftwaffe sehr entgegen, hörte seine Vorschläge aufmerksam an und ging soweit, ihm in einem Gentleman-Agreement die in Amerika vorliegenden Erfahrungen auf dem Gebiet der Luftstreitkräfte in weitem Maße zur Kenntnis zu geben. So kam Udet mit einer Reihe wertvoller Erfahrungen und Unterlagen zurück. Unter diesen Unterlagen befand sich auch das Material für die amerikanische Abwurfmunition. Es umfaßte die Zeichnungen für die 50 kg, die 250 kg und die 500 kg Bombe — alles Minenbomben. Diese Unterlagen wurden der ballistischen Abteilung von Rheinmetall-Borsig zur Kenntnis und Überprüfung überlassen. Marquard bat darum, Überlegungen anzustellen, ob man bei dieser Konstruktion bleiben könne oder sie nach neuen Gesichtspunkten entwickeln müsse. Es handelte sich bei diesen Minenbomben um geschweißte Konstruktionen für die Hüllen, wobei sich unglücklicherweise die Schweißnähte an hochbeanspruchten Stellen befanden.

Auf der Strecke von Berlin nach Mecklenburg liegt Neustrelitz. Von dort führt eine Kleinbahn nach Rechlin. Der Ort Rechlin liegt eingebettet in die Seenplatte des mecklenburgischen Landes. In seiner unmittelbaren Nähe hatte man den neuen Erprobungsplatz der Luftwaffe aufgebaut. Dort wurden die Baumuster der Luftwaffe einer scharfen Bewährungsprüfung unterworfen. Abseits von dem Flugplatz auf einem abgelegenen, den Sicherheitsvorschriften genügenden Gelände, hatte Marquard einen Abwurfplatz für die Bombenerprobung aufgezogen. Eine riesige Betonfläche in der Größenordnung 100x100 m bildete das Angriffsziel. Meßstände mit Foto- und Kinotheodoliten vervollständigten das Bild dieses Bombenversuchsplatzes. Sie ließen die Bahnen, Geschwindigkeit und Einschlagwirkung der Bomben verfolgen. Die ersten Erprobungen fanden mit der inzwischen nachgebauten amerikanischen Abwurfmunition statt. Die Sturzangriffe wurden über Funkverkehr mit dem Besatzungspiloten nach genauen Regeln durchgeführt, und die an den Versuchen beteiligten Teilnehmer hörten stets die bekannten Kommandos „Maschine fliegt an" — „Maschine stürzt" — „Abwurfmuntion ausgelöst" — „Maschine im Sturzflug abgefangen". Nicht immer wurde das Betonziel getroffen, denn die Sturzkampftechnik wollte zuerst erlernt werden. Schnell jedoch wurde das Treffen in der Nähe des Zielkreuzes besser. Es zeigte sich schon nach den ersten Versuchen, daß die amerikanische Abwurfmunition selbst gegen leichte Betonziele, denn ein solches stellte die Betonplatte von vierzig Zentimetern Stärke dar, absolut ungeeignet war, denn regelmäßig rissen die Schweißnahtstellen zwischen Kopf und Hülle auf; eine Detonation der Übungssprengladung des mit Zeitzündung versehenen Zünders war nicht zu erreichen, da die Bomben vorzeitig zu Bruch gegangen waren. Es mußten also neue konstruktive Wege schon für die Minenbomben gesucht werden.

Der Kontakt zwischen den einzelnen Wehrmachtsteilen und der Austausch von Erfahrungen auf dem Munitionssektor war inzwischen enger geworden. Dazu trugen auch die Bestrebungen der einzelnen Rüstungsfirmen bei, welche in vielen Punkten aufzeigten, wo Entwicklungen rückständig waren. Es fehlte bei der Luftwaffe noch jede panzerbrechende Abwurfmunition. Mehr und mehr schob sich der Gedanke in den Vordergrund, Planungen einer Abwurfmunition für gepanzerte Ziele, also insbesondere für Schiffsziele, aufzunehmen. Es war bekannt, daß sich die Marine seit Jahrzehnten in einem stetigen Wettlauf zwischen Geschoß und Panzer befand. Das war bei diesem Wehrmachtsteil schon Tradition. Der Wettlauf zwischen Geschoß und Panzer bahnte sich aber auch in zunehmendem Maße beim Heer an; denn die Panzerungen für die in der Entwicklung begriffenen gepanzerten Fahrzeuge wurden immer stärker. Und bei der sich abzeichnenden höheren Kampfkraft der Luftwaffe war auch die panzerbrechende Munition für diesen Wehrmachtsteil ein Gebot der Stunde.

Die technischen Experten der Luftwaffe waren sich darüber im klaren, daß die Sturzkampftechnik, deren eifrigster Vertreter der Amtschef, inzwischen General Udet selbst, war, allein nicht ausreichte, um durch Treffer ein gepanzertes Kriegsschiff kampfunfähig zu machen. Man mußte nach neuen Lösungen suchen.

Zu diesem Zeitpunkt schlug der Verfasser die Konstruktion von Panzerbomben mit Raketenantrieb für die Bekämpfung von Schiffseinheiten mit Panzerdecks vor. Man gab dieser Entwicklung die Tarnbezeichnung „Ballastbeschleuniger". Da die Entwicklung der R-Pulverraketenantriebe noch in den Anfängen steckte, war man bei der anzulassenden neuen Entwicklung zunächst noch darauf angewiesen, die S-Pulvertreibsätze zu verwenden. Die ersten Entwürfe sahen so aus, daß man mangels besserer technischer Möglichkeiten für ein 50 kg-Panzergeschoß einen Mehrfachantrieb von gleichzeitig abbrennenden S-Pulverraketen wählen mußte. Für diesen Ballastbeschleunigertyp wurden 3 Sätze kombiniert angeordnet. Das Panzergeschoß selbst hatte 15 cm-Kaliber. Für die 28 cm-Panzergeschosse, die mit einer Auftreffgeschwindigkeit von mindestens 350 m/sek das Schiffsziel treffen mußten, um durchzuschlagen, wurde ein Antrieb von 5 S-Pulverraketensätzen vorgesehen. Der 21 cm Ballastbeschleuniger hatte ein Gewicht von 150 kg, während der 28 cm Ballastbeschleuniger ein Gewicht von rund 250 kg aufwies. Der 21cm Ballastbeschleuniger mit dem S-Raketenantrieb wurde in der Entwicklung bis zu den Standversuchen erprobt. Dann wurde diese Entwicklung durch die Schaffung größerer Antriebsaggregate mit R-Pulvertreibsätzen unterlaufen, die wesentlich leistungsfähiger waren und größere Auftreffgeschwindigkeit der Panzerbomben erlaubten. So entstanden Entwürfe für die 200 kg und 500 kg Panzerbomben, die bei einem Vergleich mit dem Ballastbeschleuniger der S-Pulverantriebe bei gleichem Gewicht eine erheblich größere Durchschlagsfähigkeit aufwiesen.

Die Panzersprenggranate ist mit dem Antriebsteil oder Raketenkörper durch ein Zwischenrohr verbunden, von dem aus die Stromführung für die elektrische Zündung des Treibsatzes und der Sprengladung des Geschosses mit zugeordneter Verzögerung erfolgt. Die Anfeuerung des Treibsatzes setzte etwa 2-3 Sekunden nach dem Ausklinken bzw. der Ablösung der Bombe von der Maschine ein. Die Verzögerung für die Initiierung der Sprengkapsel durch Kontaktauslösung bei dem Aufschlag der Bombe betrug nur einige wenige Hundertstel Sekunden.

Im Anschluß an diese Erstkonstruktionen wurde das Projekt einer 500 kg Panzerbombe ebenfalls mit einem Kaliber von 28 cm in Angriff genommen, weil die verbesserte Ju 87 b eine Abwurfmunition von 500 kg im Sturzflug mitführen konnte. Diese Bombe hatte als Nutzlastkopf eine 28 cm Panzersprenggranate.

Die Entwicklung der Raketenbombe ging nicht schnell vonstatten, weil von höchster Stelle der Luftwaffe immer wieder eingewendet wurde, daß die Treffähigkeit der Raketenbomben zu gering und so der Munitionsaufwand zu groß sei. Diese abwegige Beurteilung der Raketenbomben konnte erst nach einer Reihe von systematisch durchgeführten Abwurfversuchen mit Bahnvermessungen zerstreut werden. Die Erprobungen selbst zogen sich bis in das erste Kriegsjahr hin.

*

Der Zweite Weltkrieg war Anfang September 1939 ausgebrochen. Hitler hatte bis zuletzt geglaubt, daß er auch die Korridorfrage mit einer massiven Bedrohung Polens

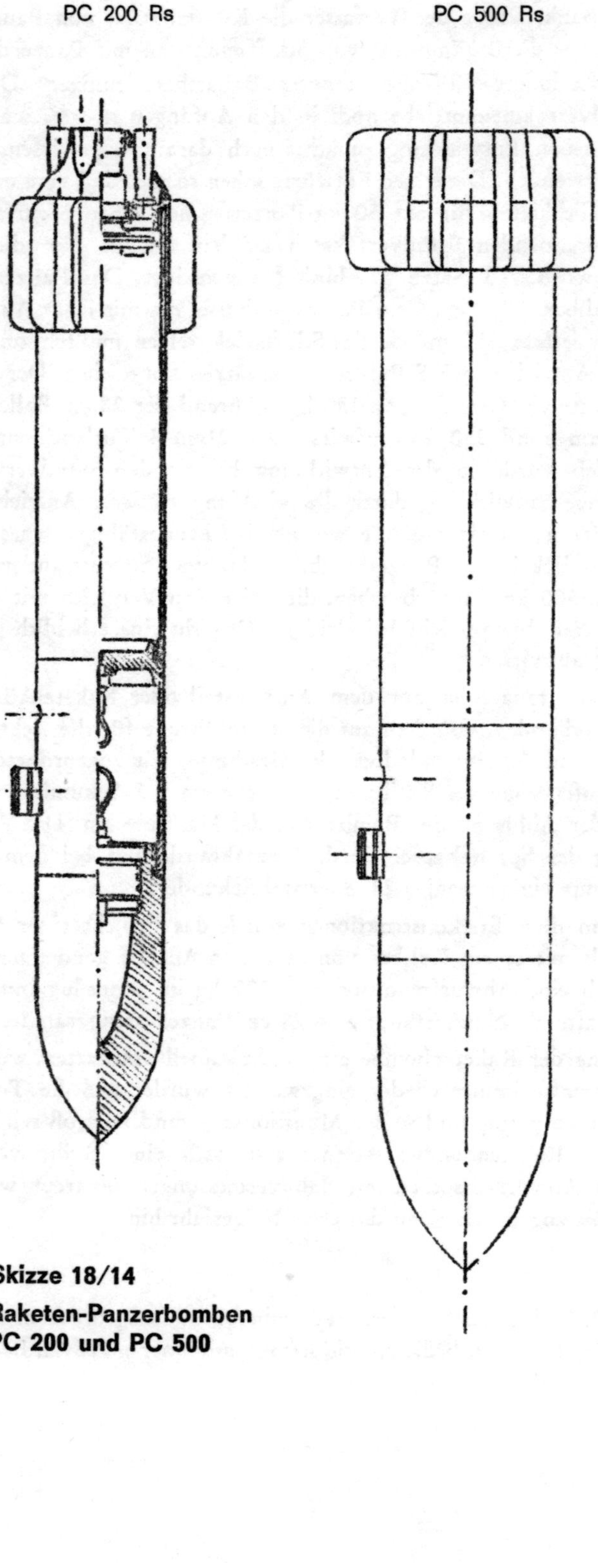

Skizze 18/14

Raketen-Panzerbomben
PC 200 und PC 500

ähnlich seiner Aktion gegen die Tschechoslowakei lösen würde, ohne einen Weltbrand zu entzünden. Er hatte sich getäuscht.

Die kriegerische Auseinandersetzung traf die Wehrmacht noch im Zeichen einer unvollständigen Rüstung, also auch einer unzulänglichen Bewaffnung. Eine Zeitspanne von sechs Jahren hatte nicht ausreichen können, um dem dritten Wehrmachtsteil, der Luftwaffe, ein sicheres Fundament zu geben. Die neuen Waffen, welche der Wehrmacht, dem deutschen Soldaten, hätten zur Verfügung stehen müssen, waren teils erst in den Entwürfen der Konstruktionsbüros oder auf den Prüfständen zu erkennen, aber die letzten Jahre der Entwicklung waren noch nicht abzusehen.

Die Luftschlacht um England war noch im Gange. Die Kampfverbände, welche die Luftoperationen gegen England durchführten, erfuhren die sich von Tag zu Tag steigernde Abwehrkraft des Inselreiches. Die Verluste an Kampfflugzeugen stiegen rapide an, das Zünglein der Waage im Ausgang der gewaltigen Luftschlacht neigte sich langsam aber stetig auf die Seite Englands. Schon war die Offensivkraft gebrochen und das Ende der Luftoperationen gegen die technischen Rüstungszentren abzusehen. Da schien sich der Plan für ein neues großes Unternehmen abzuzeichnen, das einen starken Aderlaß des stolzen Albions herbeiführen sollte. Am 8. November 1939 in früher Abendstunde läutete das Telefon in der Wohnung des Verfassers in Düsseldorf. Das Telefonamt meldete ein Blitzgespräch aus Berlin. Auf der Gegenseite sprach General Udet, der den Verfasser am anderen Morgen dringend zu sprechen wünschte. An der Besprechung nahmen General Udet, Oberst Jeschonnek, Oberstingenieur Marquard und der Verfasser teil. Es war eine geheime Reichssache. Udet erklärte folgendes: „Der Führungsstab der Luftwaffe hat durch Fernaufklärer, die an der Nordostküste Englands operieren, den Funkspruch erhalten, daß ein großer Teil der britischen Hochseestreitkräfte in dem schottischen Kriegshafen Firth of Forth gesichtet worden ist. Die Vorbereitungen sind bereits im Gange, mit starken Kampfverbänden einen entscheidenden Schlag gegen diese Verbände der britischen Kriegsflotte zu führen und England an seinem Lebensnerv zu treffen. Es handelt sich jetzt darum, festzulegen, welche Bomben die Kampfmaschinen vom Typ Ju 88 mitnehmen sollten, um mit größtem Erfolg zu operieren. Meine bereits mit Marquard geführte Besprechung hat zu einer stark unterschiedlichen Auffassung über die zweckmäßigste Abwurfmunition geführt. Ihre Meinung möchte ich hören."

„Herr General," so führte der Verfasser aus, „wenn Sie mich nach meiner Meinung fragen und eine klare Antwort haben wollen, was ich voraussetze, dann muß ich Ihnen sagen, daß der geplanten Aktion nur ein geringer Erfolg beschieden sein kann, weil es noch keine Abwurfmunition zur wirksamen Bekämpfung von geschützten Schiffszielen gibt. Die vorhandenen Minenbomben reichen zur Bekämpfung von leichten Betonzielen und ungeschützten Schiffseinheiten aus — und nicht mehr. Selbst eine 500 kg Minenbombe, welche als Treffer auf einem Panzerkreuzer, Linienschiff oder Schlachtschiff landen würde, könnte höchstens leichte Beschädigung an den Decksaufbauten verursachen, aber niemals solche Schiffstypen entscheidend treffen. Hierfür sind Panzerbomben mit Raketenantrieb notwendig. Nur solche Bomben sind in der

Lage, die Panzerdecks zu durchschlagen und in den Maschinenräumen oder Munitionskammern zu detonieren, also totalzerstörend zu wirken."

Eine Zeitlang herrschte beklemmende, gefahrdrohende Stille in dem Zimmer des Generalluftzeugmeisters. Und dann schoß es aus Udet heraus: „Wenn das Ihr voller Ernst ist," der Verfasser nickte zustimmend, „dann sagen Sie das dem Reichsmarschall selbst. Was dann passiert, wird sich zeigen. Göring ist fest davon überzeugt, daß eine Sprengladung von 250 kg hochbrisanten Sprengstoffes ausreicht, um auch das größte Kampfschiff nicht nur außer Gefecht zu setzen, sondern selbst vernichtend zu treffen."

Wieder entstand eine beklemmende Stille. Schließlich kam die Antwort des Verfassers, die den General entwaffnen mußte: „Wenn Sie meinen Ausführungen keinen Glauben schenken, dann fragen Sie beim Marinewaffenamt an.

In Verbindung mit den technischen Stellen des RLM und der Firma Rheinmetall wurde die Erprobung der Minenbomben durchgeführt, und zwar mit einem eigens für diesen Zweck konstruierten Bombenwerfer und mit Hilfe der aus den Wurftafeln entnommenen Endgeschwindigkeiten der Fallbomben beim Beschuß von Deckzielen - auch mit 500 kg Minenbomben. Wenn auch die Konstruktion der Körperwerfer wegen der geringen Gasdrücke, mit denen die Minenbombe aus Haltbarkeitsgründen nur belastet werden durfte, nicht einfach war, so gelang die Erprobung doch restlos. Durch diese Methode der Bombenerprobung war es möglich, nicht nur deren Verhalten gegen Panzerziele zu erproben, sondern auch dem Marinewaffenamt wertvolle Erkenntnisse für den zweckmäßigen Aufbau der Panzerdecks zu verschaffen. Oberst-ing. Marquard wird meine Ausführungen bestätigen." Das geschah.

Ehe General Udet sich bei dem Reichsmarschall melden ließ, nahm er Verbindung auf mit Admiral Witzell, dem Chef des Marinewaffenamtes. Die Ausführungen des Verfassers wurden auch von Admiral Witzell bestätigt. Dann erklärte General Udet: „Es ist besser, wenn ich zunächst allein den Reichsmarschall unterrichte." Am Nachmittag berichtete General Udet, daß der Reichsmarschall getobt hätte. Zunächst habe er überhaupt nicht fassen wollen, daß 250 kg Sprengstoff wirkungslos am Oberdeck verpuffen sollten. Dann aber hätte er voller Zorn erklärt, daß ihm jedes Verständnis dafür fehle, daß es noch keine vernünftige Abwurfmunition für Schiffsziele gäbe. Nun wäre es soweit, daß die Fertigung der Ju 88 unter Prof. Koppenberg auf Hochtouren liefe und jetzt sollten diese Kampfmaschinen nicht einsetzbar sein. Schließlich hätte er erklärt, daß das, was ihm Udet da über die Panzerzielerprobungen durch Beschuß mit Bomben berichtet hätte, nicht den wirklichen Verhältnissen beim Angriff aus der Luft entspräche. Er würde angreifen lassen und man würde sehen, daß er Recht behielte. Die Minenbomben würden ganze Arbeit verrichten.

Ende November fand der geplante Angriff auf die britischen Seestreitkräfte statt. Der Wehrmachtsbericht meldete: „Starke Kampfgeschwader haben in den Abendstunden des gestrigen Tages starke Verbände der britischen Hochseeflotte mit schweren Bomben an der schottischen Küste wirkungsvoll angegriffen. Mehrere Schiffseinheiten wurden schwer getroffen. Der Flugzeugträger Arc Royal wurde entscheidend getroffen und in sinkendem Zustand beobachtet." Von britischer Seite wurde dagegen gemeldet, daß die Beschädigungen bei den Treffern nur geringfügiger Art gewesen seien. Der Flugzeugträger Arc Royal sei nicht gesunken, sondern befände sich im Dock zur Reparatur, das er mit eigener Fahrt angelaufen habe. Wochenlang gab es widerspruchsvolle Rundfunkmeldungen zu dem Treffer auf dem Flugzeugträger, ohne daß die tatsächliche Wirkung dieses Treffers einwandfrei aufgeschlüsselt wurde. Göring ordnete die Entwicklung schwerer Abwurfmunition zur Bekämpfung von Schiffszielen an, die er dem Verfasser übertrug. Das war das sogenannte Y-Programm für schwere Bomben von 500 kg aufwärts. Es entstanden die Minenbomben SC 1000 (Tarnbezeichnung Hermann), SC 2000 (Siegmund), SA 4000 (Satan) und die Raketen-Panzerbomben PC 500 Rs (Pauline), PC 1000 Rs (Paul), PC 1750 Rs (Pirat). Daneben gab es auch noch mehrere Halbpanzerbombentypen, deren *größter Typ* die Bombe von 1400 kg (Fritz) war. Sie erreichte einen Panzerdurchschlag von 160 mm bei 60° Auftreffwinkel. Diese Bombe schälte sich als Standardtyp heraus.

Göring hat von seiner Auffassung über die große Wirksamkeit der Minenbomben nicht abgelassen. Die schweren SC Typen wurden von ihm befohlen. Die erste SC 1000 erhielt daher den Tarnnamen Hermann.

Im Zuge des Y-Programms wurde auch der Aufbau eines großen Luftwaffen-Entwicklungswerkes für schwere Raketenmunition befohlen, dessen Planung in den Händen des Verfassers lag. Mit den beiden Oberingenieuren Steingrübner und Müller wurde das Werk in der Nähe von Berlin in den Hallen eines Güterwagenausbesserungswerkes der Reichsbahn aufgezogen und lieferte bereits nach einem Jahr alle Prototypen der schweren panzerbrechenden Abwurfmunition, einschießlich der ferngesteuerten Bombe Fritz (X), später die ersten Flaraketen, Typ „Rheintochter", und die erste Mehrstufenrakete „Rheinbote".

•

Nach sorgfältiger Schulung der Piloten für den Sturzkampf mit der Ju 88, begann im Frühjahr 1941 der erste Einsatz von Raketenbomben gegen feindliche Kriegsschiffe im Mittelmeer. Als die ersten Meldungen nach England kamen, schrieb die Londoner Presse: „Die Deutschen besitzen eine neue furchtbare Waffe — die Raketenbombe. Ein unheimliches Gefühl beschleicht einen jeden, der ihre Anwendung einmal erlebt hat. Wenn der Bomber zum Sturz auf sein Ziel ansetzt, als wenn er sich senkrecht auf dieses stürzen wollte, dann aber im gegebenen Augenblick die Bombe ausklingt, diese nach wenigen Sekunden fauchend und zischend, immer schneller werdend, auf das Ziel zustürzt, dann erlebt man Sekunden einer lähmenden Ohnmacht. Die Raketenbombe ist die größte Erfindung, die wir von den Deutschen seit Jahrzehnten kennengelernt haben." Eine Anfrage im Unterhaus an den Verteidigungsminister, ob es denn keine Abwehr gegen diese neue Waffe gäbe, mußte verneint werden.

In dieser Zeit war Staffelführer Hauptmann Peltz mit seinen Männern einer der erfolgreichsten Kampfflieger im Einsatz der Raketenbomben. Er zwang durch seine

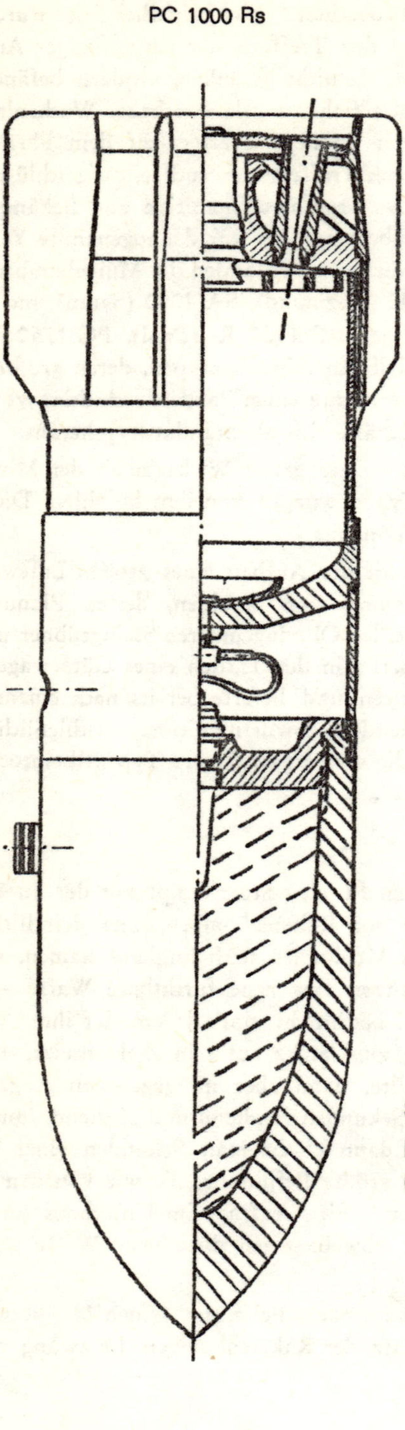

Skizze 20: „Ballastbeschleuniger" Raketenpanzerbombe PC 1000 Rs (Paul)

HITLER UND DIE SCHWERE ARTILLERIE
K 3 = 24 cm in Feuerstellung

HITLER UND DIE SCHWERE ARTILLERIE
24 M 1 Haubitze - Kaliber 35 cm - in Feuerstellung

25
Weihnachtsfeier 194
im Werk Marienfeld
Am Pult der Verfass

gefährlichen Angriffe die britischen Schiffseinheiten in die Ausgangshäfen zurück. Auch Hauptmann Baumbach, ein anderer kühner Kampfstaffelführer, war gefürchtet. Peltz rückte — wohl einmalig in einer Offizierslaufbahn — als 28jähriger Hauptmann innerhalb von 2 Jahren zum Generalmajor auf.

Kurze Zeit später fand der erste umfassende Einsatz von Ballastbeschleunigern, Halbpanzerbomben und Minenbomben mit Gewichten von 500 bis rund 1500 kg statt. Es war Ende Mai 1941. Dieser Angriff war der Auftakt zur Invasion der Insel Kreta. Er galt den in der Soudabucht stationierten Kriegsschiffeinheiten, sowie einer dort versammelten Tankerflotte und den Flugplätzen auf der Insel. Der Angriff wurde vom X. Fliegerkorps geflogen, das unter der Führung des Generals Wolfram v. Richthofen stand, also jenes Offiziers, der vor 5 Jahren die Legion Condor in Spanien geführt hatte.

Nach der Einnahme der Insel Kreta flog eine kleine Gruppe, nämlich der Inspekteur der Bomberverbände, General Ploch, der Fliegeroberstabsingenieur v. Gordon und der Verfasser über Italien, Griechenland nach Kreta, um die Wirkungen des schweren Luftangriffes auf die in der Soudabucht stationierten Schiffseinheiten zu studieren. Der Kriegsschiffsverband hatte aus zwei geschützten Kreuzern, 4 ungeschützten Kreuzern und einer Reihe von Torpedobooten sowie einer Flotte von etwa 20 Tankern bestanden. Die gesamten Kriegs- und Handelsflotteneinheiten waren zerschlagen. Die schweren Panzerbomben hatten ganze Arbeit geleistet. Sie hatten bei den geschützten Kreuzern die Deckaufbauten glatt zerschlagen und waren bis in die geschützten Maschinenräume bzw. Munitionskammern vorgedrungen und dort detoniert. Nicht anders war es den ungeschützten Kreuzern und Torpedobooten ergangen, die so schwer angeschlagen waren, daß sie vollkommen manöverierunfähig waren bzw. ausfielen. Die Tanker, die etwas außerhalb der Bucht lagen, aber noch im seichten Gewässer, steckten entweder bug- oder heckseitig auf Grund und ragten gespenstisch aus der Wasseroberfläche hervor. Es war nicht einfach, an Deck dieser zerschlagenen Schiffe zu kommen, um in etwa zu ergründen, wie sich die Bomben an den Schiffszielen ausgewirkt hatten.

Der wachhabende Offizier in der Soudabucht, ein Fallschirmjägerhauptmann, erklärte, daß bei den Landungsmanövern seitens der dort stationierten britischen Marinestreitkräfte nennenswerter Widerstand nicht geleistet wurde. Sie waren so sehr durch den Angriff schockiert, daß ihnen der Mut zum Weiterkämpfen genommen war.

Bei der Einnahme der Insel Kreta wurden auch zum ersten Mal 7,5 cm Raketen oder Leichtgeschütze eingesetzt, die von dem Verfasser im Jahre 1935 vorgeschlagen und mit seinen Mitarbeitern entwickelt worden waren. Sie hatten sich nach der Mitteilung des Fallschirmjägerhauptmanns wegen ihres leichten Gewichtes, der großen Beweglichkeit und der guten Zielwirkung der Granaten hervorragend bewährt.

Bei dem Abwurf aus den Luftversorgungsmaschinen gerieten zwei Batterien dieser neuartigen Geschütze mit Munition in Feindeshand. Der Gegner versuchte, diese Geschütze nunmehr gegen die deutschen Fallschirmjäger einzusetzen. Man hatte sich schnell mit dem Verschlußmechanismus vertraut gemacht. Munition befand sich im Bereich der Batterien. Es wurde jedoch nicht erkannt, daß die rückstoßfreien Geschütze, bei denen der Rückstoß durch die in der Seelenachse mit großer Geschwindigkeit in Richtung des Verschlusses austretenden Pulvergase aufgehoben wird, einen bestimmten Raum hinter dem Geschütz, in den die Pulvergase einströmen, für die Bedienung ausschlossen. Das Geschützpersonal hatte diese Vorsicht bei dem Einsatz der unbekannten Geschütze nicht beachtet. Die Folge war, daß mehrere Soldaten bei der ersten Salve mehr oder weniger schwer verletzt wurden. Die Bedienungstruppe verließ fluchtartig die Batterien, da sie sich die Wirkung solcher Geschütze nicht erklären konnte. Kampflos kamen beide Batterien in deutsche Hände zurück.

Noch einmal wurde das X. Fliegerkorps, das für den Einsatz schwerer Abwurfmunition geschult war, zu einem Großeinsatz herangezogen. Das war bei der Belagerung der russischen Festung Sewastopol am Schwarzen Meer. Verbände des Fliegerkorps trugen entscheidend zur Zerstörung der starken Befestigungsanlagen mit schwersten Raketen-Panzerbomben bei im Verein mit der schwersten Artillerie des Heeres, darunter auch dem 80 cm-Eisenbahngeschütz Dora. Den Abschluß und eine Krönung der Erfolge mit dem Einsatz der schwersten Abwurfmunition bildete die Vernichtung des italienischen Schlachtschiffes Roma, das auf der Seite der alliierten Streitkräfte operierte, mit der 1450 kg schweren nach- bzw. ferngesteuerten Panzerbombe Fritz X. Dr. Max Kramer, Abteilungsleiter in der Deutschen Versuchsanstalt für Luftfahrt hatte sich schon von 1937 an mit der Fernsteuerung von Fallbomben be-

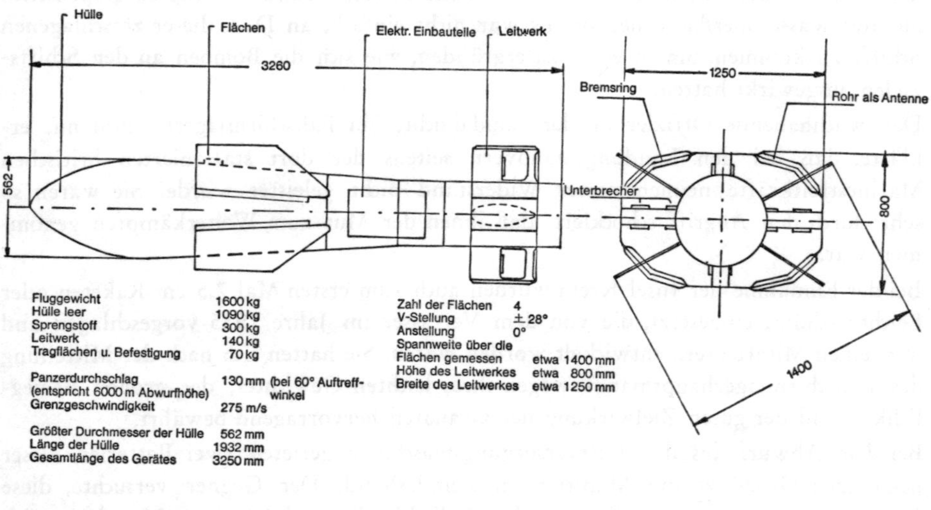

Skizze 21: Schwere Panzerbombe Fritz X

schäftigt. In Verbindung mit der Staßfurter Rundfunkgesellschaft war eine Sender- und Empfängeranlage entwickelt worden, die zunächst auf der 6 Meter-Wellenlänge arbeitete, später auch auf kleinere Wellenlängen umgestellt wurde. Über den Sender wurden Stromimpulse auf die Steuerorgane des Flugkörpers, die sogenannte Unterbrechersteuerung, gegeben, mit denen der Flugkörper hoch-tief und links-rechts abgelenkt werden konnte.

Solche Unterbrechersysteme, sechs an der Zahl, befanden sich in den Leitwerkflossen eines kastenförmigen Leitwerkes der Fallbombe, und zwar je zwei für die Fernsteuerung in der Hoch- und Querachse und zwei für die Eigensteuerung in der Längsachse. Die Unterbrecher als Steuerorgane bestanden aus einem beweglichen Rahmen zwischen vier Topfmagneten, von denen sich je zwei gegenüberstanden. Zwischen diesen Magneten wurde ein rechteckiges Rähmchen, das mit zwei Seiten aus der Leitwerksflosse heraustrat, hin und her bewegt. Wenn Steuerimpulse vom Sender in der Kampfmaschine an den Empfänger und von diesem an die Topfmagnete weiter geleitet wurden, stand eine Störkante weiter als die andere vor, wodurch sich an dieser ein Luftstau bildete, damit eine Richt- oder Steuerkraft, bezogen auf den Flugkörper. Mit der Unterbrechersteuerung konnten Aussteuerungen der Flugbahn der Fallbombe nach der Länge und der Breite von ± 200 Metern vorgenommen werden.

Die ferngesteuerte Fallbombe wurde nach dem optischen Zieldeckungsverfahren eingesteuert, d. h. die Bombe mußte sich während ihres Falles auf der Visierlinie von Kampfflugzeug und Schiffsziel befinden; sie hatte eine hervorragende Treffgenauigkeit. 80% aller Treffer lagen bei den Erprobungen in einer Zielfläche von 10x10 m. Der Abwurf der Fallbombe erfolgte aus 6000 m Höhe. Sie erreichte bei dieser Höhe ihre End- oder Fallgeschwindigkeit, die bei 275 m/s lag und für den Durchschlag von etwa 200 mm Deckspanzerungen bei senkrechtem Auftreten ausreichte.

Eine einzige Bombe hatte genügt, um das stolze Schlachtschiff auf den Grund des Meeres zu schicken, das nach einer Detonation der Schiffsmunition durch das Eindringen des Panzerkopfes der Bombe in die Munitionskammern vollständig auseinanderriß. Durch diesen erfolgreichen Bombenwurf hatte sich das Schicksal der klassischen Hochseestreitkräfte erfüllt. Die mächtigen, bis dahin als unverwundbar geltenden Schlachtschiffe hatten ihre militärische Bedeutung weitgehend verloren. Die Beherrschung der Meere und Ozeane ging an den dritten Wehrmachtsteil, die Luftwaffe, über.

Aber auch ein anderes Schicksal hatte sich erfüllt: das Schicksal der deutschen offensiven Luftwaffe. Die Luftherrschaft über Deutschland ging an die Alliierten über. Das ganze deutsche Territorium glich einer einzigen, aus der dritten Dimension belagerten Festung. Nur vereinzelt gelangen noch tollkühnen deutschen Jagd- und Kampffliegern Entsatzoperationen. Das Bomberprogramm mußte zu Gunsten des Jägerprogramms für die dramatische Schlußphase des Ringen aufgegeben werden. In der Tragik der Luftwaffe offenbarten sich die schweren strategischen Fehler in der Rüstungsplanung.

Kap. XVIII

Starthilfen

Schon kurze Zeit nach Beginn des Zweiten Weltkrieges zeigte sich, daß die Ergebnisse auf dem Gebiet der Raketenentwicklung in vielen Fällen für zusätzliche Bewaffnungen nützlich sein konnten. Insbesondere waren es Schiffseinheiten der Handelsmarine, welche dem Küstenschutz dienten und nun eine Bewaffnung haben mußten, um sich gegen feindliche U-Boote oder Flieger verteidigen zu können. Das konnten nur Raketen sein, weil das Deck dieser Schiffe den Rückstoß einer Schußwaffe nicht aushielt. Man mußte also Verteidigungswaffen wählen, die rückstoßfrei waren. Die Raketen konnten wegen ihrer einfachen Handhabung und Wartung wiederum nur Feststoffraketen sein. Aber es blieb nicht allein bei improvisierter Raketenbewaffnung für Schiffe des Küstenschutzes. Es wurden auch neue weitreichende Typen von Signalmunition bzw. Leuchtgeschossen geschaffen, welche dem Küstenschutz zugute kamen. Solche Startgeräte oder Starthilfen, die Leuchtspur- bzw. Signalmunition verfeuerten, waren einfache Gestelle. Sie konnten an beliebigen Stellen aufgestellt werden. Der große Wert solcher Spezialraketen bestand darin, bei Nacht anfliegende feindliche Aufklärungs- und Bomberverbände zu orten, ohne dem Gegner die Feuerstellungen der Geschütze zu verraten, so lange, bis diese mit der Abwehr in Tätigkeit treten mußten. Vielfach sind solche Raketenwaffen auch als sogenannte Täuschungswaffen für den Feind entwickelt worden. Um es kurz zu sagen, es ergab sich eine ganze Anzahl von Spezialaufgaben für den Einsatz von Raketen, die meisten in der Kategorie der Starthilfen, wie beispielsweise von Minensuchbooten auch Wasserbomben mit Starthilfen gegen feindliche U-Boote geworfen wurden.

Der klassische Begriff der Starthilfe wurde indessen von der Luftwaffe geprägt. Sie benötigte kurzzeitig arbeitende Raketenantriebe als Schubgeräte für Flugzeuge zur Verkürzung ihrer Startstrecke auf der Rollbahn oder provisorischen Startbahn. Ihre Verwendung war auf den Feldflughäfen geboten, die unmittelbar hinter der Front mit nur kurzen Startbahnen schon vorhanden waren oder behelfsmäßig angelegt wurden. Sie waren das Bindeglied für die Verlegung der Flugzeugverbände in vorgeschobene Einsatzhäfen, um in die Tiefe der Kampfräume operieren zu können. Die Notwendigkeit der Schaffung solcher Starthilfen wurde schon bald in der ersten stürmischen Offensivperiode des Zweiten Weltkrieges mit ihren weitgreifenden Operationen der Panzerverbände erkannt. Die Entwicklung der Feststoffrakete konnte jedoch den großen Anforderungen an den Schub solcher Starthilfen zunächst nicht folgen.

Die Verwendung von Starthilfen zog zwangsläufig die Entwicklung von Bremshilfen beim Landevorgang auf den räumlich begrenzten Feldflughäfen nach sich. Diese Bremshilfen mußten mit dem Ansetzen der Flugzeuge zur Landung wirksam werden. Vorübergehend wurde der Gedanke erwogen, die Starthilfen auch als Bremshilfen in umgekehrter Anordnung und Wirkungsweise zu verwenden. Man ließ ihn jedoch bald fallen, besser gesagt, man beschränkte ihre Anwendung auf die Bremsung von Flugkörpern besonderer Art, worüber später noch Ausführungen folgen. Die Starthilfen waren als Bremshilfen zu aufwendig. Ihr verhältnismäßig großes Gewicht mußte auf dem Flug mitgeführt werden, ihre Anordnung unter den Tragflächen führte zu einem Verlust an Geschwindigkeit.

Geeignete Bremshilfen wurden von der Luftfahrtforschungsanstalt Graf Zeppelin in Stuttgart unter der Leitung von Prof. Madelung entwickelt. Madelung schuf einen Flugzeugbremsschirm, dessen Vorzüge überzeugten: geringe Entfaltungszeit, geringer Durchmesser, große Bremskraft und geringes Gewicht. Der Bremsschirm war als in der Tiefe gestaffelter Bänderfallschirm ausgebildet. Umfangreiche Untersuchungen im Windkanal der Forschungsanstalt hatten eine hervorragende Konstruktion reifen lassen. Das Gewicht dieses Bremsschirmes betrug noch nicht 10% desjenigen, das für die Starthilfe bei der Anfangsbeschleunigung des Flugzeuges benötigt wurde. Die Unterbringung des Bremsschirmes in dem Heckteil des Flugzeuges war denkbar einfach. Er wurde mit Preßluft ausgestoßen.

Die ursprüngliche Art des Reaktionsantriebes für Starthilfen war der Wasserstoffsuperoxyd-Antrieb, der von dem Ingenieur-Chemiker und späteren Professor Walter vorgeschlagen wurde. Er hatte sich schon früh der Frage zugewendet, ob Wasserstoffsuperoxyd als Treibstoff für Sonderantriebe geeignet wäre. Walter ging dabei von dem Gedanken aus, Wasserstoffsuperoxyd durch Zusetzung von Kaliumpermanganat zur Reaktion zu bringen, wodurch sich Wasserdampf und freier Sauerstoff bildet. Über das von ihm benannte Kaltstrahlverfahren, bei dem lediglich die Zersetzungsenergie des Wasserstoffsuperoxyds für die Strahlbildung verwertet wird, gelangte er zu dem Heißstrahlverfahren, bei dem, neben dem Wasserdampf, der durch die Zersetzung freiwerdende Sauerstoff zusammen mit einem Brennstoff, z. B. Dieseltreibstoff, reagiert und bei der Strahlbildung wirksam wird. Das in einer Konzentration von 80% erforderliche H_2O_2 wird mittels Preßluft durch einen Zersetzer gedrückt, der einen pastenartigen Überzug von Braunstein und Ätzkali mit katalytischer Wirkung besitzt. Diesem Zersetzungsgemisch von Wasserdampf und Sauerstoff wird Petroleum eingespritzt; Wasserdampf und die bei der Verbrennungsreaktion gebildeten Verbrennungsgase werden der Ausströmdüse zugeführt. Das Wasserstoffsuperoxyd-Verfahren für Antriebszwecke war von Prof. Walter und seinen Mitarbeitern im Laufe von einigen Jahren auf breiter Basis mit der besonderen Unterstützung des Oberkommandos der Marine, das in ihm mit Recht einen neuartigen Antrieb (Dampf-Gemischturbinen) für Unterseeboote sah, stetig weiter ausgebaut worden und hatte auch Eingang in die Raketenentwicklung für den Antrieb von Flugzeugen gefunden. Die Vielseitigkeit des Verfahrens war die Voraussetzung für ein breites Anwendungsgebiet; denn dieser auf der Zersetzung von H_2O_2 basierende Flüssigkeitsantrieb zeichnete sich durch Wirtschaftlichkeit im Verbrauch seiner Treibstoffe und durch geringes spezifisches Gewicht für das Antriebsaggregat aus. Die speziellen Probleme waren Lagerung und Förderung der Treibstoffe. Bei der Lagerung mußte besondere Sorgfalt darauf verwendet werden, daß die Treibstofftanks ständig ent-

lüftet wurden. Der Transport der Treibstoffbehälter, besonders solcher für kleinere Mengen, machte wegen der notwendigen Entgasung Schwierigkeiten, so daß die Einsatzbereitschaft dieser Antriebsaggregate für Starthilfen vielfach gestört war.
Als es nun dem Luftwaffenwerk Marienfelde unter der Leitung des Verfassers gelang, den Pulverantrieb als Feststoffantrieb für Raketen immer mehr auszubauen, als es möglich wurde, von den kurzen Antriebszeiten in der Größenordnung von einer Sekunde bis zu fünfzehn Sekunden und mehr vorzustoßen und mit einfachen Mitteln, wie teilweiser Abdeckung von Pulveroberflächen, den Verbrennungsvorgang zu beeinflussen, begann sich die Triebwerksabteilung des Reichsluftfahrtministeriums immer stärker auch für Starthilfen auf der Pulverbasis zu interessieren; deren Vorzüge: einfacher Aufbau, unbegrenzte Lagerfähigkeit, stete Einsatzfähigkeit, waren nicht zu übersehen. Es war das Verdienst von Dr.-Ing. Vüllers, Leiter der Entwicklung im Werk Marienfelde und seiner Mitarbeiter, besonders von Dipl.-Ing. Müller, daß Untersuchungen in Richtung auf den Ausbau einer Feststoffrakete für vielseitige Verwendung durchgeführt wurden. Die Aufschließung der Feststoffrakete für Starthilfen begann mit der Entwicklung von zwei Antriebsraketen, der kleinen und großen Starthilfe, für Lastensegler. Sie unterschieden sich nur in Länge und Größe der Leistung. Beide besaßen nur eine feste Düse von unterschiedlicher Größe. Das war im Jahre 1940. Die Werte für diese Starthilfen waren

Leistung	Gesamtgew.	Leergewicht	Ladung	Brennkam. -druck	Brennzeit
kgs	kg	kg	kg	kg/cm²	s
3 000	ca. 42	ca. 25	17,0	50—55	6
6 000	ca. 75	ca. 40	35	50—55	6

Sie sind in großen Stückzahlen gefertigt worden.

Die große Starthilfe wurde auch, mit einer leicht abgewinkelten Düse, von Prof. Wagner (Henschelwerke) für die ferngesteuerte Gleitbombe Hs 293 übernommen. Sie hatte die Aufgabe, bei Schrägangriff auf das Ziel die Gleitbombe in die Zieldeckungsbahn zu bringen.
Anfang 1941 forderte die Triebwerksabteilung des Reichsluftfahrtministeriums eine Anlage mit Zwillingsstarthilfen von je 25 000 kgs. Diese Anlage wurde kurze Zeit später wegen der Unterschiede der Schubkräfte, die im Verlauf des Antriebsvorganges auftreten können, zu einer Antriebseinheit von 50 000 kgs zusammengefaßt. Es war ein großes Katapult für einen Sondereinsatz, der nicht genauer bekannt war. Soweit in Erfahrung gebracht werden konnte, handelte es sich um einen Sonderflugkörper, der besonders geheim zu halten war. Die Brennzeit sollte etwa 5 Sekunden betragen. Die Schubkraft war also 10 to. Während der Auslegung der ersten Versuchsmuster wurde das Projekt des Sonderflugkörpers abgeblasen bzw. zunächst zurückgestellt. Diese Starthilfe, für andere Pulverabmessungen mit kurzer Brennzeit ausgelegt, bot sich nun für einen anderen Verwendungszweck, nämlich die in den

nächsten Abschnitten behandelten Mehrstufenraketen an. Drei Standversuche auf dem Prüfstand Ludwigsfelde hatten genügt, um die Grundlagen für diese Riesenstarthilfe mit einem Schub von rund 50 to zu schaffen. Es dürfte den Leser interessieren, wie die Konstruktion aufgebaut war.

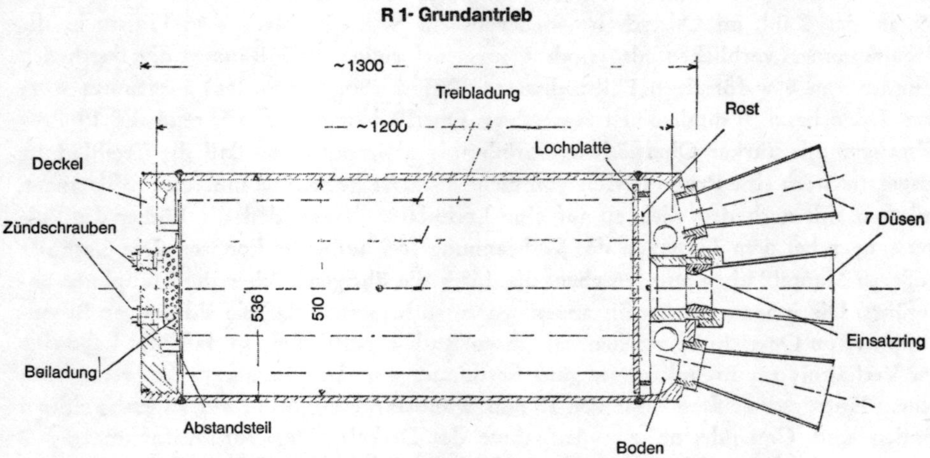

Skizze 22: Starthilfe – Skizze der Zusammenstellung

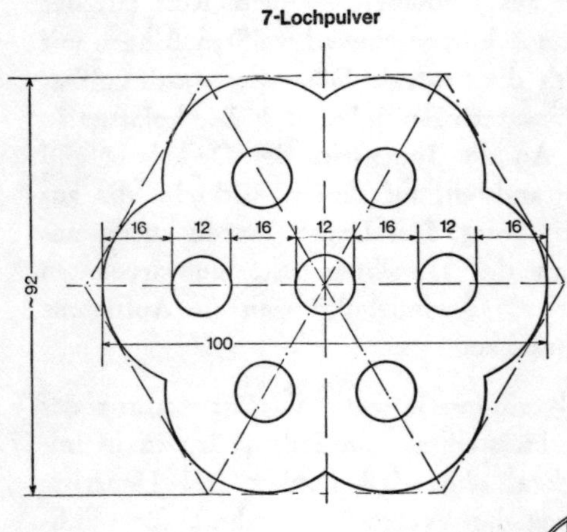

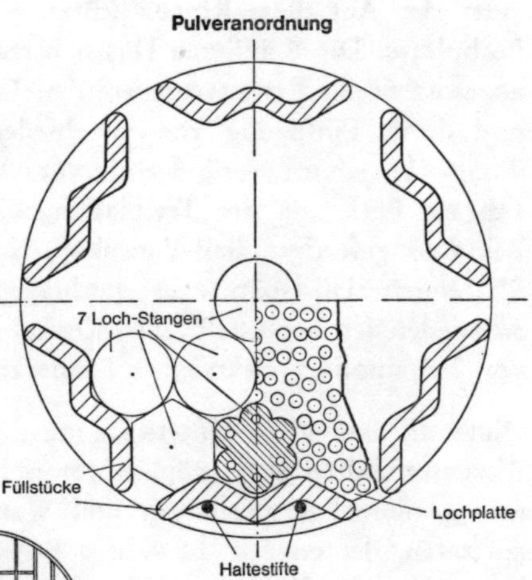

Skizze 23

Skizze 24

Skizze 25

Für den Kurzzeitantrieb von 0,9 s war eine im ganzen progressive Treibladung gewählt worden. Diese setzte sich zusammen aus 19 Pulverstangen mit je 7 Bohrungen für die einzelne Stange. Jede Stange beanspruchte im Querschnitt ein gleichwertiges Sechseck, so daß die Stangen wabenförmig aneinandergesetzt werden konnten und dabei den kleinsten Raum erforderten. Insgesamt bildeten die Stangen, wie erwähnt, 19 an der Zahl, im Querschnitt wiederum ein Sechseck. Nach dem Einbau in die Brennkammer verblieben also noch 6 segmentförmige freie Räume, die durch den Einsatz von 6 w-förmigen Füllstücken aus Pulver (Sonderprofilen) ausgenutzt wurden. Diese besaßen somit einen regressiven Oberflächenverlauf, während die 19 Profilstangen mit starker Oberflächenvergrößerung abbrannten, so daß die Treibladung insgesamt noch eine Progressivität von mehr als 30% hatte. Die inneren Profilstangen stützten sich nach dem Sieb zu auf eine Lochplatte derart, daß die Löcher der Pulverstangen bei dem Einsetzen der Verbrennung frei ausblasen konnten. Die Gase der äußeren Mantelflächen wurden ebenfalls durch die übrigen Löcher der Lochplatte abgeführt. Die inneren 19 Profilstangen waren so bemessen, daß sie sich in der Brennkammer, im Querschnitt gesehen, mit ihren Radien berührten, so daß ihre Lage eine im Verhältnis zur Brennkammer ganz bestimmte war. Die Brennkammer bestand aus einem längsgeschweißten Rohr von 13 mm Wandstärke aus Stahl mit angeschweißtem Boden und Gewindering zur Aufnahme des Deckels. Der zur Aufnahme der 7 Düsen durch ebensoviele Bohrungen außerordentlich geschwächte Boden war gegenüber dem Deckel auf der Innenseite durch einen eingeschweißten Mittelring mit 6 radial verlaufenden, zum Druckausgleich mit Löchern versehenen, Rippen wieder verstärkt. Auf diese Rippen stützte sich der aus Flacheisen gebildete Rost mit der Lochplatte. Die 6 äußeren Düsen bestanden aus kurzen eingeschweißten Ringen mit angeschweißten Erweiterungsrohren. Lediglich die zentrale Düse war einschraubbar und durch Einfügung von verschiedenen Einsatzringen oder auch Brechplatten in ihrem Querschnitt veränderlich vorgesehen. An der Innenseite des Deckels befand sich zur Fixierung der Treibladung ein Abstandsteil, auf dessen Rückseite die aus Zelluloid gefertigte Beiladungskapsel befestigt war. Der Deckel wurde zuerst aus Plattenmaterial, später aus geschlagenen, an der gewölbten Seite unbearbeiteten Schmiedeteilen hergestellt. Der Deckel enthielt 2 Gewindebohrungen zur Aufnahme von 2 dreipoligen elektrischen Sonderzündschrauben.

Ohne die besondere Unterstützung der Pulverindustrie wäre die Entwicklung der Riesenstarthilfen nicht möglich gewesen. Die Herstellung von Pulverkörpern in immer größeren Abmessungen und Wandstärken, ohne daß Lunker und Haarrisse auftraten, deutete auf die sichere Beherrschung der Verarbeitungstechnik für rauchloses Pulver in allen seinen Schattierungen hin. Das Pulverwerk der Dynamit-Aktiengesellschaft unter Leitung von Direktor Mayer war Schrittmacher in der Herstellung der großen Dimensionen solcher Pulverkörper, wobei nicht vergessen werden soll zu erwähnen, daß die Fertigung von Sonderprofilen, wie Pulverfüllstücke, siehe oben, auch noch mitgezogen werden mußte, um die größte Wirtschaftlichkeit der Starthilfen zu erzielen.

Die technische Darstellung der Riesenstarthilfe oder Startstufe der mehrstufigen Raketen wurde gegeben, weil sie heute noch bei den amerikanischen Konstruktionen besonderes Interesse beansprucht. Die Mehrstufenraketen bedienen sich alle mehr oder weniger einer Starthilfe mit Feststoffantrieb, weil sie die einfachere und wirtschaftlichere Lösung gegenüber einem Flüssigkeitsantrieb ist.
Die Riesenstarthilfe wurde zum Startsignal für die Entwicklung der ersten ballistischen Mehrstufenrakete für die Fernzielbekämpfung auf der Basis des Feststoffantriebes.

Kap. XIX

Hitler und die schwere Artillerie

Welchen tieferen Grund mag Hitler gehabt haben, als er das Gerät Dora forderte? So haben sich die wenigen Offiziere und Techniker gefragt, welche von der Entwicklung dieses Gerätes Kenntnis hatten. Das hat sich auch der Verfasser immer wieder gefragt, als er zum ersten Male — das war im Jahre 1937 — über die große Geheimwaffe auf dem Heeresschießplatz Hillersleben andeutungsweise ins Bild gesetzt wurde. Es handelte sich um eine riesige Haubitze als Eisenbahngeschütz mit einem Kaliber von 80 cm, einem Geschoßgewicht von 6 500 kg und einer Reichweite von 30 km. So wurden die Leistungsdaten genannt. Es sollte die „Dicke Berta" des Ersten Weltkrieges in Superdimensionen sein. Ihre Betongranaten sollten die Maginotlinie aufbrechen, wie ein Nußknacker mit leichtem Druck die Schale einer Nuß aufbricht.
Eine schnell durchgeführte Berechnung ergab, daß das Gewicht dieses riesigen Eisenbahngeschützes in die Größenordnung von 1 500 to wies. Ein Koloß, ein Ungetüm, war im Entstehen begriffen, bei dem man sich immer wieder fragen mußte, welchem strategischen Fantasieschnörkel dieser Plan entsprungen war.
Ein großes Versuchsfeld in einer 10 km vorgeschobenen Stellung vor der Hauptfeuerstellung und abseits der normalen Schießbahn entstand. Nur wenige Menschen hatten mit Sonderausweisen „geheime Reichssache" Zugang zu diesem ganz aus dem Rahmen fallenden Erprobungsfeld. Wenn man entlang der Schußbahn auf die Außenstellungen, die bei 19 000 m lagen, an der 10 000 m-Marke das Sperrgebiet streifte, und es dann der Zufall wollte, daß in diesem Augenblick Flugzeuge der neuen Luftwaffe brausend vorbeiflogen, wurde man besonders nachdenklich. Man fragte sich: kann ein solches unbewegliches Riesengeschütz in einem künftigen Krieg überhaupt eine militärische Bedeutung haben? Man befand sich doch schon im Umbruch der Waffentechnik! Und nun sollte ein imaginäres Waffenpotential mit einem großen Aufwand

an Fachpersonal und noch riesigerem Materialaufwand geschaffen werden, das von Anfang an zur Bedeutungslosigkeit verurteilt sein mußte. Gewiß, es würde ein technisches Meisterwerk werden im Sinne der hohen Schule Krupp'scher Artilleriekonstruktionen. Aber dann, zu welchem kriegsentscheidenden Einsatz würde das Gerät befähigt sein, angesichts der drohenden und immer stärker werdenden Luftwaffe, für die es ein willkommenes Zielobjekt sein würde, selbst bei einer Abschirmung durch starke Flakabwehr? Aber man durfte ja im Grunde von der Existenz einer solchen Waffe gar nichts wissen.

Man konnte sich ausrechnen: Zwei Güterzüge mit einer Reihe von Sonderfahrgestellen waren für den Transport der Einzelteile des zerlegten Geschützes, weitere Güterzüge für den Transport der Munition, zerlegbaren Krananlagen bzw. Hebezeuge sonstiger Art notwendig. Kilometerlängen von Schienen, Tausende und Abertausende von Schwellen, Schottersteinen in rauhen Mengen zum Aufbau der Gleisstrecken waren erforderlich. Je mehr man nachdachte und sich vorstellte, wieviel Fachpersonal zur Vorbereitung der Feuerstellung und Montage der Haubitze wochenlang benötigt wurde, umso stärker kam die Erkenntnis, daß ein Phantom im Entstehen begriffen war. Ein einziger Treffer aus der Luft mußte dieses Riesengeschütz entscheidend lähmen. Aber Hitler befahl.

Überhaupt waren die schwere Artillerie und die schweren Panzer die Kernpunkte von Hitlers Rüstungsplanung. Er liebte es, in ganz großen Dimensionen sich zu bewegen. Solche Programme waren seine Sphäre. Neben dem Gerät Dora entstanden weitere Eisenbahngeschütztypen für schweres Flachfeuer. Es waren beabsichtigt die K 5 und K 12. Die K 5, ein Eisenbahngeschütz mit einem Kaliber von 28 cm, hatte eine Reichweite von 60 km. Dieses Gerät ist auch gebaut worden. Wie weit die K 12, ein noch weiter reichendes Flachfeuergeschütz als K 5, gebaut worden ist, entzieht sich der Kenntnis des Verfassers. Er vermutet, daß es sich um eine Neuauflage des Pariser Ferngeschützes in moderner Konstruktion jedoch ohne Hängewerk gehandelt hat.

Neben der Entwicklung der Eisenbahngeschütze für Steil- und Flachfeuer lief die motorisierte schwere Artillerie, dargestellt durch drei Entwicklungen der Firma Rheinmetall-Borsig. Es war die 60 cm-Haubitze Thor auf Selbstfahrlafette mit einem Gewicht von 110 to, ebenfalls für die Bekämpfung der Maginotlinie aus vorgeschobener Feuerstellung gedacht. Die Reichweite betrug nur 5 km. Thor ist jedoch bei der Bekämpfung der Maginotlinie nicht zum Einsatz gekommen. Sie sollte in kurzen Überraschungsschlägen angesetzt werden. Ferner war das schwere, motorisierte Flachfeuergeschütz K 3, mit einem Kaliber von 24 cm und einer Reichweite von 36, später 39 km sowie das motorisierte Steilfeuergeschütz M 1, mit einem Kaliber von 35 cm und einer Reichweite von 20 km entstanden. Das Gerät K 3 wurde in fünf Lasten gefahren, während das Gerät M 1 in sieben Lasten zerlegt und transportiert wurde.

Von allen schweren Geräten der Artillerie hat sich als einzige Waffe das schwere Flachfeuergeschütz K 3 bewährt — sogar hervorragend bewährt. Es wurde im Ver-

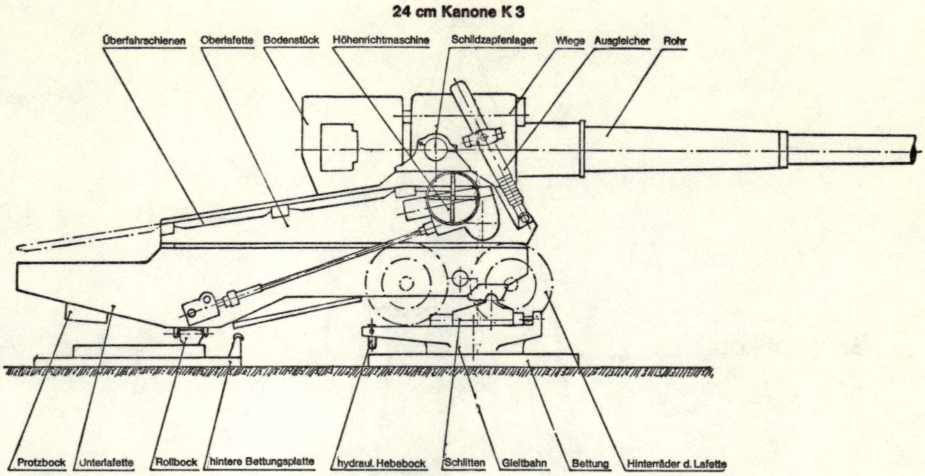

Skizze 26

band der Divisionsartillerie mitgeführt, war stets in vorderster Artilleriestellung zu finden und leistete bei der Bekämpfung der gegnerischen Aufmarschräume wertvollste Dienste. Die Zeit bis zur Feuerbereitschaft dieses schweren Flachfeuergeschützes nach dem Instellunggehen betrug knapp zwei Stunden. Es leistete dann den vorauseilenden Panzerspitzen wertvolle Schrittmacherdienste. In einer knappen Stunde war das Gerät auch fahrbereit. Da die Fahrzeuge mit Sonderanhänger und dem Gerätelastteil das Gewicht von 30 to nicht überschritten, konnten nahezu alle Brücken und selbst die Notbrücken passiert werden.

Nur eine Forderung der Truppe konnte das schwere Flachfeuergeschütz nicht erfüllen: die Reichweitensteigerung auf 60 km. Eine erste Reichweitensteigerung gelang durch die Entwicklung eines leichten Geschosses mit einer begrenzten Erhöhung der Mündungsgeschwindigkeit und einer hochwertigen ballistischen Außenform. Die Schußweite stieg von 36 auf 39 km. Der weitere Ansatz einer Schußweitensteigerung mit einem Flanschgeschoß, das aus dem Normalrohr mit konisch geformtem, nicht gezogenem Mündungsstück als Vorsatzstück verfeuert wurde, erbrachte Entfernungen bis auf 54 km. Allerdings haftete dem Geschoß der Mangel an, daß es in der Wirkung nur einer 17 cm-Sprenggranate entsprach.

Wenn man nach dem Ablauf des Ersten Kriegsjahres die Bilanz für den Wert der Entwicklungen bei der schweren Artillerie zog, kam man zu bitteren Erkenntnissen. Diese Waffenplanung war mit einer Ausnahme ein Fiasko. Die Strategie des Kriegsgeschehens hatte ganz andere Formen angenommen, als sie nach der klassischen Lehre erwartet werden konnte. Auch der taktische Einsatz der Waffen hatte sich vielfach gewandelt. Die Luftwaffe nahm in steigendem Maße an den Operationen der erdge-

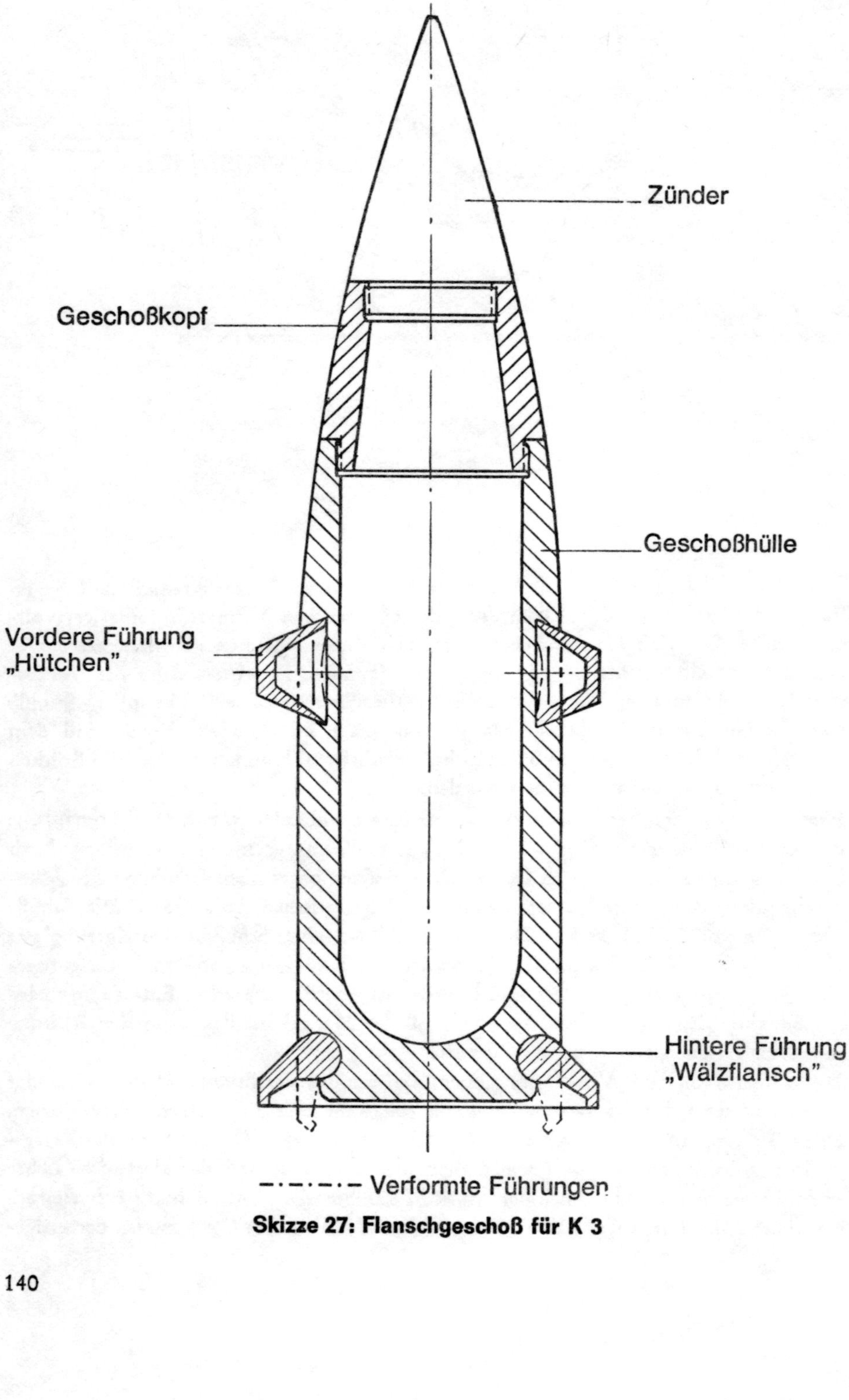

Skizze 27: Flanschgeschoß für K 3

bundenen Verbände teil und später in einem solchen Ausmaß, wie man es — trotz Douhet — niemals für möglich gehalten hätte. Diese neue Schule der Kriegskunst zeigten die Amerikaner in der letzten Phase des Krieges nach der Invasion in Frankreich. Man mag dagegenhalten, daß die Amerikaner es leicht gehabt hätten, weil das deutsche Volk und der deutsche Soldat ausgehöhlt und ausgeblutet waren. Ihr ganzes Rüstungspotential habe sich ungestört auswirken und so die Voraussetzungen für die entscheidenden Schläge gegen Ende des Krieges schaffen können. So war es aber nicht ganz. Die Amerikaner hatten frühzeitig genug die überragende Bedeutung der Luftwaffe im Kriegsgeschehen erkannt und sich mit allen Mitteln nach dem ersten, einzig richtigen Ziel ausgerichtet: die Luftherrschaft über Deutschland zu erringen. Das war die große amerikanische Strategie, die schneller in den Raum stieß, aus dem die Entscheidung fallen mußte. Und das war der große Fehler der deutschen, der Hitlerschen Strategie, daß sie die tödliche Gefahr, die nur aus der Luft kommen konnte, niemals ernst genug nahm. Und Hitler weigerte sich noch, sie zu erkennen, als wir uns schon mitten in ihr bewegten. Noch in der Zeit, als die Lawine ins Rollen zu kommen drohte, hätte er das Mißgeschick bannen können, wenn er einen militärischen und neben ihm einen technischen Generalstab gebildet hätte, ihre Meinung gehört und sich dieser gefügt hätte. Denn der schöpferische Geist der Deutschen konnte, von der Kernspaltung angefangen über die Rakete zum Flugzeugbau hin, Waffen anbieten, die das deutsche Volk aus seiner Bedrängnis und Not hätten herausführen können. Aber Hitler tat dies nicht, sondern ließ sich von einigen wenigen beraten, die nur seine eigene Meinung weitertönten.

Schon mitten in der Waffenkrise stieg Hitler noch einmal in ein schweres Gerät der Artillerie ein, das er als seine V-Waffe sehen wollte und in Parallele zu den beiden in Gang befindlichen Waffenentwicklungen V 1 und V 2 laufen ließ. Es war dies der „Tausendfüßler" oder das „fleißige Lieschen" oder die „Hochdruckpumpe". Zweimal ist die Tarnbezeichnung dieser Waffe geändert worden, wohl in der Erkenntnis, daß man aus den beiden ersten zu leicht auf den Grundgedanken dieser Waffe schließen könnte.

Bevor auf diese V-Waffe näher eingegangen wird, folge zunächst eine kurze Betrachtung über Sondergeschosse, die am Rande dieser Waffe auch aufgetreten, jedoch später von dem innenballistischen Problem überholt worden sind. Oberingenieur Cönders der Fa. Röchling hatte mit Erfolg sich der Entwicklung der sogenannten Langgeschosse und Langbomben mit Flügelstabilisierung zur Erreichung einer großen Zielwirkung — sei es durch Minenladung oder Panzerdurchschlag — verschrieben. Cönders gestaltete auf diese Weise auch die mittleren Kaliber der Artillerie und Bomben wirkungsvoller, als sie es bei der Verwendung der Normalgeschosse waren. Seine Konstruktionsgedanken für diese Sondergeschosse und Bomben resultierten aus der Überlegung, ihre Querschnittsbelastung so groß wie möglich zu wählen, um auf diese Weise die Verzögerung solcher Flugkörper durch den Luftwiderstand gering zu halten. So konnte man eine große Minenladung ins Ziel bringen oder, im anderen Fall, mit großer Auftreffwucht ein Panzerziel wirkungsvoll angreifen. Cönders hat mit diesen Konstruktionsgedanken, die an sich altes Erfahrungsgut der Waffentechnik darstellten, in starkem Maße das schon gestreifte Problem von flügelstabilisierten Geschossen aufgerollt. Eine Schwierigkeit ist bei dieser Entwicklung ungeklärt geblieben: Das Verhalten überlanger Panzergeschosse bei Schrägbeschuß: Bei Auftreffwinkeln, die kleiner als 60° sind, besteht bei den langen Geschossen die Gefahr, daß sie zu Bruch gehen, oder auch infolge des rückverlagerten Schwerpunktes von der Geschoßspitze leicht abgewiesen werden. Kleine Auftreffwinkel bei der Bekämpfung von Panzerungen sind aber keine Seltenheit.

Cönders hatte die Konstruktionsidee, aus einem Geschützrohr ein Geschoß mit großer Mündungsgeschwindigkeit zu verschießen, ohne daß die bei dem normalen Schießvorgang resultierende nachteilige Mitbeschleunigung eines Teiles der Pulverladung — wie in früheren Kapiteln bereits ausgeführt, wird etwa die Hälfte der Pulverladung mitbeschleunigt — notwendig sein sollte. Wenn man die Idee aufgriff, war man — so wie es dem Verfasser und sicherlich auch anderen Experten ergangen ist — zunächst verblüfft. Aber wenn man dann die Analyse eines solchen Schießvorhabens durchführte, erkannte man, daß einige Haken in der vorgeschlagenen Lösung steckten.

Mit dem Vorschlag von Cönders wurde das Gleichdruckrohr erneut belebt, das schon immer die größte Schußleistung bei geringsten Rohrlängen versprach. Jedoch Cönders hatte diese Idee gewandelt. Er wollte auf das Speichervolumen von hochgespannten Gasen im Ladungsraum verzichten und mit einer stationär dargestellten Gasenergie dem Geschoß auf dem Wege durch das Rohr seine Beschleunigung zuführen. Ihm schwebte das ruhend im Geschützrohr mit hoher spezifischer Spannung versehene Gaspolster vor, das mit gleichbleibendem Druck, also immer gleich beschleunigend, auf das Geschoß bis zur Erzielung seiner Anfangsgeschwindigkeit an der Rohrmündung wirkte.

Die Darstellung eines solchen Schußvorganges hatte jedoch einige imaginäre Vorzeichen. Für die Erzeugung des stationären Gaspolsters war zunächst einmal ein kontinuierlicher Zuschuß von innerer Gasspannungsenergie notwendig. Er mußte auf der ganzen Rohrlänge, und zwar in stetig schneller ablaufenden Verbrennungsvorgängen, geleistet werden. Das stationäre Gaspolster mußte in solcher Weise dauernd unter gleichbleibendem Druck aufgefüllt werden. Diese Auffüllung sollte von stufenweise über die Rohrlänge hin angeordneten zusätzlichen Ladungsräumen mit Teilpulverladungen erfolgen. Stetig brisanter werdendes Pulver mit fortlaufend schnellerer Zündung war in kürzester Zeiteinheit in hochgespannteste Gase umzubilden und dann in das Geschützrohr oder besser gesagt in das Seelenvolumen hineinzudrücken. Man mußte diese Zusatz-Gasvolumina doppelt schaffen, denn die zusätzlichen Ladungsräume mußten auch unter der Spannung des Gaspolsters im Rohr stehen.

Unterzieht man sich der Mühe und führt die Berechnung eines solchen Geschützrohres mit ruhend wirksamem Gaspolster zur Beschleunigung eines Geschosses mit Zusatzladungen durch, so kommt man zu dem Ergebnis, daß der Zuwachs an Geschoßgeschwindigkeit unter sonst gleichen Bedingungen für dieses Gleichdruckrohr gegenüber einem Normalrohr theoretisch betrachtet gerade 200 m/s ausmacht, wenn man die

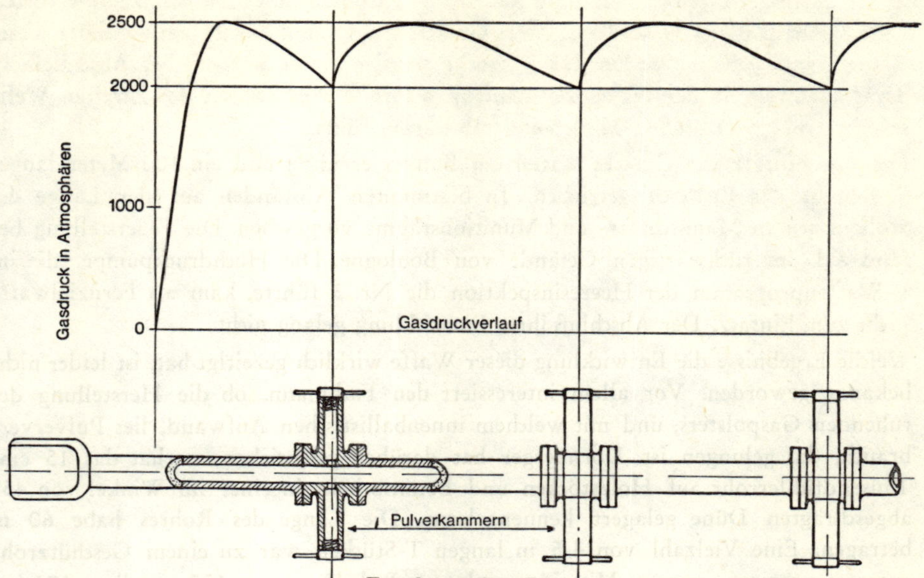

Fernkampfgerät
Gleichdruckrohr (Röchling)

Skizze 28: Hochdruckpumpe 15 cm

günstigen Annahmen für das Gleichdruckrohr nach Cönders übernimmt. Eine solche Lösung mußte ein imaginäres Gebilde werden. Es ist sicher, daß sie niemals wiederkehren wird.

Doch stellen wir uns nun einmal eine 15 cm-Kaliber-Konstruktion eines solchen Geschützes vor. Das Geschoß sollte eine Mündungsgeschwindigkeit von 2000 m/s für eine Reichweite von 170 km besitzen. Das Rohr selbst war 100 m lang und aus 100 Einzelstücken von je 1 Meter Länge zusammengesetzt. An den Stößen der Rohrstücke waren senkrecht zur Rohrachse diametral gegenüberstehend in Rohrverbindungsstücken zwei Pulverkammern angeordnet, insgesamt 200 an der Zahl, in die für jeden Schußvorgang die Einzelkartuschen eingeschoben und mit einfachen Verschlüssen verriegelt wurden. Das Rohr war auf seiner ganzen Länge mit einem rahmenartigen starren Unterbau verankert. Dieses starre Geschützsystem sollte in Kastenbauweise in einem unter 55° in das Erdreich getriebenen Tunnel von 100 m Länge für den Abschuß montiert werden. Die Breite des Tunnels betrug drei Meter, um dem Geschützsystem einige Strich Seitenrichtung geben zu können. Es wird nun auch verständlich, weshalb dieses Geschützsystem die Tarnbezeichnung „Tausendfüßler“ oder später „fleißiges Lieschen“ erhalten hat. Beide Tarnbezeichnungen kennzeichneten das Grundprinzip dieses Geschützes. Zwei Geräte, ein 15 und ein 21 cm Geschütz dieses Systems sind gebaut worden. Die Versuche wurden, unter hermetischer Abschließung der Außenwelt, in der Nähe von Misdroy während vier Jahren des Zweiten Weltkrieges von einem großen Mitarbeiterstab durchgeführt.

Für den Einsatz des Gerätes waren ein Bunker errichtet und ein 100 Meter langer Stollen in das Erdreich getrieben. In bestimmten Abständen auf der Länge des Stollens waren Mannschafts- und Munitionsräume vorgesehen. Die Feuerstellung befand sich im rückwärtigen Gelände von Boulogne. Die Hochdruckpumpe, die im V-Waffenprogramm der Heeresinspektion die Nr. 3 führte, kam als Fernzielwaffe nicht zum Einsatz. Der Abschluß ihrer Entwicklung gelang nicht.

Welche Ergebnisse die Entwicklung dieser Waffe wirklich gezeitigt hat, ist leider nicht bekannt geworden. Vor allem interessiert den Fachmann, ob die Herstellung des ruhenden Gaspolsters, und mit welchem innenballistischen Aufwand, lies Pulververbrauch, das gelungen ist. Dornberger hat darüber geschrieben; er hat das 15 cm-Tausendfüßlerrohr auf Holzstöcken und Betonsockeln in einer im Winkel von 45° abgeschrägten Düne gelagert kennengelernt. Die Länge des Rohres habe 60 m betragen. Eine Vielzahl von 4-5 m langen T-Stücken war zu einem Geschützrohr zusammengesetzt gewesen. Mit einer geplanten Rohrlänge von 150 m sollten 174 km Schußweite erreicht werden. Zu der Bedienung des Rohres mit Munition wäre eine Unzahl von Mannschaften erforderlich gewesen. Die Entwicklung des Geschützes sei aber noch keineswegs abgeschlossen gewesen. Fast bei jedem dritten Schuß hätte es eine Rohrsprengung gegeben; dann hätten neue Zwischenstücke eingebaut werden müssen.

Hitler hielt mit Verbissenheit an diesem letzten Fernzielgeschütz fest. Das hatte er während des ganzen Krieges getan. Das Urteil einsichtiger Offiziere und Techniker, die sich gegen ein solches Geschütz aussprachen, beeindruckte ihn nicht. Er befahl noch im Dezember 1944 den Einsatz mit verkürzter Rohrlänge und einer Reichweite von 60 km. Dornberger schreibt abschließend, daß nur wenige Schüsse aus den beiden Versuchsgeräten in Belgien abgegeben und diese dann gesprengt worden wären.

Das letzte Fernzielgeschütz war ein Pulver-Stufengeschütz, so kann man den Tausendfüßler auch definieren. Es gab noch eine andere Entwicklung im V-Waffenprogramm der Inspektion des Heeres, die unter der Nr. 4 lief, das war die Pulver-Stufenrakete. Wenn auch diese beiden Lösungen nichts miteinander verband, so ist es doch immerhin bezeichnend, daß es in der Schußwaffentechnik auch ein einziges Mal den Versuch eines Pulverstufengeschützes gegeben hat, das den Schlußstrich unter die Entwicklung der Fernkampfartillerie setzte.

VERK MARIENFELDE
6 Rohbau

27
Lochpresse 3500 to

28 Ziehpresse 1500 to

WERK MARIENFELDE und LEBA

29 Montageraum Schwere Bombenhüllen

Kap. XX

Marienfelde und Leba

Die in den Jahren 1936 bis 1939 nur zögernd angelassene Entwicklung der Abwurfmunition für Kampfflugzeuge und das Fehlen von modernen Angriffswaffen für diese hatten eine Schwerpunktbildung bei der Luftwaffe erforderlich gemacht. Mit dieser Schwerpunktbildung wurde der Verfasser beauftragt. Es galt, die Voraussetzungen für schnelle Durchführung von Forschungen und Entwicklungen der Luftwaffen-Munition zu schaffen. Denn immer wieder hatte sich gezeigt, daß die Entwicklungsvorhaben nicht ungestört ablaufen konnten, wenn man nicht über ein Entwicklungswerk und eine Erprobungsstelle verfügte.

So entstand das Entwicklungswerk der Luftwaffe für Abwurfmunition und Raketen in Berlin-Marienfelde. Aus dem Entwickungspotential der Firma Rheinmetall konnte nur eine kleine Gruppe von Ingenieuren und Facharbeitern für dies Vorhaben abgezweigt werden. Alles andere mußte der Initiative der Leitung überlassen werden, wenn sie zu Lösungen kommen wollte, die den Belangen der Luftwaffe gerecht wurden. Ein schwieriges Vorhaben, an der Schwelle des Zweiten Weltkrieges, wo die nötige Beweglichkeit bei der Beschaffung der messtechnischen Geräte, des Maschinenparks und des Warmbetriebes nicht mehr gegeben war! Außerdem hatte schon der Kampf um die Arbeitskräfte begonnen. Sicherlich war es auch nicht gerade günstig, dies Entwicklungswerk in der Nähe von Berlin aufzubauen; denn dort lagen die Arbeitsverhältnisse besonders schwierig. Der Bau eines neuen Güterwagenausbesserungswerkes der Reichsbahn war in Angriff genommen. Die Reichsbahnbaudirektion war bereit, dieses Objekt der Luftwaffe zu überlassen, weil alle zivilen Bauvorhaben gesperrt waren. Tatsächlich konnte mit nur einer einzigen Ausnahme, nämlich der Vergrößerung der Höhe der Hauptwerkstatt, das Bauvorhaben en bloc übernommen werden. Die größere Bauhöhe dieser Werkstatt war notwendig, um die schwere Lochpresse von 3500 to, die eine Bauhöhe von 17 m hatte, unterzubringen. Die Ziehpresse von 1 500 to ordnete sich in die räumliche Aufteilung dieses Betriebes gut ein. Ein Nebenbetrieb wurde als Vergütungsanlage für die schweren Panzer-Bombenhüllen im kontinuierlichen Arbeitsprozess eingerichtet. Die Hauptwerkstatt selbst war mit der mechanischen Maschinenkapazität belegt, und eine weitere größere Arbeitsfläche stand für die Herstellung von Null-Serien der schweren Abwurfmunition zur Verfügung. Auch die Munition für das überschwere Gerät Thor war noch nicht untergebracht. Ihre Erstellung mußte in einem Erweiterungsbau vorgenommen werden, der sich an das Bauvorhaben anschloß. Im ersten Kriegsjahr stand die Entwicklung der schweren Panzerbomben im Vordergrund. Es handelte sich um die Typen Pauline und Paul. Eine weitere große Type, die Halbpanzerbombe Fritz, im Gewicht von 1400 kg, schob sich weiter schnell nach vorn. Die Raketentechnik griff bereits auf die Flakabwehr über. Dank der intensiven Entwicklung der Pulverraketen war man zu der Konstruktion von ungesteuerten Flaraketen mit einer Reichweite von 7 km gelangt, die eine erste Raketenflak, die R-Fla 42, als nützlich erscheinen ließ. Auch die Munition für diese Raketenwaffe wurde in das Entwicklungsprogramm des Werkes Marienfelde einbezogen.

Inzwischen war die Entwicklung und Erprobung der ferngesteuerten Panzerbombe, die bereits in dem Kapitel Ballastbeschleuniger erwähnt wurde, in der deutschen Versuchsanstalt für Luftfahrt unter der Leitung von Dr. Max Kramer so weit fortgeschritten, daß auch die Planung für die ersten Null-Serien dieser neuartigen Abwurfmunition vorzunehmen war. Man verwendete für diese neue Abwurfmunition den Panzerkopf des Gerätes Fritz, das mit dem Kastenleitwerk versehen wurde. Dieses Gerät erhielt zur Unterscheidung von der normalen Fritz-Type die Bezeichnung Fritz X. Der Buchstabe X ließ erkennen, daß es sich um ein Kreuzflügler-Gerät handelte.

Das Entwicklungswerk Marienfelde konnte nur dann die ihm gestellten Aufgaben kurzzeitig durchführen, wenn gleichzeitig auch die erforderlichen Erprobungen in stetigem Fluß vonstatten gingen. Man hatte bis zum Anfang des Krieges sich so geholfen, daß die Erprobung der Minenabwurfmunition auf dem Schießplatz Unterlüss oder der Erprobungsstelle der Luftwaffe Rechlin erfolgte. Wenn dieser Schießplatz auch bereits durch die vielen Entwicklungen sehr überlastet war, so gab es immer noch gewisse Möglichkeiten, die Flugversuche begrenzt einzuplanen. Es war aber nicht zu verkennen, daß dies eine Notlösung war, die nicht mehr lange aufrecht erhalten werden konnte. Der Erprobung der Abwurfmunition auf dem Gelände Unterlüss kam der Umstand zu statten, daß sich in unmittelbarer Nähe der Einsatzhafen der Luftwaffe, Fassberg, befand. Die Entfernungen zwischen dem Schießplatz Unterlüss und dem Rollfeld des Flugplatzes Fassberg mit den Flugzeughangars und Werkstätten betrug nur 20 km. Dank der Hilfsbereitschaft der Flugplatzleitung konnten die Versuche mit der Abwurfmunition im großen und ganzen reibungslos ablaufen, wenn man sich vorher zeitlich auf beiden Plätzen abgestimmt hatte. Dies wurde mit einem Schlage anders, als der Zweite Weltkrieg begonnen hatte. Von diesem Zeitpunkt ab war der Schießplatz Unterlüss nur mehr eine Artilleriegeräteabnahmestelle. Tag und Nacht wurden die aus den Werkstätten einlaufenden Geschütze angeschossen, um sie der Truppe zur Verfügung stellen zu können. Die Abnahmekommandos von Heer und Marine fanden überhaupt keine Ruhe mehr. Im Durchschnitt wurden monatlich 2 500 Geschütze aller Größenordnungen angeschossen und abgenommen. Der Abnahmebeschuß erstreckte sich von den 2 cm Maschinen- über 3,7 cm Automaten- und Flakwaffen, der halbautomatischen Bordflak der Marine, 8,8 cm Flakgeschützen beider Wehrmachtsteile, leichteren und schwereren Haubitzen bis zum 21 cm Mörser des Heeres. Der Schießplatz hatte vom Jahre 1937 ab auch noch die sogenannte Hilfsfeuerstellung Dalle in die Schießvorhaben für große Entfernungen einbezogen, wobei es notwendig wurde, über die Eisenbahnlinie Celle-Uelzen zu schießen. Das konnte nur mit besonderen Sicherungsmaßnahmen und in Zeiten geschehen, in denen kein Zugverkehr auf dem überschossenen Schienenstrang stattfand. Durch die Einbeziehung der Feuerstellung Dalle konnte eine Schußentfernung von rund 25 km erreicht werden. Aber diese Notlösung war auch nur ein Tropfen auf den heißen Stein, denn die neue Schußentfernung erwies sich auch bald schon als zu kurz, erst recht für Raketenvorhaben.

Es war klar, daß die Entwicklungsvorhaben der Luftwaffe auf dem Schießplatz Unterlüss nicht mehr weitergeführt werden konnten, weil der Schießplatz völlig überlastet und der Flugplatz Fassberg nunmehr Einsatzflughafen der Luftwaffe geworden war. So mußte man auf die Suche nach einer neuen Erprobungsstelle gehen. Da sich die Nordseeküste schon nicht mehr anbot, weil sie im Bereich der feindlichen Aufklärung lag, wies der Weg zu einer neuen Erprobungsstelle zwangsläufig zur Ostsee. Es war aber kaum möglich, ein geeignetes Gelände zu finden, da der ganze Küstenstreifen von der Lübecker Bucht bis zur Kurischen Nehrung mit militärischen Planungsvorhaben belegt war. Es gab bereits das Versuchsgelände Peenemünde West und Ost, den Flakschießplatz Wustrow, den Schießplatz des Heeres Rügenwalde. Danzig und Gdingen fielen für die Wahl eines Erprobungsplatzes aus, und weiter östlich hatte sich die Marine mit mehreren Küstenstationen bereits festgelegt. Ein einziger, begrenzter Küstenstreifen war noch nicht verplant, nämlich das Ufer in der Nähe des kleinen Ortes Leba. Es war eine Küste für Menschen, die Ruhe und Erholung in der Einsamkeit suchten und nicht den Luxus moderner Ostseebäder liebten. Natürlich war man in Leba von dem neuen Beginnen alles andere als begeistert; denn die Sorge war groß, daß Leba auch einmal Ziel eines Luftangriffes werden könnte, wenn bekannt würde, daß dort militärische Entwicklungsvorhaben erprobt würden. Schließlich aber überwand Einsicht von der Notwendigkeit einer solchen Erprobungsstelle bei den Bewohnern von Leba die letzten Widerstände.

Ursprünglich war beabsichtigt, in Leba nur Abwurfmunition zu erproben, sei es in Form der weiteren Entwicklung von Raketenbomben oder der Abwurfmunition des Y-Programms, deren Wurfbahnen mit Foto- oder Kinotheodoliten vermessen werden sollten. In der Zeit der Planung dieser Erprobungsstelle fielen jedoch schon Entwicklungen des Reichsluftfahrtministeriums an, die man in Leba erproben wollte.

Es drehte sich um die Entwicklung der großen Bordraketen vom Typ der R 50 und R 100. Ursprünglich waren diese flügelstabilisierten schweren Bordraketen, die auf kurzen Schienen unter den Tragflächen der Schlachtflugzeuge angeordnet waren, zur Auflösung der in geschlossenen Formationen fliegenden feindlichen Kampfverbände gedacht. Da jedoch, wie schon früher ausgeführt, Minenladungen nur einen begrenzten Wirkbereich hatten, suchte man nach anderen Lösungen für wirksamere Nutzlasten der Raketenköpfe. Nach vielen Tastversuchen wurden wahlweise Klein-Minen mit je 400 gr. Sprengstoff und Aufschlagzünder oder Brandsplitter aus dem Nutzlastkopf über einen elektrischen Zeitzünder in der Nähe des Bombenzieles schrapnellartig mit einem Kegelwinkel von 30° mit einer kleinen Pulverladung ausgestoßen. Diese Ausbildung des Nutzlastkopfes lief parallel zu der Umstellung der Flakgranaten auf Brandschrapnell- und Brandsplittergeschosse. Die Erfolgswahrscheinlichkeit dieser beiden schweren Sonderraketen war eine vielfache gegenüber der aus einem Rohr

Bt 2

Skizze 29
Lufttorpedo mit Bremshilfe

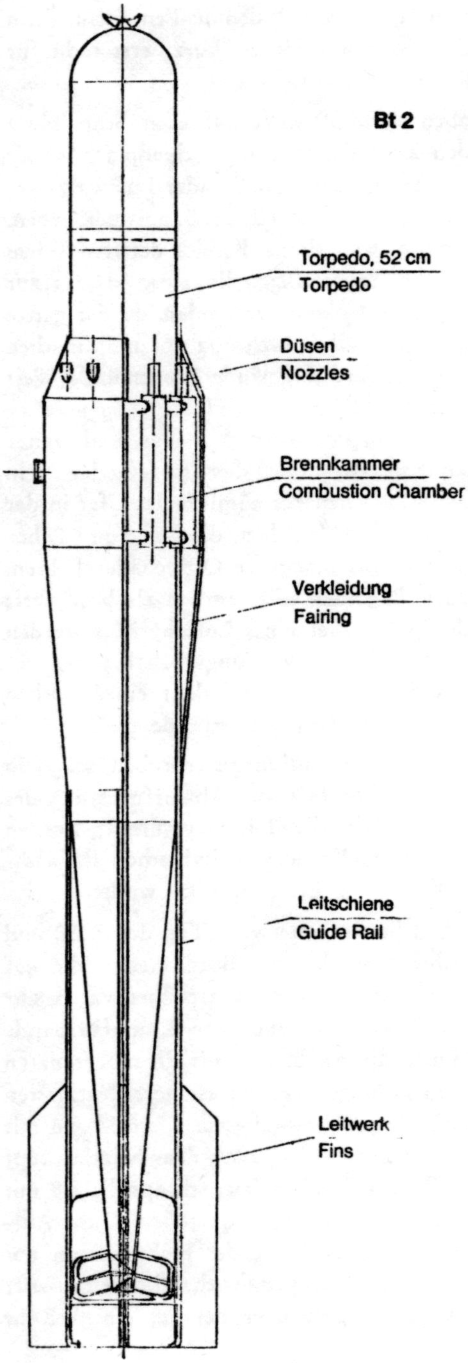

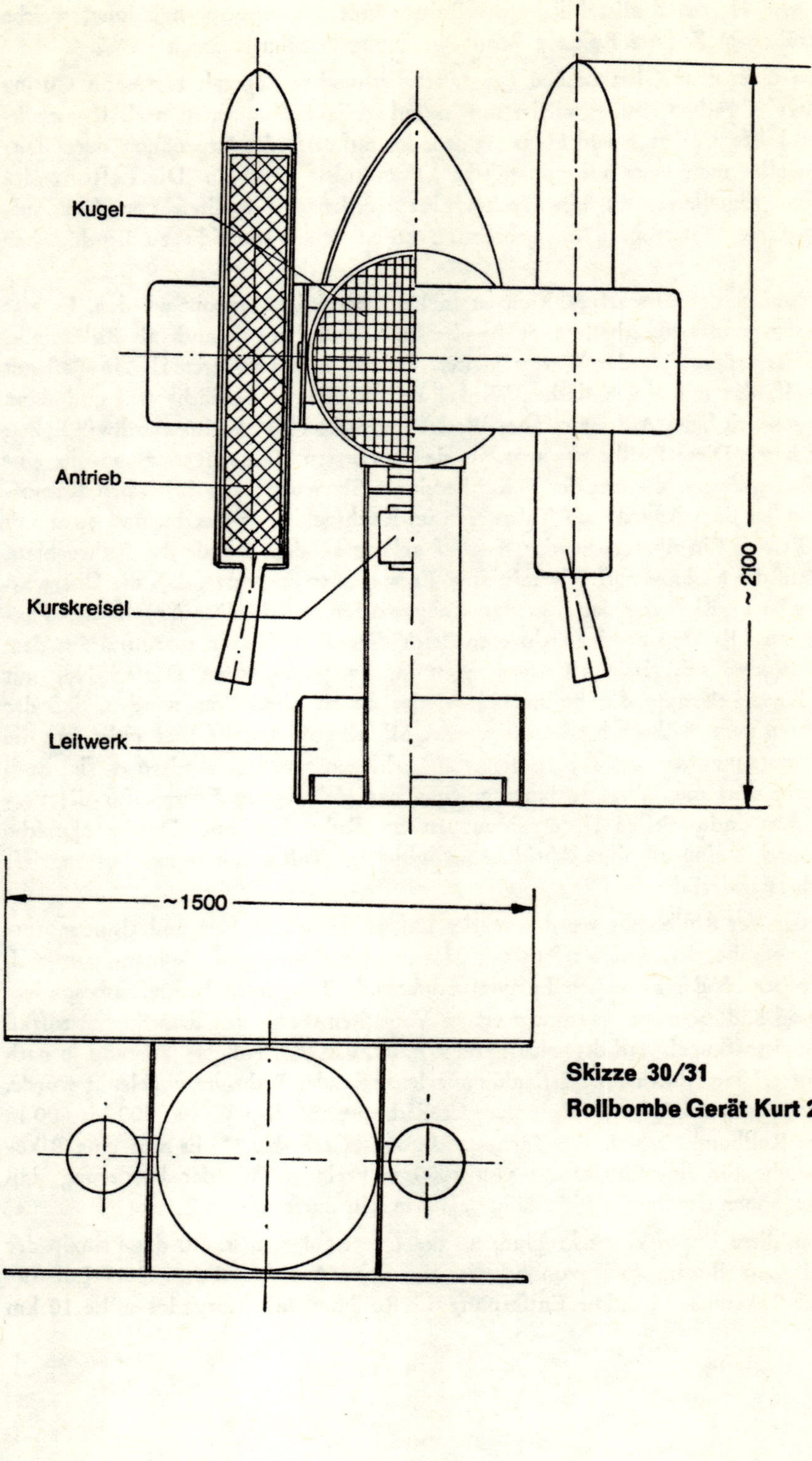

Skizze 30/31
Rollbombe Gerät Kurt 2000

geschossenen 21 cm drallstabilisierten Rakete mit 9,5 kg Sprengladung, welche bereits früher im Kapitel Raketen-Bordbewaffnung erwähnt worden ist.

Gedanken über neue Gleitbomben der Luftfahrtforschungsanstalt Hermann Göring Braunschweig brachen immer wieder durch, und schließlich tauchten auch Konstruktionen und Bremsraketen für Flugzeugtorpedos auf. Bei der Erprobung der Gleitbomben wollte man neue aerodynamische Erkenntnisse sammeln. Die Lufttorpedos sollten von schnelleren Maschinen mitgeführt werden und mußten vor dem Auftreffen auf die Wasseroberfläche gebremst werden, wenn sie nicht zu Bruch gehen sollten.

Eine Spezialart der Abwurfmunition ist in Leba besonders erprobt worden. Es war dies die sogenannte rikoschetierende Bombe; man bezeichnet sie auch als Rollbombe, die gewissermaßen über das Wasser gleitet. Es war nichts anderes als ein Faß mit Sprengstoff, das mit einem flachen Winkel auf die Wasseroberfläche traf und dann in Sprüngen sich beim Aufsetzen vom Wasser abdrückte, bis es seine Geschwindigkeit verloren hatte. Diese Rollbombe war, als sie zum ersten Male eingesetzt wurde, eine große Überraschung, die uns der Feind bereitete. Sie wurde von britischen Kampfflugzeugen bei dem Angriff auf Talsperren im Reichsgebiet eingesetzt, und zwar mit großem Erfolg. Ein überraschender Angriff gelang an dem Rande des Ruhrgebiets, nämlich auf die Möhne- und Edertalsperre. Er wurde so angesetzt, daß die Überwasserrollbombe in Richtung der Staumauer abgeworfen wurde. Der Angriff der Engländer gelang. Es kam zu einer schweren Beschädigung der Staumauer, und aus dem Stausee ergossen sich riesige Wassermengen in die benachbarten Dörfer. Nur mit großem Einsatz konnte die Staumauer wieder soweit abgestützt werden, daß der Wasserstrom zum Stillstand gebracht wurde. Mit diesem Angriff war nicht nur die Wasserversorgungsader des Ruhrgebietes angeschlagen worden, sondern es fiel auch ein Teil der dort mit Wasserturbinen gewonnenen elektrischen Energie für die Versorgung von industriellen Unternehmungen im Ruhrgebiet aus. Der erfolgreiche Angriff machte eine absolute Absicherung wichtiger Talsperren gegen Luftangriffe zusätzlich erforderlich.

Das Prinzip der Rollbombe wurde von der Luftwaffe aufgegriffen und als neue Entwicklungsaufgabe dem Luftwaffenwerk Marienfelde übertragen; denn es gab auch im Kampfbereich der deutschen Luftwaffe lohnende Talsperrenobjekte, insbesondere in Ost- und Südosteuropa. Nach den ersten Versuchen wurde aus dem Sprengstoffaß eine Sprengstoffkugel, nachdem sich gezeigt hatte, daß das Faß bei Seegang je nach seiner Auftrefflage durch die Wellenkämme leicht in der Richtung abgelenkt wurde. Die Kugel dagegen hüpfte in schnurgerader Richtung auf dem Wasser 500 bis 600 m weit. Die Rollbombe erhielt die Tarnbezeichnung „Gerät Kurt". Es war eine Rikoschetierbombe für eine Entfernung von 1000 m verlangt, mit der Forderung, daß die Sprunghöhen der Bombe nicht höher als 5 m sein durften.

Noch war diese Entwicklung in Fluß, als die Überlegung entstand, das Prinzip der Rollbombe zur Bekämpfung von Schiffszielen anzusetzen, in Form eines Lufttorpedos mit Raketenantrieb. Die Entfernung des Rollbombenlufttorpedos sollte 10 km

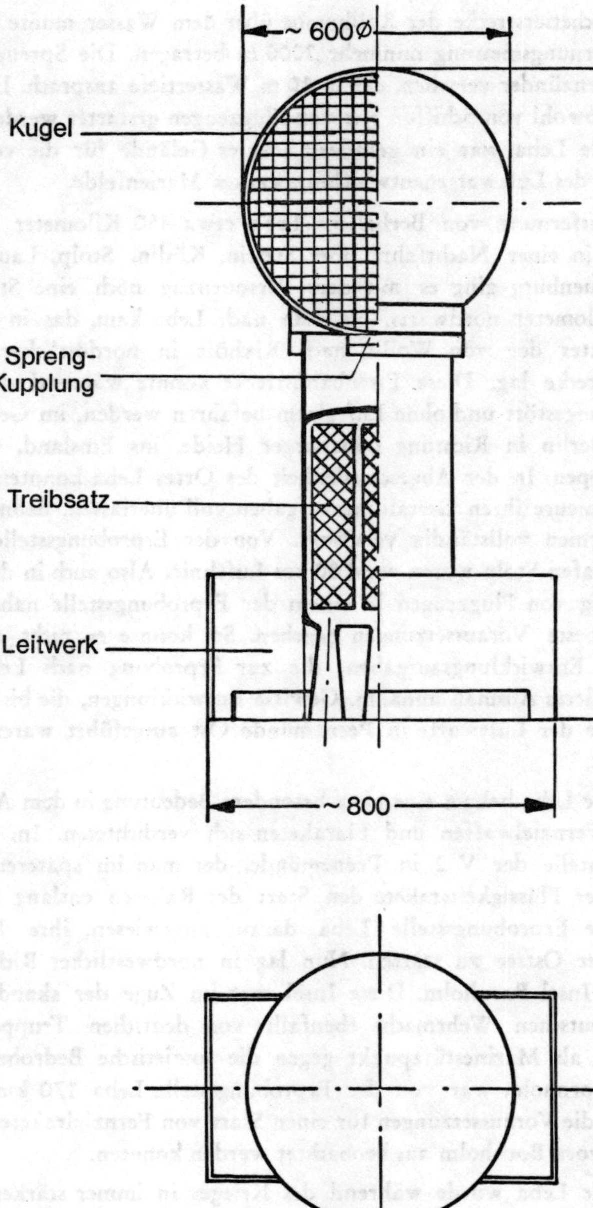

Skizze 30: Gerät „Kurt" — Rollbombe

betragen, die Rikoschetierstrecke der Rollbombe über dem Wasser mußte wegen der Fehler in der Entfernungsmessung nunmehr 2000 m betragen. Die Sprengstoffkugel war mit einem Tiefenzünder versehen, der in 10 m Wassertiefe ansprach. Das „Gerät Kurt 2000" sollte sowohl von Schiffen wie von Flugzeugen gestartet werden können. Die Erprobungsstelle Leba war ein geradezu ideales Gelände für die verschiedenartigsten Aufgaben des Luftwaffenentwicklungswerkes Marienfelde.

Wenn auch die Entfernung von Berlin bis Leba etwa 450 Kilometer betrug, so war das Reiseziel in einer Nachtfahrt über Stettin, Köslin, Stolp, Lauenburg zu erreichen. Von Lauenburg ging es mit dem Personenzug noch eine Strecke von etwa 30 bis 45 Kilometer nordwärts, bis man nach Leba kam, das in der Nähe des höchsten Punktes der von Wollin nach Rixhöft in nordöstlicher Richtung ziehenden Küstenstrecke lag. Diese Eisenbahnstrecke konnte während des größten Teiles des Krieges ungestört und ohne Luftalarm befahren werden, im Gegensatz zu den Fahrten von Berlin in Richtung Lüneburger Heide, ins Emsland, d. h. nach Unterlüss oder Meppen. In der Abgeschiedenheit des Ortes Leba konnten sich auch die planenden Ingenieure ihren Gestaltungsaufgaben voll überlassen, denn sie waren von den Fliegeralarmen vollständig verschont. Von der Erprobungsstelle Leba bis zum nächsten Flughafen Stolp waren rund 80 km Luftlinie. Also auch in dieser Richtung, d. h. Beladung von Flugzeugen in einem der Erprobungsstelle nahegelegenen Flughafen, waren beste Voraussetzungen gegeben. So konnte es nicht ausbleiben, daß die Zahl der Entwicklungsaufgaben, die zur Erprobung nach Leba verlegt wurden, immer größeres Ausmaß annahm. Gewisse Entwicklungen, die bis dahin auf der Erprobungsstelle der Luftwaffe in Peenemünde Ost ausgeführt waren, wurden nach Leba verlagert.

Die Erprobungsstelle Leba bekam eine ganz besondere Bedeutung in dem Augenblick, als die Pläne für Fernzielwaffen und Flaraketen sich verdichteten. Im Gegensatz zu der Erprobungsstelle der V 2 in Peenemünde, der man im späteren Stadium der Entwicklung der Flüssigkeitsrakete den Start der Raketen entlang der Küste gestattete, war die Erprobungsstelle Leba darauf angewiesen, ihre Fernzielraketen im Gebiet der Ostsee zu starten. Nun lag in nordwestlicher Richtung von Leba die dänische Insel Bornholm. Diese Insel war im Zuge der skandinavischen Expedition der deutschen Wehrmacht ebenfalls von deutschen Truppen besetzt worden und diente als Marinestützpunkt gegen die sowjetische Bedrohung in der Ostsee. Die Insel Bornholm war von der Erprobungsstelle Leba 170 km entfernt. So waren also auch die Voraussetzungen für einen Start von Fernzielraketen gegeben, deren Reichweiten vorn Bornholm aus beobachtet werden konnten.

Die Erprobungsstelle Leba wurde während des Krieges in immer stärkerem Maße ausgebaut, denn die Luftwaffe erkannte ihre gute Eignung für ungestörte Entwicklungen. Neben den Feuerstellungen wurden große Tanklager gebaut. Alle Anlagen konnten in der Kiefernschonung in der Nähe des Strandes gut getarnt werden. Eine Reihe von Vermessungsstationen und stationäre Prüfstände für die erste Erprobung von Triebwerken im Standversuch wurden errichtet. In der letzten Phase des Krieges nannte man die Erprobungsstelle nur noch Klein-Peenemünde. Sie war bereits als Ausweichstelle für Peenemünde-Ost vorgesehen, falls diese Versuchsstation der Luftwaffe ein Opfer der feindlichen Bombenangriffe sein würde. Im November 1943 kam es zu dem schweren Bombenangriff auf Peenemünde, der den größten Teil der Versuchsanlagen zerstörte. In diesem Augenblick wurde der Gedanke der Verlagerung von Peenemünde-Ost nach Leba ernsthaft erwogen. Sie fand jedoch nicht statt, weil inzwischen die Übermacht der feindlichen Kampfflugzeuge und ihr ungestörter Einbruch auf deutsches Gebiet so groß war, daß die ersten Aufklärungsflüge der feindlichen Luftstreitkräfte schon bis nach Danzig und schließlich Königsberg vorstießen. Es hätte dann auch Leba nur ein zeitlich begrenztes Versuchsfeld bis zu dem Augenblick sein können, in dem seine Bedeutung von der Feindseite erkannt und dann auch der Einsatz gegen dieses Flugziel vorgenommen worden wäre. Man fand eine Behelfslösung derart, daß in Peenemünde nur noch gewisse Erprobungen in den unversehrt gebliebenen Laboratorien auf den Meßstationen durchgeführt wurden, während die Fertigung der Raketen V 2 von Peenemünde in die Tucheler Heide teilweise verlagert wurde.

Erste Gedanken zur Entwicklung einer Mehrstufenrakete

Da waren sie nun, die Giganten der deutschen schweren Artillerie, die Selbstfahrhaubitze Thor, die Eisenbahn-Haubitze Dora und die Eisenbahnflachbahngeschütze K 5 und K 12.

Auf der einen Seite waren es Spezialwaffen für die Brechung des Widerstandes in der Maginotlinie, auf der anderen Seite waren K 5 und K 12 Langrohrgeschütze mit Eisenbahnbettung für große Kampfentfernungen bis 60, sogar bis 150 km. Diese stählernen Riesen waren jedoch für die modernen, in tiefen Räumen sich abspielenden Kampfhandlungen vollständig ungeeignet. Man stelle sich eine K 12 im östlichen Kampfgebiet vor, in dem große Kesselschlachten geliefert und Tausende von Quadratkilometern in das Schlachtfeld einbezogen wurden, unbeweglich und mit enormem Aufwand für die Herrichtung der Feuerstellungen und der Schußbereitschaft. Diese Giganten gehörten schon, noch ehe sie entwickelt wurden, einer vergangenen Zeit an. Sie lagen auf der gleichen Linie wie die strategisch sehr in Frage gestellten schweren Kriegsschiffeinheiten.

Man suchte nach Einsatzmöglichkeiten für die Riesen, deren zusammengeballte Kampfkraft einst unbesiegbar war; aber man fand keine. Die Deutschen versuchten, die Geräte umzukonstruieren und anderen Kampfaufgaben zuzuführen. Aber auch da ergaben sich keine vernünftigen technischen Lösungen für das Gerät Thor, ganz zu schweigen von den Eisenbahngeschützen. Churchill und die britische Admiralität hatten auf der Gegenseite mit ihrer stolzen Flotte ähnliche Sorgen.

Für die Truppe forderte man bewegliche schwere Artillerie. Man verwies auf das Beispiel K 3, die bei schnellgeführten Operationen entscheidend zuschlagen konnte. Man benötigte eine Artillerie zum Zerschlagen der Aufmärsche, die sich bei den motorisierten Divisionen in Räumen von 100 km Tiefe und Breite vollzogen. Es gab keine Waffen, die in der Lage waren, diese Aufmarschräume anzugreifen oder Zangenbewegungen zu verhindern. Es gab natürlich die Luftwaffe, aber sie konnte nur dann wirksam sein, wenn sie die absolute Luftüberlegenheit besaß. Diese aber war nach der verlorenen Schlacht um England selbst im Osten bei schrumpfendem Bestand und unzureichender Ausbringung von Kampfmaschinen nur noch teilweise vorhanden. Mit jedem Kriegstag gewann dagegen die feindliche Luftwaffe an Raum. Die Heeresverbände wurden mehr und mehr gezwungen, sich nur mehr mit ihrer wehrmachtseigenen Taktik zu behaupten.

In langjährigen Entwicklungsarbeiten waren die Grundlagen geschaffen, der Fernkampfartillerie die entscheidende Wende zu geben. Die Geschützleistungen konnten nicht mehr gesteigert werden, wenn sie der geforderten Beweglichkeit entsprechen sollten. Die Aufwendungen für die Lafettierung der Geschützleistungen konnten nicht mehr gesteigert werden, wenn sie der geforderten Beweglichkeit entsprechen sollten. Die Aufwendungen für die Lafettierung der Geschütze waren riesig geworden. Die von den Taktikern der Fernkampfartillerie gestellte Aufgabe lautete: Wir benötigen Geräte mit Schußentfernungen bis 100 km. Die Munition muß ebenso wirksam sein wie eine 250 oder 500 kg Minenbombe. Der schwere Minenwerfer des Ersten Weltkrieges sollte neu gestaltet werden, seine Reichweite das 50fache derjenigen betragen, die von früher her bekannt war.

Mit den Entwicklungsgedanken für eine flügelstabilisierte Bordrakete, mit den Ballastbeschleunigern der schweren Panzerbomben und schließlich mit der Schaffung der Starthilfen für die schweren Katapulte, war die Bahn für eine neue Fernkampfartillerie frei. Die Leistungssteigerung der Feststoffrakete war soweit vorangetrieben, daß man einer flügelstabilisierten Rakete mit einer Nutzlast von 10% ihres Gewichts eine Brennschlußgeschwindigkeit von 750 m/s geben konnte. Die Brennzeiten der entwickelten Pulverrakete lagen durchweg bei 1 s., in vereinzelten Fällen bei 2 s. und bei der Starthilfe bei 3 s. Wollte man eine längere Brenndauer erreichen, so benötigte man hierfür Pulverhohlzylinder mit größerer Wandstärke. Ein solches Anliegen wurde der Dynamit AG, Werk Düneburg, Direktor Meyer, vorgetragen. Er erklärte sich bereit, Pulverkörper herzustellen mit einer Länge von 3 m, einem äußeren Durchmesser von 230 mm und einem inneren Bohrungsdurchmesser von 20 mm. Direktor Meyer sah keine Schwierigkeiten, solche massiven Pulverkörper einwandfrei, d. h. also lunkerfrei, herzustellen. Die schweren Pressen in der Pulverfabrik reichten für die Herstellung solcher Pulverknüppel aus.

Wollte man Fernzielraketen schaffen, die bis zu einer Entfernung von 100 km trugen, so war eine theoretische Brennschlußgeschwindigkeit *) der Rakete von 1350 m/s erforderlich. Diese Geschwindigkeit reicht für ein Geschoß, das aus einer Schußwaffe verfeuert wird, nicht aus, um diese Entfernung zu erreichen. Wählt man dagegen einen Raketenantrieb für den Wurfkörper, so wird er vom Erdboden mit einem bestimmten Aufsatzwinkel gestartet und erfährt auf seinem ersten Bahnteil eine zunehmende Geschwindigkeit, bis er schließlich in großen Höhen jene Endgeschwindigkeit erreicht, die ihm der Antrieb aufdrückt. Die Rakete durcheilt die Luftdichte in Erdnähe mit einer relativ kleinen Geschwindigkeit, denn die größere wird ihr erst in Zonen geringerer Luftdichte vermittelt. Infolgedessen verliert die Rakete auf dem ansteigenden Ast der Flugbahn viel weniger an Geschwindigkeit als das, aus einer Rohrmündung mit großer Mündungsgeschwindigkeit austretende, Geschoß. Das trifft auch noch zu, wenn man bei der Rakete eine relativ ungünstige ballistische Außenform, nämlich die mit einer Flügelstabilisierung voraussetzen muß. Ein gut gestaltetes flügelstabilisiertes Geschoß oder auch Rakete hat etwa 25% mehr Luftwiderstand als ein drallstabilisiertes Geschoß oder Rakete. Das gilt in gleicher Weise für alle Luftdichten.

In den vorstehenden Ausführungen war festgestellt worden, daß die optimale theoretische Brennschlußgeschwindigkeit einer flügelstabilisierten Rakete, die eine Nutzlast von 10% besitzt, bei etwa 750 m/s lag. Es war also nicht denkbar, mit einer Pulverrakete die geforderte Brennschlußgeschwindigkeit von 1350 m/s zu erreichen. Vielmehr mußte man mehrere Raketen zusammensetzen, und zwar in einer solchen Weise, daß die einzelnen Raketenantriebe sich von der weiterfliegenden Rakete in dem Augenblick trennten, wo die Verbrennung der Pulvergase in jenen abgeschlossen war. Wiederholte man diesen Vorgang mehrere Male, wurde den weiterfliegenden Flugkörpern einer solchen zusammengesetzten Rakete mit jedem Impuls einer Teilrakete eine zusätzliche Geschwindigkeit erteilt. Der schließlich allein weiterfliegende Restteil der Rakete mit seinem eigenen Antrieb konnte sehr große Bahngeschwindigkeiten erzielen.

Diese Zuordnung von mehreren Raketenkörpern zur Beschleunigung einer Endrakete nennt man Stufenrakete. Je nach dem, ob man 2, 3 oder mehrere Raketenkörper zu einem Raketenflugkörper zusammensetzt, spricht man von einer 2, 3 oder mehrstufigen Rakete.

Prof. Oberth, der bekannte Raketenforscher, hatte sich mit dem Problem der Mehrstufenrakete bereits theoretisch auseinandergesetzt und in der Meisterung dieses Problems eine Leistungssteigerung der Rakete ganz allgemein gesehen. Oberth war allerdings, wie auch andere Forscher, der Überzeugung, die Flüssigkeitsrakete sei die zweckmäßige Antriebsform.

*) Theoretische Brennschlußgeschwindigkeit ist die Geschwindigkeit der Rakete nach Beendigung des Antriebsvorganges ohne Berücksichtigung des Luftwiderstandes im lufterfüllten Raum. Die wirkliche Brennschlußgeschwindigkeit der Rakete ist die durch Bahnvermessung ermittelte Geschwindigkeit nach Beendigung des Antriebsvorganges.

Die grundsätzlich neue Richtung, die der Verfasser mit der Anwendung des Stufenprinzips für Feststoffraketen einschlug, war darin zu sehen, nicht nur 2 oder mehrere Stufen miteinander zu verbinden, um eine große Brennschlußgeschwindigkeit dieser Rakete zu erreichen, sondern mit einem solchen Prinzip die ballistische Fernzielrakete zu verwirklichen. Genau ausgedrückt, sollte der Versuch gemacht werden, eine eigenstabile Mehrstufenrakete zu finden, die den Gesetzmässigkeiten der Schußwaffenballistik entsprach.

Eine solche Lösung bedeutete nicht nur die Vereinigung von mehreren Einzelantrieben zu einer zusammengesetzten Stufenrakete; man mußte die definierte Zuordnung der einzelnen Antriebe mit unterschiedlichen Leistungen, Brennzeiten und Stabilisierung finden, damit eine ungesteuerte, ballistische Fernzielrakete entstehen konnte.

Wenn diese Gestaltung einer Mehrstufenrakete gelang, wurde die Lösung einer Fernzielrakete so verblüffend einfach, daß man mit dieser alle Flächenziele in kleinerer oder größerer Entfernung überdecken konnte. Eine solche Lösung durchbrach alle Vorstellungen über die Gestaltung von Raketen überhaupt. Sie schuf die Voraussetzung der Schaffung einer Einheitsraketenwaffe für die Bekämpfung von Nah- und Fernzielen, bei der die einzelnen Stufen des Antriebes auszuwechseln waren und die geforderten unterschiedlichen Entfernungen nach den Regeln der Ballistik beherrscht wurden.

Eine Flüssigkeitsrakete, wie etwa die V 2, kann diese Vielfalt des Einsatzes einer Feststoffrakete nicht erreichen; denn sie ist nicht in der Lage, den Gesetzmäßigkeiten der ballistischen Wurfparabel zu folgen. Sie muß während ihres Antriebes gesteuert, also durch Befehlkommando vom Boden aus in die vorgeschriebene Flugbahn eingeordnet, sie muß auf einem Leitstrahl geführt werden, damit sie im Augenblick des Brennschlusses einen Neigungswinkel von 45° zu einer horizontalen Ebene besitzt, der ihr die größte Reichweite verleiht. Aber man stelle sich vor, welche technischen Voraussetzungen, mit anderen Worten, welches Rechengehirn in eine V 2 Waffe hätte eingegeben werden müssen, um jede geforderte Kampfentfernung der schweren Artillerie darzustellen.

Die Mehrstufen-Pulverrakete aber erledigte die verschiedenen Kampfaufgaben spielend nur durch die Steuerung des Startvorganges oder noch einfacher durch Einstellung des Aufsatzwinkels für den Start der Rakete. Und diese Stufenrakete warf Sprengstofflasten durch einfache Zuordnung der Einzelantriebe in Höhe von 750 kg auf 30 km, von 500 kg auf 60 km und 200 kg auf 100 km. Sie war sehr wirtschaftlich, denn kein Geschütz konnte solche Leistungen erbringen. Aber, was noch viel mehr wog, war die Tatsache, daß immer das Startgestell für alle Entfernungen gleich blieb, sei es für 30, 60 und 100 km. Und schließlich eine letzte, technisch verblüffende Überlegung: die Frage der Einsteuerung einer Stufenrakete auf ein Punktziel. Auch für diese Aufgabe lief die Mehrstufenrakete auf Feststoffbasis der Flüssigkeitsrakete davon. Sie wurde, wie schon mehrfach betont, als ballistische Fernzielrakete nach ballistischen Gesichtspunkten gestartet. Sie lief also zwangsläufig ohne Bodensteuerung in das Blickfeld des feststehenden Leitstrahles einer Fernzielortungsanlage ein. Ihre letzte Stufe, nämlich der endgültig resultierende Flugkörper nach Abstoßung der Einzelantriebe, konnte über eine einfache Kommandosteuerung in den Brennpunkt des Leitstrahles eingewiesen werden. Der Ballast, den eine Flüssigkeitsrakete mit Brennstoffbehälter, Flüssigkeitspumpen, Zuführungsleitungen, Kühlaggregaten mitzuführen hatte, und der den Aufwand für eine Einsteuerung erheblich belastet, geht bei der Feststoffrakete auf ein Zehntel des Aufwandes für die Einsteuerung zurück.

Es würde zu weit führen, die vielen Überlegungen und Rechnungen aufzuzeigen, die durchgeführt wurden, um zu dem Endziel: der ballistischen Mehrstufenrakete, vorzustoßen. Der Grundgedanke, den der Verfasser mit seinen Mitarbeitern für den Raketenantrieb verwirklichte, läßt sich durch eine einfache schematische Skizze darstellen, die die Abbildung zeigt. Wir erkennen aus dieser Darstellung das Impulsdiagramm einer Rakete mit gleichbleibender Schubkraft und langer Brennzeit, und ein zweites Impulsdiagramm mit veränderlicher Schubkraft und kurzer Brennzeit. Wenn beide Raketen unter sonst gleicher Voraussetzung für ihr Antriebsgewicht und Leergewicht dieselbe Brennschlußgeschwindigkeit besitzen sollen, so müssen die Impulsflächen einander gleich sein. Das rechteckige Schubdiagramm ist kennzeichnend für den Antriebsvorgang einer Flüssigkeitsrakete, wie sie in der Art der V 2-Waffe verwirklicht worden ist, das dreieckige Schubdiagramm mit der größten Schubkraft bei Beginn der Beschleunigung der Rakete und dem linearen Abfall der Schubkraft während der kurzen Antriebszeit stellt das Antriebsschema einer ballistischen Rakete dar. Geringe Schubkräfte bei dem Beginn der Raketenbewegung ergeben kleine Beschleunigungen der Rakete, große Schubkräfte dagegen große Beschleunigungen. Eine ballistische Rakete besitzt nach einer Antriebszeit von 1 s bereits eine Geschwindigkeit von 250 m/s, während eine mit geringer, gleichmässiger Schubkraft beschleunigte Rakete nur eine Geschwindigkeit von 10 m/s besitzt. Die ballistische Rakete fliegt also, sofern sie als eigenstabiler Flugkörper ausgebildet ist, nach der kurzen Beschleunigungszeit auf einer definierten Flugparabel, auch wenn sie bei kleinen Erhöhungswinkeln gestartet wird. Eine Rakete mit langer Brennzeit und kleiner Schubkraft, z. B. die V 2, würde bei kleinem Abgangswinkel oder Erhöhungswinkel zu Boden fallen, da die Beschleunigung infolge der Erdanziehung größer ist als die durch den Antrieb in senkrechter Richtung wirkende Beschleunigungskomponente.

Das in der Abbildung gezeigte Antriebsschema einer ballistischen Rakete bedingt veränderte Schubkräfte in Abhängigkeit von der Antriebszeit. Um dies darstellen zu können, muß man den Antriebsvorgang aufteilen in einzelne Antriebsstufen. Diese Stufenantriebe mit ihren Schubintegralen sind strichpunktiert in die Darstellung eingetragen. Für eine gutfliegende ballistische Rakete wählt man die Antriebszeiten so, wie sie in der Abbildung eingetragen sind. Die erste Stufe oder Startstufe besitzt die kürzeste Antriebszeit oder Brennzeit, während die folgenden Stufen gestaffelte Brennzeiten besitzen, deren größte die zweite und die kleinste die Endstufe hat.

Stufenantriebe der ballistischen Rakete lassen sich theoretisch mit beiden Antriebsarten, also mit Flüssigstoff- und Feststoffantrieb herstellen, oder auch aus einer Kombination von beiden Antriebsarten. Es ist jedoch so, daß die kurzzeitigen Stufen-

Skizze 31 *Schema des Antriebes (Impuls) für eine Flüssigkeitsrakete und eine Feststoffrakete (mehrstufig, kegelförmig) unter gleichen Startbedingungen für Gerätegewicht und Nutzlast*

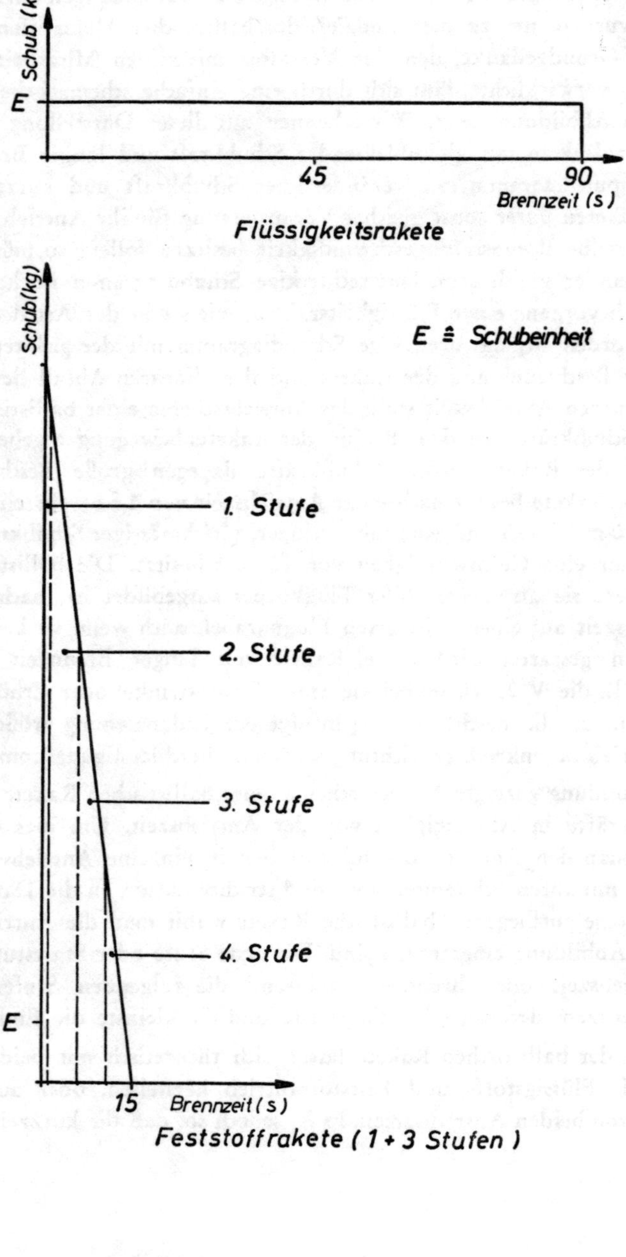

antriebe der ballistischen Fernzielrakete auf Flüssigkeitsbasis in Bezug auf Leistung, Konstruktion, Aufwand und Wartung ungünstiger werden als die Feststoffraketen. Das rationelle Anwendungsgebiet für Feststoffraketen sind Antriebe mit kurzen Brennzeiten, dasjenige der Flüssigkeitsraketen solche mit langen Brennzeiten.

Die Darstellung des Impulsdiagrammes für die ballistische Fernzielrakete mit den unterschiedlichen Stufenimpulsen wirft die Frage auf, wie man am besten die einzelnen Antriebsaggregate der Stufen gestaltet und zuordnet. Man kann den Brennkammern der einzelnen Stufen den gleichen Zylinder- oder Außendurchmesser geben, dann hat die Rakete große Länge.

Die erste Stufe oder Startstufe wird sehr lang, etwa viermal so lang wie die vierte Stufe. Die beiden anderen Stufen ordnen sich entsprechend ein. Eine solche Rakete hat nicht nur eine unhandliche Länge; es ist auch konstruktiv sehr schwer, die Ausströmdüse der ersten Stufe mit großem Querschnitt für den Durchtritt der großen Gasmengen in der kurzen Brennzeit unterzubringen. Bei der Durcharbeitung dieses Problems richtiger Zuordnung der einzelnen Stufen bot sich zwangsläufig die Kegelform für die Ausbildung der mehrstufigen ballistischen Rakete als günstigste Lösung an. Allein schon die theoretische Auswertung des Prinzips einer Mehrstufenrakete, der ballistischen Gegebenheiten für den Antrieb und die Form des Flugkörpers legten den Gedanken der Kegelrakete nahe.

Ihre Formgebung für die Stufenrakete scheiterte daran, daß es noch nicht gelang, die für den Antrieb benötigten, in Kegelform gegossenen Pulver- oder Feststoffkörper herzustellen. Diese Feststellung ist deshalb bedeutsam, weil aus dem nach dem Zweiten Weltkriege bekanntgewordenen Schrifttum die Kegel als eine Neuschöpfung der Raketenentwicklung gekennzeichnet worden sind. Die später folgende Darstellung der ballistischen Fernzielrakete Rheinbote weist unverkennbar die Grundzüge der Kegelrakete auf.

Die Grundlagen der ballistischen Fernzielrakete waren, ausgehend von dem Vorschlag der flügelstabilisierten Bordrakete, den Raketenbomben und den Starthilfen, durch eine Reihe von theoretischen Untersuchungen soweit geschaffen, daß zunächst der Verwirklichung der neuen schweren Artillerie keine großen Schwierigkeiten mehr entgegenstanden. Es war der Zeitpunkt gekommen, dies dem Heereswaffenamt vorzutragen. Die erste Besprechung des Verfassers über die neue Entwicklung fand im April 1941 in der Abteilung 4 des Waffenprüfwesens statt. Oberst Wulst und der Gruppenleiter für sehr schwere Artilleriegeräte, Oberstleutnant Zierold, waren nach Durchsprache der technischen Möglichkeiten für die Schaffung von schweren Pulverraketen nach dem Stufenprinzip zur Bekämpfung von tiefgestaffelten Aufmarschgebieten stark beeindruckt. Natürlich waren solche Fernkampfraketen der schweren Artillerie für kürzere Entfernungen einsetzbar, denn bei einem Richtbereich der Startgestelle bis zu Erhöhungswinkeln von 85° konnte man nach den Regeln des Schießens mit Haubitzen jede beliebige Entfernung erreichen. Aber nicht nur Steilfeuerstarts mit Raketen, sondern auch das System abgebrochener Ladungen bei Haubitzen zur Überdeckung aller Entfernungsbereiche von 10-100 km waren möglich. Je mehr man die Einsatzmöglichkeiten dieser neuen Raketenwaffe durchdachte, ein umso breiteres Anwendungsgebiet eröffnete sich. Die Zukunftswaffe der neuen schweren Artillerie auf bis dahin nie gekannter breiter Grundlage war im Entstehen begriffen. Oberst Wulst erklärte am Ende der Besprechung spontan, daß die Entwicklung dieser neuen Fernkampfraketen sofort aufgenommen werden müsse, bedauerte jedoch im gleichen Atemzug, daß die endgültige Entscheidung nicht von ihm getroffen werden könne, da alle Fragen, die mit Raketen zusammenhingen, der Abteilung WaPrüf 9 zur Entscheidung vorgelegt werden müßten.

Einige Wochen später, leider verging viel Zeit, da der zuständige Abteilungsleiter WaPrüf 9, Oberstleutnant Dornberger, und seine Mitarbeiter wegen einer eingetretenen Krise bei der V 2-Entwicklung dauernd von Berlin abwesend waren, fand schließlich die erste Besprechung in der genannten Abteilung statt.

Nachdem sich Dornberger den Vortrag des Verfassers angehört hatte, erklärte er, daß die vorgeschlagenen neuen Wege für Fernkampfraketen zwar interessant wären, aber daran scheitern würden, daß die für diese Entwicklung notwendige Pulverkapazität nicht bereitgestellt werden könnte. Er hätte bereits mit der Lieferung des Pulvers für die Raketen der DOV-Werfer so viele Schwierigkeiten, daß man für eine neue Entwicklung überhaupt nichts an Pulver abgeben könnte. Dem Verfasser war dieser Entscheid unverständlich; er wies darauf hin, daß es doch mit Leichtigkeit möglich wäre, ein paar neue Pressen in den Pulverwerken der Dynamit AG. oder der Wasag AG. aufzustellen, um die für diese Entwicklung benötigten Pulverkörper zu schaffen. Denn es hing doch nur an diesen wenigen Pressen, nachdem es der DAG. gelungen war, die Voraussetzungen zur Herstellung von rauchlosen Pulvern zu schaffen, die ganz aus heimischen Rohstoffen erstellt würden. Oberstleutnant Dornberger warf zum Schluß der Besprechung die Frage auf, ob die Entwicklung solcher Raketen für die schwere Artillerie des Heeres überhaupt notwendig wäre. In absehbarer Zeit würde man mit der Entwicklung des Gerätes A 4 soweit fortgeschritten sein, daß dieses ebenso gut, wenn nicht noch besser für die genannten Aufgaben einsetzbar sei, weil es kein Pulver benötige, sondern mit Flüssigtreibstoffen, Äthyl-Alkohol und Sauerstoff, arbeite.

Schon zu diesem Zeitpunkt, d. h. im Juni 1941, wurde es klar, daß es nicht einfach sein würde, die Entwicklung von Stufenraketen mit festen Treibmitteln gegen die Auffassung der Raketenabteilung im Heereswaffenamt durchzusetzen. Diese Erkenntnis vertiefte sich in den folgenden Monaten immer mehr. Es war jedoch festzustellen, daß die einseitige Richtung, die Oberstleutnant Dornberger auf dem Gebiet der Raketenentwicklung vertrat, nicht die Auffassung der Artillerieabteilung im Heereswaffenamt war. Man gewann den Eindruck, daß diese Abteilung sich durch die einseitige Einstellung von Dornberger in Richtung auf eine Flüssigkeitsrakete für Fernziele stark gehemmt fühlte, sich aber zunächst noch nicht durchsetzen konnte.

Oberst Wulst sprach nunmehr die verantwortlichen Offiziere im Generalstab bei der Inspektion des Heeres an. Es dauerte nicht lange, bis die erste größere Besprechung zwischen der Geräteabteilung, der zuständigen Inspektionsabteilung sowie dem Ver-

30 Hochdruckpumpe 15 cm – Aufbau der Startanlage

31 Rheinbote auf Meillerfahrzeug

32
Generalleutnant
Dipl. Ing. Erich Schneider

fasser dieses Berichtes stattfand. In dieser unterstrich der Inspekteur der schweren Artillerie, General Hüther, nachdrücklich die Forderungen der Front nach der Entwicklung neuer schwerer Raketenartillerie, da es praktisch überhaupt keine einsatzfähigen Waffen auf diesem Gebiet gäbe. Diese Besprechung löste eine weitere bei General Leeb, dem Chef des Heereswaffenamtes, aus. Es war nicht einfach für General Leeb, die auf ihn einstürmenden Argumente zu sichten, den Ausschließlichkeitsbestrebungen einer seiner Abteilungen, nämlich der Abteilung 9, den Ausführungen nach Einschränkung des Pulverbrauches durch die Beschaffungsabteilung und schließlich auf der anderen Seite der Frontforderung durch die vertretene Inspektionsabteilung, nachzukommen und die richtige Entscheidung zu treffen.

Die Entwicklung des Gerätes A 4 unter Verantwortung des Heereswaffenamtes war schon längere Zeit Zielscheibe von Angriffen aus dem Führerhauptquartier, den höheren Stellen der Truppe, politisch von Himmler, und auch der beiden anderen Wehrmachtsteile, nämlich Marine und Luftwaffe, geworden. Alle diese Stellen erwarteten den Abschluß der Entwicklung des Gerätes A 4 und im Zuge dieser Entwicklung auch die Schaffung von Sondergeräten der Raketentechnik im Hinblick auf die vielfältigen Kampfaufgaben, die ungelöst waren. Dornberger hatte Anfang 1940 bekanntgegeben, daß das Gerät A 4 im Laufe des Jahres 1941 in der Entwicklung abgeschlossen sein würde. Anfang 1941 mußte man erkennen, daß diese Äußerung von Dornberger reichlich optimistisch gewesen war. Es war damals schon erkennbar, daß das Gerät A 4 nicht vor Ende 1942 entwicklungsreif sein würde. Wie sich später herausstellte, ist der erste Start des Gerätes A 4 am 3. Oktober 1942 gelungen. Dieser erste erfolgreiche Start bedeutete aber noch nicht, daß das Gerät von diesem Zeitpunkt an einsatzbereit gewesen wäre.

Unter dem Druck der von vielen Seiten nunmehr massiv vorgetragenen Angriffe gegen die einseitig ausgerichtete Entwicklung der Raketentechnik im Großdeutschen Reich durch Dornberger, sah sich General Leeb veranlaßt, einer begrenzten Entwicklung von Pulverraketen nach dem Mehrstufenprinzip zuzustimmen und ihre Entwicklung durch Rheinmetall-Borsig zu veranlassen.

Kap. XXII

Die Fernzielrakete „Rheinbote"

Im Mai 1941 waren die konstruktiven Überlegungen für die Gestaltung von Stufenraketen soweit fortgeschritten, daß die Fernzielbekämpfung auf breiter Basis durchgearbeitet war. Es hatte sich in der Zwischenzeit gezeigt, daß die Inspektionsgruppe des Heeres für schwere Artilleriegeräte, immer gestützt auf Forderungen der Truppe, nun nicht mehr davon abzubringen war, die Probleme der Fernzielraketen des Heeres parallel zu der Entwicklung des A 4-Gerätes weiterzutragen. Nicht lange dauerte es, da wünschte Oberstleutnant Tröller eine Unterrichtung über Mehrstufenraketen für Nutzlasten in der Größenordnung der Minenladungen von 200-1000 kg für 100-120 km Entfernung. Es wurden ihm folgende Projektzahlen genannt:

I. 4 — Stufenrakete		
	Raketengewicht	1 750 kg
	Antriebsladung	625 kg
	Sprengladung	200 kg
	Reichweite	100 km
II. 4 — Stufenrakete		
	Raketengewicht	3 500 kg
	Antriebsladung	1 220 kg
	Sprengladung	500 kg
	Reichweite	110 km
III. 4 — Stufenrakete		
	Raketengewicht	8 000 kg
	Antriebsladung	2 800 kg
	Sprengladung	1 250 kg
	Reichweite	120 km

Zunächst war sein Erstaunen groß, als er die Zahlen für die riesigen Pulvermengen sah. Er ließ sich aber schnell davon überzeugen, daß bei einer vorgegebenen Reichweite das Verhältnis von Nutzlast und Antriebsladung in einer gesetzmäßigen Beziehung zueinander stehen müsse. Die beiden Projekte II und III schieden im Verlauf der Besprechung wegen der großen Antriebsladung aus.

Bei den drei Projekten wies der Verfasser darauf hin, daß die angegebene Reichweite erheblich gesteigert werden könnte, allerdings auf Kosten der Nutzlast. Die zu diesem Pukt gemachten Angaben waren

Projekt I	Sprengladung 40 kg — Reichweite 200 km
Projekt II	Sprengladung 200 kg — Reichweite 210 km
Projekt III	Sprengladung 750 kg — Reichweite 220 km

Zum ersten Male ließ Oberstleutnant Tröller den Begriff Raumsalve fallen, für die er verschiedene Anwendungsmöglichkeiten sah. Wir werden diesem Begriff später wieder begegnen.

Einige Wochen später wurde der Verfasser wieder zur Artillerieinspektion gerufen. Es wurde ihm erklärt, daß eine bei der Amtsgruppe eingegangene Mitteilung über die Entwicklung des A 4-Gerätes nicht verheißungsvoll wäre und deshalb der Gedanke erwogen würde, das Projekt I der Mehrstufenrakete mit einer Reichweite von 200 km und einer Nutzlast von 40 kg ernstlich in Angriff nehmen zu lassen, weil diese Sprengladung immerhin derjenigen eines 28 cm Artilleriegeschosses entspräche. Es gäbe noch andere Gründe dafür, daß man sich im Amt für diese Projekte interessiere, doch darüber könne zunächst nicht gesprochen werden.

Auch die Projekte II und III wären nicht uninteressant, vor allem Projekt III in Parallele zu dem Gerät A 4, aber die Zeit für ein solches Projekt wäre erst dann reif, wenn die ballistische Fernrakete ihren Wert als Zukunftswaffe bewiesen hätte. Die Amtsgruppe sei davon überzeugt, so sagte General Hüther, daß diese Waffe ihren Weg machen würde. Er erwähnte noch, daß die Amtsgruppe sich dafür stark mache, die erforderlichen Materialkontingente zu beschaffen.

Aber noch einmal schien die Entwicklung der ersten ballistischen Mehrstufenrakete in Frage gestellt, als General Hüther fragte, ob auch eine Reichweite von 200 km sicher garantiert werden könne. Es war dem Verfasser nicht klar, worauf die Bemerkung des Generals hinauslief. Nach einigem Hin und Her gab er die Versicherung ab, daß trotz der vielen Imponderabilien, die mit der Entwicklung dieser neuen Rakete verbunden seien, die Mindestreichweite von 160 km sicher erreicht würde. Sie wurde als genügend angesehen.

Der Startschuß für die erste ballistische Fernzielrakete nach dem Mehrstufenprinzip war gefallen, mit der Maßgabe, daß statt der ursprünglichen Reichweite von 100 km eine solche von 160 km zu erzielen war. Das Projekt erhielt die Bezeichnung Rh Z 61. Diese Tarnbezeichnung bedeutete — Rheinmetall-Borsig, Projekt Z — Fernzielrakete, maximale Reichweite 160 km. Die Zahl 61 sollte die Entfernung mit umgekehrten Zahlen kennzeichnen. Die Inspektion drückte das Gerät Rh Z 61 durch und erreichte eine amtsseitige Betreuung durch diese Amtsgruppe.

Bei Rheinmetall-Borsig bildete der Verfasser die Arbeitsgruppe Z. Sie umfaßte nach Ablauf eines Jahres etwa 40 Arbeitskräfte. Für die Federführung war Außenballistiker Dr. Ormanns verantwortlich. Die Antriebsfragen bearbeitete Dipl.-Ing. Täubert, die außenballistischen Probleme lagen in den Händen von Dipl.-Ing. Eckel, für die Konstruktion der Rakete zeichnete Ingenieur Specht, der auch die Startanlagen bearbeitete. Für die Starthilfen wurde Dipl.-Ing. Müller hinzugezogen. Schließlich wurde die Erprobung der Raketen Reinecke anvertraut, der von seinem eigenen

Unternehmen weg zu Beginn des Krieges zu Rheinmetall verpflichtet worden war. Diese Mitarbeiter waren gute Konstrukteure und Ballistiker, gute Rechner und Rechnerinnen. Aus der Fülle der Probleme seien die wichtigsten aufgeführt, die den Leser dieser Zeilen erkennen lassen, wie weitgesteckt die Aufgaben waren, die der Lösung harrten. Der Gedanke, die Rakete ballistisch anzufassen, d. h. auf jede Lenktechnik zu verzichten, ihr, nur mit den technischen Möglichkeiten der Eigenstabilisierung, den Flug auf einer vorgeschriebenen Bahnkurve aufzuzwingen, zog sich wie ein roter Faden durch die einzelnen Versuchsgruppen und -Reihen.

Es waren diese Gruppen

1. Erzielung eines stabilen Flugverhaltens der Stufenrakete bei dem Abgang aus der Startanlage.
2. Fehlerfreier Trennvorgang zwischen den weiterfliegenden Flugstufen und den abzustoßenden leeren Brennkammern.
3. Erzielung genau definierter Zündzeiten für den Antrieb der einzelnen Stufen.
4. Ansprechsicherheit der Zeitzünder, einwandfreie Entsicherung der Uhrwerke bei dem Startvorgang.
5. Erprobung der Anbrennwilligkeit der Treibsätze in den dünnen Luftschichten.
6. Gleichbleibende Schubintegrale der Antriebssätze bei veränderlichen Lufttemperaturen.
7. Günstigste Formgebung der Stufenrakete durch Angleichung an die Kegelform.
8. Richtige Gestaltung der Stabilisierungsflächen für die einzelnen Stufen ohne schädliche Destabilisierungsmomente für den Flugkörper in der Gesamtform, in den Flugstufenformen auf der Antriebsstrecke wie in der Bahnflugkurve.
9. Schaffung eines außenballistischen Rechenverfahrens zur Bestimmung des Bahngeschwindigkeitsverlaufes unter besonderer Berücksichtigung der unterschiedlichen Schubintegrale für die einzelnen Stufen.
10. Versuche zur Leistungssteigerung der Feststoffraketen.
11. Untersuchung der Stabilität des Startgestelles.
12. Das Bahnvermessungsprogramm.

Im November des Jahres 1941 zischten aus einer improvisierten Feuerstellung in einer Kiefernschonung nahe dem Strand von Leba kleine unscheinbare flügelstabilisierte Pulverraketen aus einem schießstockähnlichen Startgestell zur Ostsee hinaus. Kinotheodolite hielten ihre Flugbahn fest; die Raketen versanken bei dem Auftreffen in die See. Das Programm war angelaufen.
In Berlin, inmitten des Zentrums, in der Leipziger Straße, saß die Arbeitgruppe Z und entwarf. In dem Werk Marienfelde war die Fertigungsstätte der leeren Antriebsaggregate, die nach dem Durchlauf durch die Prüfstelle Ludwigsfelde den Weg nach Leba zum Laborieren nahmen. Die benötigten Antriebsladungen kamen aus dem Werk Düneberg der DAG.

Die Versuchsleitung und die Leitung der Arbeitsgruppe Z verkehrten in brieflichem Telegrammstil miteinander. Gelegentlich mußte man auch zum Telefon greifen.
Die Kontingente aber kamen nicht, und es gab dauernd Materialanleihen bei dem Betriebsleiter des Werkes Marienfelde, Oberingenieur Steingrübner, der immer aus dem Luftwaffenkontingent aushalf, obwohl es verboten war.
Prof. Beetz und Prof. Walchner von der aerodynamischen Versuchsanstalt Göttingen wurden angesprochen und machten Windkanalversuche mit Kleinstmodellen im Hochgeschwindigkeitskanal der Forschungsgesellschaft. Die Luftwiderstandswerte und Rückdrehmomente der gesamten Rakete und ihrer einzelnen Stufen wurden bis zur Mach'schen Zahl 4 untersucht. Jede Verringerung in der zweiten Dezimale für die Größe des Widerstandsbeiwertes wurde ver- oder gesucht: sie bedeutete einen Pluspunkt für die Reichweite. Mitten in den Gang der Arbeiten fielen die ersten schwerwiegenden Angriffe der Gegner auf Berlin. Eines Tages hatte es auch die Büroräume der Arbeitgruppe Z erwischt: Es brannte bedenklich in ihnen. Doch die Panzerschränke hielten stand. Die neuesten Konstruktionszeichnungen, die auf den Brettern waren, nahmen einigen Schaden, aber die Gedanken steckten noch in den Köpfen der gestaltenden Ingenieure. Von da ab blieb auch kein einziger Zeichenstrich mehr abends auf dem Reißbrett. Später wurde das Büro wieder von Druckwellen einiger Bomben durchgeblasen, die in der Leipziger Straße detonierten. Aber es half alles nichts. Die Fernzielrakete mußte werden.
Im Werk Marienfelde ging es drunter und drüber. Siebenmal wurde das Werk angeschlagen. Als erstes größeres Werk in Berlin kam es an die Reihe. Man sagte damals, der Angriff hätte Telefunken gegolten. Er hatte Rheinmetall gefaßt. Die abziehenden Bomberverbände konnten mit Befriedigung feststellen, wie Stöße von Elektronleitflossen, die zum Kastenleitwerk der ferngesteuerten Fritz X-Bombe gehörten, in regelmäßigen Zeitabständen unter Bildung von riesigen weißlichen Rauchschwaden verpufften. Und danach gab es kein Halten mehr. Immer wieder wurde zugepackt und weitergearbeitet, denn die Fernzielrakete RH-Z-61 war Mitte 1942 in das V-Waffenprogramm einbezogen worden, Waffen, die einmal Vergeltung üben sollten. So sah das Programm der V-Waffen aus.

V 1-Waffe	Kirschkern, unbemanntes Flugzeug
V 2-Waffe	A 4-Gerät, Lenkraketenfernzielwaffe
V 3-Waffe	Tausendfüßler - Hochdruckpumpen-Ferngeschütz
V 4-Waffe	Rheinbote - Ballistische Fernzielrakete
V 5-Waffe	Peenemünde Pfeilgeschoß oder „K 5 glatte Rohre"
V 6-Waffe	Langer schwerer Gustav, Eisenbahngeschütz, das umgeänderte Doragerät, Eisenbahngeschütz.

Die Waffen V 1 und V 2 reichten 250 km weit, die Waffen V 3 - V 6 sollten wenigstens 160 km weit tragen. Jetzt war es auch klar, warum General Hüther eine Reichweite von mindestens 160 km gefordert hatte. Es war die Entfernung von der Kanalküste nach London.

Die V 4-Waffe bekam die Tarnbezeichnung „Rheinbote“, aber erst, nachdem die Schwester, die Flarakete, die in Marienfelde ebenfalls entwickelt wurde, ihren Namen „Rheintochter“ hatte, so wie sich dies gehörte.
Nachdem das V-Waffenprogramm stand, setzten erbitterte Kämpfe um die Materialkontingente ein. Die Waffen V 3, V 5 und V 6, die sich besonderer Beliebtheit bei Hitler erfreuten, aber nie zum Einsatz kamen, weil die Feuerstellungen an der Kanalküste schon zerschlagen waren, ehe das Ende der Entwicklungen abzusehen war, wurden reichlich mit Kontingenten bedacht. Dafür war es bei den anderen V-Waffen entsprechend schlechter. Die Rheinbotenentwicklung litt besonders darunter. Da konnte auch der vitale Oberstleutnant Tröller auf Granit beißen.
Im Telegrammstil läuft nun das in Leba durchgeführte Versuchsprogramm ab. Fehlende Versuchsreihen sind so zu erklären, daß sie bereits im Konstruktionsbüro durchgeführt wurden, d. h. also im Gefolge neuer, besserer Ideen. Der Leser wird bei dem Durchgehen der einzelnen Versuchstypen erkennen, daß das ganze Programm mit Ausnahme der beiden letzten Punkte mit Anleihen aus Antrieben der Luftwaffe durchgeführt wurde.

Rh-Z-V 1

Kleine Starthilfe mit Leitwerk — Leitwerksdurchmesser das Dreifache des Kaliberdurchmessers — Rakete mit etwa 45 m/s abgeschossen. Zündung der Rakete auf dem Laufweg in dem Startgestell entsprechend eingestellt. Stabilität der Rakete unbefriedigend. Maßnahmen zur Verbesserung der Stabilität — Startvorgang mit rotierender Rakete und Anstellung der Leitwerksflächen — Ergebnis unbefriedigend.

Rh-Z-V 3

Drei Starthilfen waren durch ein Rohr, welches gleichzeitig als Druckausgleich diente, verschweißt und mit einem Blechmantel verkleidet. Die Rakete war vollkommen unstabil.

Rh-Z-V 4

Sie war ein zweistufiges Gerät. Als erste Stufe diente der Antrieb der Panzerbombe Paul. Die zweite Stufe war die kleine Starthilfe. Der Abschuß erfolgte ähnlich der Rh-Z-V 1. Die kombinierte Rakete zeigte zunächst unstabiles Verhalten. Die Gründe wurden erkannt, dann gab es den ersten einwandfreien Flug einer Doppelrakete mit Startbeschleunigung.

Rh-Z-V 9

Entwicklung einer Endstufe für Modellversuche. Rakete flügelstabilisiert, besaß ein Gewicht von etwa 8 kg und Brennschlußgeschwindigkeit von 650 m/s, mit Nutzlast von 500 m/s, Typ Bordrakete R V 8.

Rh-Z-V 11

Dreistufige Rakete, zwei große Starthilfen, Typ Bordrakete R V 8. Erste Vermessung des Trennvorganges. Flugverhalten der Dreifach-Rakete unbefriedigend, Trennvorgang unbefriedigend, teils Zündversager.

Rh-Z-V 11

Dreistufige Rakete.

Erste Stufe Brennkammer Paul, große Starthilfe, Rakete R V 8. Flugstabiles Verhalten, Trennvorgang unbefriedigend.

Rh-Z-V 12

Dreistufige Rakete.

Erste Stufe Brennkammer Paul, kleine Starthilfe Rakete R V 8. Flugstabiles Verhalten, Trennvorgang ganz befriedigend, Lufttreffbild mit Fototheodoliten und Zeitzünder. 50 %ige Längenstreuung 6 %, 50 %ige Breitenstreuung 3 %. Zündzeit der letzten Stufe nicht genau eingehalten. Stufenzündung nach 0, 4 und 10 s.

Rh-Z-V 14

Dreistufige Rakete.

Aufbau wie Rh-Z-V 11, qualitativer Versuch zur Feststellung der einwandfreien Stufenzündung der Flugstufe nach 14 s in 6000 m Flughöhe. Ergebnis befriedigend, Lufttreffbild 50 %ige Längenstreuung 4,5 %, 50 %ige Breitenstreuung 3 %.

RH-Z-V 18

Dreistufige Rakete.

Wie Modell 12, geänderte Leitwerksstabilisierung nach Vorschlägen der Aerodynamischen Versuchsanstalt Göttingen Prof. Walehner. Vermessung des Antriebsbahnteiles mit Kinotheodolit, teilweise Leitwerksbeschädigungen (Abreißen von Flossen). Ergebnis — Notwendige Verstärkung des Leitwerkes der zweiten Stufe.

Rh-Z-V 25

Erste vierstufige Rakete

Erste Stufe — Startstufe Brennkammer Paul, zweite Stufe — lange Starthilfe — dritte Stufe — kurze Starthilfe — vierte Stufe — Bordrakete R V 8. Sprengpunktsaufnahmen mit Zeitzünder. Feststellung der Sprengpunktlage in etwa 10 000 m Höhe, Messung der Flugzeit der Rakete, Nachprüfung der Schubintegrale der einzelnen Stufen. Beginn des Brennvorganges der letzten Stufe in Höhe zwischen 5 500 und 6 000 m.

Die vierstufige Rakete hatte ein Gewicht von rund 360 kg. Sprengladung (Blitzlichtladung) 1 kg. Die berechnete Brennschlußgeschwindigkeit betrug 1250 m/s, die berechnete Reichweite 90 km.

Mit diesen 10 Versuchsreihen endeten die Modellversuche.

Es folgten —

Rh-Z-61/2

Vierstufige Rakete. Gesamtgewicht 1 640 kg

Erste Stufe — schwere Startstufe, zweite und dritte Stufe — K — Kammern — vierte Stufe — Endstufe — große Starthilfe mit Nutzlast von 30 kg — Schwierigkeiten bei geschweißter Leitwerkskonstruktion — Zündwilligkeit der Flugstufe 8 000-8 500 m Höhe.

Rh-Z-61/9

Vierstufige Rakete. Gesamtgewicht 1 715 kg

Letzte Lösung — Grundsätzlicher Aufbau wie bei Gerät Rh-Z-61/2. Genietete Leitwerksflossen, geänderte Anfeuerung der Endstufe (Flugstufe). Das Programm der Modellraketen konnte innerhalb eines Jahres abgewickelt werden. Dann kamen die Schwierigkeiten in der Beschaffung der Kontingente für Rohre und Pulver der Originalgeräte des Rheinboten I, denn die Luftwaffe konnte nun nicht mehr helfen. Obwohl der Rheinbote schon lange durch die Inspektion inoffiziell im V-Waffenprogramm eingereiht war — Hitler durfte davon nichts erfahren, er sah nur V 3, V 5 und V 6 — konnte das inzwischen eingerichtete Amt für Beschränkung in der Entwicklung von kriegsentscheidenden Waffen keine Kontingente geben. Vielmehr lautete der Befehl: Hochdruckpumpe ist allen anderen Entwicklungen vorzuziehen und einsatzklar zu machen. Auf Umwegen erreichte Oberstleutnant Tröller ein Kontingent für die Fertigung von 30 Rheinboten. Sie lief unter einem Decknamen im Rahmen der allgemeinen V-Waffenausrüstung.

Die ersten drei Rheinboten wurden im April 1943 dem Chef der Amtsgruppe Entwicklung, General Schneider, dem Amtsgruppenchef der Inspektion, General Hüther und Oberstleutnant Tröller vorgeführt. Der Start erfolgte aus einem 3,5 m langen Startgestell, das der Flugerprobung der Flarakete „Feuerlilie" mit den Forschungsgrundlagen der Luftfahrtforschungsanstalt Hermann Göring, Braunschweig (Versuchsfertigung Marienfelde, Erprobung Leba) diente. Ein Beobachtungskommando war auf der dänischen Insel Bornholm stationiert. Der Rheinbote überflog den westlichen Teil der Ostsee in nordwestlicher Richtung. Von den drei gestarteten Geräten kam eine Rakete an der Südostspitze von Bornholm an und wurde beobachtet. Es waren Raketen des Typs Rh-Z-61/2.

Vorher hatten 6 Raketen der Überprüfung des Stufenaufbaues gedient.

Eine Stufenrakete verblieb als Demonstrationsgerät in Leba. General Schneider und General Hüther waren einer Meinung über den Wert der ersten ballistischen Mehrstufenrake. Die Vorführung der drei Stufenraketen war eindrucksvoll. Sie sausten wie ein Pfeil in Sekundenschnelle aus der Startbahn und waren dieser einen Augenblick später weit entrückt. In regelmäßigem Zeittakt wurden die Schallkulissen der drei Flugstufen wahrnehmbar. Man wußte, die Antriebssysteme hatten einwandfrei gearbeitet. Man sah natürlich auch noch Schwierigkeiten. Sie ergaben sich später. Doch es stand fest: wenige Monate nach dem ersten geglückten Start gab es eine zweite unangreifbare Fernzielrakete in Deutschland, nämlich die V 4 — den Rheinboten. Oberstleutnant Tröller übernahm die Regelung der Kontingentierung für 20 Rheinboten. Aber die Aufgabe war zu schwer.

Mehr als zehn Monate vergingen, ehe die Brennkammerrohre angeliefert wurden. Als sie schließlich Anfang 1944 im Werk Marienfelde eintrafen, stellte es sich heraus, daß zwei Gruppen von Rohrabmessungen geliefert worden waren. Sie zwangen zu einer Behelfskonstruktion der Rh-Z-61/2 mit Leistungseinbuße in der Reichweite. Es zeigten sich noch andere, tiefergehende Schwierigkeiten.

Rheinbote

Teilflugbahn beim Abschusswinkel 65° und 75°

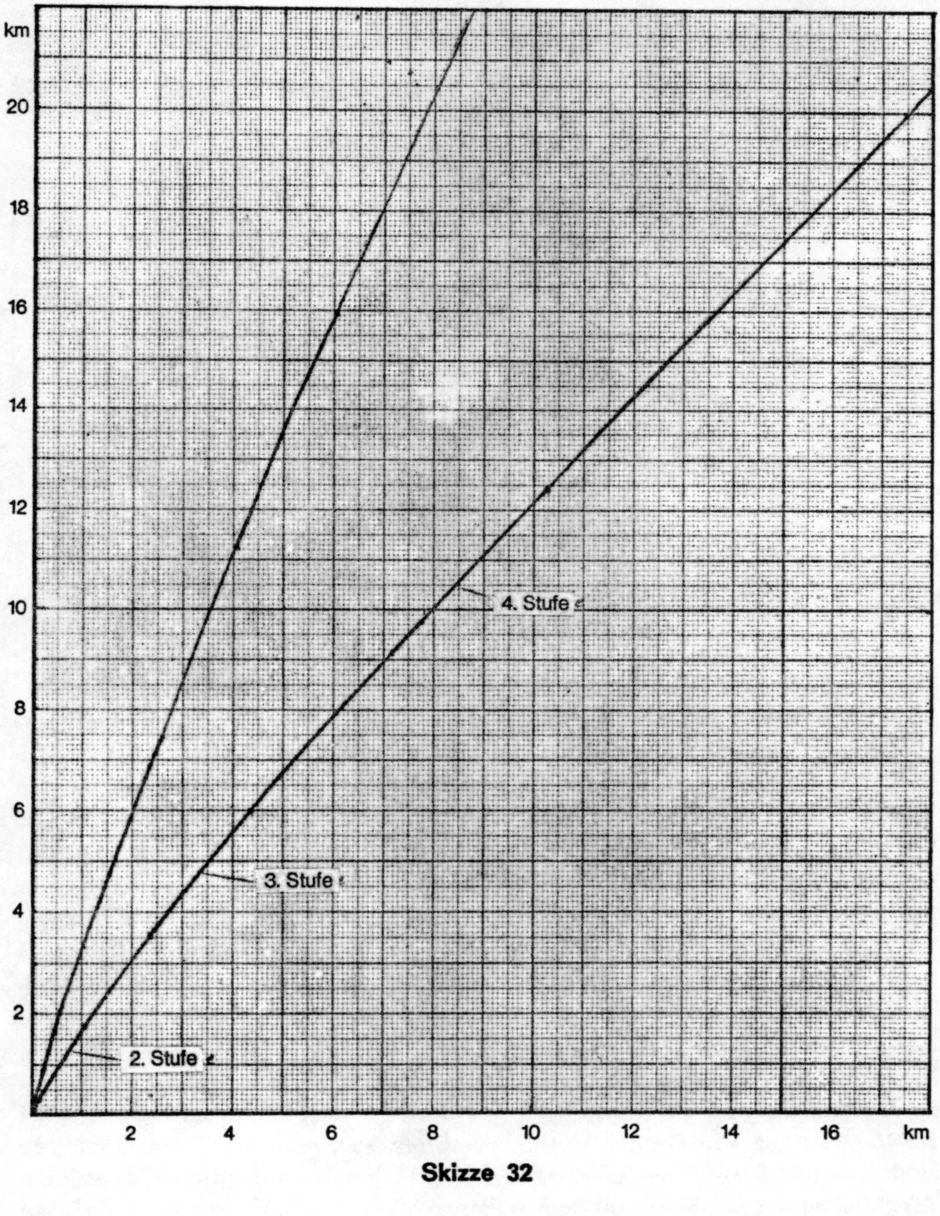

Skizze 32

Rheinbote

Gesamtflugbahn beim Abschusswinkel 65° und 75°

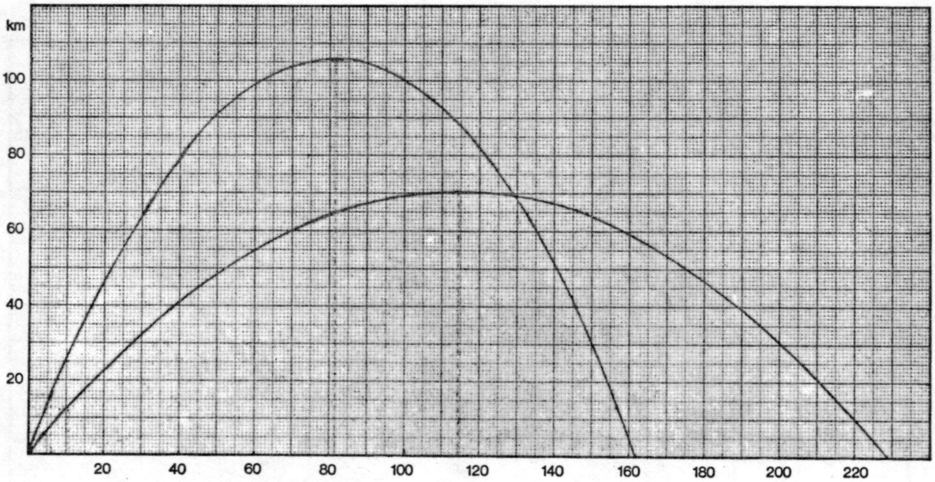

Skizze 33

Die Inspektion des Heeres drückte im Frühjahr 1944 auf den Abschluß der Entwicklung, schon in der bangen Sorge vor der bevorstehenden Invasion. Hitlers Lieblings-V-Waffe V 3 und auch die anderen von ihm protegierten V-Waffen V 5 und V 6 mußten aufgegeben werden; denn die Feuerstollen und die Bunkeranlagen für den Tausendfüßler in der Nähe von Boulogne waren durch Luftangriffe zerschlagen. Der Gedanke des Einsatzes der schweren Eisenbahngeschütze V 5 und V 6 war angesichts der feindlichen Luftüberlegenheit nicht mehr als ein Hirngespinst.

Die Arbeitsgruppe Z hat in der zwangsläufig gegebenen Leerlaufzeit für die weitere Entwicklung des Rheinboten infolge Ausbleibens der Kontingente nicht die Hände in den Schoß gelegt, sondern Lösungen gesucht, die Startstufe des Rheinboten durch einen Abschußvorgang zu ersetzen. Hierdurch wurden 30 % der Treibladung für den Antrieb eingespart, des kostbaren Stoffes, der 1944 schwerer als Gold wog. Inmitten dieser kritischen Situation und des schweren Ringens in der sich abzeichnenden Endphase des Weltkrieges verlangte Oberstleutnant Tröller im Frühjahr 1944 auf Veranlassung von General Hüther, der bereit war, mit dem Tausendfüßler zu brechen — (die Entwicklung sollte auf Befehl des Führerhauptquartiers auch nach der Zerschlagung des Schuß-Stollens noch weitergehen) — sich in Gegensatz zu Hitler zu stellen, um den Rheinboten schnellstens einsatzfähig zu machen. Es war an einem

Sonntagmorgen im April, als Oberstleutnant Tröller bei dem Verfasser in seiner Privatwohnung anrief. Er war nicht wenig überrascht, von ihm zu hören, es wäre das Beste, die Entwicklung des Rheinboten einzustellen. Es gäbe nur noch wenige Entwicklungen, die in der sogenannten DE-Dringlichkeitsstufe zugelassen wären, und dazu gehöre der Rheinbote nicht. Das Ministerium Speer hätte schwerste Bestrafungen für Betriebsführer angeordnet, die sich verantwortungslos diesem Befehl widersetzten.

Das entscheidende Ringen um die Weiterentwicklung der ballistischen Rakete hatte begonnen. Oberstleutnant Tröller machte am Tage darauf seinem Chef, General Hüther, Mitteilung von dem Telefongespräch und ergänzte es durch den Hinweis, daß sich das im Aufbau befindliche Waffenamt der SS bereits für den Rheinboten interessiere. Tröller konnte damals nicht ahnen, wie nahe er mit diesem Hinweis bei der Wahrheit lag; denn schon drei Monate später erfüllte sich seine Voraussage: alle V-Waffen und Flaraketen wurden der Regie Himmlers und in der technischen Betreuung dem Obergruppenführer der SS, Dr. Kammler, unterstellt.

Die hingeworfene Bemerkung Tröllers über das Eingreifen des Waffenamtes der SS zündete bei General Hüther. Er kannte die politische Einstellung des für die Waffenrüstung zuständigen Generals Olbricht und des Oberbefehlshabers des Ersatzheeres, Generaloberst Fromm, zu den Machtgelüsten der SS. In der Bendlerstraße fiel nun schnell die Entscheidung. Oberstleutnant Tröller bekam Vollmacht für die Zuweisung der Materialkontingente — es waren 150 to Pulver, 250 to Stahl und 30 to Ne-Metalle. Das Werk Marienfelde konnte wieder arbeiten. 200 Fernzielraketen V 4 — Rheinbote I wurden für den ersten Einsatz in Auftrag gegeben. General Hüther ordnete die Auflösung der Heeresartillerieabteilung 705 an, die für den Einsatz des Tausendfüßlers zusammengestellt war und bestimmte Oberstleutnant Tröller als Kommandeur für die neu zu bildende Heeresartillerieabteilung 709, welche den Einsatz des Rheinboten durchzuführen hatte. Tröller, nun mit dem Kommando für den Einsatz der Fernzielrakete betraut, machte dem Verfasser einen einzigartigen Vorschlag. Er empfahl die Einreihung seiner Abteilung in den Fertigungsprozeß des Rheinboten im Werk Marienfelde und die Schulung seiner Offiziere bei den Erprobungen in der Versuchsstelle Leba.

Alles ging reibungslos, doch eines war nicht mehr zu erreichen, nämlich die Verwendung der umgestalteten 8,8 cm Flak 41 als Startanlage für den Rheinboten, jene ideale Lösung, welche die Konstrukteure Specht und Berend der Arbeitsgruppe Z ausgearbeitet hatten. Die Startanlage in der Form der aptierten 8,8 cm Flaklafette vervollständigte das Bild einer in sich geschlossenen neuartigen Raketenentwicklung, die ihre Ausstrahlung später nach der Beendigung des Zweiten Weltkrieges zeigte. Die Panzerspitzen der russischen Armeen näherten sich im späten Frühjahr 1944 schon bedrohlich der deutschen Grenze. Jede 8,8 cm Flak 41, die in der Abwehr von Panzern sehr erfolgreich war, wurde benötigt.

Für den Start des Rheinboten mußte auf das Fahrzeug für den Transport und die Aufrichtung der V 2-Waffe zurückgegriffen werden, das Meiller-Fahrzeug. Abgesehen

Skizze 34: RHZ 61/9 auf 8,8 cm-Flak 41-Lafette

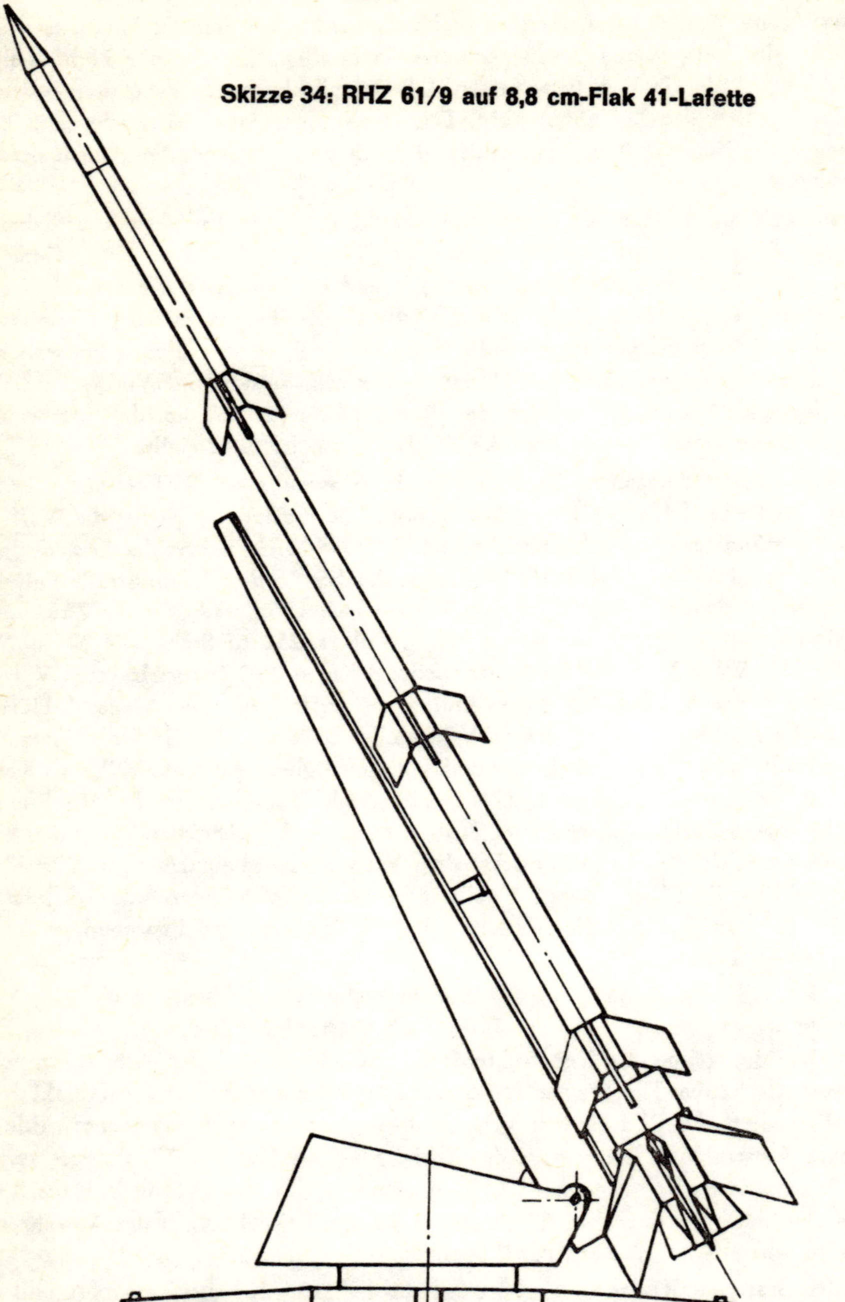

davon, daß es für den schlanken Rheinboten viel zu plump wirkte, war seine Konstruktion den Erfordernissen einer ballistischen Rakete, die bei dem Winkelstart die Startbahn und das Fahrgestell belastet, nicht gewachsen. Damit ergaben sich durch den Startvorgang große Streuungen für die ballistische Rakete, die sich bei dieser Raketentype besonders nachteilig auswirkten.

Man hat den Rheinboten vielfach den fliegenden Bleistift genannt. Als solcher flog er, wenn die Startstufe abgestoßen war. Seine Form war schnittig und bester ballistischer Erkenntnis angepaßt. Er flog weiter, als es die vorsichtige Planung der Ballistiker ergeben hatte. Das war kein Fehler. So wurde der Rheinbote zum stilisierten Begriff der Postrakete und des Flugkörpers für die Erforschung der Stratosphäre, die als Endziel den ersten Raketenforschern nach dem Weltkrieg von 1914-1918 vorgeschwebt hatten.

Mitte Juni 1944 waren Geheimrat Wessig und der Verfasser bei Generaloberst Fromm in der Bendlerstraße zum Vortrag über den Rheinboten. General Olbricht stieß zu dieser Besprechung hinzu. Die Schwüle des Tages trug dazu bei, die erregende Atmosphäre, die Geheimrat Wessig durch seine Frage nach dem Wert der „Wunderwaffen" angesichts der erfolgten Invasion geschaffen hatte, ins Unerträgliche zu steigern. Generaloberst Fromm und Geheimrat Wessig waren eng befreundet. Daher konnte es der Geheimrat wagen, die defaitistisch gekleidete Frage zu stellen.

Generaloberst Fromm sah das Ende. Er resignierte mit den Worten „Es kommt alles zu spät, — warum muß das sein?" Man fühlte instinktiv den furchtbaren inneren Zwiespalt, in dem er sich befand. Unergründlich und gefährlich warfen die Ereignisse des 20. Juli ihre Schatten voraus.

Kap. XXIII

Die einsteuerbare Flarakete „Rheintochter"

November 1941.

Der Krieg gegen Rußland war längst ausgebrochen. Die Erwartung Hitlers, die Russen noch im Laufe des Jahres schachmatt zu setzen, war gescheitert. Ein Winter mit grimmigster Kälte, furchtbaren Strapazen und Entbehrungen stand der im Osten kämpfenden Truppe bevor. Die deutschen Angriffsspitzen auf Moskau wurden von der endlosen Weite des russischen Raumes und der Härte des Kampfes mit dem russischen Winter wie mit dem Gegner erfaßt. Riesige Menschen- und Materialverluste drohten, Schrecken und Besorgnis erregend.

Der Angriff auf Pearl Harbour hatte stattgefunden. Deutschland befand sich seit kurzem auch im Kriegszustand mit den Vereinigten Staaten von Amerika. Die Gefahren des amerikanischen Menschen- und Rüstungspotentials zeichneten sich am Kriegshorizont ab.

Das schwache Rüstungsarsenal der deutschen Streitkräfte war stark angeschlagen und aufgespalten. Der Zweifrontenkrieg machte die Freistellung von Luftstreitkräften für Operationen im Osten erforderlich, wodurch in der Luftverteidigung an der westlichen Front große Lücken entstanden. Die Luftschlacht über England war verloren gegangen, die deutschen Bomberverbände stark dezimiert. Die Ersatzflugzeuge kamen nur spärlich. Luftangriffsoperationen auf die englische Insel waren fast ganz zum Erliegen gekommen. Langsam strebten die ersten Bomberverbände der Alliierten in Angriffsoperationen auf das deutsche Gebiet.

Zu diesem Zeitpunkt befahl Generalmajor v. Renz zu einem Vortrag ins Heereswaffenamt, um über Fragen der Flakverteidigung zu sprechen. General v. Renz hatte den langjährigen Abteilungschef, Oberst Mertitsch, abgelöst. Beide Offiziere waren, wie es üblich war, in regelmäßigem Turnus immer wieder ins Heereswaffenamt zurückgekehrt, da sie über Spezialerfahrungen verfügten, die man bei der Entwicklung von neuen Waffen nicht missen wollte.

Aus dem Vortrag von General Renz wurde mit erschreckender Gewißheit klar, daß die Wirkung der Flak bei weitem nicht den Erwartungen entsprach, die man auf sie gesetzt hatte. Aus dem statistischen Material, das über den Fronteinsatz und die Abschußzahlen der Flakwaffe vorlag, ging hervor, daß zum Abschuß eines feindlichen Flugzeuges durchschnittlich 5000 Schuß erforderlich waren. Diese Bilanz zeigte, daß die Abwehr ebensoviel an Material und Kosten aufzubringen hatte, wie der materielle Wert eines Bombenflugzeuges betrug. Im Ersten Weltkrieg war es so, daß mit der seinerzeit noch kaum entwickelten Flak rund 3000 Schuß benötigt wurden, um ein Flugzeug abzuschießen.

Die Sorgen der Amtsgruppe für Flakentwicklung waren aber noch viel größer als die angegebenen Zahlen für die Aufwendung zum Abschuß eines Flugzeuges. Man war sich darüber klar, daß der Zeitpunkt nicht mehr fern war, wo die amerikanischen Bomber in Flughöhen von 10 000 m kommen würden, einer Höhe, die einen Erfolg der Flak auch nur für einen Abschuß nicht mehr erwarten ließ. Natürlich konnte auch General v. Renz in dieser Situation keine Lösung für die Flakverteidigung bringen. In seiner Resignation demonstrierte er dem Auditorium der Industriefachleute einen Flaksplitter von 10 gr und erklärte: „So also sieht die Wirkung unserer Flak aus. Mit einem solchen nutzlosen Splitter will man künftig, sofern er überhaupt trifft, einen Bomber außer Gefecht setzen. Das dürfte nicht gelingen. Keiner der hier Anwesenden hat den immer wieder von mir gemachten Vorschlag aufgefaßt und realisiert, nämlich den, Hunderte solcher Flaksplitter in Sekundenschnelle und zielsicher an das zu bekämpfende Flugzeug heranzubringen. Natürlich müßten solche Splitter mit einer Geschwindigkeit von 2000 m/s und mehr in Zielnähe getragen werden."

Der Vortrag von General v. Renz gipfelte in der Feststellung, daß die klassische Flakhypothese überholt sei. Man mußte nach neuen Wegen suchen. Dieser Vortrag von General v. Renz, der die ganze Hoffnungslosigkeit der Flakverteidigung herausstellte, wurde zur Geburtsstunde der Flarakete bei Rheinmetall-Borsig. Noch gab es keinen Weg, nur das eine war sicher, die Flakhypothese oder das „Schießen mit Vorhalt“, die Definition des Flakschießens, war erledigt. An die Stelle der Flakhypothese mußte als wirkliche Lösung für die Bekämpfung von Flugzeugzielen von der Erde aus das Zieldeckungsverfahren mit Funkortung und Leitstrahl treten.

Die Entwicklungsabteilung von Rheinmetall-Borsig in Marienfelde hatte sich abseits von dem Fertigungs-Programm des Fritz X mit dem Problem des Zieldeckungsverfahrens mit Funkortung für Angriffszwecke der Luftwaffe beschäftigt. Der Kontakt zwischen Dipl.-Ing. Brand, dem Direktor der Funkortung bei Telefunken in Mariendorf, dem späteren Staatssekretär im Verkehrsministerium Nordrhein-Westfalen, und dem Verfasser war schon eng in der Auffassung der technischen Probleme für Ortungsfragen auf der einen und Waffenfragen auf der anderen Seite. Er vertiefte sich weiter in gemeinsamer Bearbeitung der Flaraketenentwicklung auf der Erprobungsstelle Leba, wo konkrete Erfahrungen für die Ortungs- und die Raketenwerte in ihrer gegenseitigen Abhängigkeit gewonnen werden konnten. Brand trieb die Funkortung trotz starker Hemmungen, die sich seinem Vorhaben entgegenstellten, mit Meilenstiefeln voran. Er ahnte die Entwicklungen der Engländer und Amerikaner.

Anfang 1942 entschloß sich der Verfasser trotz der starken Anspannung der Entwicklungskapazität im Werk Marienfelde, die Entwicklung einer Flarakete anzupacken. Die Voraussetzungen waren gegeben. Es gab Experten auf dem Gebiet des Strahlantriebes, der Zellenkonstruktion, der Lenktechnik und der Meßtechnik in dem Werk, welche über Ideenreichtum verfügten und begeisterungsfähig waren. In der ersten grundlegenden Besprechung, an der Dr. Vüllers, Dipl.-Ing. Mohr, Dr.-Ing. Strauß, Dipl.-Ing. Prier, Dipl.-Ing. Müller und Dr. phil. Fricke teilnahmen, wurden erste Gedanken für die neue Rakete gewälzt. Zwei Monate später war das erste Projekt gereift, das folgende Grundzüge für die neue Lenkrakete aufwies:

1. Zweistufenantriebssystem
   a) Startrakete
      Schwere Starthilfe Rh-Z-61/2 mit 2,0 s Brennzeit.
   b) Flugrakete
      Feststoff-Flugantrieb mit 8-10 s Brennzeit.
2. Verbundleitwerk der Startrakete für ausreichende Stabilisierung der Flarakete bei Verlassen der Startschiene, des Startgestelles.
3. Entenbauweise für die Flugrakete in Kreuzflügelform, entsprechend
   a) 4 Steuerruder mit Antriebsmaschine. Empfänger und Batterie für Steuerkommandos im Bugteil des Flugkörpers
   b) 4 stark gepfeilte Quertriebsflächen im Hinblick auf die hohe Fluggeschwindigkeit bis zur Mach'schen Zahl 1,5 (gegenüb. den Steuerrudern um 45° versetzt).
   c) Zwei Steuerflächen an zwei diametral gegenüberstehenden Flügelenden für die Rollstabilisierung des Flugkörpers über einen Lagekreisel mit Wendezeiger.

4. Feststoffbrennkammern im zylindrischen Teil des Flugkörpers in richtiger Koordinierung zu Schwer- und Druckpunkt des Flugkörpers.
5. Unterbringung der Nutzlast im Heckteil des Flugkörpers.
6. Annäherungszünder Kugelblitz für die Nutzlast.
7. Startbahn als Oberbau einer 8,8 cm Lafette mit Kreuzbettung.

Der Vorschlag der Entenbauweise stammte von Mohr; Dr. Strauß gab später die Komponentensteuerung für die Steuerruder ein, welche die Einrichtung für die Rollstabilisierung überflüssig machte.

Das Projekt erhielt die Bezeichnung F-P-1 (Flarakete-Pulverantrieb-Modell 1). Die Flarakete hatte ein Gewicht von 1450 kg. Sie war in einem Kampfraum einsetzbar, der einer abgeplatteten Halbkugel mit einem Radius von 12 km entsprach. Er wurde bei dem späteren Model F-P-3 auf 18 km ausgedehnt.

In der Amtsgruppe Flakverteidigung wurde im März 1942 eine Abteilung Flaraketen eingerichtet. Sie wurde Oberstleutnant Dr. Halder unterstellt. Das Projekt wurde dort im Mai 1942 von dem Verfasser erstmalig vorgetragen. Halder sah es sich näher an und meinte zunächst, ob eine Flarakete nicht Aufgabe des Flugzeugbaues sein müßte. Der Verfasser verwies auf das inzwischen neben „Schmetterling" bekanntgewordene Projekt „Wasserfall" von Peenemünde, das auch nicht vom Flugzeugbau her käme. Es wäre doch so, daß sich die Grenzen zwischen Flugzeugbau und Waffenbau im Zeichen der Raketen immer stärker verwischten. In einer weiteren Besprechung nahm sich General von Renz des Projektes an und eröffnete, daß bald auch Prof. Messerschmidt mit einem Flaraketenprojekt folgen würde. Die Rheinmetall-Lösung erhielt die Tarnbezeichnung „Rheintochter".
Nachfolgend sind die technischen Daten der vier von den Deutschen während des Zweiten Weltkrieges in Angriff genommenen Flaraketen.

1. „Wasserfall" — H. V. A., Peenemünde

Raketengewicht	3 500 kg
Raketenlänge	7,8 m
maximale Geschwindigkeit	660 m/s
Sprengladung	150 kg
Reichweite	30 km
Bauweise Kreuzflügler	

2. „Enzian" — Messerschmidt-Werke, Oberammergau

Raketengewicht	1 980 kg
Raketenlänge	3,5 m
maximale Geschwindigkeit	(unbekannt)
Gipfelhöhe	13 500 m
Sprengladung	150 kg
Bauweise — Ebenflügler	

33
Rheintochter Modell 1
auf Behelfslafette

FLA-RAKETE RHEINTOCHTER

34
Modell 1
kurz nach dem Start

35
Modell 1
Kurz vor dem Abstoßen
der Startstufe

36
Modell 1
kurz nach dem
Abstoßen der Startstufe

37 Der Chef der Luftverteidigung, Generaloberst Weise, im Gespräch mit dem Verfasser über di
Aussichten der Fla-Rakete „Rheintochter" – Leba, XI/1943.

3. „Rheintochter" — Rheinmetall-Borsig AG., Marienfelde

(Modell 3)

Raketengewicht	1 250 kg
Raketenlänge	5,4 m
maximale Geschwindigkeit	300 m/s
Gipfelhöhe	18 000 m
Sprengladung	150 kg
Bauweise — Kreuzflügler	

4. „Schmetterling" — Henschel-Werke, Berlin

Raketengewicht	450 kg
Raketenlänge	3,75 m
maximale Geschwindigkeit	265 m/s
Gipfelhöhe	15 000 m
Sprengladung	40 kg
Bauweise — Ebenflügler	

Neben diesen vier offiziell laufenden Entwicklungen gab es noch die Entwicklung des Gerätes „Feuerlilie", das in den Grundlagen bei der Luftfahrtforschungsanstalt Marienfelde gebaut werden sollte. Mit der Entwicklung der einsteuerbaren Flaraketen begannen die speziellen Probleme einer hochwertigen Lenktechnik von Raketen. Das Problem war der Kurvenflug mit kleinstem Krümmungsradius, also größten Querbeschleunigungen mittels Fernsteuerung — die Darstellung der „Hundekurve" in allen Variationen, wenn die Flarakete einen kugelförmigen Kampfraum voll auslasten sollte.

Aus den vergleichbaren Daten der einzelnen Typen wird aber auch erkennbar, wie unklar die Aufgabenstellung mangels irgendwelcher Erfahrungen aufgefaßt wurde. Die Nutzlast schwankte zwischen 40 kg und 150 kg Sprengstoff. Zielsicheres Treffen war die besondere Aufgabe und mitentscheidend für eine gute Gestaltung der Flaraketen. Das aber blieb offen. Der Raketenkonstrukteur versuchte nur, den Flugkörper so nahe wie möglich an das Ziel zu bringen. Damit war seine Aufgabe erfüllt. Am Ende des Krieges lagen 30 verschiedene Lösungen für Zielsuchgeräte auf der einen, Annäherungszünder auf der anderen Seite vor. Es sei in diesem Zusammenhang an die verschiedenen Typen „Fex", „Marabu", „Kakadu", „Kugelblitz", „Radieschen" usw. erinnert, Lösungen, die physikalisch auf den Grundlagen der Zielauffassung mit optischen, akustischen, infraroten oder reflektierten elektrischen Wellen sowie den rein technischen Hilfsmitteln für ein Lenksystem aufbauten. Sie alle kamen nicht mehr zum Zuge.

Die Luftwaffe stellte „Rheintochter" in die höchste Dringlichkeit. Sie ordnete ein Truppen-Arbeitskommando unter Führung von Major Harras in das Werk Marienfelde ein, das aus Physikern, Ingenieuren und hochwertigen Facharbeitern bestand.

Major Harras räumte unauffällig, aber nachdrücklich alle Schwierigkeiten aus dem Wege, die sich ähnlich wie bei dem Vorhaben „Rheinbote“ zwangsläufig ergeben mußten.

Die Flaraketen befanden sich trotz der immer drohender werdenden Luftangriffe der Alliierten und den dadurch hervorgerufenen Hemmungen in ihrer Entwicklung auf dem Vormarsch. Aber sie benötigten Zeit bis zur Reife. Zeit aber war knapp und wurde täglich knapper. Es stimmte nicht, was Hitler bei jeder Gelegenheit sagte: „Die Zeit ist unser bester Verbündeter.“ Die Gegner ließen uns keine Zeit mehr. Sie zerschlugen alles aus der Luft, was erreichbar war. Auch Marienfelde war wieder an der Reihe. Dieses Mal hatten die Gegner härter zugeschlagen. Die wichtige Entwicklung „Rheintochter“ mußte verlagert werden, denn Berlin war ab 1943 Brennpunkt der Luftangriffe geworden. Es ging nach Zwittau in einen stillstehenden Webereibetrieb mit der Versuchsfertigung der Flugkörper. Die Konstruktionsabteilung übersiedelte nach Leba. Dr. Vüllers übernahm die Federführung der Entwicklung von „Rheintochter“, Oberingenieur Steingrübners Anliegen war die Ausbringung der Versuchsgeräte, die nach der Schaffung der Antriebe, dem Einbau der Empfänger, Batterien und Rudermaschinen in die Programmsteuerung der Flugmechanik einliefen. Der Verfasser aber pendelte zwischen sich immer stärker häufenden Sitzungen der Kommissionen von Fernzielen über Waffenforschung und Geräteausbringung bis zu den Sitzungen über Dringlichkeitsprogramme.

Zwischendurch kam die Flak in die letzte Runde. Hitler befahl in seiner Ohnmacht zunächst das Jägerprogramm für die Heimatverteidigung. Prompt zerschlugen die feindlichen Kampfverbände die meisten Stätten der Fertigung dieses Programms. Verbissen bauten die Flugzeugwerke wieder auf, verlagerten, versuchten, wieder Programme aufzustellen und trotz allem mitzuziehen. Nun rückte Hitler die Flakwaffe in den Vordergrund. In aller Stille hatte Dr. Voß von der Forschungsführung der deutschen Luftwaffe, der bereits früher erwähnt wurde, eine Denkschrift ausgearbeitet, welche die erreichbaren Zerstörungswahrscheinlichkeiten mit schweren Flakgranaten behandelte. Er kam zu dem Ergebnis, daß mit der Aufschlagzündung die Abschußwahrscheinlichkeit drei- bis viermal größer war als mit der Zeitzündung. In Industrie- und Amtskreisen entstanden Vorschläge über Flakgeschosse mit größerer Zielwirkung. Es entstanden Minenschrapnells, Brandschrapnells und Brandsplittergeschosse. Ehe die Entscheidung über die Umstellung von Zeit- auf Aufschlagzündung erfolgte, vergingen Monate und aber Monate. Mit den Sondergeschossen ging es nicht anders. Hitler negierte alles, was nicht in seine waffentechnische Vorstellungswelt paßte. Er gab das Flakprogramm als höchstes Dringlichkeitsprogramm gegen die feindliche Luftinvasion. Die neuen, beachtlichen Vorschläge, die auf dem Gebiete des Flakwesens in Ausarbeitung waren, sollten noch in der allerletzten Phase des Krieges zum Zuge kommen. Dann allerdings hatte die Fla endgültig ausgedient. Göring, der in Ungnade gefallen war, weil die Luftwaffe nach Hitlers Meinung versagt hatte, suchte durch die Beorderung von fähigen Generalen Linie in das strategische Planen und das taktische Kämpfen der Luftwaffe zu bringen. Generaloberst Weise wurde

Inspekteur der Heimatluftverteidigung, General Galland Inspekteur der Jagdflieger, General Peltz Inspekteur der Kampfflieger.
Generaloberst Weise wollte im November 1943 in Leba den Stand der Entwicklung der Flarakete „Rheintochter" Modell F-P-1 sehen. Er nahm an einem der ersten Startversuche der „Rheintochter" teil. Bei dieser Vorführung konnten ihm auch die Unterlagen für die Entwicklung des neuen Musters „Rheintochter-PF-3" und der Aufbau einer ganzen Flugzeugabwehr-Raketenanlage gezeigt werden.
Das Muster R-PF-3 war bei gleicher Nutzlast um 200 kg leichter, hatte eine Reichweite von 18 km und flog mit etwa 300 m/s. Im Gegensatz zu dem Modell R-P-1 war die Fluggeschwindigkeit der Rakete von 450 m/s auf 300 m/s herabgesetzt worden, um die Reichweite von 12 auf 18 km steigern zu können. Die Flugrakete hatte wahlweise einen langbrennenden Pulverantrieb oder einen Flüssigkeitsantrieb auf der Basis von Visol und Salpetersäure für den Flugkörper. Der letztere Antrieb war von Prof. Beck, Technische Hochschule Berlin, der während des Zweiten Weltkrieges allzu früh tödlich verunglückte, maßgeblich entwickelt worden. Anstelle der schweren, in Tandemanordnung vorgesehenen Starthilfe bei Modell 1 waren zwei Starthilfen an dem Flugkörper angebracht, die nach dem Abbrand der Treibladung von dem Flugkörper abgestoßen wurden.

Eine Flugzeugabwehrraketenanlage bestand aus

1. einsteuerbarem Flugkörper
2. der Startlafette
3. dem Flakrichtgerät
4. dem Folgetheodolit
5. der Steuereinheit der Richtmotore.

Das System der Flugzeugabwehr-Raketenanlage war das gleiche für optische wie für Funkortung zur Bekämpfung des feindlichen Flugzieles.
Ein angreifendes Flugzeug wurde von dem Fla-Richt- bzw. Ortungsgerät aufgefaßt. Die Richtwerte wurden einmal über die Steuereinheit der Richtmotore ferngesteuert an die Richtachsen der Startlafette gegeben. Von dem Fla-Richt-bezw. Funkortungsgerät wurden die Richtwerte in gleicher Weise laufend an den Folgetheodolit sowie das Funk-Zieldeckungsgerät gegeben.
Ablagen des Flugkörpers von der optischen Achse des Fla-Richtgerätes, die im Folgetheodolit nachgebildet war, wurden durch eine Knüppelsteuerung über den Sender der Bodenstation an den Empfänger in dem Flugkörper weitergegeben, der mittels Rudermaschine die Steuerruder bewegte.
Bei der Funkortung arbeitet die Flugzeugabwehr-Raketenanlage folgendermaßen: Das Funk-Ortungsgerät „Rheinland", dreiachsig, eigens für Flaraketen von Telefunken entwickelt, gab die Richtweite an Startlafette und Funk-Zieldeckungsgerät mit Braun'scher Röhre. Das Funkzieldeckungsgerät empfing die Ablagen des Flugkörpers durch den elektrischen Richtstrahl eines im Flugkörper zusätzlich angeordneten Rückstrahlsenders (Luft-Boden), dem sogenannten „Rüse" auf dem Bildschirm. Über die Knüppelsteuerung wurden mittels des Geber-Empfängersystems (Boden-

Startlafette für „Rheintochter"

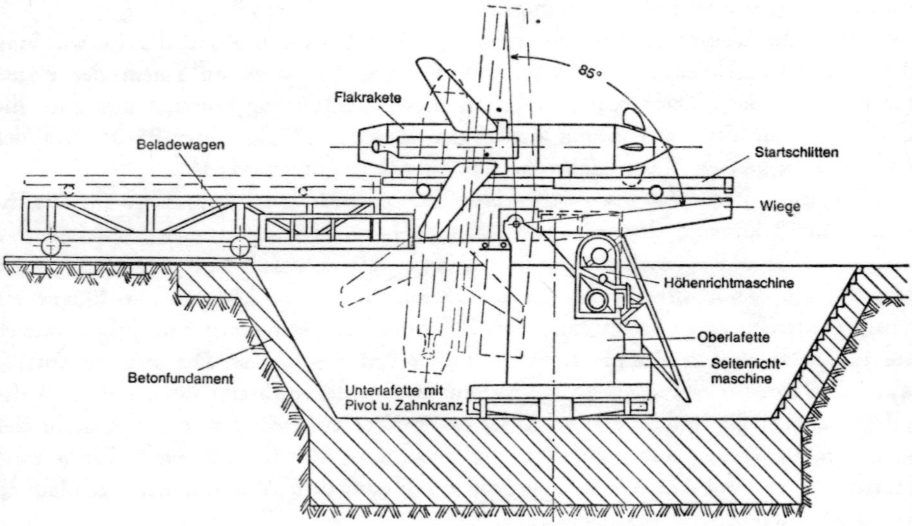

Skizze 35

Startlafette für Rheintochter (Ansicht in Startrichtung

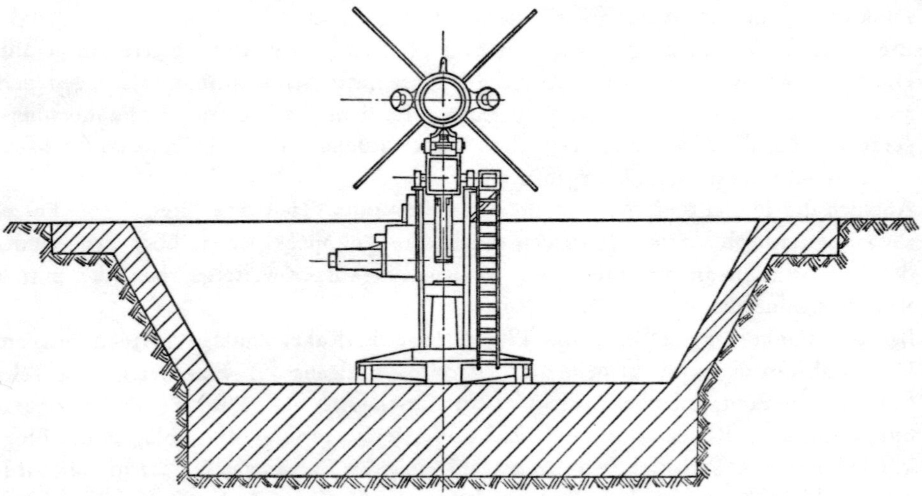

Skizze 36

Luft) die Ablagen des Flugkörpers durch die Steuerruderbewegungen korrigiert. Die Funkzieldeckung war bereits im Herbst 1944 angelassen. Der „Rüse" war von Telefunken entwickelt und in Leba erprobt worden.
Das Fernlenksystem bei „Rheintochter", ob auf dem optischen oder Funk-Weg, war gänzlich verschieden von jenem, das für Flüssigkeitsraketen mit Senkrechtstart in Frage kam. Bei diesen waren zwei Ortungsanlagen notwendig, eine für die fortlaufende Zielauffassung und eine andere für die Einsteuerung der Lenkraketen in die Bilddeckungsbahn. Die letztere, die Raketenstrahlanlage, führte die Rakete stetig koinzidierend zur Richtung der Zielstrahlanlage hin, bis die Zieldeckung erreicht war und diese die weitere Lenkung der Rakete übernahm. Im November 1943 wurden die ersten Starts mit der „Rheintochter" P-P-1 durchgeführt.
Im Dezember 1944 fand eine Vorführung von „Wasserfall" und „Rheintochter" in Peenemünde vor Reichsmarschall Göring statt. Es war der letzte Start einiger Flaraketen, welche dann kostbarstes Beutegut der Alliierten nach Einstellung der Kampfhandlungen wurden. Die deutschen Flaraketen hätten das Heimatgebiet wirksam gegen die Invasion der feindlichen Flugzeugverbände abschirmen können. Sie kamen zu spät, weil ihre Bedeutung nicht erkannt wurde. Auch über den Flaraketen lag der Bannstrahl Hitlers.
Die Alliierten aber, die auf dem Gebiet der Raketentechnik nichts aufzuweisen hatten, gaben nach dem Abklingen der großen Haßwelle am Ende der Kampfhandlungen uneingeschränkt ihrer Bewunderung über die Pioniertaten deutscher Forscher Ausdruck: sie schufen die Grundlagen für die rasante Entwicklung von Raketen in den Siegerstaaten.

Rheintochter (Endlösung) „R III f u. P"

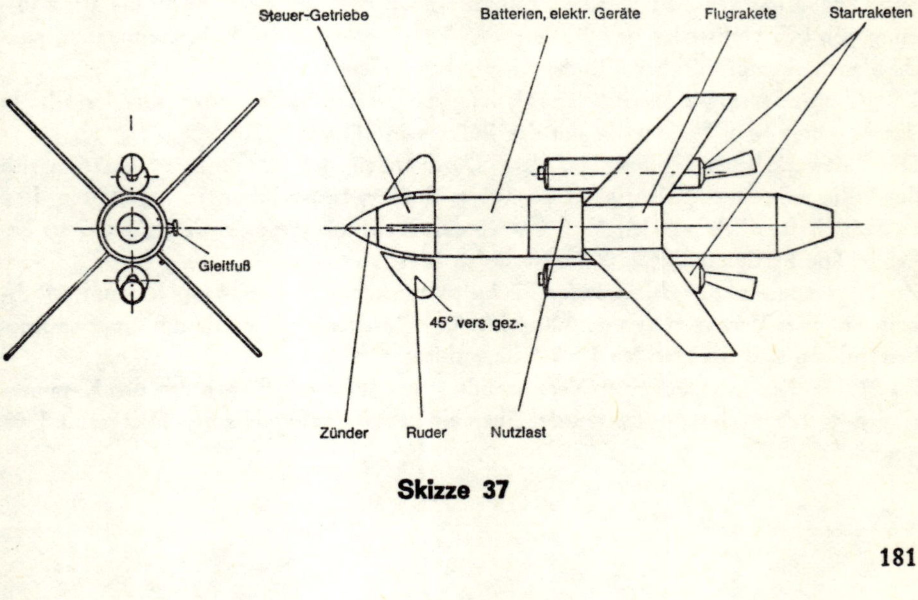

Skizze 37

Kap. XXIV

Vorführung der V 4 in Leba und Tucheler Heide

Als im April 1944 Generaloberst Fromm und General Olbricht sich für die Beschaffung von 200 „Rheinboten" entschieden hatten, die Artillerieabteilung 709 unter Oberstleutnant Tröller sich für die schnelle Ausbringung und den fehlerlosen Einsatz dieser Waffe in den Werkstätten von Marienfelde und auf der Erprobungsstelle (Offizier- und Feuerwerkergruppe) einsetzten, war eine Arbeitsgemeinschaft zwischen Soldat und Werker, Offizieren und Wissenschaftlern geschaffen, die hellauf begeistern konnte. Ein jeder arbeitete nach besten Kräften an der Erreichung des Endzieles, also des Einsatzes, mit.
Nur einem engeren Mitarbeiterkreis in der Arbeitsgruppe Z war indessen bekannt, daß nach einem ersten erfolgreichen Start in Richtung Bornholm bei der Vorführung dauernd Versager bei der Erprobung der restlichen 20 Geräte der Type Rh-Z-61/2 aufgetreten waren. Es waren drei Störungen bei der Erprobung dieser Geräte festgestellt worden.

1.) Luftexplodieren der Rakete
2.) Versagen des Abbrandes in der letzten, also der Endstufe
3.) Abreißen der Leitwerksflossen an der ersten Flugstufe bei dem Durchgang durch die Schallmauer

Die Luftexplodierer konnten zwei Gründe haben. Infolge der rasanten Beschleunigung der Rakete und der dünnen Wand der Sprengstoffhaube war die Erhitzung der Hüllenhaut so stark, daß allein durch die thermische Beanspruchung der Sprengstoff zur Detonation gebracht wurde. Es konnte aber auch sein, daß durch die Beschädigung von Leitwerksteilen unzulässig große Verzögerungen der Rakete eintraten, welche den hochempfindlichen Zünder ansprechen ließen.
Die Abbrandversager bei der Treibladung der letzten Stufe hatten ihre Ursache in der ungenügenden Brennwilligkeit des Pulvers in dünner Luft.
Die Leitwerksbeschädigungen bei dem Durchstoßen der Schallmauer erklärten sich durch die ungenügende Festigkeit der Schweißnähte. Untersuchungen bestätigten dies. In fieberhafter Eile wurden Maßnahmen ergriffen, um diese Schwierigkeiten zu beheben. Die Fertigung der 220 Geräte liefen bereits an.
Zu 1) wurde ein Aufschlagzünder in Auftrag gegeben, dessen Ansprechempfindlichkeit bei einer Verzögerung von 500 g lag. Der Raketenkopf wurde mit einer wärmebeständigen und isolierenden Lack-Schutzschicht versehen.
Zu 2). Die Konstruktion einer Verschweißung der Leitwerksflächen mit den Kammerringen wurde verlassen. Es wurde eine, ein wenig aufwendigere, Nietverbindung geschaffen.

Zu 3). Vereinten Anstrengungen der Arbeitsgruppe Z und den Experten der Unterdruck-Windkanalanlage in der Luftfahrtforschungsanstalt Braunschweig gelang es, durch Einfügung eines stark aufheizenden Brandsatzes auch bei kleinen Torre-Graden und niedrigen Temperaturgraden bis —30° ein einwandfreies Anbrennen der Treibladung der Flugstufe zu erreichen.

Im August 1944 waren alle Änderungen durchgestemmt. Nun war auf etwas Glück zu hoffen, daß die Standversuche, die in Verfolg der Änderungen durchgeführt worden waren, sich auch bei der Flugerprobung der Raketen bewährten. Um diese Zeit hatte das SS-Führungshauptamt schon im Zeichen des beginnenden Chaos die Führung aller Raketenwaffen an sich gerissen. SS-Obergruppenführer Dr. Kammler erschien als Bevollmächtigter auf dem Plan.

Anfang Oktober 1944 liefen die ersten Geräte des „Rheinboten" an. Ende Oktober wagte der Erprobungsleiter des „Rheinboten" auf eigene Faust einen ersten Start mit dem Modell Rh-Z-61/9 in Richtung Bornholm. Es sollte ein Fühlstart für eine in Leba angesagte Vorführung sein. Er gab der Startbahn einen Aufsatzwinkel von 76°. Die Endstufe flog 157 km weit. Der Einschlag wurde vom Beobachtungskommando Bornholm einwandfrei beobachtet. Die Entfernung war erreicht. Reinecke sah in Ruhe der Vorführung entgegen. Nur ein Punkt stimmte ihn bedenklich: die starken Schwingungen, die der Tragarm mit Startschienen am Meiller-Fahrzeug bei dem Abgang des „Rheinboten" zeigte. Er sollte recht behalten.

Am 15. November 1944 fand die Vorführung des „Rheinboten" in Leba statt. Zu der Vorführung waren SS-Obergruppenführer Dr. Kammler, General Dornberger, eine Reihe von Experten des Heereswaffenamtes und der Waffen-SS sowie der Inspektion des Heeres erschienen. Es sollte eine Salve von vier „Rheinboten" auf vier Meillerfahrzeugen gezeigt werden. So hatte es General Hüther gewünscht. Noch am Tage vorher war man mit den Vorbereitungen für den Salvenstart beschäftigt, da zwei Meillerfahrzeuge erst in letzter Stunde eintrafen. Bei dem Zusammenbau der Stufenraketen auf den Führungsschienen der Meillerfahrzeuge zeigte sich, daß noch konstruktive Mängel zwischen den Führungsschienen an den Meillerwagen und den Führungsklauen an den Raketen auftraten.

Gegen 10 Uhr morgens fand der Salvenstart dieser vier Raketen in einem Zeitabstand von 15 min statt. Man hatte diese lange Zwischenpause gewählt, um sich über den Flug der einzelnen Raketen Gewißheit zu verschaffen. Durch Funkspruch war eine unmittelbare Verbindung mit der Beobachtungsstelle Bornholm geschaffen worden, so daß die Meldung über jede Beobachtung von der Insel nach Leba kommen konnte; denn die Flugzeit des „Rheinboten" betrug 260 s.

Start und Flug der ersten drei Raketen waren einwandfrei. Die Rückmeldung von Bornholm besagte: mittlere Entfernung 155 km, kürzere Entfernung 153 km, längere Entfernung 157 km.

Der Start der vierten Rakete verlief nicht einwandfrei. Es war nicht klar, ob sich die Gleitfüße auf den Startschienen verklemmt hatten oder eine Leitwerksflosse an der

Startschiene bzw. an irgendeinen Teil des Tragarmes angestoßen hatte. Es gab einen klirrenden metallischen Schlag. Es dauerte nicht lange, bis man die Bestätigung dafür erhielt, daß tatsächlich eine Leitwerksflosse bei dem Start beschädigt und später durch den Luftstau abgerissen war. Die Folge davon war, daß die Rakete nach dem Abfall der Startstufe plötzlich von ihrer Bahn abwich und sich in eine nahezu senkrechte Flugrichtung einstellte. Aus der Flugrakete war nunmehr ein dreiflügeliger regellos gesteuerter Flugkörper geworden. Die Ablösung der ersten und zweiten Flugstufe ging trotzdem einwandfrei vor sich, aber es konnte nunmehr keinem Zweifel unterliegen, daß die Rakete entweder im Vorfeld der Startanlagen oder gar im rückwärtigen Feld zu Boden kommen würde. Nach einiger Zeit kündigte die Kopfwelle der Endstufe das Nahen der zurückkommenden Rakete an. Sie schlug etwa 200 m hinter der Feuerstellung auf weichem Dünensand auf. Instinktiv hatte sich vorher die ganze Kommission einschließlich des Bedienungs- und Meßpersonals zu Boden geworfen, um sich gegen die Detonation der Sprengladung zu schützen. Glücklicherweise wurde durch die herumfliegenden und -sausenden Splitterstücke der Endstufe niemand verletzt. Der durch die Sprengladung zu erwartende Bodentrichter war sehr gering. Das erklärte sich durch die Dämpfung in dem Dünensand bei dem Aufschlag und durch die Verpuffung der Detonationswelle oberhalb des Erdbodens. Drei Starts waren also geglückt, eine Rakete hatte sich selbständig gemacht und war durch Leitwerksbruch von der vorgeschriebenen Bahn abgewichen.

Natürlich wurde die Vorführung nach Abschluß in allen Einzelheiten besprochen. Sie wurde im großen und ganzen auch trotz des Versagens der vierten Rakete als gelungen beurteilt. Es gab schon bald eine Frontenstellung zwischen den Anhängern der Entwicklung der V 2 von Peenemünde und der Inspektion des Heeres. Dabei trat die Frage auf, ob es überhaupt sinnvoll sein könnte, die V 4 als Fernzielwaffe einzusetzen, da die Nutzlast der Rakete mit einem Gewicht von 40 kg Sprengladung keine ausreichende Zielwirkung erwarten ließ. Insbesondere hat General Dornberger diese Aufassung vertreten, wobei er, wie schon immer, darauf hinwies, daß die Leistung der Stufenrakete V 4 einen zu großen Pulveraufwand verursache. Die Inspektion des Heeres und Dr. Kammler waren anderer Meinung. Der von General Hüther vorbereitete Einsatz des „Rheinboten“ blieb in allen Einzelheiten bestehen.

20 Geräte wurden, wie ursprünglich geplant, für ein Treffbildschießen abgezweigt. In Anbetracht der drohenden Luftgefahr auch für Leba sollte das Treffbildschießen in der Tucheler Heide (Nähe Bromberg) erfolgen. Zuvor jedoch hatte die meßtechn. Abteilung von Marienfelde noch ihr Glanzstück zu leisten. Es war die schon eingangs dieses Buches erwähnte Fototheodolitvermessung des „Rheinboten“, — eine einmalige Leistung. Für außenballistische Berechnungen wurde ein gelungener Meß-Schuß in großer Entfernung benötigt. Dieser Meß-Schuß, der noch im November 1944 in Leba erfolgte, galt der Bestimmung des Flugbahnpunktes der Endstufe mit einer Zerlegung nach 100 Sekunden Flugzeit durch einen Uhrwerkszünder mit Langlaufzeit. Der Nutzlastkopf enthielt nur wenige kg Sprengladung, der Blitzlichtsatz betrug 15 kg, der Rest war Blindfüllung. Die fotogrammetrische Aufnahme ergab eine Ho-

rizontalentfernung von 80 km und eine Flughöhe von 62 km. Hieraus resultierte eine Brennschlußgeschwindigkeit von 1670 m/s.

Und das war die bedeutsame Schlußfolgerung: die kleine Endstufe der V 4 hatte die Brennschlußgeschwindigkeit der V 2 erreicht. Sie flogen beide, die V 2 und V 4, da die Querschnittsbelastung der V 2 und die Endstufe der V 4 gleich waren, mit gleicher Geschwindigkeit und Flugzeit. Ihre Endgeschwindigkeiten und Fallwinkel waren ebenfalls gleich. Die Reichweite der Endstufe des Rheinboten mußte die Entfernung von 200 km übersteigen.

In der Tucheler Heide kam die Bestätigung für diesen Meßschuß. Er war ohne Kenntnis der Versuchsgruppe für das Treffbildschießen ausgewertet worden. Es gab keine Verbindung zwischen Berlin oder Leba und der Tucheler Heide. Die ersten Starts für das Treffbildschießen wurden im Ziel nicht beobachtet, denn niemand rechnete mit einer größeren Reichweite als 200 km. Erst die letzten Starts wurden im Aufschlaggelände beobachtet und vermessen. Die mittlere Entfernung betrug 230 km. Es war in den letzten Tagen des Monats Dezember 1944 in der Tucheler Heide. Generaloberst Guderian nahm auf Veranlassung von Hitler an einer Vorführung der V 2-Waffe durch Dr. Kammler teil. Die V 2-Waffe war ebenfalls zur Erprobung nach der Tucheler Heide ausgelagert. Der Start einer V 2 sollte vormittags 10 Uhr erfolgen. Es traten Störungen bei der Klarmachung des Gerätes auf. Um 12 Uhr wurde man ungeduldig und rief in der abseits gelegenen Feuerstellung des „Rheinboten" an, ob ein Start möglich sei. Er wurde für 12 Uhr 15 min zugesagt. Der „Rheinbote" wurde ein guter Lückenbüßer: pünktlich ging der fliegende Bleistift auf die Reise. Die Nachricht von der großen Reichweite des „Rheinboten" erreichte auch Oberstleutnant Tröller und seine Einsatzabteilung 709 nicht mehr. Bei Rheinmetall-Borsig wußte niemand, wo der Einsatz erfolgte. In seinem Buch „Der Schuß ins Weltall" schreibt Dornberger zur Beurteilung des „Rheinboten": „Wir waren uns darüber einig, daß diese Waffe mit ihrer Schießleistung und der geringen Wirkung nutzlos, ja völlig nutzlos sein würde. Auf Befehl Hitlers (er kannte die Waffe nicht) und Kammlers sollte sie jedoch noch zum Einsatz gebracht werden."

Der Verfasser sieht sich nicht veranlaßt, zu dieser Beurteilung der Waffe V 4 durch Dornberger Stellung zu nehmen. Den Kommentar zu der wirklichen Bedeutung der V 4 — der ersten ballistischen Fernrakete — gibt in kurzen regelmäßigen Abständen das technische Schrifttum und die Tagespresse des In- und Auslandes.

Kap. XXV

von Alfred Tröller, Oberstleutnant a. D.
Einsatz der Fernzielrakete V 4

Es war am frühen Morgen des 24. Dezember 1944 in Holland in der Nähe von Nunspeet in einem Waldgelände. Dort befand ich mich mit der Heeresartillerieabteilung 709, einer Start-Batterie von Meiller-Wagen mit aufgesetzten Führungsschienen an den langen Tragarmen und 200 Geräten „Rheinbote". Nur wenig hatte ich in der letzten Nacht geschlafen, weil mich am Abend zuvor der Einsatzbefehl für den „Rheinboten" erreicht hatte. War es so unverständlich, daß ich keine Ruhe gefunden hatte, die Gedanken seltsam kreisten, nachdem ich den Befehl in Händen hielt? Zwischen der Sinnlosigkeit des ganzen Unternehmens angesichts des augenscheinlichen Zusammenbruches der Fronten und der Erprobung des großen technischen Fortschrittes, den ich mit der neuen Raketenwaffe darzustellen hatte, gab es eine Flut von Vorstellungen, die mich hin und her warfen und an meinen gewiß nicht schwachen Nerven zerrten. Ich fühlte mich ausgehöhlt und abgestumpft. Ich stand der mir bevorstehenden Aufgabe mit jenem seltsamen Gefühl des Bangens und Hoffens gegenüber, das der Soldat immer empfindet, wenn von ihm ein besonderer Einsatz verlangt wird.

Aus diesem Wirrwar meiner Gedanken und Vorstellungen wurde ich herausgerissen durch ein Dröhnen in der Luft. Alliierte Kampfverbände nahmen ihren Weg nach Deutschland. Die Flugzeuge, die in der voraufgegangenen Nacht vereinzelt Holland überflogen hatten, waren nur in meinem Unterbewußtsein eingegangen. Die Kampfverbände jedoch lösten meine innere Verkrampfung. So wie diese dort oben, so hast auch du deine Aufgabe durchzuführen, die dir befohlen worden ist, so war nun plötzlich meine klare Erkenntnis. Der Soldat hat seine Pflicht zu erfüllen, indem er den ihm gegebenen Befehl ausführt. Dazu ist er berufen.

Es war 8 Uhr morgens. Der erste Einsatz war für 12 Uhr mittags befohlen. Noch verblieben 2 Stunden, ehe es Zeit war, in die auseinandergezogenen Feuerstellungen zu gehen und den Einsatz anzuordnen. Es war alles so vorbereitet, daß der Einsatz mit der Präzision eines Uhrwerkes ablaufen mußte.

Meine Gedanken schweiften noch einmal in die Vergangenheit zurück bis in das Jahr 1940. Kaleidoskopartig jagten die Bilder an mir vorbei. Da war das Unternehmen „Frühlingssturm" zum entscheidenden Schlag gegen Frankreich in der Vorbereitung. Es stellte sich die Heeresgruppe Kleist mit ihren 2 Panzer- und 3 mot-Divisionen in einem Raum bereit, der von der Luxemburgischen Grenze bis in die Linie Fulda-Eisenach (die jetzige Zonengrenze) reichte. Die Tiefe dieses Raumes betrug rund 200 km. Diese Aufmarschtiefe einer vollmotorisierten Armee hatte nunmehr als normale Schußweite für einen rein taktischen Artillerie-Einsatz des zukünftigen mot-Krieges zu gelten. Wie konnte man feindliche Aufmarschpläne, wie etwa einen solchen wie „Frühlingssturm", stören? Es gab die schweren 21 cm und 28 cm Eisenbahngeschütze, bis zur sagenhaften 120 km Kanone von Krupp (K 12, ein Nachbild des Pariser Ferngeschützes). Aber sie waren überholt, sie paßten nicht mehr in die Gliederung der geländegängigen mot-Divisionen. Auf dem Schienenstrang spielte sich das moderne Kriegsgeschehen nicht mehr ab. Wird es jemals eine neue schwere Artillerie geben, welche in der Lage sein wird, das Aufmarschgebiet von mot-Divisionen zu zerschlagen und den Sieg an die Fahne heften, weil sie den Angriff im Keime erstickt? Es gab nichts, was einen Ansatzpunkt für eine solche moderne Artillerie hätte bieten können. Sollte es so sein, daß die Luftwaffe allein über die Operationen des Heeres entschied?

Meine Gedanken sprangen ein Jahr weiter in die Mitte des Jahres 1941 — bis zu jenem Zeitpunkt, als mein Vorgesetzter und Chef der Inspektion der Artillerie von Oberst Wulz über Pläne zu einer neuen Fernkampfartillerie ins Bild gesetzt wurde. Wir schüttelten den Kopf und sprachen uns aus. Was mag das für ein Hirngespinst sein? Sicherlich hat einmal wieder einer jener sattsam bekannten Erfinder der Entwicklungsabteilung des Prüfwesens einiges vorgegaukelt. Doch wir wollten ihn stellen und ihm eine Lektion erteilen, daß ihm Hören und Sehen verging. Wir würden ihm zeigen, daß unsere Zeit kostbar, sogar sehr kostbar war und nicht verspielt werden konnte. Wenige Tage später lernten wir den „Erfinder" kennen. Es war Direktor Dr. Klein, der Chef des Entwicklungswerkes von Rheinmetall-Borsig in Marienfelde. Als Oberst Hüther und mir der Name genannt wurde, waren wir uns darüber klar, daß ernsthafte Vorschläge zu erwarten waren, denn wir hatten den Namen schon öfter fallen hören. Sein Vorschlag war knapp und sachlich. Aus der Tiefe der Raketenentwicklungen für die Luftwaffe legte er uns das Projekt einer Fernkampfartillerie vor, das so verblüffend war, daß mir — ich gestehe es — ein wenig der Atem stockte. Sofort war mir klar, daß dieses Projekt die immer gesuchte Lösung war in einer solchen Vollkommenheit, wie wir sie niemals hätten vorausahnen können. Ich wechselte einen Blick mit meinem Vorgesetzten. Er nickte ernst und bedeutsam, wie wenn wir uns bei einer feierlichen Amtshandlung befunden hätten. Ich sah ihm die große innere Erregung an. Wir waren vom ersten Augenblick an gebannt und für die Idee gewonnen. Ich sehe Hüther noch, wie er nach der Besprechung auf mich zu kam, mir beide Hände drückte und sagte: „Nun haben wir die Lösung, die wir für unsere Fernkampfartillerie immer gesucht haben. Ich stehe zu dem Projekt und werde es niemals aufgeben. Komme, was da wolle."

Und wieder knappe zwei Jahre später. Es war der Tag der ersten Vorführung in Leba vor General Schneider, General Hüther und mir. Berge von Schwierigkeiten waren aus dem Wege geräumt worden. Wir, die Inspektion des Heeres, hatten immer getrotzt, wenn das Projekt wegen „angeblichen" Pulvermangels abgesetzt werden sollte. Der Vortrag von Direktor Dr. Klein über die Vielseitigkeit des Einsatzes der ballistischen Stufenrakete überstieg unsere kühnsten Erwartungen. Wermutstropfen fielen in den Becher der Freude. Es war die ernste und große Sorge um das Schicksal des deutschen Volkes, das immer stärker angeschlagen wurde. Als wir dann den ersten von drei Starts des „Rheinboten" von der 3,5 m langen Startbahn der Flarakete „Feuerlilie" erlebten, wie sich diese Raketen schnell von dem Startgestell lösten, geradlinig gegen den klaren Himmel bewegten, sicher dahinfliegend, in einem rhythmischen, dreifachen Takt von mehreren Sekunden stetig schneller werdend, da waren wir Zeuge einer großen technischen Pioniertat gewesen.

Und wieder ein Jahr später. Noch einmal sollte der „Rheinbote" zum Erliegen kommen. Die Besprechung in der Bendlerstraße bei General Olbricht ließ mich ein zweites Mal den Atem anhalten. Wir mußten das Gerät retten. Und plötzlich war die SS mit im Spiel. Ich weiß nicht, wie es kam. Es war der Ausweg, oder ahnte ich damals schon dunkel, was weiter kommen würde, jedenfalls: wir konnten zum Endspurt mit dem „Rheinboten" kommen.

Es kamen die letzten entscheidenden 6 Monate. Ich wurde als OKH-Sachbearbeiter gleichzeitig Kommandeur einer Versuchsabteilung für den Einsatz des „Rheinboten". Die Versuchsabteilung selbst wurde in einen „blauen Anton" (Arbeitsanzug) gesteckt und auf die Fertigungswerkstatt in Marienfelde und die Erprobungsstelle in Leba verteilt.

Ingenieur und Soldat standen Schulter an Schulter in der Halle und am Startplatz. So ist es vielleicht zum ersten Male in der Waffengeschichte vorgekommen, daß Offiziere und Soldaten, Ingenieure und Arbeiter in einer geistigen und organisatorischen Einheit zusammengearbeitet haben. Man kann deshalb mit vollem Recht behaupten, daß dieser damalige Arbeitsstab der Firma Rheinmetall und die ehemalige Artillerieabteilung 709 ein modernes „Team-Work" im Sinne der gegenwärtigen militärisch-technischen Heeresauffassung darstellten.

Diese Maßnahme wirkte sich so aus, daß Gerät und Truppe nach genau 5 Monaten soweit waren, daß in Holland, Rahmen der V 2-Waffendivision, auch die Abteilung 709 ihren ersten Einsatz starten konnte. In dieser kurzen Zeit waren auch, völlig neugeschöpft, die Vorschriften für die vielseitige Verwendung und die Klarmachung der Geräte im Zusammenspiel zwischen Arbeiter und Soldat, Laborant und Feuerwerker, Ingenieur und Offizier, entstanden.

Bei diesen Gedankengängen schreckte mich die Stimme der Ordonnanz aus der Traumverlorenheit auf. Er meldete: „Herr Oberstleutnant, es ist 10 Uhr" — die Zeit zum Inspizieren der Feuerstellungen. Schnell machte ich mich mit meinem Adjutanten auf den Weg.

Die Feuerstellungen, sorgfältig gegen Fliegersicht getarnt und weit auseinandergezogen, lagen im Vorfeld der V 2-Division. In der Nähe dieser Feuerstellungen lagerten im Freien, entsprechend gestreut, 24 Geräte als Bereitschaftsraketen. Jede Startanlage war einem Offizier unterstellt. Sie trauten ihren Ohren nicht, als sie durch ihren Abteilungskommandeur erfuhren, daß es mit dem Einsatz ernst würde. Nur gering war die Aufregung der Offiziere und Mannschaften. Sie wußten, daß es nicht schief gehen konnte, dafür waren sie zu sehr mit dem Gerät verwachsen.

Die Entfernung zwischen Nunspeet und Antwerpen betrug 165 km. Nach den vorläufigen Schießbehelfen — eine Schußtafel war noch nicht erschossen — betrug die

Erhöhung für diese 64°. Auch die besonderen Witterungseinflüsse waren nur angenähert ermittelt. Die Startbahnen nahmen Richtung Antwerpener Hafen. Punkt 12 Uhr fiel die erste Vorsalve von 4 Raketen ohne jede Störung. Innerhalb von einer Stunde waren alle 24 Bereitschaftsraketen in Richtung Antwerpen gestartet. Der ganze Einsatz war so abgelaufen, als wenn es sich um eine militärische Übung gehandelt hätte. Es war eine Feuerfolge von sechs Starts erreicht worden. Eine unglaubliche Leistung im Verhältnis zu den anderen Fernzielraketen. Der leitende Offizier einer jeden Startanlage hatte von mir Anweisung, die in seiner Stellung abgefeuerten Raketen hinsichtlich der einwandfreien Funktion der Geräte zu testen, mit anderen Worten, Obacht auf die typischen drei Geräuschfronten zu geben, die nach 2, 10 und 22 Sekunden wahrnehmbar werden mußten. Die Meldung aus den einzelnen Feuerstellungen lautete: keine Versager.

Völlig erschöpft von der Nervenbelastung der Stunde des Einsatzes der ersten 24 „Rheinboten" zog ich mich allein in das Waldgelände zurück. Ich ordnete die Gedanken, die auf mich einstürmten. Hatten die Raketen das Fernziel Antwerpen erreicht? Das war der erste Gedanke. Und dann schon galten die weiteren der Raumsalve, die im letzten Ausrüstungsstadium mit einer Feuereinheit von vier Batterien mit je zwölf Startanlagen (jede Batterie drei Züge mit je vier Lafetten — also insgesamt 48 Startanlagen —) darzustellen waren. Schlagartig sollte der Abschuß von 48 solcher Riesen-Raketen ausgelöst werden, die zentral vom Abteilungsgefechtsstand aus elektrisch zu zünden waren. Das tiefe Aufmarschgebiet von mot-Divisionen konnte bei richtiger Zuordnung der Stufen und des Aufsatzes der Startbahn mit solchen Salven durchgestreut werden. Die ganze Abteilung für den Einsatz in einem Armeeverband sollte nur eine Kopfstärke von 300 Mann haben.

Meine Gedanken schweiften weiter ab und waren bei dem neuen Prinzip der Kreiselvermessung für das Richtverfahren der Fernzielraketen. Um das umständliche Fern-Feuerrechnen über mehrere ausländische Vermessungssysteme zu umgehen, sollte sich diese Abteilung bei der Zielauffassung der geographischen Koordinaten bedienen. Das war aber nur dann möglich, wenn man einwandfrei den geographischen Nordpol bestimmen kann, was durch einen neu entwickelten Kreiselkompaß mit hoher Genauigkeit nach 10 Minuten möglich war. Aus diesem Grunde sollte grundsätzlich die Richtung zum Nordpol die Grund- und Anschlußrichtung für alle Vermessungen in den Feuerstellungen der „ballistischen" Fernrakete sein. Es war die Tatsache zu berücksichtigen, daß im Baedecker praktisch ein großer Teil der Städte, die für Fernfeuerziele in Frage kamen, mit geographischen Koordinaten bezeichnet wurde und so allseits bekannt war. Mit wenigen Rechengängen wurden diese Zielpunkte in eine einfache mathematische Beziehung zu der Feuerstellung gebracht.

Unwillkürlich wendete ich meinen Kopf in die Richtung des Hauptgeländes für die Raketenabschußbasen, wo V 2-Geräte gestartet wurden, wo das Startgeschehen mit der Kompliziertheit der Maschinerie und den vielen Prüfungen vor dem Start nur träge ablaufen konnte. Acht Abschußstellen waren geschaffen. Die Kopfstärke des Einsatzpersonals mit allen Hilfsdiensten einschließlich der Heranschaffung der Raketen, der Tankwagen, der Wartung, der Beladung, kurzum des gesamten Dienstes einschließlich der Hilfsdienste betrug 24 000 Mann. Eine ganze V-Waffen Division war im Anfangsstadium des Einsatzes der V 2 für die Feuerstellung von acht Abschußbasen erforderlich.

Meine Gedanken kehrten zum „Rheinboten" zurück. Der Einsatzbefehl war ausgeführt. Waren die Raketen aber auch wirklich in Antwerpen angekommen? Diese Frage bewegte mich. Niemand konnte sie mir beantworten.

In Erweiterung des Einsatzbefehles war noch Einzelstörfeuer unter genauer Beobachtung der vorläufigen Dienstvorschriften, Spezialtarnung der Einsatzstellen, Verschiebung der Zuführungsstellen für die Einsatzstellen usw. vorzunehmen. Noch rund 20 Starts wurden bis Mitte Januar durchgeführt. Dann wurde die Einsatzabteilung in Verbindung mit der V 2-Waffeneinheit zurückgezogen. Ich selbst nahm den Weg zur Tucheler Heide. Hier erfuhr ich inmitten der rastlosen Umdispositionen der V-Waffen von dem Versuchsleiter des Arbeitsstabes Z, Ing. Reinecke, daß das Treffbildschießen mit dem Rheinboten eine große Schußweitensteigerung ergeben hatte. Der mittlere Treffpunkt lag, bei einer Erhöhung von 65°, in einer Entfernung von 230 km.

Nun konnte ich mir auch Gedanken über das Ergebnis des ersten „Rheinboten"-Einsatzes von Holland aus machen. Die Reichweite hatte bei 64° Aufsatz 218,5 km betragen. Die Raketen waren 53,5 km zu weit geflogen. Ein Blick auf die Karte von Belgien und Holland zeigte mir, daß die Raketen in der Nähe von Gent niedergegangen sein mußten. Meine Nachforschungen galten nach Beendigung der Kampfhandlungen der Auffindung einer Spur der verfeuerten „Rheinboten". Der Kreis schloß sich, als ich über Ing. Reinecke erfuhr, daß sie im Raume von Gent niedergegangen waren. Er sowohl wie Direktor Dr. Klein hatten es von einer alliierten technischen Kommission erfahren, die sie nach dem „Rheinboten" befragt hatten.

Meine berufliche Laufbahn als Soldat hat mir wohl als einem der wenigen die große Aufgabe zuteil werden lassen, an den Grundlagen einer neuen, großen deutschen Raketenwaffe teilnehmen zu können, die vielleicht einmal in ihrer Endlösung zum Segen der Menschheit werden kann.

Kap. XXVI

V 1, V 2, V 4 — ein Vergleich

Zu den beiden Standardentwicklungen für die Bekämpfung von Fernzielen stieß, wie vorstehend dargelegt, als neue Lösung die Mehrstufenrakete „Rheinbote", die V 4. Es dürfte nützlich sein, die Geräte V 1, V 2 und V 4 sowohl hinsichtlich der technischen Forderungen als auch der erreichten Lösungen einander gegenüberzustellen, um zu erkennen, wie weit neben den Geräten V 1 und V 2 auch das Gerät V 4 seine Berechtigung hatte, die erst nach vielen vergeblichen Besprechungen bei amtlichen Stellen zugestanden worden war. Bei einer solchen vergleichenden Betrachtung wird man sich auch darüber klar werden, ob die technischen Überlegungen zur Schaffung der ballistischen Stufenrakete „Rheinbote" für die Planung und Ausführung des Gerätes richtig waren. Es sei deshalb zunächst eine Beschreibung der drei Gerätetypen mit ihren erforderlichen Bodenanlagen gegeben, um anschließend eine Bewertung der verschiedenen Lösungen vorzunehmen.
Wenn der Vergleich der Waffen V 1, V 2 und V 4 durchgeführt werden soll, muß die Aufgabenstellung für sie gleich sein. Sie lautete: es ist auf eine Entfernung von 250 km eine Sprengladung von 800 kg in ein Flächenziel mit den Ausmaßen 20x10 km zu bringen, wobei mindestens 80% aller Treffer in diesem liegen müssen. Dieses Flächenziel entsprach, nachdem man sich zu dem Einsatz von Vergeltungswaffen für die völkerrechtswidrigen Bombenangriffe entschlossen hatte, in seiner Größe der Flächenausdehnung von London. Ursprünglich hatte man die Absicht, eine Reichweite von 350 km zu fordern. Es zeigte sich aber bei der Schaffung der Sondergeräte, daß diese Entfernung im ersten Anlauf nicht zu erreichen war. Deshalb wurde sie auf 250 km begrenzt, weil die Abschußbasen dann noch in genügender Entfernung von der Kanalküste aufgebaut werden konnten.

Die Fernzielwaffe V 1

Die V 1 müßte, wenn man sie in der Entwicklungsgeschichte der Fernzielwaffen im richtigen Ablauf einordnet, die Bezeichnung V 2 haben, denn sie wurde wesentlich später angefaßt als die bereits seit Jahren laufende Entwicklung des Gerätes A 2 (mit der späteren Bezeichnung V 2). Die Überlegungen, die zu der Entwicklung der V 1 führten, hatten verschiedenen Ursprung. Es war bekannt, daß die Konstruktion der A 2 oder der Flüssigkeitsrakete sehr aufwendig werden würde, wenn die Einsatzaufgabe erfüllt werden sollte. Weiter war zum Zeitpunkt der Inangriffnahme der

V 1 bekannt, daß das Ende der Entwicklung der V 2 noch nicht abzusehen war. Die Entwicklung der Nachsteuerung von Fallbomben und Gleitbomben (Lastensegler) legte den Gedanken nahe, ein Flugzeug ferngesteuert für Aufgaben der Fernzielbekämpfung anzusetzen. Das Flugzeug, mit einer gewissen Nutzlast in bestimmter Höhe fliegend, war, gemessen an dem großen technischen Aufwand für eine Flüssigkeitsrakete, verhältnismäßig einfach zu gestalten, also als Verlustwaffe sehr wirtschaftlich. Zwei Probleme stellten sich einer solchen Entwicklung hemmend entgegen: einmal die Störmöglichkeit der Fernlenkung durch den Gegner, sodann die begrenzte Geschwindigkeit der Flugzeuge. Die Fernlenkung des Lastenflugzeuges wurde bald aufgegeben.

So lauteten die technischen Forderungen für das Gerät „Kirschkern“, später V 1: „Es soll ein kleines unbemanntes Verlustflugzeug unter Verwendung eines Sonderantriebes entwickelt werden, das eine Sprengladung mit sich führt und mit dieser nach einem Flug von maximal 250 km über einem vorher festgelegten Ziel zum Absturz gebracht wird. Dieses Gerät soll von einer Startanlage oder auch von einem Trägerflugzeug gestartet werden können. Das Gerät soll in einer Höhe zwischen 300 und 2 500 m fliegen und auch noch Ziele erreichen können, die in einem Breitenbereich mit einem Öffnungswinkel von 120° liegen. Hinsichtlich der Genauigkeit in der Zielbekämpfung besteht die Forderung, daß die 50 %ige Breitenstreuung nicht mehr als 4 % der Entfernung betragen darf, das sind rund 10 km in der Gesamtbreite. (Angaben über die Größe der zulässigen Längenstreuung sind nicht gemacht worden). Die erforderliche Genauigkeit in der Breitenstreuung soll durch einen Autopiloten ohne zusätzliche Verwendung einer Fernlenkeinrichtung erreicht werden. Die Nutzlast soll 800 kg betragen.“ Der Flugkörper, der auf Grund der Geräteforderungen entwickelt wurde, hatte ein Gesamtgewicht von 2,2 to, eine Länge von 8 m und die geforderte Nutzlast von 800 kg Sprengstoff.

Für den Antrieb dieses Verlustflugzeuges bot sich das Argusrohr, ein pulsierendes Staustrahltriebwerk mit einer Zündungsfrequenz von 50 Hertz an, das zu Anfang des Krieges nach den Angaben von Dr. Schmidt bei BMW entwickelt worden war. Dieses Staustrahltriebwerk war ein Explosionsgefäß, in das die gestaute Luft durch die an seiner Stirnfläche wabenförmig angeordneten Durchströmöffnungen einströmte, die sich nach der Einspritzung des Brennstoffes und dem anschließenden Explosionsvorgang schlossen, sodaß sich durch die ausströmenden Verbrennungsgase im rückwärtigen Teil des Explosionsgefäßes ein Schub von einer bestimmten Größenordnung ergab. Sobald die Verbrennungsgase durch die Düse nach rückwärts ausgetreten waren, und in dem Explosionsgefäß der Normaldruck, d. h. der atmosphärische Druck wieder erreicht war, öffneten sich die Durchströmöffnungen an der Stirnseite des Reaktionsmotors. Neu vor dem Flugkörper sich stauende Luft konnte in die Explosionskammer eintreten. Das Einspritzen des Brennstoffes und die Explosion des Zündgemisches wiederholten sich. Dieser intermittierende Explosions- bzw. Schubvorgang wiederholte sich 50 mal in der Sekunde. Vielfach hatte man dem Argusrohr die Bezeichnung Propulsionsmotor gegeben.

Der sogenannte Staustrahlantrieb konnte nur unter bestimmten Voraussetzungen arbeiten. Der Luftstau vor dem Triebwerk, die Einströmung der gestauten Luft in die Einspritzmenge des Brennstoffes standen in gesetzmäßigem Verhältnis zueinander. Durch die Wirkungsweise des Argusrohres war deshalb auch die Höhenbegrenzung des fliegenden Gerätes zwischen 300 m und 2 500 m bedingt. Der günstigste Wirkungsgrad des Propulsionsmotors lag in niedrigen Flughöhen. Ein großer Nachteil dieses Propulsionsmotors war die mit dem periodisch ablaufenden Verbrennungsvorgang verbundene Geräuschkulisse. Ein Gerät V 1 konnte deshalb auch mit akustischen Ortungsmitteln aufgefaßt werden. Mit dem Argusrohr als Antrieb konnte eine Fluggeschwindigkeit der V 1 von 650 km/Std. in Erdnähe und etwa 575 km/Std. in einer Höhe von 3 500 m erzielt werden.

Da die V 1 ebenso wie die anderen Entwicklungen ein Verlustgerät darstellten, mußten auch die Navigationsgeräte so einfach wie möglich sein. Der Autopilot als das Grundelement für die Kurs- und Höhensteuerung der V 1 hatte die Aufgabe, den Kurs während der Flugdauer von rund 25 Min. zu regeln, sowie die bereits bekannte Höhe zwischen 300 und 2 500 m zu sichern. Ferner mußte es mit diesem Eigensteuerungsgerät des Flugkörpers möglich sein, die geforderten Richtungsänderungen im Bereich von 120° im Anschluß an den Start herzustellen. Als das Projekt V 1 aufgegriffen wurde, gab es noch kein geeignetes Eigensteuerungsgerät für Flugzeuge. Die Entwicklung des Autopiloten wurde in denkbar kurzer Zeit durchgeführt. Er arbeitete auf der Basis einer pneumatischen Eigensteuerung derart, daß Kursabweichungen und Höhenabweichungen über pneumatisch betätigte Rudermaschinen ausgeglichen werden konnten. Man hatte sich zu einem pneumatischen Autopiloten entschlossen, weil zu der Einspritzung des Brennstoffes in die Explosionskammer des Argusrohres auch Preßluft verwendet wurde. Infolgedessen hielt man es für richtig, eine einheitliche Energiequelle an Bord des Flugkörpers zu haben. Im großen und ganzen hat der Autopilot seine Aufgabe erfüllt. Allerdings war bei dem Entwurf desselben nicht bekannt, daß durch den Propulsionsmotor starke Erschütterungen des Fugkörpers hervorgerufen wurden, die auch die Stabilität des Flugkörpers um die Rollachse stark störten. Durch dieses Störmoment ist eine Anzahl vorzeitiger Abstürze der V 1 hervorgerufen worden. Die Forderung an den Autopiloten, Richtungsänderungen für den sogenannten Winkelschuß von ±60° zu ermöglichen, haben in vielen Fällen dazu geführt, daß nach dem Start der V 1 sogenannte Kreisläufer beobachtet worden sind. Zweifellos war die gestellte Forderung des sogenannten Winkelschußes eine sehr hohe, so daß es nicht ausblieb, daß die Funktionssicherheit des Autopiloten infolge der kurzen zur Verfügung stehenden Entwicklungszeit noch nicht erreicht werden konnte.

Für die Entfernungsmessung war die V 1 mit einem sogenannten Log versehen. Dieses Log bestand aus einem Meßgerät mit Propeller für den Abgriff der Entfernung. Aus der Zahl der Umläufe der Propellerachse ergab sich, bei entsprechender Integration der Umdrehungen, die jeweils zurückgelegte Flugstrecke. Nach Erreichen einer vorgegebenen Entfernung betätigte das Entfernungsmeßgerät den Sprengvorgang. An der Wurzelnaht der Tragflächen des Flugkörpers waren nämlich sogenannte Sprengleisten vorgesehen, welche die Flügel des Flugkörpers beim Erreichen des Entfernungszieles abbrachen, sodaß dessen Rumpf mit der Nutzlast von 800 kg in einer Bombenflugbahn sich zur Erde bewegte und beim Aufschlag detonierte.

Die V 1 mußte von einem Katapult mit Starthilfen gestartet werden. Das Katapult hatte eine Länge von 35 m. Bei Erreichung des Endpunktes der Startbahn war die Geschwindigkeit des Flugkörpers so groß, daß der Flug stabil war. Die Flugstabilität wurde bei 300 m/s erreicht. Demzufolge betrug die Durchschnittsbeschleunigung beim Katapultieren eines Gerätes das 22fache der Erdbeschleunigung. Bei dieser Beschleunigungsgröße war die Beanspruchung der Kurs- und Lagekreisel für den Autopiloten so groß, daß diese ihre Funktionen nur dann einwandfrei ausübten, wenn sie sehr genau gefertigt waren. Die große Anzahl von Versagern ist auf Fehlfertigungen der Kreisel zurückzuführen.

Die Erfahrungen, die bei der Erprobung der V 1 vor dem Einsatz mit ihren Flugeigenschaften und der Wirksamkeit des Autopiloten gemacht wurden, ließen erkennen, daß die eingangs angegebene Breitenstreuung von ± 5 km nicht erreicht werden konnte. Sie nahm den dreifachen Wert an, d. h. die Breitenstreuung betrug bei der genannten Entfernung insgesamt 15 km.

Der Einsatz der V 1 oder auch „fliegende Bombe" genannt, begann Mitte Juni 1944. Insgesamt wurden 8000 fliegende Bomben V 1 gegen den Raum London gestartet. 2000 Geräte versagten beim oder kurz nach dem Start. Von den restlichen 6000 Stück durchbrachen 2 400 die massierte Abwehr und erreichten das Ziel. Der Rest ging verloren.

Wie groß die Streuung der 2400 Geräte war, welche die Abwehr durchbrachen, kann nicht gesagt werden. Jedenfalls dürfte es sicher sein, daß sie recht bedeutend gewesen ist.

Zur massierten Gegenwehr gegen die V 1 gehörte die Flak- und die Jagdabwehr. Da das Flugverhalten der V 1 von der gegnerischen Seite genau erkannt und die Flughöhe begrenzt war, hatte die Flakabwehr bei der Bekämpfung dieser Waffe auch einen entscheidenden Anteil. Die englische Jagdabwehr, die Spitfire-Jäger, war in der Zeit von 1942 bis 1944 in ihren Flugleistungen bedeutend verbessert worden. In der Ausführung als „Tempest" erreichten Sie Fluggeschwindigkeiten zwischen 750 bis 800 km/Std. Da die V 1 bereits geortet war, wenn sie das Festland gegen London verließ, konnte sich die Jagdabwehr auf die Bekämpfung einstellen. Die Spitfire-Jäger brausten hinter der V 1 an der Kanalküste her, erreichten nach Ablauf einiger Minuten das angreifende Flugzeug, und ein paar Garben aus den Bordwaffen genügten, um es zum Absturz zu bringen.

Die Fernzielwaffe V 2

Das zweite Standardgerät für die Bekämpfung von Fernzielen war die von der Versuchsanstalt Peenemünde in der Regie des Heereswaffenamtes entwickelte, gesteuerte Flüssigkeitsrakete A 4 oder V 2. Die V 2 war eine auf der Antriebsstrecke gesteuerte Rakete mit Flüssigkeitsantrieb. Die Rakete wurde, da ihr Start senkrecht erfolgen mußte, auf dem aufsteigenden Ast der Flugbahn mittels einer Kurssteuerung gelenkt, welche Strahltriebruder betätigte. Diese lenkten sie in eine vorgegebene Bahn derart ein, daß sie bei einer bestimmten Geschwindigkeit, die laufend kontrolliert wurde, eine Neigung von rund 45° annahm und dann als ungesteuerter Flugkörper in eine rein ballistische Bahnkurve, d. h. in den Bogenschuß überging. Die Rakete hatte ein Gewicht von 12,5 to. Das Gewicht der beiden Treibstoffkomponenten für den kontinuierlichen Verbrennungsvorgang im sogenannten Brennofen betrug 8 to. Die beiden flüssigen Komponenten für den Antrieb, nämlich Methylalkohol und flüssiger Sauerstoff, waren in zwei Behältern aus Leichtstoff untergebracht; sie wurden mittels Kompressionspumpen in den Brennofen geleitet. Der flüssige Sauerstoff wurde im Gegenstromprinzip, d. h. also von der Austrittsdüse des Brennofens her an dem Brennofen vorbei in die Explosionskammer geleitet. Diese Anordnung war vorgesehen, um die Gasausströmdüse soweit zu kühlen, daß sie thermisch nicht überbelastet wurde. Dem Brennofen bzw. der Explosionskammer wurde der Sauerstoff in gesprühter Form, und, durch getrennte Kanäle, der Methylalkohol ebenfalls in gesprühter Form zugeführt. In dem Brennofen selbst vermischten sich die beiden Komponenten intensiv und brannten unter Bildung von Verbrennungsgasen ab, die durch die Düse ausströmten. Durch den Verbrennungs- bzw. Explosionsvorgang wurde in der Brennkammer ein Druck von etwa 50 Atmosphären erreicht. Die Ausströmgeschwindigkeit der gasförmigen Verbrennungsprodukte betrug beim Austritt aus der Düse rund 2000 m/s.

Die Rakete hatte eine Länge von 13,5 m, einen Durchmesser von 1,5 m und war pfeilstabilisiert. Es waren vier Stabilisierungsflossen vorgesehen, sodaß der Aufbau der Rakete äußerlich einem pfeilstabilisierten Geschoß ähnelte. In der Spitze der Rakete befand sich der Sprengstoff mit Aufschlagzünder. Das Gewicht der Sprengladung betrug 800 kg. An diese Nutzlast schloß sich noch im ogivalen Teil des Raketenkopfes der Raum für die Steuerungs- und Fernmeldegeräte an. In dem Mittelteil der Rakete befanden sich die beiden Behälter, der Reihe nach zunächst der Alkoholbehälter (Brennstoff) und dann der Behälter für flüssigen Sauerstoff (Oxydator). An diese schlossen sich in Richtung Heck der Rakete ein Raum für Dampfturbine und Kreiselpumpe zur Förderung der Flüssigkeitskomponenten in den Brennofen an. An den Leitwerksflächen saßen die Ruder für Seite und Höhe, während in der Verlängerung der Schubdüse die sogenannten Innenruder bzw. Gasstrahlruder angeordnet waren.

Die Brennzeit des Flüssigkeitsantriebes betrug rund 90 Sekunden. Nach dieser Zeit war, mit gewissen Streuungen in der Brennzeit, die sogenannte Brennschlußgeschwindigkeit der Rakete in einer Größenordnung von 1650 m/s erreicht. Während dieser Zeit also mußte die Rakete mittels der mit ihr verbundenen Kurssteuerelemente in die Flugbahntangente der Flugbahn eingesteuert werden. Da mit großen seitlichen Streuungen der Rakete bei dem Beschleunigungsvorgang gerechnet werden mußte, insbesondere infolge der anfänglich sehr geringen Beschleunigung, war auch eine Seitensteuerung für die V 2 erforderlich, welche das Gerät in die Zielebene zu bringen hatte. Das ist die Ebene, die entsteht, wenn die Verbindung der Startstelle zum Zielpunkt die eine Gerade und die Vertikale die andere Gerade der Zielebene darstellt. Da infolge der Fertigungsgenauigkeiten für eine solche Rakete Drallmomente auftreten können, war es notwendig, die Rakete auch auf ihrer Längsachse zu stabilisieren, d. h. rollstabil zu halten.

Um den Aufwand für die Kurssteuerung so gering wie möglich zu halten, wurden sogenannte Strahltriebruder verwendet, d. h. Ruder, die dem Gasstrahl der austretenden Verbrennungsgase aus dem Brennofen ausgesetzt werden; diese wurden mittels der Kurssteuerungsanlage verstellt. Der Anstellwinkel der Strahltriebruder war während der Einsteuerungszeit der Rakete dauernd unterschiedlich infolge der stets wechselnden, d. h. ansteigenden Beschleunigung der Rakete. Für die Kurssteuerung war noch eine zusätzliche Hilfssteuerung in Form von fest an den Stabilisierungsflächen der Rakete angebrachten Hilfsrudern vorgesehen. Mit diesen sollte eine Korrektur des Kurses vorgenommen werden, falls sich durch die Einsteuerung mittels der Strahltriebruder Ablagen des Flugkörpers von der vorgeschriebenen Bahnkurve ergaben.

Wie ein roter Faden zog sich während der Entwicklungszeit der V 2 das Problem der Eigensteuerung des Flugkörpers durch. Wenn auch gelegentlich kühne Behauptungen über die Genauigkeit der Kurs- und Seitensteuerung aufgestellt wurden, so vermag der einsichtige Leser sofort aus der Aufgabenstellung erkennen, wie schwierig die Lösung einer in sich getragenen Eigensteuerung war, bzw. wieviele störende Momente bei dem Lenkvorgang auftreten können. Eine große Genauigkeit kann nur erreicht werden, wenn der Schub der Rakete, mit anderen Worten der Verbrennungsvorgang in der Brennkammer, keinerlei Schwankungen unterworfen ist, wenn die Kurssteuerung mittels der Strahltriebruder nur geringe Fehler bei der Ausführung der kontinuierlichen Lenkungskommandos läßt, auch die Fehler der Seitenstreuung auf ein Minimum beschränkt und die Rollachsensteuerung genügend empfindlich ist, sodaß auch geringe Pendelungen der Rakete um ihre Längsachse vermieden werden. Schließlich ist die genaue Bestimmung der jeweiligen Fluggeschwindigkeit der Rakete nach dem Integrationsverfahren vor allem in dem Bereich der größeren Fluggeschwindigkeiten auch Fehlern unterworfen, infolgedessen war die Fixierung der Brennschlußgeschwindigkeit ebenfalls mit gewissen Fehlern behaftet.

Es war klar, daß alle auftretenden Fehler bei der Kurs- und Seitensteuerung nur durch eine große Anzahl von unter verschiedenen Versuchsbedingungen durchzuführenden Erprobungen festgestellt werden konnten. Hierzu aber fehlte die Zeit in den immer kritischer werdenden Wochen und Monaten der Endphase des Kriegsgeschehens. Im Oktober 1942 gelang der erste Start der V 2, mit anderen Worten, es gelang ein erster Flug der Flüssigkeitsrakete. Dies war ein rein qualitativer Versuch: er konnte über die Genauigkeit der Steuerung der V 2-Rakete keine Feststellungen geben. Hierzu hätte es einer Serie von Hunderten von Geräten bedurft, um die ersten Auswertungen der Genauigkeit bei der Eigensteuerung der Rakete vornehmen zu können. Dies fiel aus. Infolgedessen mußten alle Voraussagen über die Größe der mutmaßlichen Streuung sowohl nach Seite als auch nach der Länge auf Berechnungen aufbauen, bei denen ein Minimum der störenden Fehlerquellen angenommen wurde. Es wäre müßig, heute noch Betrachtungen über die Genauigkeit der Lenksysteme bei der V 2 anzustellen.

Ohne Zweifel stellte jedoch die angestrebte Lösung der Kurssteuerung für die V 2 einen genialen Ansatz für die Steuerungstechnik bzw. die Erarbeitung ihrer Möglichkeiten für Fernzielraketen dar.

Das Gerät V 2 mußte senkrecht gestartet werden. Die anfängliche Beschleunigung der Rakete betrug nur das Einfache der Erdbeschleunigung (g). Die V 2-Rakete erhob sich infolgedessen ganz langsam in die Höhe und man konnte sie bis zu einer Höhe von mehreren 1000 m unmittelbar ohne ein bewaffnetes Auge beobachten. Mit zunehmender Höhe wurde die Beschleunigung größer und erreichte schließlich kurz vor dem Brennschluß die Größe von 5 g. Der gleichbleibende Schub der Rakete betrug 25 to.

Es war von Anfang an das Ziel, die V 2 beweglich einsetzen zu können. Der Startplatz sollte innerhalb kurzer Zeit gewechselt werden können, um die zu erwartende Ortung der Abschußbasen und deren Bekämpfung unmöglich zu machen. Zu diesem Zweck wurde ein Bewegungs- und Startfahrzeug für die V 2 entwickelt. Es war der sogenannte Meillerwagen, der in der Startstellung das Richten eines Schwenkarmes mit einer Länge von 15 m bis zur Vertikalen erlaubte. Schwenkarm und Rakete V 2, die in Klauen geführt und gegen das Fallen beim Aufrichten des Schwenkarmes gesichert waren, wurden gemeinsam hochgerichtet und in die Startstellung gefahren. Die V 2 konnte und sollte auch nicht katapultiert werden, denn hierzu wären Startanlagen von einer Länge erforderlich geworden, die ein Mehrfaches der Katapultanlagen für die V 1 betrug.

Die V 2-Waffe, obwohl in der Entwicklung noch nicht ganz abgeschlossen, wurde in der Endphase des Krieges zum Einsatz befohlen. Es sind insgesamt 115 V 2 Raketen gegen London gestartet worden. Weitere 2000 V 2-Geräte wurden von holländischen Abschußbasen in Richtung auf Antwerpen und weiter entfernte strategische Ziele gestartet. Über die erzielte Treffgenauigkeit konnte nichts in Erfahrung gebracht werden. Es dürfte aber sicher sein, daß die Streuung der V 2 Waffe infolge der nicht ausgereiften Entwicklung sehr groß gewesen ist. Die V 2 konnte nicht bekämpft werden. Eine Abwehrmöglichkeit gab es in der Zielphase nicht, denn sie trat aus der Stratosphäre mit einer Geschwindigkeit von rund 1400 m/s in die Atmosphäre. Infolge des wirksam werdenden Luftwiderstandes verlor sie auf den letzten 20 km infolge ihrer geringen Querschnittsbelastung etwa 400 m/s an Geschwindigkeit, so daß sie sich mit dreifacher Schallgeschwindigkeit, entsprechend einer Stundengeschwindigkeit von 3 600 km/Std., auf das Ziel stürzte. Da ein Wechsel der Feuerstellung zum Starten der V 2 schnell erfolgen konnte, waren auch die Abschußbasen, selbst nach erfolgter Luftaufklärung durch den Gegner, nicht wirkungsvoll angreifbar.

Der Fertigungsaufwand für die V 2-Waffe betrug etwa 13 000 Arbeitsstunden. Entsprechend betrugen die Kosten für die Erstellung einer V 2-Rakete ungefähr DM 40 000,—.

Die Fernzielwaffe V 4

Wenn man die ballistische Fernzielrakete „Rheinbote" richtig in der Reihe der V-Waffen sehen will, dann muß man sich auf die *Endlösung* dieses Gerätes stützen, die infolge der kriegsbedingten Ereignisse, der unglücklichen Erscheinungen im Ablauf der Entwicklung wegen des Rohstoffengpasses nicht mehr verwirklicht werden konnte. Es war der von der Inspektion des Heeres geforderte große Bruder des „Rheinboten", das Gerät, welches, nach der Wende der Mehrstufenrakete zu der Richtung der V-Waffen hin, dieselbe Nutzlast mit sich führen sollte wie die V 1- und V 2-Waffen.

Die Fernzielrakete stellte eine Lösung dar, die jeden Fachmann, der in diese Entwicklung Einblick nehmen konnte, ob ihrer Einfachheit verblüffte. Denn sie besaß weder einen Autopiloten für Kurs- und Höhensteuerung noch eine Eigenlenkung, die sie während der Antriebsperiode in ihre Kursrichtung einordnete. Sie besaß überhaupt keine beweglichen Steuerelemente bzw. Rudermaschinen; denn sie flog von dem Augenblick des Startvorganges an infolge ihrer Eigenstabilisierung durch feste Leitwerke auf einer festgelegten Abgangsbahn und erreichte am Ende ihrer Beschleunigungsperiode bei der Erreichung der Stratosphäre die erforderliche Bahngeschwindigkeit von 1650 m/s und den notwendigen Bahnwinkel von 45°, um eine Entfernung von 250 km erreichen zu können. Sie war, konstruktiv gesehen, die weitaus einfachste und trotzdem vielseitigste Lösung in der Reihe der V-Waffen.

Die ballistische Fernzielrakete, der „Rheinbote III", hatte in der Endlösung ein Gewicht von 8 to und eine Länge von 15 m. Sie war nach dem Prinzip der Kegelrakete mit den sich verjüngenden Stufen gestaltet, wobei wiederum 2 Stufen aus Fertigungsgründen und im Sinne leichter Austauschbarkeit bzw. der Schachtelbauweise gleich gehalten waren.

Die einzelnen Stufen mit den verschiedenen Daten gehen aus der folgenden Zahlentafel hervor.

Stufe	Bezeichnung	Stufengewicht leer	Treibladung	Gesamtgewicht der Rakete
1	(Startstufe)	1540	1360	8100
2	1. Flugstufe	975	800	5200
3	2. Flugstufe	965	790	3425
4	3. Endstufe	1300	370	1670
		4780	3320	

Zündzeit s	Brenndauer t	2. Brennschlußgeschwindigkeit m/s
0	1,2	295 - 305
2	9,0	575 - 635
13	9,0	1100 - 1215
25	6,0	1530 - 1670

Die Nutzlast dieser Rakete sollte 785 kg Sprengstoff sein. Die Reichweite der Stufenrakete war etwas mehr als die der Modellrakete „Rheinbote“: rund 250 km.

Die 50 %ige Längen- und Breitenstreuung der Rakete betrug in jeder Richtung rund 3 % der Reichweite.

Die Gipfelhöhe der Bogenbahn war etwas mehr als 70 km, die Steighöhe in senkrechtem Start betrug rund 130 km.

Der Erhöhungswinkel der Startbahn maß 65°, der Fallwinkel im Zielgelände 52°.

Die Flugzeit des großen „Rheinboten“ unterschied sich kaum von der gemessenen der Modellrakete, die 230 s betrug.

Die Endgeschwindigkeit des „Rheinboten“ von 1000 m/s lag also in derselben Größenordnung wie die V 2-Rakete. Als Startanlage für die 8 to schwere Stufenrakete kam eine Startlafette von 30 to in Betracht, die in zwei Lasten von je 20 to motorisiert bewegt wurde. Der Aufbau der Startanlage in der Feuerstellung konnte in zwei Stunden erfolgen. Der Zusammenbau der Stufenrakete geschah in der Feuerstellung auf der Startbahn der Startanlage. Die einzelnen Stufen waren während der Lagerung oder nach dem Transport sofort einsatzfähig.

Gegen die ballistische Fernzielrakete wurde der große Pulveraufwand, das Abfallen der Brennkammern der Stufen 1, 2 und 3 geltend gemacht. Der Pulveraufwand war 2,5 mal so groß wie das Gewicht der Endstufe ohne Pulverladung mit einer Sprengladung von 785 kg. Die leeren Brennkammern der einzelnen Stufen 1-3 gingen in einer Entfernung von 3, 15 und 40 km in Startrichtung vor der Feuerstellung nieder.

Der Einsatz der ballistischen Fernzielraketen „Rheinbote“ I und III war so gedacht, daß vier Anlagen des leichten und eine Anlage des schweren „Rheinboten“ eine Einheit bildeten. Der Einsatzakt war so, daß zwei schwere Raketen und 20 leichte Raketen pausenlos je Stunde gestartet werden konnten. Das waren täglich 24 schwere und 576 leichte Raketen mit einer Nutzlast von je 780 kg bzw. 140 kg Sprengstoff; sie entsprechen der Wirkung von 24 schweren 1 500 kg und 480 schweren 100 kg Bomben. Für den Einsatz dieser Raketengruppe war eine Abteilung von 300 Mann notwendig. Spezialkommandos waren wegen der Einfachheit der Startanlage und der Stufenrakete nicht erforderlich.

Die ballistische Fernzielrakete „Rheinbote" V 4 war ebenso wie die V 2-Waffe nicht zu bekämpfen. Sie flog auf derselben Wurfparabel wie diese, ging mit derselben Brennschlußgeschwindigkeit aus der Atmosphäre in die Stratosphäre und kam mit der gleichen Endgeschwindigkeit und dem gleichen Fallwinkel im Zielgelände an. Die Fertigung des „Rheinboten" war einfach, so einfach, daß sie mit Gruppen von angelernten Arbeitskräften vorgenommen werden konnte. Die Fertigungszeit für den großen „Rheinboten" hätte etwa 300 Arbeitsstunden betragen, diejenige des kleinen „Rheinboten" war mit rund 130 Arbeitsstunden festgestellt. In diesen Fertigungszeiten sind nicht die Zeiten für Pulver- und Zünderfertigung enthalten. Die Kosten für den kleinen „Rheinboten" stellten sich auf RM 5 500.— und RM 23 000.— für den „Rheinboten" Mod. III.

Die Konstruktion sowohl des kleinen wie des größeren „Rheinboten" konnte nicht mehr ausreifen. In beiden Geräten steckten noch größere Reserven, die ungenutzt bleiben mußten; aber unter gleichen Bedingungen für die Nutzlast hätte sich die Reichweite sicher auf 300 km und mehr steigern lassen können.

Kap. XXVII

Letzte Tagung der ALF in Dresden.

Im Jahre 1936 wurde auf Veranlassung führender Wissenschaftler und Experten der Luftwaffe die Deutsche Akademie der Luftfahrtforschung gegründet. Die treibende Kraft für die Gründung war der mit der Forschungsführung der Luftwaffe beauftragte frühere Hauptmann des 1. Weltkrieges, Adolf Branka, der auch dem geschäftsführenden Präsidium des alle Sparten der Luftfahrttechnik umspannenden Lilienthal-Gesellschaft für Luftfahrtforschung angehörte. Die Deutsche Akademie für Luftfahrtforschung sollte das wissenschaftliche Gremium der auf breiter Basis geschaffenen Lilienthal-Gesellschaft werden. Der Wortlaut bei der Ernennung von korrespondierenden und ordentlichen Mitgliedern der deutschen Akademie der Luftfahrtforschung.

„Die deutsche Akademie der Luftfahrtforschung, gegründet durch Erlaß des Führers und Reichskanzlers Adolf Hitler am 24. 6. 36 zu Bayreuth, ernennt Herrn ...
zu ihrem Mitglied. Diese Ernennung wird in der Erwartung vollzogen, daß der Ernannte durch seine Mitarbeit an den Aufgaben der Akademie dazu beitragen wird, die wissenschaftlich-technischen Grundlagen der Luftfahrt zu vertiefen, hierbei auch dem Fortschritt neue Wege zu Weisen und unter vollem Einsatz seiner Person im Geiste wissenschaftlicher Verbundenheit und Achtung aller Mitglieder der Akademie mitzuwirken an den weiten Zielen einer raum- und zeitüberwindenden Luftfahrt.

Der Präsident der Akademie"

Zum Präsidenten der deutschen Akademie der Luftfahrtforschung war von Adolf Hitler der Luftfahrtminister Hermann Göring bestimmt worden.
Die Deutsche Akademie für Luftfahrtforschung umfaßte etwa 35 ordenliche und 70 korrespondierende Mitglieder aus allen Zweigen der Wissenschaft. Dem Grundgedanken der Akademie Rechnung tragend, stammte die Mehrzahl der Mitglieder aus den Kreisen, die unmittelbar der Luftfahrt verbunden waren. Die Randgebiete wie Geophysik, Luftfahrtmedizin, Elektrophysik und Waffen waren naturgemäß in diesem wissenschaftlichen Gremium spärlich vertreten. Die Akademie tagte regelmäßig in 3-4 Sitzungen im Jahr und richtete in späteren Jahren auch Arbeitsausschüsse zur Behandlung spezieller wissenschaftlicher Probleme ein. Die Mitglieder der Akademie waren verpflichtet, in einem regelmässigen Zeitraum von 2-3 Jahren über die wissenschaftlichen Forschungsarbeiten und Erkenntnisse in ihren Spezialgebieten zu berichten.
Die Deutsche Akademie der Luftfahrtforschung war ein Forum der Wissenschaft auf höchster Ebene. Prominente Vertreter der Luftfahrtindustrie, der wissenschaftlichen Institute für Luftfahrtforschung und auch im Ausland führende wissenschaftliche Persönlichkeiten gehörten zu diesem exponierten Kreis einer weltverbundenen Forschungsgemeinschaft. Nobelpreisträger saßen in den Reihen der Akademiemitglieder.

Durch die hervorragende Mitarbeit der Deutschen Akademie der Luftfahrtforschung wurde die revolutionierende Entwicklung der Luftfahrt beim Durchstoßen der Schallmauer mit wissenschaftlichen Erkenntnissen in hervorragender Weise unterbaut. Es gab allerdings auch Spezialgebiete der Forschung, welche durch die bestehenden Geheimhaltungsbestimmungen nur einem kleinen Kreise der Mitglieder bekannt werden konnten. Hierzu gehörten auch Teilgebiete der Waffenforschung, insbesondere auf dem Gebiet der Raketen. So hatte auch das erste Referat, das der Verfasser im Jahre 1941 über die Raketenentwicklung mit festen Treibstoffen gehalten hatte, nur einem begrenzten Mitgliederkreis zugänglich gemacht werden können. Dieses Referat wurde etwa in der Mitte des Jahres im Hause der Flieger, dem ständigen Tagungsort der Deutschen Akademie der Luftfahrtforschung, gehalten.

Der Tagung war eine Besprechung zwischen dem mit der Geschäftsführung beauftragten Ministerrialdirigenten Bäumker und dem Verfasser vorausgegangen. Im Vordergrund stand die Sorge um das Rüstungspotential der deutschen Wehrmacht, das durch die unglückliche persönliche Steuerung Adolf Hitlers in einer Sackgasse enden mußte. Bäumker erkannte damals schon klar, daß der Kriegseintritt Amerikas nur noch eine Frage der Zeit sein konnte. Er malte das Bild einer durch keine Kriegseinwirkungen geschwächten, aber auf Hochtouren laufenden amerikanischen Rüstungsindustrie, die in der Lage sein würde, Europa mit einer ungeheuren Luftwaffe zu überschwemmen. Nach seiner Meinung gab es schon damals nur noch einen Hoffnungsschimmer für unentschiedene Beendigung des Weltkrieges, wenn es nämlich gelingen würde, die geistige Elite des deutschen Volkes auf die Schaffung von wirklich kriegsentscheidenden Waffen zu konzentrieren. Er nannte 8-10 Waffen, die allein nur noch entscheidend sein konnten für die Verteidigung des deutschen Festlandes, nämlich: eine moderne Jägerwaffe nach den Ideen von Lippisch, die ferngesteuerte Gleitbombe nach dem Vorschlag von Prof. Wagner, die ferngesteuerte Fallbombe nach den Unterlagen von Dr. MaxKramer, ein Schnellbomber als Trägerflugzeug für die Fernlenkwaffen nach den Ideen von Heinkel, Raketenbomben sowie gesteuerte und ungesteuerte Raketenwaffen. Für ihn war schon damals eindeutig erkennbar ,daß die sonstige Artillerie ihre Bedeutung verloren hatte. Schon damals drängte Bäumker den Verfasser, ihm bei der Durchsetzung der wissenschaftlichen Erkenntnisse für den taktischen Aufbau neuer Waffen zu unterstützen, und zu gegebener Zeit die Beweisführung für die Richtigkeit seiner revolutionierenden Ideen auf dem Gebiet der Rüstung anzutreten.

In der Anspannung aller wissenschaftlichen und technischen Kräfte für die Behauptung des deutschen Volkes in seinem schwersten kriegerischen Gang wurde die wissenschaftliche Arbeit immer stärker in den Hintergrund gedrängt, umsomehr. als jedes Verständnis bei Hitler und später auch bei Göring für die Notwendigkeit einer fundierten Grundlagen- und Zweckforschung fehlte. Bäumker selbst geriet auch mehrfach in den Sog der kritischen Auseinandersetzungen über die wirklichen Aufgaben der Luftwaffe. Seiner überlegenen Art der Beweisführung für die Notwendigkeit bestimmter Forschungsprogramme gelang es jedoch jedesmal, die Grundlagen

der Deutschen Akademie zum Wohle der deutschen Wissenschaft zu hüten. Andere Persönlichkeiten mußten weichen, wenn sie im Zusammenhang mit Neuentwicklungen standen, die auf Anhieb einer störungsfreien Belastungsprobe nicht gewachsen waren. Es zeichnete sich auch in den Kreisen der Luftfahrtforschung das gewohnte Bild ab, daß mann Prügelknaben suchen und finden mußte, wenn Versprechungen nach oben getragen waren, die sich terminlich nicht erfüllen ließen.
Das unausweichliche Geschick des deutschen Volkes in der tragischen Auseinandersetzung mit den Alliierten war schon längst erkennbar, als Ministerialdirigent Bäumker im November 1944 an den Verfasser herantrat, auf einer Tagung der Deutschen Akademie der Luftfahrtforschung einen Abriß über den Stand und die Entwicklungsergebnisse auf dem Gebiet des Waffenbaues zu geben. Es sollte die letzte Tagung der Akademie werden. Da die Waffen täglich sprachen und im Rüstungspotential den Vorrang hatten, nachdem die Luftwaffe mehr und mehr durch die Zerstörung der Produktionsstätten ausfiel, war es verständlich, daß Bäumker dieses Randgebiet für die Tagung gewählt hatte.
In der sächsischen Residenzstadt Dresden fand diese letzte Tagung statt, nachdem Bäumker es nicht mehr verantworten konnte, Berlin als Tagungsort zu wählen, da die Stadt täglich das Ziel von alliierten Luftangriffen war. Nach einigen Überlegungen wurde diese Tagung schließlich für Mitte Januar 1945 angesetzt und auch durchgeführt. Schon hatten die ersten Spitzen der ungeheuren Trecks, die sich aus den östlichen deutschen Randgebieten in das Innere Deutschland bewegten, die sächsische Landeshauptstadt erreicht. Noch ahnte man das Grauen nicht, das über diese schöne Stadt hereinbrechen sollte. Es war schon sehr beschwerlich geworden, mit der Eisenbahn Dresden zu erreichen, da die Züge nach allen Richtungen überfüllt waren, die Menschen eingepfercht auf engsten Raum gefahren wurden und teilweise wie Trauben an den Perrons und Trittbrettern der Eisenbahn hingen. Deshalb war auch den Mitgliedern der Akademie empfohlen worden, sich schon so frühzeitig in Marsch zu setzen, daß man mit Sicherheit zur richtigen Zeit in Dresden sein konnte.

•

An dem Vormittag der Tagung hatten die Tagungsteilnehmer noch einmal Gelegenheit, sich von den Schönheiten der Stadt Dresden, die bis dahin von Luftangriffen verschont gebliebenwar, beeindrucken zu lassen. Sie wird von der Elbe regelrecht zwischen der alten und der neuen Stadt durchschnitten und war von jeher eine führende Kunst- und Theaterstadt mit bedeutenden Baudenkmälern, die Residenz der Wettiner, deren bekanntester Vertreter 'August der Starke' war. Er begründete auch ihren großen Ruf als Kunst- und Theaterstadt durch die großen Baudenkmäler im Barockstil. Neben dem altehrwürdigen Schloß ragten der Zwinger und die Frauenkirche als große künstlerische Bauschöpfungen hervor. Nur wenig konnte sich der Verfasser auf die Schönheiten dieser Stadt konzentrieren, da er zu sehr mit den letzten gedanklichen Vorbereitungen für das Hauptreferat, das er auf der Tagung halten sollte, beschäftigt war. Zum erstenmal sollte auf einer wissenschaftlichen

Tagung der Schleier von einer Entwicklung gelüftet werden, die bisher noch keinem wissenschaftlichen Gremium bekanntgegeben worden war. Min. Dirigent Bäumker war aus der Reserve herausgetreten, indem er den Teilnehmerkreis an dieser Tagung erheblich erweitert hatte. Allerdings sollte jedem Tagungsteilnehmer die eidesstattliche Versicherung auferlegt werden, über die neuen Erkenntnisse auf dem Waffengebiet, die ihnen vermittelt wurden, unbedingtes Stillschweigen zu bewahren. Ausländische Teilnehmer waren zu der Tagung nicht zugelassen. Dagegen waren Einladungen an Offiziere der Deutschen Wehrmacht ergangen, die ebenfalls mit technischen Aufgaben bei dem Einsatz von Flakwaffen befaßt waren.

In Anbetracht der großen Bedeutung, welche die Deutsche Akademie der Luftfahrtforschung nicht nur innerhalb der Landesgrenzen, sondern auch im Ausland besaß, hatte es sich der Reichsstatthalter von Sachsen, Obergruppenführer Mutschmann, mann, nicht nehmen lassen, mit seinem Gefolge an der Tagung teilzunehmen.

Das Tagungsprogramm bestand aus drei Referaten: einem Hauptreferat „Wege zur Leistungssteigerung im Waffenbau“ und den beiden weiteren Referaten „Das Düppelsystem der alliierten Luftstreitkräfte“ und „Probleme der Funkortung“. Diese beiden Referate wurden von aktiven Offizieren der Luftwaffe gehalten, welche seit Jahren zu den technischen Experten zählten.

Das erste dieser Referate schilderte den Einsatz der alliierten Luftwaffe auf Hamburg mit der Anwendung des Düppelsystems und der dadurch hervorgerufenen Verwirrung in der Funkortung zur Auffassung und Bekämpfung der feindlichen Flugzeuge. Das Düppelsystem, das in dem Abwurf von Staniolstreifen durch Pfadfinderflugzeuge bestand, hatte zur Folge, daß die angreifenden Bomber durch die Funkortung nicht mehr aufgefaßt werden konnten: die vom Funkortungsgerät ausgesandten Wellen wurden durch die Staniolstreifen und nicht mehr durch das feindliche Kampfziel reflektiert. Diese Störung der Funkortung hatte zur Folge, daß Hamburg bei dem schweren Angriff im Jahre 1943 als kampflose Stadt trotz stärkster Flakbatterien sich als Ziel für die Alliierten darbot, und so Opfer einer der schwersten Angriffe wurde, die je eine Stadt mitmachen mußte. Der Vortragende zeigte Aufnahmen, aus denen erkennbar wurde, wie hilflos die Mannschaften der Funkortungsgeräte vor ihrem Bildschirmen standen. Der zweite Vortragende, Hptm. Hoffmann, gab einen Querschnitt durch die weitere Entwicklung der Funkortung nach dem Angriff auf Hamburg. Durch die Anwendung des gerichteten Kurzwellenstrahles war das Schreckengespenst des Düppelsystems gebannt worden. Allerdings war die Entwicklung der Funkortungsgeräte mit einem cm-Wellenbereich noch in vollem Fluß und noch nicht abgeschlossen.

Das Hauptreferat, das der Verfasser hielt, hatte im Auszug und unter Weglassung des wissenschaftlichen Kurvenmaterials und der technischen Zeichnungen etwa folgenden Wortlaut:

Herr Reichsstatthalter! Hohes Präsidium! Meine Herren!

Es gereicht mir zur besonderen Ehre, auf dieser Tagung das Hauptreferat halten zu dürfen. Mit besonderer Überlegung ist das Thema des Referates gewählt worden, obwohl es wesentlich umfassender ist, als der Wortlaut erkennen läßt. Ich werde mich in den folgenden Ausführungen bemühen, Ihnen die Problematik der ganzen Waffentechnik näherzubringen und Ihnen dabei klarzumachen, daß wir an einer entscheidenden Wende der Waffentechnik stehen.

Es ist bedauerlich, feststellen zu müssen, daß die Entwicklung der Schußwaffen im letzten Jahrzehnt nur ganz geringe Fortschritte machen konnte. Sie stehen in keinem Verhältnis zu den großartigen Leistungen, welche die Luftwaffe in diesem Zeitabschnitt hervorgebracht hat. Wenn man sich nach den Gründen fragt, warum diese Diskrepanz zwischen der Entwicklung des Waffenbaues auf der einen und des Flugzeugbaues auf der anderen Seite besteht, so muß man erkennen, daß die des Waffenbaues allzusehr aus einer konservativen Einstellung heraus erfolgt ist. Es hat im Grunde genommen die Dynamik einer intensiven Waffenforschung und der Schwung zur Auffassung neuer Waffengedanken gefehlt. Allzusehr hat man sich im Geleise einer fünfzigjährigen Waffentradition bewegt und versucht, mit der Ausfeilung neuer Gesichtspunkte für die Leistungssteigerung auf dem Gebiet der Schußwaffentechnik auszukommen. Anders dagegen ist die Forschung und Entwicklung auf dem Gebiet der Luftwaffe weitergetragen worden. Mit stolzer Genugtuung kann gesagt werden, daß die revolutionierende Entwicklung des Flugzeugbaues mit der Durchbrechung der Schallmauer von deutschen Wissenschaftlern in kurzer Zeit durchgeführt worden ist, welche die höchste Bewunderung des Auslandes hervorgerufen hat. Wenn man sich fragt, wie dies möglich war, dann muß man erkennen, daß die Experten auf dem Gebiet der Luftwaffe geradezu revolutionär in ein Forschungsneuland hineingestoßen sind und zäh an der Verwirklichung neuer Antriebsformen für den Flugzeugbau gearbeitet und sie dargestellt haben. Uns allen ist die Neuschöpfung des Strahltriebjägers bekannt, dessen Konstruktion es ermöglichte, die Schallmauer zu durchstoßen. Diese Rekordleistung ist bereits im Jahre 1941 auf der Erprobungsstelle Rechlin durchgeführt worden. Sie war nur möglich, weil sich sowohl der Zellenbau als auch der Antrieb für solche Flugzeuge grundsätzlich gewandelt haben. Wir wollen nicht verkennen, daß die großen Forschungsstätten der Deutschen Luftwaffe mit ihren Hochgeschwindigkeitskanälen einen entscheidenden Anteil an der schnellen Verwirklichung des Strahltriebjägers gehabt haben, der die Mach'sche Zahl 1 erreicht hat.

Der Waffenbau dagegen hat zwar nach mehreren Anläufen die Geschoßgeschwindigkeitsschranke von 1000 m/s überwinden können, aber es steht doch heute schon fest, daß Geschoßgeschwindigkeiten, die größer als 14 bis 1500 m/s betragen, nicht mehr überboten werden können. Es hat sich gezeigt, daß man zwar diese Geschoßgeschwindigkeiten darstellen kann, doch eines ist festzuhalten: die verschiedenen Lösungen für die Leistungssteigerungen bzw. Geschoßgeschwindigkeits-Steigerung sind nur Behelfslösungen. Sie lassen keinen Zweifel darüber, daß die Grenzen der Schußwaffentechnik erreicht sind. Sie stellen im übertragenen Sinne beispielsweise das dar, was man bei Flugzeugen mit Motoren erreichen konnte, welche Verstellpropeller besaßen, die auch nur noch bis zu einer gewissen Mach'schen Zahl von Interesse sein konnten. Im Bereich inkompressibler Lufströmungen war es nicht mehr möglich, Propellermotore zu verwenden; sondern man war genötigt, den Übergang auf den Reaktionsantrieb zu vollziehen, wie er bei den Strahltriebwerken seine Verwirklichung gefunden hat.

Diese grundsätzlich Wandlung, welche der Flugzeugbau im Antrieb der Zellen vollzogen hat, beginnt sich auch langsam im Waffenbau Bahn zu brechen. Auch der Reaktionsantrieb für Geschosse ist die einzige Möglichkeit, mit dem Flugzeugbau Schritt zu halten, wenn man eine moderne Luftwaffe wirkungsvoll bekämpfen will. Es ist sicherlich vielen Mitgliedern der Akademie bekannt, daß die Umstellung auf den Strahlantrieb und die Anwendung der Fernlenkung für moderne Flaraketen in schnellem Fluß ist. Mit meinem Referat möchte ich auf eine Entwicklung hinweisen, welche die Weiterentwicklung der Schußwaffe in Richtung auf die Rakete hin unterstreicht. Sie sehen in einer Abbildung (Rheinbote) die Entwicklung einer Fernzielrakete, welche im Ablauf von zwei Jahren durchgeführt worden ist. Diese Fernzielrakete ist eine Stufenrakete mit Feststoffantrieb. Der Gedanke durch Hintereinanderschaltung von mehreren Rückstoßantrieben die Geschwindigkeit des eigentlichen Flugkörpers, nämlich der Endstufe, erheblich zu steigern, ist nicht neu. Allein die Gestaltung von solchen Mehrstufenraketen, die richtige Zuordnung der Antriebe für die einzelnen Stufen zur Erzielung eines Optimums für die Brennschlußgeschwindigkeit der Endstufe, die Stufentrennung und die Stabilisierung einer solchen Mehrstufenrakete für einen einwandfreien Flug waren Probleme, die zu lösen waren.

Die von dem Arbeitskreis Z durchgeführte Entwicklung der ersten Mehrstufenrakete dar. Es ist auf Anhieb gelungen, mit einer solchen Modellrakete eine Entfernung von 200 km und mehr darzustellen. Die durchgeführten Versuche zur Feststellung der Streuung dieser eigenstabilen Rakete lassen die berechtigte Hoffnung zu, daß diese nicht mehr als 3% in der Länge und in der Breite 5% aller Starts ausmacht. Dieses Ergebnis darf als sehr befriedigend angesehen werden im Hinblick auf eine andere Raketenentwicklung, die Ihnen unter dem Namen Peenemünde oder V 2 bekannt geworden ist.

Die in der Darstellung erkennbare Mehrstufenrakete stellt nur einer Modellösung wird in Zukunft eine ganz große Bedeutung haben; denn nur mit diesem Prinzip ist es möglich, Geschwindigkeiten für die Endstufe bzw. die Nutzlast zu erreichen, welche es ermöglichen, daß sich ein Körper im Weltraum bewegen kann. Die Modellrakete erreicht nach 25 Sekunden in einer Höhe von 15 km eine Brennschlußgeschwindigkeit von 1,65 km/s. Die konstruktiven Möglichkeiten für eine größere Leistung aus größerer Brennschlußgeschwindigkeit dieser Rakete sind noch garnicht ausgeschöpft. Infolge der fehlenden Maschinenkapazität sind die Brennkammerrohre für die Feststoffantriebe nicht mechanisch bearbeitet worden, das bedeutet, daß die einzelnen Brennkammern zu schwer ausgefallen sind. Sie können dank geringer Beanspruchung wesentlich leichter gehalten werden, was wiederum zur Folge hat, daß sich die Brennschlußgeschwindigkeit der Endstufe wesentlich steigern läßt. Bei vorsichtiger Abwägung der konstruierten Möglichkeiten kann schon jetzt gesagt werden, daß die Ihnen hier gezeigte Mehrstufenrakete ohne weiteres in der Lage ist, eine Brennschlußgeschwindigkeit der Endstufe zu erreichen, welche bei 3 km/s liegt. Diese Geschwindigkeit wird die Endstufe der Rakete in einer Höhe von etwa 40 km besitzen.

Bei der Diskussion über diese erste Mehrstufenrakete ist vielfach das geringe Gewicht der Nutzlast bemängelt worden. Aber, meine Herren, Sie dürfen nicht vergessen, daß es sich bei dem Gerät „Rheinbote", das ist die Tarnbezeichnung, um eine Modellösung handelt. Die Nutzlast dieser Rakete kann in einer Kugel von 50 cm Durchmesser in Form von Sprengstoff oder von Meßgeräten untergebracht werden, die zur Messung der Intensität der kosmischen Strahlung dienen können. Gestatten Sie mir, meine Herren, noch eine kurze Abschweifung von der militärischen Aufgabe dieser seit etwa 6 Wochen im Einsatz befindlichen Mehrstufenrakete. Wenn wir an dem Gewicht einer Nutzlast von 50 kg festhalten und der Stufenrakete ein Gewicht in der Größenordnung der V 2 geben, dann lassen sich mit der Endstufe einer solchen Rakete Brennschlußgeschwindigkeiten von 5 km/s und mehr erreichen. Die Gipfelhöhe einer solchen Rakete im Senkrechtstart geht in die Hunderte von km. Die Brennschlußgeschwindigkeit der Endstufe kann noch weiter erheblich gesteigert werden durch leistungsfähigere feste Treibstoffe und Leichtbauweisen der Brennkammern. Mit der Mehrstufenrakete ist man also in der Lage, Geschwindigkeiten für die Nutzlast zu erreichen, die diese ganz aus dem Schwerefeld der Erdanziehung herauslösen. Es sind Ihnen die Pläne der Weltraumforschung bekannt. Die Stufenrakete in der vorliegenden Lösung wird die Erfüllung einer solchen Weltraumfahrt bringen.

Doch nun kehren wir zur militärischen Bedeutung einer Mehrstufenrakete zurück. Das nächste Ziel der Entwicklung ist die Schaffung einer eigenstabilen Flawaffe auf der Basis des Rückstoßantriebes. Es läuft bereits eine Einstufenrakete, welche eine Brennschlußgeschwindigkeit von 1000 m/s erreicht. Man kann aber bei dieser Lösung nicht stehenbleiben. Es wird in absehbarer Zeit möglich sein, Brennschlußgeschwindigkeiten von 1,5 km/s zu erzeugen. Solange diese Entwicklung noch nicht abgeschlossen ist, wird man feindliche Bomberverbände mit Dreistufenraketen wirksam bekämpfen können, denn mit solchen kann mann Nutzlasten in Form von Minenschrapnellgeschossen oder Brandsplittern in den Anflugraum der feindlichen Bomber tragen, die bei einer Zweistufenrakete in der Größenordnung von 150 kg und mehr liegen. Eine solche Nutzlast bedeutet den Ausstoß von 300 Minenladungen zu 500 g, wovon jede einzelne einen Bomber schwer beschädigt, wenn er getroffen wird.

Ich hoffe, dem hohen auditorium mit meinem Referat aufgezeigt zu haben, daß wir uns an der Schwelle einer neuen Waffentechnik befinden und die Grundlage dieser neuen Waffentechnik kann nur die Rakete sein. Sie wird einen Siegeszug über den gesamten Erdball antreten, weil mit ihr Leistungen erzielt werden können, die heute noch unglaublich klingen und doch morgen schon Wirklichkeit sein werden.

•

Nach diesem Referat hob eine Diskussion von so stürmischen Ausmaße an, wie sie niemals auf einer Tagung der Deutschen Akademie der Luftfahrtforschung stattgefunden hat. Die Reihe der Diskussionsredner wollte nicht abreißen. Das Frage- und Antwortspiel bezog sich nicht nur auf die Raketenwaffen, auch die Behelfslösungen der Schußwaffe standen sehr stark im Vordergrund. Das war verständlich, weil unter den eingeladenen Gästen sich sehr viele Offiziere befanden, welche mit der Panzerbüchse vertraut waren und andeutungsweise von den weiteren Behelfslösungen Treibspiegel und Pfeilgeschossen gehört hatten. Die wissenschaftliche Grundlage aber der Diskussion bildete die Rakete. Nach 2$^1/_2$-stündiger Diskussion sah sich Ministerialdirigent Bäumker auf ein Zeichen von Obergruppenführer Mutschmann veranlaßt, die Diskussion abzubrechen. In seinem Schlußwort erwähnte Bäumker, daß durch das Referat des Verfassers eine solche Fülle von Problemen an die Mitglieder der Akademie herangetragen worden wäre, daß es unmöglich sei, ihnen allen in der Diskussion nachzugehen, auch wenn dieselbe doppelt solange wie bisher dauern würde. Bäumker gab mit Genugtuung zur Kenntnis, daß er mit der Herausstellung dieser wichtigen Probleme der Luftfahrt die von ihm bereits vor Jahren genannt worden wären, einen neuen Schwerpunkt der Forschung habe bilden können.

Eine neue Raketenwaffe im Chaos des deutschen Zusammenbruches

Im Spätherbst des Jahres 1944 näherte sich die russische Dampfwalze schon beängstigend den deutschen Grenzen. Es war der russischen Führung nicht gelungen, die deutschen Armeen zu zerschlagen; aber unaufhaltsam waren sie gezwungen, sich vom Feind abzusetzen, um drohenden Umklammerungen und Kesselschlachten zu entgehen. Riesige Materialmengen gingen bei diesen Rückzugsoperationen verloren. Es konnte nur noch eine Frage von wenigen Wochen sein, daß die Festung Deuschland sturmreif wurde.

Die ersten großen Trecks setzten sich breits in dieser verhängnisvollen Phase des Krieges von Osten nach Westen in Bewegung, um Schutz zu finden vor dem russischen Ansturm.

Im Westen var die Invasion der Alliierten, die im Juni begonnen hatte, ein vollkommener Erfolg geworden. Die alliierten Verbände hatten im Zuge dieses Angriffs den größten Teil Frankreichs besetzt. Einige deutsche Bastionen an der Westküste

Frankreichs bei Boulogne, Le Havre, Brest waren hoffnungslos eingeschlossen, jedoch für das militärische Ziel Eisenhowers, nach Deutschland vorzustoßen, unbedeutend. Die Front der Engländer und Amerikaner verlief bereits von Belfort, den Vogesen und den Ardennen entlang, über Namur in Belgien zum Hafen Antwerpen. Die deutschen Kampfverbände standen im nordöstlichen Teil Belgiens und Hollands.

Unaufhörlich, Tag für Tag, flogen die feindlichen Luftverbände ohne Gegenwehr in das in der Abwehrkraft völlig erlahmende Gebiet ein und warfen wahllos ihre Bomben auf Ziele, so wie es ihnen richtig dünkte. Berlin wurde Nacht für Nacht bombardiert, so wie es auf der großen Konferenz in Jalta zwischen Roosewelt, Stalin und Churchill festgelegt worden war.

In jenen Wochen, Ende des Monats November, rief der Reichspropagandaminister Dr. Goebbels auf Veranlassung Hitlers, der sich bereits seit einiger Zeit in der Reichshauptstadt befand, die Wirtschaftsführer Berlins zusammen, um über die Kriegslage zu sprechen. Es waren etwa 300 führende Wirtschaftsmenschen. Angesichts der Lage war man über die von Goebbels angesagte Rede ein wenig erstaunt. Was sollte das ganze Theater bedeuten! Es wäre heller Wahnsinn, den Krieg auch nur einen Tag weiterzuführen, wo doch der Zusammenbruch so unverkennbar sei.

Goebbels erschien pünktlich, war nach modernstem Schnitt gekleidet und zeigte ein gutes Aussehen. Allerdings hatte man den Eindruck, daß Schminke und Puder bei der Gesichtsfarbe etwas nachholfen hatten. In seiner Rede holte er weit aus, indem er die großen Kriege der Geschichte für einen Vergleich mit der Lage Deutschlands heranzog, in der es sich befand. Goebels erinnerte an die verzweifelte Stimmung, in die das antike Rom versetzt worden war, nachdem im Zweiten punischen Kriege Hannibal die Römer entscheidend geschlagen hatte und vor den Toren Roms erschienen war. Er rief ferner den großen Preußenkönig, Friedrich der II., ins Gedächtnis, der nach der Schlacht von Kunersdorf, vollkommen geschlagen, seine Söldnerheere verloren, vor der Niederlage stand. Er ließ keinen Zweifel darüber, daß in einer ebenso furchtbaren Situation, wie sich damals das Imperium und Preußen befunden hatten, auch das Dritte Reich zu sehen sei. Aber wie es dem großen Scipio Africanus major, und dem großen Preußenkönig gelang, des Schicksals Wende herbeizuführen, so sei er auch davon überzeugt, daß Hitler das Schicksal meistern und das deutsche Volk aus seiner Hoffnungslosigkeit heraus und zum Siege führen würde.

Es war interessant, die Mienen der Zuhörenden im Verlauf der Rede zu beobachten. Die leichte Ironie, die sich auf den Gesichtern am Anfang widerspiegelte, verschwand und ließ erkennen, wie weit es Goebbels gelungen war, die Aufmerksamkeit der führenden Wirtschaftler zu erregen und sie mit seinen Ausführungen zu fesseln. Seine Rede war ein Meisterstück erster Art. Im Gegensatz zu seiner üblichen Art zu sprechen und die Massen aufzuputschen, war er bei dieser Rede im Reichpropagandaministerium gezwungen, alle Register zu ziehen, um die intelektuelle Schicht, die er um sich versammelt hatte, beeindrucken zu können.

Goebbels blieb aber nicht bei der Deutung der großen kriegerischen Ereignisse des Altertums und Mittelalters stehen, sondern er gab auch zu erkennen, wie Hitler die Wendung herbeiführen wollte. Er erwähnte daß die Vergeltungswaffen V 1 und V 2 nunmehr im Einsatz waren und ihre Produktion und Reichweite von Tag zu Tag gesteigert würde, so daß auch noch nach der gelungenen Invasion das Britische Weltreich angreifbar sei. Er erklärte, daß der aufgerufene Volkssturm Waffen erhalten würde, die denen des Gegners so überlegen wären, daß man sich sehr wohl gegen den Ansturm aus Ost und West wehren könne. Er ließ andeutungsweise durchblikken, daß die größte Offensive in Vorbereitung sei, welche die Weltgeschichte kennengelernt hätte; durch sie würden die Amerikaner und Engländer wieder bis an den Atlantik zurückgeworfen. Er sprach von neuen Waffen, sowohl für den einfachen Volkssturmmann wie für die Truppe. Er ließ nicht erkennen, um welche Waffen es sich handelte; aber sicher hat er damit das neue Volkssturmgewehr mit großen Schußfolge im Auge gehabt. Er sprach ferner von neuen Raketenwaffen. All dieses, was er zur Schicksalswende anführte, werde bereits in naher Zukunft Realität werden.

Goebbels hatte neue Waffen erwähnt, welche dem Ansturm von Ost und West Einhalt gebieten wollten. Er hatte nicht davon gesprochen, welcher Art diese Waffen sein sollten, sondern er hatte nur geheimnisvoll angedeutet, daß die russischen Panzer totsicher erledigt werden würden. Was er unter einer solchen Waffe zur Erledigung der Panzer verstand, sollte ich bald erfahren. Mitte Dezember 1944 wurde ich davon in Kenntnis gesetzt, daß die neue Raketenwaffe „Hammer" nunmehr in das Dringlichkeitsprogramm eingestuft worden sei und in kürzester Zeit vorgeführt werden solle. 'Hammer' war in Parallele zu der drahtgesteuerten Panzerrakete mit dem Tarnnamen „Rotkäppchen" entstanden. Dem Heereswaffenamt war der Entwurf dieser Raketenwaffe bereits seit zwei Jahren bekannt. Gegen Ende 1942 kam der Vorschlag einer brennkammerlosen Rakete aus dem ballistischen Büro der Firma Rheinmetall, dessen Leitung der Verfasser seinem früheren Stellvertreter, Obering, Ludwig, übertragen hatte. Der Gedanke einer brennkammerlosen Rakete stammte von Dipl. Ing. Kleinschmidt. Kleinschmidt hatte in der richtigen Erkenntnis und Auswertung aus verschiedenen Konstruktionsprinzipien bei der Panzerfaust, dem Panzerschreck und der amerikanischen Basuka die Idee abgeleitet, Raketen aus einem Ofenrohr zu verfeuern, das die Wandung des Raketenkörpers darstellt. Er ordnete in dem Leitwerk der flügelstabilisierten Rakete zwischen den Leitflächen Lavaldüsen an, durch welche die Pulvergase mit hoher Geschwindigkeit austreten konnten. Der Antriebsvorgang der Rakete konnte nur solange währen, wie sich dieselbe in dem Druckrohr befand. Mit diesem Antriebssystem konnten Geschwindigkeiten der Rakete erzielt werden, welche in der Größenordnung von 500 m/s lagen. Es wurde also eine Geschwindigkeit erzielt, die bei mehr als dem 1,5fachen der Mach'schen Zahl lag. Dieser Konstruktionsgedanke erlaubte eine leichte Raketenwaffe mit einer Kampfentfernung bis zu 500 m bei einer hervorragenden Treffgenauigkeit. 80% aller Raketen lagen in einem Treffbild von 1 x 1 m bzw. 1,5 x 1,5 m bei den

Kampfentfernungen 300 bzw. 500 m. Diese Konstruktionslösung hatte etwa 2 Jahre im Schreibtisch ruhen müssen, weil das Interesse an höchster Stelle, vor allem bei Hitler, nicht zu wecken war. Nunmehr wurde die Entwicklung dringend, da die Abwehrmaßnahmen gegen den Einsatz der Panzerfaust und des Panzerschrecks durch die den Panzer begleitenden Schutzkommandos durchschlagend geworden waren. Der Einsatz dieser beiden in einer Überraschungsphase wirksamen Raketen., wurde zum Himmelfahrtskommando. Selten konnte man sich mit diesen an einen Panzer noch heranwagen, ohne das Leben zu riskieren.

Einige wenige Erprobungen mit unzulänglichen Treibsätzen hatten stattgefunden und und den neuen Konstruktionsgedanken eindeutig belegt. Nun wurde der Verfasser von Rüstungsminister Speer angegangen, die Vorbereitungen für eine Vorführung dieser neuen Raketenwaffe schnellstens zu treffen. Die Vorführung fand auf dem Schießplatz Kummersdorf in der ersten Dekade des Monats Januar 1945 statt. Zu ihr waren in Vertretung Hitlers Chef des Heeresstabes beim OKW, General Buhle, der Chef des Heereswaffenamtes, General Leeb, und der Reichsbevollmächtigte für Raketen, Obergruppenführer der SS Dr. Kammler, erschienen. Der Minister für Rüstungsproduktion, Prof. Speer, hatte sich durch den Hauptdienststellenleiter Saur vertreten lassen.

Die Vorführung fand bei grimmiger Kälte, also bei für die Raketenerprobung schwierigen Temperaturverhältnissen statt. Die auf schnellstem Wege improvisiert gefertigte Waffe, die entsprechend der Forderung der Truppe weniger als 50 kg wiegen sollte und in drei Teilen verlastet werden konnte, war erfüllt worden. Die geschossenen Treffbilder zeigten die hervorragende Streuung der Waffe auf. Im Auftrage Hitlers verlangte General Buhle die sofortige Massenanfertigung dieser neuen Panzerraketenwaffe. Sie sollte in großen Stückzahlen im Laufe eines Monats anlaufen. Ein solcher Termin war angesichts des Chaos, das schon über Deutschland hereingebrochen war, eine glatte Unmöglichkeit; denn die Fertigung des Gerätes einschließlich der Munition verteilte sich auf sechs Werke, die im mittel- und norddeutschen Raum lagen. Ein geeignetes Pulver, in diesem Falle ein folien- oder wabenförmiges Pulver, gab es noch nicht. Es mußte erst entwickelt werden. Aber alle diese Einwände, an denen die Fertigung der neuen Waffe scheitern mußten, wurden nicht anerkannt. Der Befehl an den Verfasser war eindeutig und duldete keine Widerrede.

Die Ausbringung dieser Waffe dürfte die letzte gewesen sein, welche am Ende des Zweiten Weltkrieges gestanden hat. Die Voraussetzungen für sie waren überhaupt nicht mehr gegeben. Trotzdem wurde das Menschenunmögliche verlangt. Das Ministerium Speer wurde veranlaßt, dem Verfasser eine Vollmacht zu geben, welche dieses Gerät als vordringlichste Waffe der deutschen Wehrmacht kennzeichnete. Diese Vollmacht kam tatsächlich noch genau am 1. 3. 1945. Minister Speer hatte längst resigniert und sich zu dem Schreiben erst bereitgefunden, nachdem die SS-Führung mehrmals nachgestoßen hatte. In den beiden Monaten Februar und März wurde der Verfasser in regelmäßigem Turnus von Berlin über Unterlüss, Düneberg, Walsrode, Göttingen, Sömmerda, Wittenberge und zurück geschickt, um die einzelnen Phasen der Fertigung zu überwachen. In der unvorstellbar kurzen Zeit von 14 Tagen brachte es die Pulverfabrik Düneberg fertig, ein einwandfreies Folienpulver zu schaffen, und Walsrode war in Parallele dazu die Herstellung eines wabenförmigen Pulvers gelungen, sodaß mit beiden Pulverformen die verlangte Leistung der Raketenwaffe 'Hammer' dargestellt werden konnte. Die ersten bereitgestellten Munitionsmengen und Waffen gingen im Hagel der feindlichen Bomben und der Geschosse auf den Autobahnen und Landstraßen unter. Die Waffe selbst wurde nicht mehr eingesetzt. Dafür war sie umsomehr Gegenstand von Befragungen, welche die alliierten technischen Kommission nach Beendigung der Kampfhandlungen anstellten.

Kap. XXIX

Wandlung Adolf Hitlers.

Dreimal ist der Verfasser Adolf Hitler aus der Nähe begegnet, und zwar jedesmal an der Schwelle einer schicksalhaften Wendung. Im Frühjahr 1936 fand in Düsseldorf die große Ausstellung „Schaffendes Volk" statt. Weite Flächen im nördlichen Teil von Düsseldorf am Ufer des Rhein waren für diese Ausstellung eingeplant worden. Sie gab einen Querschnitt durch das große Schaffen, das mit dem Umbruch im Jahre 1933 seinen Anfang genommen hatte. Das Heer der Arbeitslosen, das im Jahre 1933 mehr als 7 Millionen betrug, war bis auf einen geringen Rest zusammengeschrumpft. Überall gab es wieder pulsierendes Leben. Die Fabriken hatten Vollbeschäftigung, der Handwerkerstand war wieder in voller Blüte. Überall zeichneten sich die wirtschaftlichen Erfolge ab, die Hitler in den ersten Jahren nach der Machtergreifung verzeichnen konnte.
Hitler besuchte diese Ausstellung auf einer Reise durch das Rheinland, um den ersten Kontakt mit der Industrie im Ruhrgebiet und den Rüstungszentren aufzunehmen. Sein Besuch auf der Ausstellung war für ihn eine einzige Triumphfahrt. Die Menschen hatten sich stundenlang vorher auf der Anmarschstraße aufgebaut und warteten geduldig auf den Führer des Deutschen Reiches, der sie aus dem Elend und der Hoffnungslosigkeit erlöst hatte. Sein weiterer Besuch galt der Waffenschmiede in Düsseldorf, in den Fabrikräumen von Rheinmetall-Borsig. Vor dem Rundgang durch die Hallen wurde er über den Aufbau und die Fabrikationsstärke des Unternehmens durch die Generaldirektion unterrichtet. Das zivile Fertigungsprogramm interessierte ihn nur am Rande. Sein Hauptaugenmerk galt allein dem Stand der Rüstung und dem von der Firma zu bewältigenden Programm. Nach einem Vortrag über den allgemeinen Stand der Waffentechnik und der in Angriff genommenen neuen Panzerabwehrwaffen, stieß Hitler auf das Kernstück der großen Waffenschmiede, näm-

lich die großen Hallen, die bereits in einem früheren Kapitel besprochen worden sind. Sein Rundgang durch dieses Zentrum der Waffenschmiede war ein einziger Triumphzug. Die Arbeiter stellten ihre Maschinen ab, die Monteure kletterten aus den Turmschächten, die Schlosser ließen ihre Schweißgeräte und Schutzbrillen liegen, und spontan formierte sich um Hitler die ganze Arbeiterschaft. Mit stürmischen Heil-Hitler-Rufen war die Bewegung der Arbeitermassen so enorm, daß das für den Besuch mitgegebene Werkskommando Mühe hatte, die Bahn für den Weitergang freizuhalten. Hitler war das ausgesprochene Idol der Werktätigen i. d. damaligen Zeit. In den abschließenden Besprechungen nach dem Werksbesuch faßte sich Hitler kurz. Noch war er zu sehr mit den politischen Problemen befaßt, als daß er es wagte aus der Reserve herauszutreten und schon die Richtlinien seiner eigenen Rüstungspolitik bekanntzugeben. Lediglich die Fertigungsprogramme wurden von ihm einer eingehenden Kritik unterzogen. Natürlich wurden die Soll-Zahlen nicht unbeträchtlich heraufgeschraubt. Wenn Einwendungen der Generaldirektion über die Unmöglichkeit der Einhaltung der Lieferzahlen kamen, so tat diese Hitler mit einer Handbewegung ab. Er erklärte, daß bei der von ihm verlangten Ausweitung der Produktions selbstverständlich auch die notwendigen Maschinen in kürzester Zeit verfügbar sein müßten. Er gab die Direktiven an Gauleiter Florian, das Rüstungspotential mit größter Beschleunigung auf den von ihm verlangten Programmstand zu erheben.

Ein zweites Mal traf ich Hitler im Frühjahr 1940. Es war eine mehr als zufällige Begegnung, schon mitten im ersten Kriegsgeschehen, das den Deutschen so großartige Siege bescherte, nach dem Grßangriff auf Frankreich, der im Frühjahr 1940 begonnen hatte. Innerhalb von wenigen Wochen war die gesamte französische Wehrmacht einschließlich der englischen Hilfskorps schachmatt gesetzt worden.

Inmitten der militärischen Operation gegen die französische Hauptstadt auf der einen und der Umklammerung des englischen Hilfskorps an der Kanalküste auf der anderen Seite, begab sich eine Gruppe von militärischen und industriellen Experten in das Kampfgebiet, in dem die Auseinandersetzungen der deutschen Panzerdivisionen mit den französischen und englischen Verbänden stattgefunden hatte. Es war die Aufgabe dieser Kommision, die Wirkungen der deutschen offensiven und defensiven Panzerwaffe auf die Kampfwagen der Gegner zu studieren. Einsame verlassene Panzerwagen der Franzosen und Engländer im belgischen und nordwestlichen französischen Raum wurden in Unzahl gesichtet. Die 37 mm Pak in den deutschen Kampfwagen hatte ganze Arbeit verrichtet. Die deutschen Panzergeschosse hatten selbst bei unmöglichen Schußwinkeln die gegnerischen Panzerungen aufgerissen und verheerend im Innern der Tanks gewirkt. Die kleine Sprengladung von einigen wenigen Gramm hatte genügt, um die Panzerung an schwachen Stellen auseinanderzureißen. Andere Panzer waren durch Treffer in den Raum oder in der Nähe der Wiegenlaufbahn der Rohre, in den Kugelkalotten, unbrauchbar gemacht worden. Da alle Sparten für die Schaffung der Panzermunition vertreten waren, war es manchmal nicht einfach, objektiv festzuhalten, welchem Munitionsteil nun der größte Erfolg gehörte. War es die nach einem bestimmten Schema sauber gehärtete Panzerhülle mit dem äußeren Hartkern und der inneren zähen Materialzone? War es die Rasanz der Sprengladung oder der auf genau definierte Verzögerungszeit einstellte Zünder, welcher das Vernichtungswerk an den feindlichen Panzern vollbrachten? Zweifellos konnte nur ein Zusammenwirken aller dieser Faktoren für die Durchschlagskraft aller deutschen Panzerbeschüsse entscheidend sein. Schließlich hatten auch das Geschütz mit seiner großen Leistung, der rasanten Flugbahn des Geschosses und dem präzise einstellbaren Visier seinen Anteil.

Die Wagenkolonne mit den militärischen und industrieellen Experten war auf dem Wege in Richtung Paris. Die französische Hauptstadt hatte drei Tage vorher kapituliert. Es sollten im Raum von Paris, in den Munitionslagern, die neuesten Modelle der französischen Armee besichtigt und studiert werden. Die französischen Granatwerfer waren von jeher durch ihre große Schußpräzision bekannt. Auf dem Gebiet der flügelstabilisiertern Granaten waren die Franzosen immer tonangebend gewesen. Als sich die Kolonne Paris näherte, wurde plötzlich der ganze Wagentroß von der Feldgendarmerie angehalten. Eine große Anzahl von Militärfahrzeugen stand in einer langen Kolonne bereits seit einiger Zeit auf dem Straßenzug. Geländegängige Fahrzeuge hatten sich abseits der Straße aufgebaut. In einem Abstand von 1000 m in südlicher Richtung wurde die von Charleroi nach Paris führende Straße von einer Querstraße geschnitten, die an dem Ort Compiègne entlang führte.

Bald hatte sich der Grund herumgesprochen, weshalb alle Fahrzeuge von Nord nach Süd im französischen Kampfgebiet nahe Paris angehalten worden waren. Es hieß, die Straße sollte freigehalten werden, weil Hitler den Waffenstillstand in Compiègne unterzeichnet hatte und jeden Augenblick sich von dort in die Kampfzone der Kanalküste begeben würde. Schnell hatten sich einige tausend Soldaten an der Straße die nach und von Compiègne führte, aufgestellt. Die Experten der Gruppe schlossen sich den geduldig wartenden Soldaten an. Nach etwa 1 Stunde erschien, allen Fahrzeugen voran im ersten Wagen, Hitler, aufrecht stehend mit strahlendem Gesicht wie ein Kriegsgott. Er fuhr die Strecke verhältnismäßig langsam, sodaß man Gelegenheit hatte, ihn etwas eingehender ins Bickfeld zu bekommen. Es dürfte seine größte Stunde gewesen sein, in der er sich in diesem Augenblick befand. Im gleichen Salonwagen und an derselben Stelle wie im Jahre 1918 der deutsche General Hoffmann die Waffenstillstandsbedingungen der Alliierten des Ersten Weltkrieges annahm und unterzeichnen mußte, hatte eine Stunde zuvor der französische Marschall Pétain in dieser Phase des Zweiten Weltkrieges die Kapitulation Frankreichs ausgesprochen und den Waffenstillstandsvertrag unterzeichnet.

Die Engländer aber zeigten sich nach Dünkirchen stärker, als man annahm. Die Luftschlacht um England ging verloren. Alle operativen Maßnahmen, die Hitler von diesem Zeitpunkt an traf, hatten nicht mehr die Schwungkraft seiner früheren Aktionen. In Hitler selbst ging ein Wandel vor sich. Angesichts der von ihm erwarteten nahen Kriegsbeendigung und der von der gegnerischen Seite gezeichten Zähigkeit, Hitler vom deutschen Volk zu trennen, ging in ihm eine Wandlung vor sich.

Von diesem Zeitpunkt ab wurde er mehr und mehr der große Hasardspieler in seinen politischen und militärischen Entscheidungen. Auch die Entscheidungen über waffentechnisech Entwicklungen wurden noch mehr als früher aus einer unvorstellbaren Engstirnigkeit der Kriegserfordernisse getroffen.

In den ersten Januartagen des Jahres 1943, inmitten der Stalingradkrise, begab sich eine technische Kommission unter der Führung des für die Waffenausrüstung eingesetzten Leiters des Waffenkommission, Prof. Dr. Müller, von Berlin aus ins Führerhauptquartier in Rastenburg. Die Kommission bestand aus sieben militärischen und technischen Experten. Zu ihr zählte auch der Verfasser. Gegen 1/2 10 Uhr morgens traf die Kommission in Rastenburg ein und hielt sich nach Passieren der beiden Absperrketten in einer der Baracken des Führerhauptquartiers auf, die zum Gebäudekomplex der Deutschen militärischen Führung gehörte. Die Besprechung war für 12 Uhr vormittags festgesetzt, erfuhr jedoch eine Verzögerung bis zum späten Nachmittag, weil in jenen Tagen das Drama um Stalingrad seinem Höhepunkt entgegenging. Schließlich fand sie um 18 Uhr bei Hitler statt. Er wurde assistiert von Generalfeldmarschall Keitel und General Buhle. Thema der Besprechung war ein neuer schwerer Panzer. Dieser Panzer sollte Riesenausmaße haben, mit gewaltigen Antriebsmotoren von einigen 100 PS, einer bisher nicht gekannten Stärke in der Panzerung und einem Gewicht von 150 to. Er sollte alles in den Schatten stellen. Seine Überlegenheit gegenüber dem gefürchteten Stalinpanzer von 50 to sollte so groß sein, daß dieser beim ersten Zusammenstoß mit dem neuen schweren deutschen Panzer mit tödlicher Sicherheit verloren war. Anscheinend genügten die deutschen schweren Panzer 'Panther' und 'Tiger' den Ansprüchen Hitlers noch nicht, obwohl sie bei unzähligen Kampfaufgaben sich als absolut überlegen erwiesen hatten. Das Projekt dieses neuen schwersten Panzers hatte den Tarnnamen 'Maus'.

In der Besprechung sollte in erster Linie die Frage der Bewaffnung dieses Riesenkolosses entschieden werden. Die militärische Forderung lautete, daß er eine Kampfentfernung von 3000 m überdecken müsse. Die Experten waren sich darüber klar, daß man für diese Kampfentfernung Geschoßschwindigkeiten wählen mußte, die weit über den Rahmen der bis dahin bekannten hinausgingen. Die Kaliberfrage war unentschieden. Man pendelte zwischen einer 105- und 150 mm-Kanone.

Hitler empfing die Komission in dem Vorraum seiner Baracke. In seiner Begleitung befanden sich die schon genannten Generale. Zwischen der letzten und dieser Begegnung lag ein Zeitraum von knapp drei Jahren, in der sich das Bild von Hitler, das man in sich aufnahm, völlig verändert hatte. Aus dem strahlenden Kriegsgott des Jahres 1940 war ein Mensch geworden, der unter der Bürde zusammenzubrechen drohte. Er ging vornüber gebeugt. Sein Gesicht war bleich, die Augen völlig abwesend. Er begrüßte die Teilnehmer der Kommission mit einem weichen Händedruck und gab sich in einer seltenen Verlegenheit. Die Kommision wurde von Hitler in sein Arbeitszimmer geführt, in dem ein langer Tisch zur Seite aufgebaut war, auf dem sich Generalstabskarten und Zeichnungen wirr durcheinander befanden. Hitler

war vollkommen erschöpft und nicht in der Lage, dem Vortrag von Prof. Müller stehend zu folgen; ließ sich sofort einen Stuhl geben und begann nachdenklich die Projektzeichnungen zu betrachten, die ihm vorgelegt wurden.
Überraschend schnell röteten sich seine Augen nach dem ersten Betrachten der Zeichnungen, und er griff sofort zu der bisher noch nicht gesehenen Brille, um die Zeichnungen besser lesen zu können. Der Vortrag von Prof. Müller dauerte nur 10 Minuten. Dann sprach Hitler. Er dozierte über Waffentechnik. In weitem Ausholen setzte er sich mit den bekannten Panzerwaffen der Deutschen Wehrmacht und des Auslandes auseinander. Er skizzierte die verschiedenen Leistungssteigerungen der Waffen, die ihm bekannt waren, peinlich genau, sodaß man den Eindruck hatte, daß sich mit dieser Materie sehr auseinandergesetzt hatte. Aber seinen Ausführungen fehlte der zündende Implus, den der Waffenforscher und Entwickler benötigt, um in kühnem Ansatz zu neuen Projekten vorzustoßen. Man empfand bei dem Vortrag von Hitler, daß ihm jede Linie fehlte, aus sich herauszutreten und Forderungen zu stellen, die nun einmal notwendig waren, um waffentechnisches Neuland zu betreten, wenn man in der Auseinandersetzung mit den Alliierten sich behaupten wollte. Bald ging Hitler auf das kriegerische Geschehen über und hob mit beredten Worten die große Leistung der Luftwaffe mit dem Abwurf von Versorgungsgütern für die schwerringende Armee in Stalingrad hervor, kam auf den Rückzug Rommels von Alexandrien und die Landung der Amerikaner in Tunesien zu sprechen. Aus der Schilderung der Endphase des Kampfes um Stalingrad mußte man die bittere Erkenntnis hinnehmen, daß trotz aller Anstrengungen die 6. Armee verloren war und aufgegeben werden mußte; denn die zum Einsatz bereitzustellende Panzerarmee gab es nicht. Hitler konnte sie auch in der noch zur Verfügung stehenden Zeit nicht mehr formieren. Das tragische Ende der Armee, die in Stalingrad eingeschlossen war, entstand vor den Augen der Zuhörer, aber Hitler wollte trotz dieser schweren Schicksalsschläge nicht kapitulieren. Ganz im Gegenteil, er sprach von neuen Chancen, die der Krieg für Deutschland noch böte und erinnerte daran, daß es auch in früheren Kriegen wechselvolle Entscheidungen gegeben habe, und daß die Siegespalme der Nation gebühre, die bis zum letzten durchhalten würde. Nach dieser Abschweifung auf die traurige Kriegssituation im Jan. 1943 kam Hitler wieder auf das Projekt 'Maus' zu sprechen und trug dem Leiter der Kommission auf, Überlegungen anstellen zu lassen, ob es nicht möglich wäre, bei der gleichen Kampfkraft, wie sie der 150 to-Panzer bot, das Gewicht auf 100 to zu reduzieren. Diese Planungen Hitlers wirkten nicht nur befremdend, sondern geradezu unverständlich in Anbetracht der Kriegslage, in die das deutsche Volk hineingeraten war. Obwohl von allen Fronten nur Rückschläge gemeldet wurden, die offensiven Waffen vollkommen zusammengeschrumpft waren, und es an wirksamen Defensivwaffen mangelte, befahl Hitler noch Konstruktionen für offensive Panzerfahrzeuge. Bei solchen Dispositionen mußte man sich fragen, wie weit Hitler überhaupt noch dem Kriegs- und Zeitgeschehen nahestand. Hatte er sich schon in eine traumhafte Gedankenwelt hineinbegeben, ohne daß er sah, was wirklich passierte?

Aber bei dieser Planung allein, die Hitler für weitere Offensiven einschlug, blieb es nicht. Verbohrt in seine eigenen strategischen und waffentechnischen Gedanken, war sein Blick nicht mehr frei für die Notwendigkeiten, die der Krieg erforderte. Aus allem ging hervor, daß er um jeden Preis offensiv bleiben wollte, auch wenn darüber das ganze Deutsche Reich zusammenbrach. Typisch für diese unergründliche Geisteshaltung blieb in diesem Zusammenhang auch seine Entscheidung über die Ausbildung des neuen Jägers Me 262 als Blitzbomber. Sie traf er am Ende des Jahres, als das Zünglein der Kriegswaage sich schon ganz auf die Seite der Alliierten geneigthatte. Immer wieder dieselben Fehler machte er: er verstand nicht, sich auf die in der Defensive richtigen Entscheidungen einzustellen, sei es in politischer, sei es in militärischer, sei es in waffentechnischer Hinsicht. Er zerschlug damit die besten rüstungstechnischen Ansätze. Er machte oft genau das Entgegengesetzte dessen, was richtig war, und befahl ohne Widerspruch. Die amerikanischen Panzer, die in Tunesien erbeutet worden waren, hatte er bereits prüfen lassen. Er war über den Sherman-Panzer bis in alle Einzelheiten unterrichtet, kannte die starken, aber auch die schwachen Stellen dieses Panzers. Er erwähnte die amerikanische Panzerabwehrwaffe 'Basuka', welche die Amerikaner in aller Eile auf Grund von Beutematerial nach dem Vorbild des 'Panzerschrecks' entwickelt hatten. Er maß dieser Waffe überhaupt keine Bedeutung zu. Dafür mußte er später erfahren, wie wirkungsvoll sich dieses Ofenrohr bewährt hatte. Es war natürlich; denn die 'Basuka' war eine Raketenwaffe. Raketenwaffen aber lagen Hitler nicht, weil er sie innerlich, wie alles neue technische Gedankengut, ablehnte. Er wollte den Krieg auf seine Weise gewinnen.

Nach der Hauptbesprechung fand eine weitere im engeren Kreise statt, an der ich nicht teilnehmen konnte. Das Thema war Hitlers Lieblingsvergeltungswaffe, der 'Tausendfüßler'. Hier ließ er sich in allen Einzelheiten berichten, wie weit die Versuche fortgeschritten waren, und zu welchem Zeitpunkt an den Einsatz dieser Wunderwaffe gedacht werden konnte. Er wußte nicht, daß sich in seinem Vorzimmer der der Leiter einer Arbeitsgruppe befand, die mit der Entwicklung einer wirkungsvollen Fernzielrakete befaßt war, welche den Tausendfüßler weit in den Schatten stellte. Eigenartig, daß Hitler von dieser Waffe überhaupt nichts erfahren durfte, weil sie sofort aus dem Entwicklungsprogramm gestrichen worden wäre, da der erforderliche Pulveraufwand nicht für den 'Rheinboten', sondern bestenfalls für den 'Tausendfüßler' bereitgestellt werden sollte. Das Pulver war eines der größten Engpässe während des Zweiten Weltkrieges. Keine Planungsstelle hatte damit gerechnet, daß der Munitionseinsatz so groß werden würde, daß er die Pulverfertigung in die Enge trieb.

Ob Hitler je etwas von dem 'Rheinboten' erfahren hat, bleibt mehr als zweifelhaft; denn im Frühjahr 1944 steigerte er sich bis zur Weißglut, wenn das Thema „Raketen" angeschnitten wurde. Auf allen Programmen, die der Rüstungsminister vortrug, fehlte die Behandlung der Raketenwaffen. Stets hieß es nach diesen Besprechungen: „Raketen sind nicht behandelt worden."

Kap. XXX

Interrogationslager Wimbledon

Erstmals in der Weltgeschichte gab es nach dem Zweiten Weltkriege eine Organisation, deren besondere Aufgabe darin bestand, nicht nur das materielle Rüstungspotential der besiegten Nationen als Beutegut sicherzustellen und die Rüstungsstätten zu demontieren, sondern auch die geistige Substanz, welche in den Köpfen der Wissenschaftler und Techniker steckte, auszunehmen. Es gab vier Zentren solcher Art über denen unsichtbar das geflügelte Leitmotiv „Pick up brains" wie ein Damoklesschwert hing: der amerikanische Intelligence Service im Schloß Kransberg im Taunus, der britische Intelligence Service mit Schwerpunkt Wimbledon, der russische Informationsdienst in Berlin-Köpenick und schließlich die Agence Francaise in Paris. Von diesen vier Zentren strahlte das große Informationsnetz des Intelligence aus und suchte bis in die letzten Einzelheiten Forschungsberichte und Konstruktionsunterlagen auf allen Gebieten der Wissenschaft zu erspüren. Es waren nicht allein die 600 000 deutschen Patente, die als geistiges Beutegut verfielen, die neuesten Rezepte in den Laboratorien, sondern auch die hochwertige Verfahrenstechnik in der Industrie war Gegenstand einer geistigen Beutejagd, die auf breiter Basis vorbereitet war. Aber mit diesem wertvollsten wissenschaftlichen Material begnügte man sich nicht, nein, man wollte auch noch die in den Köpfen der Wissenschaftler und Techniker steckende Gehirnsubstanz mit vagem oder noch nicht ausgeschöpftem Gedankengut ausnehmen. Schon frühzeitig waren die technischen Kommissionen der Alliierten in Bewegung gesetzt worden, die alles haschend oder spürend, unmittelbar den in das Herz Deutschlands vorstoßenden Frontverbänden folgten.

Am 1. Mai 1945 erschien auch eine gemischte englische und kanadische technische Kommision auf dem Schießplatz Unterlüss und begann mit den technischen Verhören der in der näheren Umgebung des Schießplatzes untergebrachten leitenden Herren der Firma Rheinmetall-Borsig. Am zweiten Tage wurde der Verfasser aus dem etwa 16 km entfernten Dorf Eimke, in das er mit der Familie evakuiert war, geholt, und einem technischen Verhör unterzogen. Bei dem Betreten des Konferenzzimmers knipsten die Kameraverschlüsse. Ein Fragebogen wurde durchlaufen. Man war registriert. Der Konferenztisch war in T-form aufgebaut. Am Kopf der Tischgruppe saß die Kommission, am Ende der Verfasser. Das Kreuzverhör hob an, nachdem die Mitglieder derKommission aus ihren Akten die Fragen entnommen hatten, die sie wie Pfeile abschossen. Der Verfasser mußte sich zunächst einmal auf das auf ihn losgelassene Trommelfeuer, das sich auf Kriegsgeräte aller Art bezog, umstellen. Jede Antwort war sorgfältig abzuwägen, denn das Deutsche Volk befand sich im Kriegszustand mit den Feindmächten. Der Paragraph 88 der Strafgesetzgebung über den Verrat militärischer Geheimnisse war eindeutig. Er kostete, wie man so sagt, Kopf und Kragen.

Das Frage- und Antwortespiel nahm zusehends Formen einer sich verstärkenden Spannung an. Nur in unklaren Vorstellungen gestaltete sich der technische Gesprächsstoff, so daß der Unwille der Kommissionsteilnehmer stetig zunahm. Der Verfasser ließ sich hierdurch jedoch nicht einschüchtern, denn er stellte sich den Ablauf des Gespräches bei vertauschten Rollen vor. Langsam aber stetig spitzte sich die Frontenstellung zu, bis schließlich der Chef der Alliierten Kommission erklärte, er sei des Wortspiels müde. Er müsse feststellen, daß er erhebliche Gedächtnislücken bei dem Verfasser entdecke, die zu schließen, seine eigene Angelegenheit sei. Er gebe zwei Stunden Zeit zur Auffrischung seines Gedächtnisses. Sollte sich nach dieser Frist die gleiche Situation anbahnen wie im verflossenen Ablauf des Verhöres, so würde er geeignete Maßnahmen zur Auffrischung des Gedächtnises bei dem Befragten erwägen.

Am Nachmittag ging das technische Verhör weiter mit demselben mageren Ergebnis für die technische Kommission. Die Verfügung des Kommissionsleiters am Abend lautete: Der Verfasser kann sein Domizil in Eimke wieder aufsuchen, hat sich jedoch wegen der festgestellten Verdunkelungsgefahr täglich bei dem Bürgermeister zu melden. Es vergingen 10 Tage in einer seltsam ungewissen seelischen Spannung für den Verfasser. Dann erschien wieder ein Jeep in Eimke mit einem englischen Offizier und zwei Soldaten mit einem schnellfeuernden Schießeisen. Der Weg führte erneut ins Konferenzzimmer des Schießplatzes. Die gleiche Kommision, die den Verfasser am 2. Mai vernommen hatte, war wieder erschienen. Dieses Mal war das technische Verhör schnell durchgeführt. Stereotyp kamen die Fragen des englischen Oberst als Kommissionsleiter. „Kennen Sie diesen wissenschaftlichen Bericht"? und diesen und jenen usw. Der Verfasser bejahte. Wie sollte er sie nicht kennen, da er sie selbst aufgestellt hatte. Blitzschnell kam nach dieser Antwort eine neue Frage des Oberst.

„Warum kannten Sie den Inhalt dieser Berichte nicht vor 10 Tagen?" „Weil ich ihn nicht kennen durfte, genauso wie es bei jedem Ihrer Offiziere der Fall gewesen wäre, der sich an meiner Stelle und in der gleichen Lage befunden hätte". Der Oberst dankte kurz militärisch und bemerkte abschließend, daß das Gespräch nicht das letzte sein würde. Tage und Wochen vergingen. Es ereignete sich nichts Wesentliches bis auf eine Befragung durch einen amerikanischen Oberst Mr. Farr, welcher den Verfasser in Eimke aufsuchte. Der Oberst war von Frankfurt in die Lüneburger Heide gekommen, um ein technisches Gespräch zu führen. Es wickelte sich in durchaus konventioneller Form ab. Im Verlauf desselben erklärte der Oberst, daß er zur Befragung gekommen sei, weil nach seinen ganzen Informationen der Verfasser über rückstoßfreie Geschütze und Feststoffraketen am besten Bescheid wisse. Am Ende des Gespräches machte er das Angebot für eine Tätigkeit des Verfassers in Amerika.

Letzterer bat sich jedoch eine längere Bedenkzeit aus. Wie es jedem Menschen in der damaligen Zeit ging, so suchte auch der Verfasser einen kritischen Abstand zu dem grauenvollen kriegerischen Geschehen der vergangenen Jahre zu gewinnen. Eines Tages, genau 2 Monate nach dem ersten technischen Verhör kam ein Jep mit einem englischen Offizier und zwei Soldaten mit griffbereiten Maschinenpistolen an den Bauernhof Otte herangefahren, mit einem Befehl, nämlich der Hinführung des Verfassers zu einer Befragung im britischen Hauptquartier in Bad Oeynhausen, und zwar für zwei bis drei Tage.

Die Fahrt ging über Munsterlager mit einem harten Einschluß des Verfassers in einem Kellerraum über Nacht, nach Bad Oeynhausen, einem neuen Befehlsempfang Richtung Frankfurt, wobei zwei Tagesetappen bis Holzwickede im nördlichen Auslauf des Ruhrgebietes und bis Hachenburg im Westerwald durchfahren wurden, um endlich eine amerikanische Meldestelle in der denkwürdigen, mit vielen Bombennarben gezeichneten Stadt am Main zu erreichen. Wieder gab es einen Befehlsempfang für den englischen Offizier. Die Fahrt ging in dem Taunus immer höher. — Bald gab es eine erste Richtungsmarkierung zu sehen, ein Schild mit dem Wort Dustbin — zu deutsch Müllkasten. Nachdem sich diese Wegmarkierung mehrere Male wiederholt hatte, gab es keinen Zweifel, daß es zum „Müllkasten" ging. Dieser Müllkasten war das Schloß Kransberg. Es war bald erreicht. In ihm hatte Göring in der zweiten Phase des Weltkrieges sein westliches Hauptquartier der Luftwaffe aufgeschlagen.

Nunmehr war das schöne, im Barockstil gebaute Schloß von einem meterhohen Stacheldrahtzaun mit Starkstromabsicherung umfaßt. Kurz vor dem Erreichen des riesigen Drahtzauntores schrieb der Verfasser auf Veranlassung des englischen Offiziers noch einen Brief an seine Familie, der diese jedoch nie erreichte. Das Tor wurde geöffnet — der Befehl war ausgeführt — der Verfasser in den Müllkasten eingeliefert. Schon kam freundlich lächelnd der Minister für Rüstung und Produktion, Speer, auf den Verfasser zu und begrüßte ihn als Neuangekommenen. Bald sah man noch andere bekannte Gesichter, wie den Wirtschaftsminister Dr. Schacht, Geheimrat Röchling, Staatssekretär Ganzenmüller, den Leibarzt Hitlers Prof. Brandt, den Hauptdienststellenleiter Saur, die Bereichschefs des Rüstungsministeriums, Geheimrat Prof. Schmitz mit 6 Vorstandsmitgliedern von IG-Farben, Assisteten des Sekretariats der Verwaltung des Reichsforschungsrates und Prof. Oberth, den bekannten Raketenforscher.

Nur kurze Zeit währte der Aufenthalt des Verfassers in dem amerikanischen Zentrum Kransberg. Die deutschen führenden Köpfe aus dem Ministerium und der Industrie waren in dem Gesindehaus des Schlosses untergebracht. Durchweg waren Gruppen von 3-4 Herren in den einzelnen mittelgroßen Räumen untergebracht. Im Schloß selbst residierte ein amerikanischer Oberstleutnant, ein Hauptmann, ein Oberleutnant und ein befehlsgewaltiger Sergant-mayor. Die Stimmung im Lager war sehr unterschiedlich. Sie schwankte vom abgrundtiefen Pessimismus bei einzelnen bis zu einer selbstzufriedenen Haltung bei anderen. Das beste Beispiel einer richtigen Lagerstimmung gab Geheimrat Röchling, der 74jährige Pionier aus dem Saarland. Er fand stets Worte der Ermunterung für diejenigen, die sich mit ihrer Lage nicht zurechtfinden konnten und verwies dann auf seine Lagerzeit, die er nach dem 1. Weltkrieg durchstehen mußte, nachdem man ihn zu 20 Jahren Gefängnis verurteilt, jedoch bald begnadigt hatte. Geheimrat Röchling war trotz seines Alters geistig noch sehr beweglich und kam in den Tagen des Lageraufenthaltes seiner großen technischen Passion nach, nämlich der Schaffung eines, wie er es bezeichnete, flüssigen

Stahlwerkes. Er wollte in einer Hitze vom Schmelzofen bis zum Fertigfabrikat gelangen, um die Stahlproduktion so wirtschaftlich wie möglich zu gestalten. Alle, die mit dem Problem etwas vertraut waren, halfen ihm gern bei seinen gedanklichen Überlegungen. Auch Minister Speer und Schacht zeigten sich im Lager in einer guten geistigen Verfassung. Man merkte Speer förmlich an, daß er von dem seelischen Zwiespalt befreit war, in dem er sich schon im letzten Kriegsjahr befunden hatte. Er war soweit gegangen, daß er Hitler die Gefolgstreue verweigert hatte. Im Lager Kransberg hatte er erfahren, daß Hitler auch sein Todesurteil unterschrieben hatte, und er es nur dem großen Wirrwarr der letzten Tage zu verdanken hatte, daß dieses Urteil nicht vollstreckt worden war. Minister Schacht sah dem weiteren Geschehen mit aller Ruhe und Gelassenheit entgegen, denn er hatte sich schon frühzeitig innerlich von Hitler getrennt, dessen Wirtschaftspolitik er nicht mitmachen wollte. Dumpf resignierend gab sich Prof. Brandt, der seinen Prozess und dessen Ausgang schon ahnte. Der Verfasser hatte Gelegenheit, sich mit Speer, Brand, Saur abtauschen zu können, da ihm am Mittagstisch ein Platz in dieser Runde zugewiesen worden war. Reichlich seltsam führte sich Saur auf. In den Tagen der Anwesenheit des Verfassers im Lager wurde Minister Speer mit seinem Bereichschefs zu mehreren Verhören befohlen. Solchen Interrogationen ging stets eine Vorbesprechung voraus, welche von Herrn Saur in ähnlicher Weise vorbereitet wurde, wie er das noch von seiner früheren Zeit im Dritten Reich her kannte. Minister Speer und die Bereichsleiter lehnten ein solches Gebahren auf das Entschiedenste ab. Während der Vorstand von IG-Farben in selbstsicherer Weise auftrat, war das Verhalten von Prof. Oberth höchst seltsam. Er sonderte sich stets von allen Lagerinsassen ab und konnte sich zu keinem Gespräch bereitfinden.

Die Lagergemeinschaft hatte sich bereits sehr stark ausgerichtet. An dem einen Sonntag, an dem der Verfasser im Lager Kransberg war, gab es das sogenannte Dustbin-Kabarett. Es war erstaunlich festzustellen, wieweit die heitere Muse von allen Mitgliedern des Lagers dargestellt werden konnte. Der amerikanische Oberstleutnant und Lagerkommandant hatte es sich nicht nehmen lassen, der kabarettistischen Vorstellung beizuwohnen. Den Höhepunkt dieses Kabaretts bildete ein als Fakir auftretender Raketenkonstrukteur, der das Schauspiel des Flammenschluckens demonstrierte, wie wenn er dasselbe auch schon bei den von ihm bearbeiteten Raketen gemacht hätte.

Wie ein Blitz aus heiterem Himmel kam die weitere Verfrachtung des Verfassers. Nach 5 Tagen Anwesenheit im Lager erschien ein englischer Lastwagen, um den Verfasser abzuholen. Man hatte es sehr eilig. Der kleine Musterkoffer mit den wenigen Utensilien war schnell gepackt, und es ging ab in Richtung Feldflugplatz Wiesbaden. Später wurde dem Verfasser klargemacht, daß er von den Engländern nur an die Amerikaner für das wissenschaftliche Lager ausgeliehen war, eine Verfahrenstechnik, die sich später sehr oft auch an anderen Wissenschaftlern vollziehen sollte. Auf dem Feldflugplatz Wiesbaden stand ein viermotoriger Bomber bereits zum Abflug bereit. In Sekundenschnelle wurde der Verfasser eingeladen, und der

Flug ging mit unkekanntem Ziel los. Natürlich konnte er nicht erfragen bzw. erhielt keine Antwort, welches das Ziel des Fluges sein würde. Versuchte er einmal durch die kleinen Fenster im Bug der Maschine nach außen zu schauen, so wurde er schnell wieder auf seinen Behelfsplatz zurückgezogen. Das ging solange, bis man das Festland verlassen hatte. Dann war ein Blick nach außen erlaubt. Doch dieses Spiel währte nur kurze Zeit, weil erneut Festland, diesmal das englische, angeflogen wurde.

Nach wenigen Minuten war das Ziel der Luftreise klar. Die Maschine landete auf dem Londoner Flugplatz Croydon. Schon beim Verlassen des Bombers erkannte der Verfasser einen Offizier, der auf ihn zu kam und ihm erklärte „Der englische Oberst, der Ihnen erklärt hat, daß wir uns wiedersehen würden, hält sein Wort." Der Offizier forderte den Verfasser auf, in seinem Cadillac Platz zu nehmen, und nach einer kurzen Fahrt durch London hielt der Wagen vor einem schulähnlichen Gebäude, vor dem man sich anschickte, einen Stacheldraht zu ziehen. Wieder ging das Tor auf, und man war erneut eingesperrt. Das war das 'Interrogationscamp Wimbledon'.

Zuerst begrüßte der Verfasser seinen Chef Prof. Dr. Wanninger. Dann war die Runde bei den anderen bekannten Gesichtern, Herren der Fa. Krupp, Herren des Postministeriums, der deutschen Versuchsanstalt für Luftfahrt, der deutschen Fernsehgesellschaft und von Mercedes-Benz. Außerdem stand in diesen Reihen auch noch Prof. Schwenkhagen, der noch lange Zeit, nachdem der Verfasser nach Hause zurückgekehrt war, in Wimbledon verblieb. Im Gegensatz zu Kransberg herrschte in Wimbledon eine gemütliche Note. Die Verpflegung war gut. Es ein war ständiges Kommen und Gehen von technischen Experten. Es gab sehr viel Abwechslung durch die Verhöre.

Es wurde viel Skat gespielt. Ansonsten ging jeder seinen Neigungen nach. Man bewegte sich in einer solchen Weise, wie man für den Besuch in Wimbledon angesagt war; denn mehr oder weniger hieß es für jeden Wissenschaftler: „Wir bitten Sie zur technischen Befragung nach England. Während dieser Zeit werden Sie Gast des Königs von England sein." Es wurde zum geflügelten Wort, daß jeder Ankömmling als Gast S. M. des Königs von England begrüßt wurde. Die Lagerzeit dauerte drei Monate. Eine einzige Ungewißheit schwebte über allen Lagerteilnehmern, nämlich diejenige, daß man sich nicht klar darüber war, ob die Angehörigen von dem Aufenthalt in England verständigt waren oder nicht. Später allerdings gab der Umstand, daß der Direktor einer Fernsehgesellschaft in Deutschland ein Modell holen mußte, die Möglichkeit, die Familien zu verständigen. Der Verfasser ist während seiner Lagerzeit ungefähr 30 mal verhört worden. Ein Teil der Ausfragungen bezog sich auf die Organisation der Rüstung Deutschlands, eine weitere auf technisch interessante Gespräche, während man bei dem Rest der Befragung den Eindruck hatte, daß die Alliierte technische Kommission lediglich dem Befehl zur Befragung nachkam, ohne eine innere Einstellung zu ihr zu haben.

Das Lagerbild wechselte manchmal in schneller Folge. So erschienen eines Tages Dr. Lippisch und Dr. Schreiber, die beiden verantwortlichen Köpfe für die Konstruktion der Me 162, des ersten Flugzeuges mit Raketenantrieb. Die beiden Herren waren von den Amerikanern im süddeutschen Raum gesichtet worden, hatten einen Auftrag nach Amerika und wurden für 8 Tage nach England ausgeliehen. Wenig später kam auch ein kleines Team von Peenemünde. Es waren die Herren Prof. Dr. von Braun, Dr. Steinhoff und Dr. Riedel. Auch diese Herren hatten bereits ihren Marschbefehl nach Amerika und waren für einige Tage den Engländern überlassen. Naturgemäß gab es auch ein Gespräch zwischen Prof. v. Braun und dem Verfasser. v. Braun, ein wenig überheblich, gab zu erkennen, daß nunmehr erst die richtige Arbeit auf dem Raketengebiet einsetzen würde, die das Land der unbegrenzten Möglichkeiten in Aussicht genommen habe. V. Braun sprach von dem Projekt der A 9, dem letzten, das in Peenemünde noch in Angriff genommen war und als erste interkontinentale Rakete gelöst werden würde. V. Braun ging noch einen Schritt weiter und sprach von dem Fernziel eines Erdsateliten, der in einer Höhe von 300 km mit einer Geschwindigkeit von 30 000 km um den Erdball rasen würde. Nach 2 Tagen bereits verließ das kleine Team von Peenemünde wieder Wimbledon, jedoch das Gespräch, das v. Braun mit dem Verfasser geführt hatte, sollte noch lange nachklingen.

Während des letzten Teiles seines Aufenthaltes in Wimbledon waren die Befragungen spärlicher geworden. Der Verfasser hatte Zeit und Muße genug, sich einem neuen Projekt zu verschreiben, das einmal Wirklichkeit werden sollte, denn noch liefen die Verhandlungen mit dem amerikanischen Oberst Farr über eine Tätigkeit auf dem Raketengebiet in Amerika. Man konnte sich wieder in Wunschträumen über das Gebiet der Raketen mit dem Ziel einer Raumfahrt beschäftigen.

Nach drei Monaten verließ der Verfasser mit den Herren Grünemann und Dr. Eichler das gastliche Wimbledon. Vollkommen abgerissen und zerschunden mit Pappkartons, in denen sich etwas Tee, Kaffee, Zucker und Seife befanden, Sachen, die man für die 6 schilling pro Woche hatte kaufen können, ging die Fahrt zum Flughafen. Dort wurde die Dreiergruppe im Schatten eines Passagierflugzeuges, natürlich unter Bewachung eines englischen Offiziers, aufgebaut. Die Gruppe hatte die Chance, nach Deutschland mitgenommen zu werden, wenn es noch einige freie Plätze gab. Es war ein seltsames Schauspiel für die vorbeigehenden Fluggäste, sich diese abgerissenen Deutschen näher anzusehen. Sie hatten kein Verständnis dafür, daß diese Deutschen auch mit zu der Reihe der Passagiere zählen sollten, die nach Bad Oeynhausen flogen. Die Passagiere waren meist Offiziere und weibliche Mitglieder eines englischen Hilfskorps, welche nach Deuschland flogen. Zum Schluß wurde die kleine Gruppe der Deutschen auch noch an die Passagiere angereiht und mitgenommen. Nach der Landung in Bad Oeynhausen gab es no cheine Nachtruhe in Bad Eilsen, jedoch wie immer unter persönlicher Haftung des Bürgermeisters, daß die Deutschen nicht ausreisen würden, und dann fuhr am anderen Tage der englische Offizier die kleine Gruppe der Deutschen nach Hannover bzw. den Verfasser nach Eimke. Keine acht Tage später hatte der Verfasser die Aufgabe zu übernehmen, das technische Abwicklungsteam von Rheinmetall-Borsig auf den Schießplatz Unterlüss zu führen, das Berichte und konstruktive Unterlagen über deutsche Waffen anzufertigen hatte.

AUSKLANG EINES LEBENS

Die Entwicklungen der Kunststofftechnischen Studiengesellschaft für die Bundeswehr in den Jahren 1960-1970

Es fing alles ganz harmlos an. Ich hatte mich — nach einjähriger Tätigkeit auf dem Kunststoffsektor — mit diesem neuen Zweig der chemischen Industrie auf das Waffengebiet begeben. Die ersten Besuche im Koblenzer Hof verliefen mager. Noch residierten drei alte Bekannte: Oberst von Uslar-Gleichen, Oberst Dipl.-Ing. Geist und Hauptmann Bucklisch in Koblenz am Rhein. Es war die erste Gruppe von militärischen und technischen Experten, welche die Vorhut für das BWB bildeten.

In Bonn gab es in der Nähe des Bundeshauses eine Baracke, in der sich die erste Elite des Bundesverteidigungsministeriums formte. Das war im Jahre 1958. Es vergingen kaum zwei Jahre; in Koblenz sah man das BWB sich formen und in Bonn auf der Hardthöhe waren inzwischen etwa 30 einfache Bürohäuser gebaut. Die Arbeit konnte beginnen.

Ich gründete die Kunststofftechnische Studiengesellschaft mbH. mit einem Kapital von DM 20 000,—. Es sollte allerdings damit hart an die Grenzen finanzieller Leistungsmöglichkeit gehen.

Es war am 3. Januar 1960 als ich wieder bei dem BWB war und es gab die ersten Entwicklungsaufgaben. Ein alter Bekannter — Oberbaurat Dipl.-Ing. Pitzken — stellte sie mir: „Wir benötigen im Rahmen des Aufbaues der Bundeswehr eine Panzernahbekämpfungswaffe — nicht wie das Gerät Hammer Januar 1945 für 500 m Kampfentfernung, sondern auf 800-1000 m. Die militärische Forderung: komplettes Waffengewicht mit Munition 15 kg. Es soll so aufgebaut sein, daß zwei Bundeswehrsoldaten insgesamt im Alleingang über 4 Schuß verfügen." Meine Bemerkung: „Diese Forderung ist vielleicht darstellbar, aber das Panzergeschoß aus der Waffe muß eine Zusatzbeschleunigung auf einige Hundert Meter erfahren, um die Gipfelhöhe von 6 m nicht zu übersteigen. „Pitzken sagte mir:„ Das ist Ihre Angelegenheit. Übrigens, es hat sich schon Konkurrenz angemeldet. — Aber noch ein Problem. Sie haben mich vor 14 Tagen wissen lassen, daß Sie mit einer Kunststoffrakete antreten wollen." „Ja, das stimmt. Mit glasfaserverstärktem Kunststoff können jetzt Brennstoffkammern hergestellt werden." „Mein lieber Professor Klein, Ihre Prognose ist mir ein zu heißes Eisen. Wissen Sie denn überhaupt, wie sich Kunststoff mit Sprengstoff verträgt?" „Ich kann Ihnen darüber keine Aussage machen. Das Thema ist zu neu." „Aber halt, Augenblick, da ist doch vor vierzehn Tagen ein Papier über den Schreibtisch gekommen. Es stammt von der psychologischen Kampftruppe. Es wird eine Rakete für Propagandamaterial verlangt; geforderte Entfernung rund 5000 m. Sie wissen, Papierballons gehen auf die andere Seite, aber es ist ungewiß, wo sie ankommen. Ja, bei dieser Entwicklung können wir es riskieren, mit einem Kunststoffmotor einzusteigen. „So kam die Propagandarakete

KTS-Panzergeschoßrakete Speer – Lösung 1964

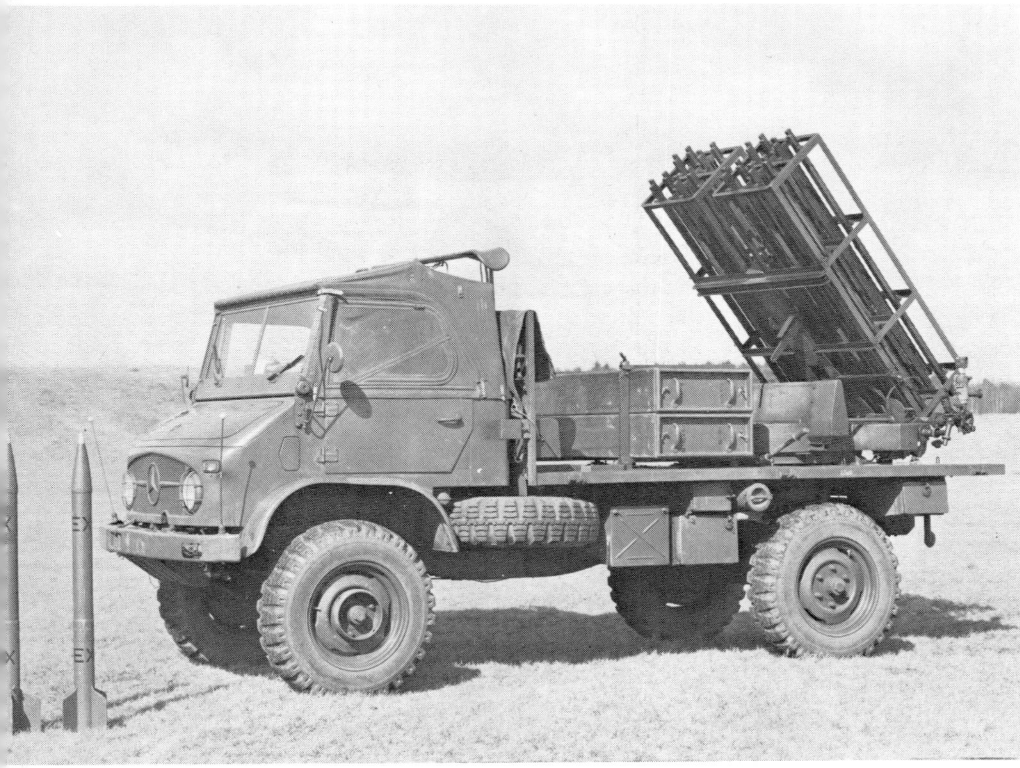

KTS kompletter Werfer Promar I 8-fach

40 KTS Promar II 5-fach Werfer

41 Promar 5-fach Werfer Rückansicht

Skizze 38/39

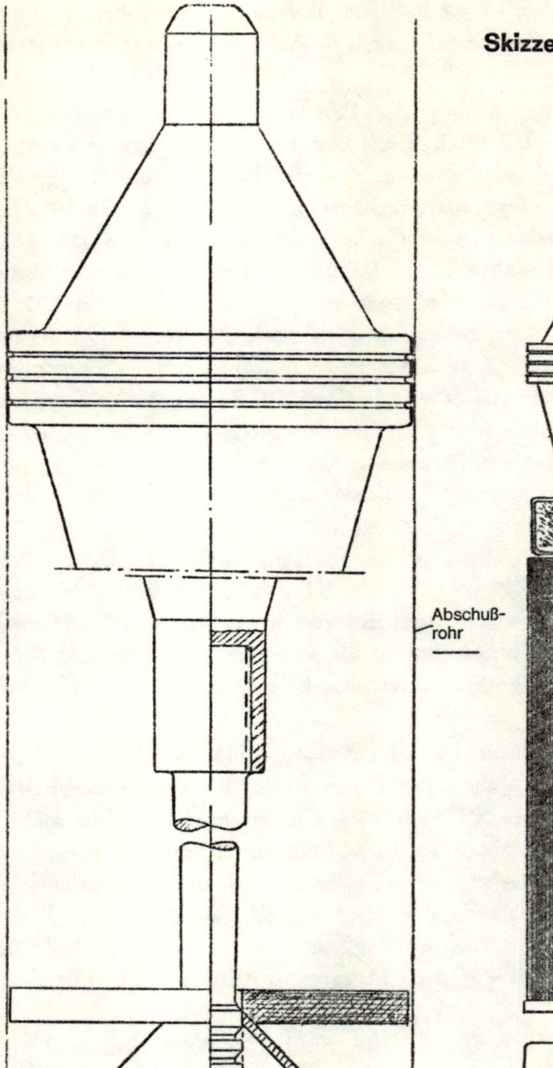

Hammer

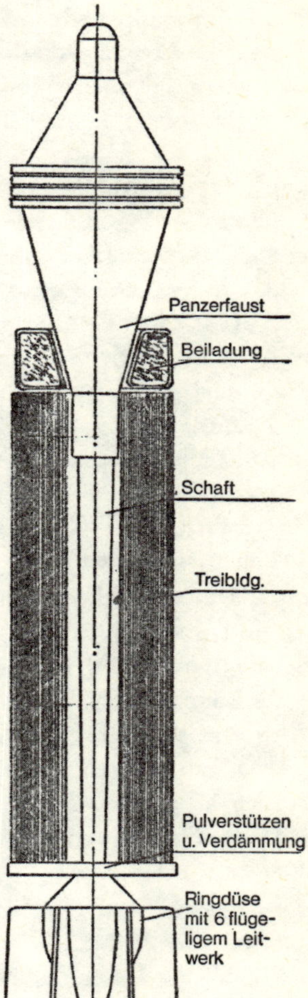

Promar I in Gang. Sie wurde als erste harmlose Rakete im November 1962 gefertigt und dann mit rund 7500 Exemplaren übergeben. Auch 8-fach-Werfer, montiert auf 1,5 t Lkw wurden gefertigt.

Nicht so einfach war die Entwicklung der Panzernahbekämpfungswaffe, die den Tarnnamen „Speer" erhielt. Wir mußten mit den ersten Versuchen in einem aufgegebenen Stollen im Siebengebirge beginnen, der allerdings nur eine Länge von 300 m hatte. Dann mußten wir uns umsehen, um eine größere Schußentfernung darstellen zu können. Links und rechts des Rheines wurde Ausschau gehalten und schließlich bot sich ein aufgegebener Steinbruch der Basalt AG Linz an. Es war das ideale Prüffeld, eingebettet in eine Tiefe von 40-50 m mit einer Fläche von 100 000 m². Nun konnten wir arbeiten. Aber es gab zunächst noch eine Schwierigkeit: das Gewerbeaufsichtsamt Koblenz, für Linz am Rhein zuständig, gab Prüfungen nur für 1 Kilogramm Sprengstoff frei. Später wurde das Prüffeld für 20 kg Explosivstoffe freigegeben. Und es freut mich, hier die Feststellung treffen zu dürfen, daß dieses Prüffeld, auf dem „Stümperich" im Bereich der Gemeinde Dattenberg gelegen, später von uns „Linz-Ost" genannt, noch heute als das Prüfgelände des Chemisch-Technischen Institutes fungiert.

Doch wir mußten antreten mit der Panzernahbekämpfungswaffe Speer. Wenn wir auch mit Auslaufgelände des Steinbruches ein Schußfeld von 600 m bis zur Zielscheibe einhandeln konnten, so wurde doch die Vorschrift des Gewerbeaufsichtsamtes Koblenz eingehalten. Meine Mannschaft und ich waren es zufrieden, mit der Waffe und Zusatzantrieb auf 600 m gut anzukommen. Es gab bei 10 Schuß ein Treffbild von 1x1 m alles in allem gesehen.

So war die geschäftliche Situation der KTS Anfang 1963. Wir konnten leben und überleben. Da kam Mitte des Jahres die Korea-Krise. Ich wurde angehalten, das Entwicklungspotential der Firma KTS um 25% einzugrenzen, da nicht mehr Geldmittel des Bundes zur Verfügung ständen. Es war ein harter Schlag — diese Rezession 1963. Ich war genötigt, 25 Mitarbeitern nahezulegen, sich anders zu orientieren. Im Jahre 1963 gab es noch Auftrieb im deutschen Wirtschaftsgeschehen und alle ausscheidenden Mitarbeiter fanden sofort Anschluß zu neuer Tätigkeit in Industrie und Wissenschaft. Einigen von ihnen war der Übergang zu staatlichen Organisation sogar willkommen.

Die Firma beschäftigte vor der Korea-Krise rund 100 Arbeitskräfte. Nach dem Ausscheiden von 25 Mitarbeitern bahnte sich auch noch eine finanzielle Krise an, die aber dank der Unterstützung von zwei großen Wirschaftsunternehmungen überbrückt werden konnte. Trotzdem mußte die Entwicklung und auch die Fertigung mit den installierten Werkzeugmaschinen und Sondergeräten weitergehen.

Eine gute Prognose für die Entwicklungskapazität, ob weibliche oder männliche Arbeitskräfte in der Firma, konnte ich dem BWB und der Hardthöhe ansagen. Schon meldete sich die psychologische Einheit der Bundeswehr und bat, Erhebungen anzustellen, ob mit einer größeren Anzahl von Flugblättern und einer größeren Entfernung für den Einsatz der Nutzlast ein Angbot abgegeben werden könnte. Es wurde ein größeres Kaliber von 160 mm erforderlich und der Aufwand für den neuen 5-fach Werfer betrug mit kompletter Munition 2000 kg. Der ganze Raketenwerfer mit ausreichender Munition sollte auf einem Lastwagen von 5 t transportiert werden.

In die ersten Überlegungen für dieses Promar II-Gerät wurden auch für den Motor erste Ansätze eines Kunststoffmotors mit einem flexiblen Kernrohr aus Weich-PVC und Glasfaserarmierung eingegeben. Inzwischen konnte man mit einer Spezialmaschine — im eigenen Haus erstellt — Spiralbewegungen mit Glasseide darstellen. Die Entwicklung ging indessen nur langsam weiter, weil die Geldmittel fehlten.

Nr.	Bezeichnung
1	Drehkranz-Lafette
2	Schildzapfen-Welle
3	Wiege
4	Trararm für Startkäfig
5	Startkäfig
6	Startschiene
7	Anschlußstecker f. Raketen
8	Sperrklinke
9	Vordere Raketenhalterung
10	Werferzurrung
11	Hauptventil f. hydr. Richteinrichtung
12	Steuergriff f. hydr. Richteinrichtung
13	Höhenrichtzylinder
14	Seitenrichtzylinder
15	Handpumpe f. Notbetrieb der
	hydraulischen Richtanlage
16	Einheitszeiger – Zieleinrichtung
17	Packgefäß für Nr. 16
18	Anschlußstecker f. Abfeuerungskabel
19	Anschlußstecker f. Notabfeuerung
20	Pack-Kiste DM 419 f. 8 Reserveraketen
21	Mannschaftssitz

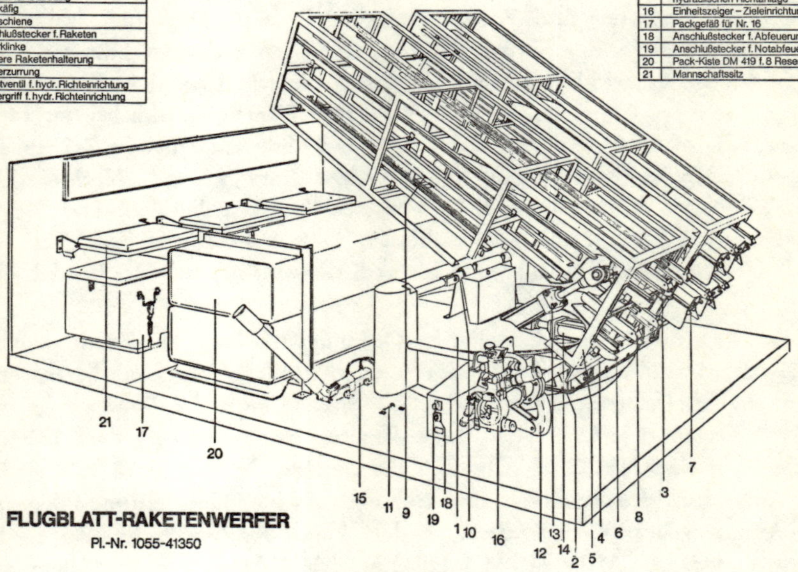

FLUGBLATT-RAKETENWERFER
Pl.-Nr. 1055-41350

Skizze 40

Doch dann kam Anfang Oktober 1963 ein Anruf aus dem Verteidigungsministerium. Es meldete sich Oberregierungsrat Dr. Bender. Wir waren seit 25 Jahren miteinander befreundet. Er ging nach dem Zweiten Weltkrieg zum ISL in Lörrach, und ich war nach Spanien gegangen, um spanische Studenten in die Regeln der Waffentechnik einzuweisen.

Das Gespräch wurde interessant. „Ich bin seit einigen Monaten im Bundesverteidigungsministerum als Referent für die Raketenaufgaben tätig, und Sie sind wieder mit Raketenentwicklung befaßt, wie ich aus einem Gespräch mit unserem langjährigen Bekannten Oberbaurat Pitzken erfahren habe. Pitzken erklärte mir, daß Sie an einem

Raketenmotor aus bewährtem Kunststoff für ein Kaliber von 110 mm arbeiten. Dieser neue Antriebsmotor soll bei einem leichten Gewicht sehr leistungsfähig sein." „Dies ist auch meine Meinung" sagte ich. „Aber um korrekt zu sein, muß ich der amerikanischen Entwicklung von 1945-1960 einräumen, daß sie in diesen 15 Jahren für die Fertigung von Feststoffraketen Besonderes geleistet hat. Die Amerikaner verwenden nämlich seit einigen Jahren einen Sterninnenbrenner mit höherer Leistungsquote als die Allseitsbrenner, die normalerweise bekannt sind." „Aber doch nun zum Thema. So wie Sie Oberbaurat Pitzken andeutete, wollen Sie einen neuen Festtreibstoffmotor bei gleicher Leistung schaffen, der - sagen wir - um rd. 400 mm kürzer ist, als der in der Entwicklung befindliche Antriebsmotor der LAR." „Es stimmt" war meine Antwort, „aber es geht nicht ohne Zustimmung der Dynamit Nobel AG. Ich rufe in den nächsten Tagen zurück."

Ich sprach inzwischen mit dem Vorstandsmitglied Direktor Dipl.-Ing. Schindler. Er erklärte mir: „Ich weiß, daß Sie aus einfachen Anfängen nach oben kommen. Wissen Sie, daß ich neue Entwicklungen auf dem Raketensektor, sowohl in firmeninterner Hinsicht als auch bei Projekten von einigen anderen Firmen, die sich bei uns angeboten haben, sehr scharf auseinander halte. Wir sind schon seit längerer Zeit in Tuchfühlung und ich gebe Ihnen Freilauf für die weitere Entwicklung." „Noch eins, Herr Direktor Schindler, werden Sie auch nach unseren Angaben die Treibsätze für einen Sterninnenbrenner liefern? „Direktor Schindler sagte nur „Klarer Fall. Sie bekommen jede Unterstützung." Also konnte ich nach diesem Gespräch Dr. Bender wieder anrufen.

„Herr Dr. Bender, es geht also alles in Ordnung. Ich habe die Zustimmung der DN AG, das Unternehmen wird mich unterstützen." „Aber nun die eigentliche Aufgabe, die ich Ihnen zu stellen habe. Die Inspektionen der Bundeswehr macht folgende Auflagen: Die Länge des Feststoffmotors aus Kunststoff darf 1300-1350 mm nicht übersteigen. Darüberhinaus darf das Gewicht des Motors 18 kg nicht übersteigen. Außerdem ist anzustreben, daß auch noch ein besonders leistungsfähiges Pulver in Ansatz gebracht wird, denn es darf keine Reichweiteneinbuße in Kauf genommen werden." „Mehr als 14,5 km kann ich nicht garantieren", war meine Antwort. Es dauerte keine 14 Tage, da wurde ich wieder zu einem Gespräch auf die Hardthöhe gebeten. „Bringen Sie doch die Unterlagen für den neuen Motor mit." Abgemacht, die Unterlagen sind klar. „Bringen Sie aber eine Umrißzeichnung der neuen LAR-Rakete, Sie wissen: ganze Länge darf 2250 mm nicht übersteigen."

Ich begegnete auf der festgelegten Tagung im Bundesverteidigungsministerium gleich zwei neuen Forderungen. Der Antriebsmotor darf — wie angesagt — keine größere Länge als 1350 mm haben, denn die Entwicklung für den 36-fach-Werfer bei der Firma Wegmann, Kassel ist angelaufen und der Nutzlastkopf in einer Länge von 900 mm darf nicht unterschritten werden. „Darf ich fragen warum denn nicht?" dazu kann ich mich nicht äußern." Darauf noch ein kleines Wortspiel. „Wenn schon, jedoch kann ich für eine Reichweite der LAR von 15 km nicht garantieren, aber 14,5 km sind drin." „Angenommen" sagte Dr. Bender.

Die KTS begann - oder richtiger gesagt - sie war bereits in der ersten Entwicklungsphase für den neuen Motor. Er sollte bald vorgestellt werden. Mit einem „blinden" Nutzlastkopf von rund 18 kg wurden die Versuche aus einem Einrohrwerfer Mitte 1964 gestartet. Das Ergebnis dieser Versuche war niederschmetternd. Nicht eine der 10 in Ansatz gebrachten Raketen hielt die Antriebszeit von 2 s durch. Die Raketen brachen teils schon auf der Hälfte der Antriebsstrecke durch, spätestens aber kurz vor Brennschluß. Man kan sich vorstellen, wie es um die psychische Einstellung meiner Mannschaft bestellt war. Wir zogen betrübt von Meppen ab und wußten keinen Rat. Es gab denn auch in der Firma einige Kontroversen. Wir stellten Versuche mit noch vorhandenen Brennstoffkammern an und waren überrascht, daß die Biegefestigkeit dieser Kunststoffkammern mit einer Armierungsschicht aus glasseide relativ gering war. Noch immer war guter Rat teuer, aber die Entwicklung drängte.

Und dann, wenige Wochen später sagte ich zu meinen Mitarbeitern: „Ich glaube, wir haben einen entscheidenden Fehler bei der Konzipierung unseres Motors gemacht, wir haben nämlich die Querkräfte bei der Belastung des Motors in der Antriebsphase zu wenig berücksichtigt. Deshalb sind auch die Kunststoffmotore zu Bruch gegangen. Wir müssen — so einfach und so billig sie auch ist die Spiralbewegung aufgeben. Ich glaube, daß wir darauf achten müssen, die Quersteifigkeit des Motors zu verbessern." „Aber wie?" sagten meine Mitarbeiter. Ich: „Die Glasfaser ist unschätzbar, aber sie kann einem zweiachsig oder sogar einem dreiachsigen Belastungszustand nicht widerstehen, weil sie einachsig orientert ist. Meine Herren, Sie haben den desolaten Zustand in unserer Entwicklung erfaßt. Ich weiß gnau wie Sie, keinen Ausweg aus unser Klemme. Denken Sie darüber nach." Es gab 14 Tage Überlegungszeit. Die eingefahrenen Mitarbeiter wußten auch dann noch keinen Ausweg. Doch wir mußten ihn finden, wenn wir nicht alles verlieren wollten. Es ging in unserem Hause einige Wochen hin und her, wie man dem technischen Thema begegnen könnte.

Für mich selbst waren diese Wochen seelisch sehr belastend, Denn es ging mir, wie allen Wissenschaftlern und Ingenieuren in anderen Disziplinen, darum, eine einmal angelaufene Entwicklung fest in den Griff zu bekommen.

Und dann kam — wie man so sagt — die einfache Lösung an. Man muß mit der Glasfaserverstärkung die dreiachsige Beaufschlagung des Motors zerlegen und sie nach Sinn und Zweck der Kräfteverhältnisse auslegen. Ja aber, kam es aus dem Kreis meiner Mitarbeiter, wir müssen uns vollkommen umorientieren. Sie wissen, dies kostet Zeit und Geld. Es hilft alles nichts. Wir bauen die LAR- Motorkammer nach dem Biax-Verfahren, das Patent läuft seit 1964 und das Weitere wird sich zeigen.

Im Herbst 1964 mußten wir unsere neue technische Visitenkarte zeigen. Die vorgesehenen 10 LAR-Raketen kamen ohne Komplikationen an. Die Reichweite der Raketen betrug bei 45° Abgangswinkel etwa 14,5 km. Wir waren zufrieden, wir konnten wieder nach vorne schauen. Ja, ich muß es sagen, bei einer so kleveren Mannschaft sollte einfach nichts schiefgehen. Die Fachingenieure brachten auch die Technologie unter Dach und Fach und konnten vermerken, gleichgültig ob Spiralbewehrung oder Biaxarmierung, wir können die eine oder andere Seite unterbringen. Es ist nur ein wenig Zeit notwendig, um mit der Biaxarmierung ans Ziel zu kommen. Ich war es mehr als zufrieden.

Aber einige Tage später kam ein Anruf aus dem Verteidigungsministerium, es wäre an der Zeit, nun das Entwicklungsergebnis der Versuche mit „Speer" in Meppen vorzustellen. Meine Meinung war, wir können antreten. „Aber sind Sie sich darüber klar, daß es sich um eine Vorführung handelt, zu der außer Ihnen zwei sehr potente Firmen antreten." Nun ja, aber wir werden uns stellen.

Es war Mitte Juli 1965, als die Vorführung in Meppen durchgeführt wurde. Zu ihr waren 70 Personen aus dem Bundesverteidigungsministerium Bonn, dem BWB Koblenz, einer Gruppe von zuständigen Dienststellen der Bundeswehr, den zuständigen Herren der einschlägigen Firmen erschienen. Programm der Vorführung: Jede der drei Firmen hatte ein Treffbild auf 900 m Kampfentfernung zu erbringen. Es sind 3 Zielscheiben aufgestellt, für jede Firma also je eine, damit die Treffbilder klar gedeutet werden können.

Das Treffbildschießen wurde programmgemäß durchgeführt. Wir als kleine Firma kamen als letzte zum Schuß. Wir waren optimistisch und glaubten, das können wir auch. Tatsächlich kammen wir mit einem Treffbild von 1x1 m an. Ich habe es nie vergessen, wie sorgfältig unser Oberfeuerwerker alle Voraussetzungen für Munition, Waffenerhöhung und Einschuß des Zielfernrohres durchgeführt hat. Doch es kam noch ein Nachspiel. Ohne sich im Kreis der Kommission umzuhören, hatte der Leiter der Erprobungsstelle Meppen, Direktor Dr. Burgsmüller, einen ausrangierten Panzer an die Zielscheiben befohlen. Er kam zurück zur Feuerstellung und fragte: „Haben die Firmen noch Munition?" Ja, sie hatten noch 5 Schuß Reservemunition. „So meine Herren, Sie sehen, dieses ausrangierte Panzerfahrzeug ist eben in der Zielentfernung vorgefahren worden und nun kann das Preisschießen angehen." Es geht der Reihe nach um. Wir standen am linken Flügel der Feuerstellung. Die beiden großen Firmen kamen zuerst zum Zuge. Das ganze Schießen nahm eine sensationelle Form an. Die beiden großen Firmen erbrachten keinen Treffer. Und dann war meine Mannschaft an der Reihe. Ich hatte Vertrauen zu meiner vierköpfigen Mannschaft. Das Preisschießen ging also weiter. Der erste Schuß kam 20 Meter vor dem Panzer an, der zweite immerhin schon 3 Meter vor dem Fahrzeug und schließlich der dritte Schuß war ein Blattschuß. Er traf den Panzer genau in der Mitte zwischen Panzerkuppel und Fahrzeug. Die kleine Gruppe befand sich in einem Freudentaumel. Dr. Burgsmüller kam sofort zu mir und sagte nur: „Da kann man nur gratulieren."

Fast genau ein Jahr später, Mitte 1966, wurde die Speerwaffe erneut einem Kreis der Bundeswehr vorgeführt. Wir waren guten Mutes, aber bei den ersten Schüssen kam das Desaster. Die ersten drei Schüsse gingen links oder rechts ab — unvorstellbar, ich konnte es mir nicht erklären. Wir beide, mein Feuerwerker und ich, rasten zur Prüfanlage von Meppen, hatten 4 Musterraketen im Griff und mußten feststellen, was mit den Raketen passiert war. Wir bekamen Schützenhilfe und konnten die

Raketen sofort abbrennen. Und fast genau nach 0,3 s brannten die Raketen durch und immer im Schaft der Munition. Soweit das Thema der Untersuchungen.

Schon mehrfach waren kritische Bemerkungen angekommen, ob man die Entwicklung „Speer“ dreispurig laufen lassen sollte. Un dann fiel bald die Entscheidung. Sie sollte nur noch zweispurig laufen. Die KTS wurde ausgebootet. Die Waffe Speer aber kam nicht zum Durchbruch. Sie ist, aus welchen Gründen auch immer, ad acta gelegt worden.

Mir aber ließ die aufgetretene Panne keine Ruhe. Und ich stellte bald die Ursache des Versagens der Rakete fest. Ein Mitarbeiter hatte sich eine billigere Qualität von Leichtmetall — also Aluminium — einfallen lassen und das Material besorgt. Und nun war die Ursache für das Versagen unserer Speermunition klar. Aber es soll doch festgehalten werden, daß die „Speerwaffe“ nicht gereift ist.

Doch es mußte weitergehen. Wir waren gut im Griff mit der leichten Artillerierakete LAR-neu. Wir konnten zuversichtlich nach vorne schauen. „Wissen Sie“, so sprach ich einen Mitarbeiter an, „trotz der grünen Wiese“ für die Vielfältigkeit der LAR mit der Auslegung der Nutzlastköpfe ist die Zeit reif, eine komplette Rakete aus Kunststoff für eine friedliche Mission zu bauen.“ „Was soll das?“ „Ich weiß, daß Sie bei uns aussteigen wollen, aber Sie sollten sich das Thema vor Augenhalten.“ „Und was soll das Ganze?“ „Nun ja, um ehrlich zu sein, die ballistische Abteilung in Pützchen hat ein Konzept ausgearbeitet, daß wir mit einer Kunststoffrakete des Kalibers 110 mm mit zweifachem Antrieb bis auf 80 km vorstoßen können. Dies wäre doch eine dankbare Aufgabe für Sie.“ „Aber wissen Sie, so interessant die Aufgabe ist, sie hat einen Haken.“ „Und welchen?“ „Schön, eine komplette Rakete aus Kunststoff sollte schon darstellbar sein — mein Einwand, von dem Heck bis zur Spitze — aber was dann?“ „Das lassen Sie meine Sorge sein.“

So kam die geophysikalische Rakete in Gang. Ich gab dem Leiter der Erprobungsstelle den Auftrag, 1000 m Sprengstoffschnur zu besorgen. „Aber um Gotteswillen, die können wir ja in 10 Jahren nicht verbrauchen.“ Ich sagte, „warten wir ab.“

Es wurde fleißig daran gearbeitet und nach einem halben Jahr, die ersten kompletten Kunststoffraketen waren erstellt, das Pulver stand zur Verfügung und so konnte also der Start der ersten geophysikalischen Meßrakete erfolgen. „So“, sagte ich zu meinem Mitarbeiter, „nun fahren wir beide zum Versuchsgelände Linz-Ost“. „Was soll schon.“ „Abwarten und Teetrinken“ Im Versuchsgelände fragte ich den Leiter der Erprobungsstelle: „Ist die Sprengstoffschnur von Troisdorf eingegangen und auch der Zeitzünder?“. „Alles klar.“ „Ja“, sagte ich, „meine Herren, dann können wir mit der Arbeit beginnen. Das Thema ist einfach. Wir müssen — ich spreche dieses Mal offen — die Kunststoffrakete mit der Sprengstoffschnur umringen und die Rakete auf dem Prüfstand testen. Die Rakete muß in der Versuchsperiode gefesselt bleiben und dann nach der Zeit für den Uhrwerkszünder werden wir feststellen, was passiert ist. Gesagt, getan. Mit dem üblichen Kommando 5, 4, 3, 2, 1, 0 ging der Abbrand der gefesselten Rakete vor sich. Es war alles in Ordnung. Aber dann kamen die achtzig Sekunden an, nach welcher Zeit sich das Weitere vollziehen sollte.

Und genau nach achtzig Sekunden detonierte die Rakete. Wir hatten gewonnen. Es blieb nichts mehr von der Rakete übrig. Das war etwas voreilig gesagt. Die ganze Manschaft der Prüfstelle und wir suchten nach Bruschtücken der Rakete. Es war vergebens, was wir fanden waren kleine PVC-Stückchen von weniger als 10 Gramm und Glasfaserfetzen.

14 Tage später lud ich Bonn und Koblenz ein, man möge sich einmal den Zerfall einer Kunststoffrakete ansehen und ein Urteil abgeben. Wiederum 14 Tage später fand die Vorführung auf dem Prüfgelände statt und das Ergebnis vor den Augen der Experten war eindeutig. Sie alle, 20 an der Zahl, waren von dem Zerfall der Kunststoffrakete sehr beindruckt. „Aber nun, meine Herren, wollen wir doch auch feststellen, was übrig geblieben ist.“ Wir hielten Ausschau, um die harmlosen Splitter zu finden, aber es gab da nichts zu holen. Wenn ich es noch richtig in Erinnerung habe, war der größte PVC-Splitter 12 g schwer.

Diese Vorführung fand im Herbst 1966 statt. Sie zeigte Auswirkungen, man war sich darüber klar, daß die geophysikalische Meßrakete, mit einer Sonde ausgerüstet, ihren Weg machen würde. Die ersten Forschungsmittel wurden bereitgestellt. Es galt, diese neue Meßrakete weiter auszubauen. Das hervorragende ballistische Team hat dann auch die Lösung ausgearbeitet. Wir wurden uns darüber klar, daß die Meßrakete für Höhen von 80 km und mehr zweistufig auszulegen sei. Die Grundstufe — sie wurde in 300 m Höhe abgestoßen — gab dem Flugkörper eine Bahngeschwindigkeit von 290 m/s. Wir blieben aus Gründen des Luftwiderstandes unterhalb der Schallmauer. Der Abbrand der Treibladung für den eigentlichen Flugkörper sollte in einer Höhe von 10 km erfolgen. Es lief alles gut an. Doch da kam im Frühjahr 1967 das erste Signal der großen Rezession. Es gab keine Geldmittel mehr. Zwar wurde die eigentliche Meßrakete — einstufig — noch erprobt. Ihre Zerlegung erfolgte nach 36 Sekunden. Auch die zweistufige Meßrakete war schon weit in der Planung fortgeschritten. Ich habe mich bemüht, die Entwicklung noch weiter zu bringen. Aber ich wurde von einem Ministerium zum anderen verwiesen; drei Ministerien zeigten sich interessiert, — es ging um die Kompetenzen — aber im Grunde genommen war kein Geld da.

Doch noch lief die Entwicklung der leichten Artillerierakete, neu. Inzwischen sollten 3 Entwicklungsfirmen in die Endrunde der Modellkennung gehen. Sie fand am 15. 7. 1967 statt. Die Vorführung fand vor einem großen Gremium in Meppen statt. Aber wir und meine Mitarbeiter waren allein. Die beiden anderen Firmen hatten abgesagt. Es sollten 18 Raketen — also eine Halbsalve — aus dem 36-fach-Werfer der Firma Wegmann abgegeben werden. Die Höhen- und Seitenrichtung waren so ausgelegt, daß die Raketen auf 14 500 m in einer Entfernung von 500 m von dem Beobachtungsbunker ankommen. Die ganze Abnahmekommission fuhr zum Bunker. Wir — meine Mitarbeiter und ich — blieben in der Feuerstellung. Wir wollten sehen, ob die Raketen einwandfrei abgingen. Die Halbsalve war durch — ohne Anstände — und wir hatten nach dem Zittern während des Salvenstartes einen besonderen Grund, uns zu freuen. Ungefähr nach einer Stunde kam die Kommission zurück. „Da haben

2 Anschießen in Meppen

KTS Promar 8-fach Werfer

43 Salvenfeuer

44
KTS-LAR
Rak. M 1

45
KTS-LAR
Rak. M 2

Im Beobachtun
gelände Meppe
ausgegraben

46 KTS-LAR-Rakete/Endgültige Lösung

Sie uns aber ein Kuckucksei ins Nest gelegt. „Ich sagte „Wieso?". „Alle 18 Raketen sind links und rechts, vorne und hinten über dem Bunker herunter gekommen." Es gab große Aufregung. Ist denn etwas passiert? Nein, aber die Aufregung war groß genug. Ich sagte: „Nun müssen wir den Richtkanonier fragen, ob ihm ein Fehler bei der Einstellung der Seitenrichtung unterlaufen sei. „Nein, ausgeschlossen, ich habe dreimal kontroliert." Ich kannte den Geschützführer seit Jahren und wußte, daß er absolut zuverlässig war.

Das Thema der Seitenablage der Raketen — trotz des gut verlaufenen Schießens, konnte ich zunächst noch nicht verkraften. Nun, gut, trotz der Panne war die LAR angenommen. Die Truppe verlangte nach der durchgeführten Ausbildung der Raketenabteilungen noch und noch nach Munition, nachdem die 36-fach-Werfer angelaufen waren. Es sind meines Wissens mehr als 200 000 Raketen gefertigt worden, also eine Raketenausrüstung von mehr als 200 Milionen DM. Wir konnten es zufrieden sein, wenn auch die Fertigung in Großunternehmen angelassen wurde.

Wir wurden bald mal wieder gefordert. Das war im Januar 1969. Genau am 13. 1. im Besprechungszimmer Nr. 13 im BWB, wir waren 13 Teilnehmer und haben dann nach der Besprechung — wir 5 Teilnehmer der KTS — in einem Restaurant in der Hauptstraße Nr. 13 in Niederbreisig zu Mittag gegessen. Doch nun zum Thema der Besprechung. Sie ließ sich reichlich umständlich an. Es war ein einziges Drucksen von der Behördenseite. Die gestellte Frage an mich lautete: „Können Sie sich noch an eine Besprechung im November 1963 erinnern?" Ja, genau, ich hatte den neuen LAR leistungsfähigen Motor auf Kunststoffbasis mit der verlangten Länge von 1350 mm zugesagt und wie es gewünscht wurde, auch eine Umrißzeichnung für die gesamte Länge der Rakete von 2250 mm mitgebracht. „Wir haben im Ministerium festgestellt, daß Sie verärgert weggegangen sind. Na aber, das war damals eine geheime Kommandosache und wir durften über das Thema des Nutzlastkopfes nicht sprechen. Ja und heute, da wollen wir mit Ihnen darüber sprechen. Wissen Sie, der Nutzlastkopf soll acht Störkörper enthalten, die entsprechend vorgegeben aus dem Kopf auszustoßen sind. Es sind 4 Störkörper mit einer Länge von 400 mm um die Raketenachse angeordnet. Da die Länge des Nutzlastvolumens im Kopf der Rakete 800 mm beträgt, können also 8 Störkörper angeordnet werden. Nun aber die Frage an Sie, in welcher Zeit können Sie die ersten 20 Versuchsraketen fertigen?" „In drei Wochen, aber es können nur blinde Störkörper sein, die im Gewicht den Scharfen entsprechen. Und noch die abschließende Frage: „In welcher Höhe im Zielgelände sollen sie ausgestoßen werden?" „1500 m hoch". „Alles klar." Tatsächlich wurden die Versuchsraketen am 6. 2. 69 gestartet. Das Treffbild wurde von der Erprobungsstelle Meppen aufgenommen.

Mir aber ging das Thema der unerklärlichen seitlichen Ablage der 110 mm-Raketen bei der Modellkennung nicht aus dem Sinn. Es kamen die ersten Überlegungen. Die Raketen hatten bei dem Abgang aus dem Wegmann-Werfer eine relativ geringe Geschwindigkeit, gemessen an der Vo von Geschossen aus dem Waffenrohr, aber auch die Leichtgeschütze geben der Munition die etwa 6-fache Abgangsgeschwindig-

keit aus der Waffe. Hier mußte also der Schüssel liegen, nämlich an dem Seitenwind in Bodennähe, der die Rakete abtreibt. Und ich mußte versuchen festzustellen, ob über andere Leitwerksformen eine bessere Auslegung der Rakete für den „Nullstart" zu erreichen wäre. Es gab Ansätze für ein Messerleitwerk; die große Ausladung der Messer erbrachte ein gutes Rückstellmoment für die Stabilisierung der Rakete.
Es stellt sich noch ein anderes Thema. Die Truppe war unzufrieden über die Wirksamkeit der Nutzlastköpfe bei geringer Erhöhung und kleinen Auftreffwinkeln im Zielgelände. Nun lag es nahe, das Leitwerk mit Messern und auszulegenden Bremsschalen zu koppeln. Natürlich ist die Lösung dieses Komplexes nicht so einfach angekommen, sondern es wurde eine Reihe von Konstruktionslösungen durchgearbeitet. Trotzdem blieb das Thema des Nullstartes, obwohl sich alles verblüffend anbot. Die LAR-Rakete sollte auf den ersten 200 m instabil fliegen, dann das Leitwerk nach etwa 1 Sekunde aufspringen und schließlich sollten die Bremsschalen je nach Kampfentfernung mit einem Zeitzünder ausgeworfen werden.

SCHLUSSWORT

Das waren die letzten Arbeiten in meinem Berufsleben. Ich wollte eigentlich kein Waffenbauer und Raketenforscher werden. Aber das Schicksal will es manches Mal anders — so nicht nur bei mir, sondern auch bei vielen andern. Es verbleibt mit eine besondere Pflicht. Ich möchte mich bei meinem Entwicklungsteam bedanken, das sich verblüffend schnell in die abseitig gelegne Materie eingearbeitet und treu zu mir gestanden hat. Heute nach fünf Jahren ist es mir eine große Freude festzustellen, daß die Mannschaft, wenn auch etwas anders formiert, noch im guten Fluß ist.

Ich selbst werde von den Erinnerungen zehren.

Nach Abschluß der Arbeiten an diesem Werk erlag der Verfasser Weihnachten 1976 einem Herzschlag.